21世纪经济管理新形态教材·营销学系列

# 零售管理

（第二版）

贺爱忠　李颖灏　聂元昆 ◎ 主　编
向忠诚　高　杰 ◎ 副主编

清华大学出版社
北京

## 内 容 简 介

本书立足于绿色化、数字化、智能化的时代背景，坚持课程思政元素与课程底层逻辑的结合、零售管理理论与实际应用的结合、零售管理理论传承与零售管理理论创新的结合、零售思维模式养成与零售技能提升的结合，由长期从事零售管理理论研究的学者与长期从事零售管理实践的职业经理人协作编写而成。为方便读者理论学习与实践导引，各章都配有引例、知识结构图、课后案例和实训作业。为拓宽读者的知识面、拓深读者的理论深度、引导读者多维思维模式的养成，各章都插入了数量不一的人物小传、小知识、小案例、延伸文献等内容。

本书可作为高等学校市场营销专业、电子商务专业、供应链管理专业、贸易经济专业本科生教材，也可供零售业从业者、制造业市场经营者及立志将来从事经商、渠道经营管理工作的人自学阅读。

本书封面贴有清华大学出版社防伪标签，无标签者不得销售。
版权所有，侵权必究。举报：010-62782989，beiqinquan@tup.tsinghua.edu.cn

图书在版编目（CIP）数据

零售管理/贺爱忠，李颖灏，聂元昆主编. —2版. —北京：清华大学出版社，2024.5
21世纪经济管理新形态教材. 营销学系列
ISBN 978-7-302-66186-3

Ⅰ.①零… Ⅱ.①贺… ②李… ③聂… Ⅲ.①零售商店－商业管理－高等学校－教材 Ⅳ.①F713.32

中国国家版本馆 CIP 数据核字(2024)第 086503 号

责任编辑：付潭娇
封面设计：汉风唐韵
责任校对：宋玉莲
责任印制：沈 露

出版发行：清华大学出版社
网　　址：https://www.tup.com.cn，https://www.wqxuetang.com
地　　址：北京清华大学学研大厦 A 座　　邮　编：100084
社 总 机：010-83470000　　　　　　　　邮　购：010-62786544
投稿与读者服务：010-62776969，c-service@tup.tsinghua.edu.cn
质 量 反 馈：010-62772015，zhiliang@tup.tsinghua.edu.cn
课 件 下 载：https://www.tup.com.cn，010-83470332

印 装 者：三河市铭诚印务有限公司
经　　销：全国新华书店
开　　本：185mm×260mm　　印　张：18.75　　字　数：408千字
版　　次：2015年8月第1版　2024年5月第2版　印　次：2024年5月第1次印刷
定　　价：59.00元

产品编号：104930-01

# 再版前言

本书第一版自 2015 年 8 月出版以来，已经印刷 6 次。本书被中山大学、南京大学、四川大学、华南理工大学、湖南大学、云南大学等高校使用。然而，随着零售业面临的外部环境发生巨大变化，零售管理实践不断创新发展。党的十八大报告提出"推动中国特色社会主义理论体系进教材、进课堂、进头脑"，体现了党对新时期高等教育工作的新要求。基于一种强烈的责任感，《零售管理》第一版全体参编人员，联合广州医科大学刘树奎教授、四川大学高杰助理研究员及多家知名零售企业的中高层管理者，共同编写《零售管理》第二版。

本书第二版在原有基础上进行了全面升级，主要改动如下。

（1）突出课程思政。每章融入思政元素，体现党的二十大精神。通过对中国特色社会主义理论的深入学习和研究，将党的二十大精神、中国零售企业管理的成功经验融入教材，引导学生树立正确的世界观、价值观和人生观，增强"四个自信"。

（2）强调数智零售。随着科技的不断发展，数智技术已经成为零售行业的重要支撑。本书详细介绍了数智技术在零售经营管理各个环节中的应用，帮助学生掌握零售前沿理论和先进零售技术。

（3）体现产学融合。邀请天虹百货公司、老百姓大药房公司、新佳宜商贸有限公司、龙湖天街商场、步步高商业公司等零售企业中高层管理者参与教材编写，总结零售业最新经营管理经验，使教材的理论性与实践性更好地融合，确保教材内容的实用性和针对性。

（4）聚焦可持续发展。顺应世界可持续发展潮流，响应国家"双碳"战略部署及人们对美好生活的需求，将可持续发展理念融入零售管理活动的各个环节，重点介绍零售环境管理、社会责任管理及企业治理，培养学生的可持续发展意识。

本书的编写分工如下：湖南大学教授、博导贺爱忠博士编写第一、二、五章，广州医科大学教授、博导范阳东博士及广州医科大学教授刘树奎编写第三章，湖南工商大学副研究员舒莉、英氏控股集团股份有限公司战略财务部部长刘媛梅编写第四章，湖南大学教授、博导贺爱忠博士和步步高商业公司线上运营部部长邝美玲编写第六章，浙江工商大学副教授李颖灏博士编写第七、八章，云南财经大学教授、博导、云南汇元生物有限公司董事长聂元昆博士编写第九章，保险职业学院副教授谭诣编写第十章，原沃尔玛中国区总部高级采购经理、原大商集团副总经理、现中国社会科学院西部开发研究院副院长向忠诚博士及湖南新佳宜商贸有限公司加盟发展中心开发经理郭雪芹编写第十一章，四川大学助理研究员高杰博士编写第十二章。娄底市天虹百货有限公司总经理聂静宇提供了第九章章末案例，老百姓大药房公司网络规划部部长李钰、成都龙湖北城天街商场总经理李雪参与了第五章、第十二章编写内容讨论。

　　本书由贺爱忠、李颖灏、聂元昆担任主编，由向忠诚、高杰担任副主编。

　　本书第一版面世 8 年以来，受到了全国广大读者的欢迎，在此我们编写者全体人员向广大读者表示由衷的感谢！读者的关注、支持、批评是我们不断改进的动力，敬请读者继续关注、支持、批评指正。

编　者

2023 年 11 月

# 第一版前言

本书旨在努力为零售企业高层决策者、具有雄心壮志的零售企业中基层管理者、立志从事零售工作或渠道管理工作且希望获取丰厚待遇的学子，提供零售管理的基本概念、基本框架和发展动态，培养零售管理的基本思维和基本技能。

本书内容分为零售管理概论、零售战略规划、零售选址、零售组织与人力资源管理、零售企业财务管理、零售购物环境管理、商品采购管理、零售定价管理、零售沟通管理、零售服务管理、零售连锁经营管理，共十一章。为方便读者理论学习与实践导引，各章都配有引例、知识结构图、案例分析和本章实训。为拓宽读者的知识面、拓深读者的理论深度、引导读者多维思维模式的养成，各章都插入了数量不一的人物小传、小知识、小案例、延伸阅读文献等内容。

本书具有"新、实、易"三个特点。"新"主要体现在：反映零售管理领域的新理论、新实践、新技术、新问题，采用最新的数据和案例。"实"主要体现在：强调理论的实用性，联系现实的零售管理问题，重点阐述具有可操作性的理论内容；安排以中外著名零售企业沃尔玛、家乐福、麦德龙、阿尔迪、西尔斯、家得宝、宜家、特易购、马狮、欧尚 7-ELEVEN、塔吉特、希尔顿酒店、迪士尼、肯德基、麦当劳、百联、苏宁、国美、老百姓大药房、永辉超市等为事实的引例和案例分析，便于读者理论联系实际地学习；每章安排实训作业，增强学生学以致用的意识与能力。"易"主要体现在：列举大量实例解释或佐证教材中提出的观点或理论，力求全书通俗易懂。

本书是零售管理理论工作者与实践工作者共同协作的结晶。湖南大学博士、教授、博导贺爱忠编写第一、二、五、六章，广州医学院博士、副教授范阳东编写第三章，湖南商学院副研究员舒莉编写第四章，浙江工商大学博士、副教授李颖灏编写第七、八章，云南财经大学博士、教授、云南汇元生物有限公司董事长聂元昆编写第九章，保险职业学院讲师谭诣编写第十章，原沃尔玛中国区总部高级采购经理、原大商集团副总经理、现康源餐饮集团总裁向忠诚博士编写第十一章。湖南大学硕士研究生何安康、唐杰甫为本教材绘制了各章的知识结构图，湖南大学硕士研究生刘盼、宿兰芳、蔡玲、李希凤校对了书稿。全书由贺爱忠、聂元昆担任主编，由李颖灏、向忠诚担任副主编，贺爱忠、聂元昆负责拟订全书大纲及最后审订，李颖灏、向忠诚参与了书稿的修改、定稿。

本书在编写过程中参考了大量国内外文献资料，并借鉴、吸收了其中的某些成果，在延伸阅读文献和参考文献中列出了作者姓名和文献名称,在此向有关作者一并致以真挚而深切的谢意。

由于编者水平所限,本书存在一些不足乃至错误之处,敬请读者批评指正。

编　者

2014 年 11 月

# 目 录

## 第一章 零售管理导论 ... 1
第一节 零售商 ... 3
第二节 零售业态 ... 7
第三节 零售管理要素 ... 13

## 第二章 零售战略规划 ... 19
第一节 零售战略环境分析 ... 20
第二节 零售战略内容设计 ... 25
第三节 零售战略类型设计 ... 28

## 第三章 零售组织与人力资源管理 ... 37
第一节 零售企业组织设计 ... 39
第二节 零售企业人力资源获取与培训 ... 53
第三节 零售企业绩效考评与薪酬管理 ... 61
第四节 零售企业数字员工管理 ... 66

## 第四章 零售企业财务管理 ... 77
第一节 零售企业资金筹集管理 ... 79
第二节 零售企业资产运营管理 ... 81
第三节 零售企业财会报表分析 ... 87

## 第五章 零售选址 ... 97
第一节 零售选址理论 ... 99
第二节 零售选址类型 ... 101
第三节 零售商圈分析 ... 103
第四节 零售店址选择 ... 110

## 第六章 零售购物环境管理 ... 119
第一节 店面设计 ... 121
第二节 店面布局 ... 128
第三节 商品陈列 ... 134

第四节　电商平台设计 ......................................................................... 138

## 第七章　商品采购管理 ............................................................................. 147
　　第一节　商品结构与来源选择 ............................................................. 148
　　第二节　零售采购目标与制度 ............................................................. 159
　　第三节　零售采购决策 ......................................................................... 164

## 第八章　零售定价管理 ............................................................................. 174
　　第一节　零售定价目标与政策 ............................................................. 175
　　第二节　零售定价方法 ......................................................................... 181
　　第三节　零售定价策略 ......................................................................... 185
　　第四节　零售价格调整 ......................................................................... 188
　　第五节　人工智能动态定价 ................................................................. 191

## 第九章　零售促销管理 ............................................................................. 198
　　第一节　零售促销概述 ......................................................................... 199
　　第二节　零售促销组合要素 ................................................................. 202
　　第三节　零售促销管理 ......................................................................... 210

## 第十章　零售服务管理 ............................................................................. 220
　　第一节　零售服务概述 ......................................................................... 222
　　第二节　零售服务策略 ......................................................................... 224
　　第三节　零售服务质量管理 ................................................................. 227

## 第十一章　零售连锁经营管理 ................................................................. 238
　　第一节　连锁经营的基本模式 ............................................................. 240
　　第二节　连锁经营商品采购管理 ......................................................... 243
　　第三节　连锁经营商品库存管理 ......................................................... 249
　　第四节　连锁经营物流配送管理 ......................................................... 252
　　第五节　连锁经营管理信息系统 ......................................................... 259

## 第十二章　零售企业可持续发展管理 ..................................................... 266
　　第一节　可持续发展概述 ..................................................................... 268
　　第二节　零售企业环境责任管理 ......................................................... 272
　　第三节　零售企业社会责任管理 ......................................................... 276
　　第四节　零售企业治理 ......................................................................... 282

## 参考文献 ..................................................................................................... 289

# 第一章

# 零售管理导论

### 本章学习目标

了解零售业的重要性和功能、零售商的分类与特征、零售管理者成功的条件,熟悉零售业态的基本类型、零售管理方法和框架,掌握零售、零售商、零售业态的概念及零售业态变迁理论。

### 引例

#### 世界 500 强企业冠军沃尔玛的管理之道

《财富》公布了 2023 年世界 500 强企业榜单,沃尔玛连续第十年成为全球最大公司。公司年营收总额高达 6112.89 亿美元,利润 116.8 亿美元。为啥一家零售公司能力压一众科技巨头长达 3650 天?

**发展战略**。在沃尔玛创业初始,面对像西尔斯、凯马特这样强大的竞争对手,采取了以小城镇为主要目标市场的发展战略。在沃尔玛高速发展的 20 世纪七八十年代,几乎所有的沃尔玛分店都开在人口 5000~25000 人以内的小镇。山姆·沃尔顿对商店选址也有严格要求。首先要求在配送中心 600 km 辐射范围内,把小城镇逐个填满后,然后再考虑向相邻的地区渗透。

**企业文化传承**。在沃尔顿的自传中总结沃尔玛的核心理念时是这样说的:沃尔玛能一直保持良好的势头,是因为不断满足了顾客的需求,经理层不断地激励、关心员工,团队精神、家族情谊、踏实务实的敬业精神,以及对零售事业澎湃的激情,在新的时代得以传承和发展。今天的沃尔玛无论是在成本的严控上,还是在开发和创新上,以及在对顾客的态度上,都是在奉行了当年沃尔顿的这些企业文化元素,结合时代再创新在执行的。

**供应链管理**。沃尔玛在供应链管理上的创新是其成功的重要因素。沃尔玛开发了一套高效的供应链系统,包括先进的库存管理系统和配送中心网络,能够快速将商品送到全球的商店。沃尔玛的业务数字化也领先于同行。经过近 30 年的更新迭代,全世界近 4000 家终端门店都实现了**物流监测定位、门店客户管理、仓库管理、人事管理及财务管**

理系统的一体化；在沃尔玛的全球总部就能看到世界各地的零售门店实时运营情况。其完善的供应链和门店终端体系，让与沃尔玛合作的供应商都纷纷接入沃尔玛的零售链接系统，供应商能根据数据反馈来调整自己的供货情况，在零售界实现真正意义上的**产销协同**。

**成本管理**。一是尽量压低商品进价。主要手段是靠大量订货不断要求供应商尽可能压低价格；越过中间商直接向制造商订货；实现采购本地化。二是投入大量资金在高科技和电子技术的运用方面。由此通过全球网络可以在 1 h 内对每种商品的库存、上架、销售量全部盘点一遍，通过由高科技支持的物流配送中心直接供应各店 85% 的商品，而一般竞争对手只有 50%～60%，销售成本也因此要比零售行业平均销售成本低 2～3 个百分点。三是进销分离。总部采购部负责所有分店商品的采购，所有分店的电脑都和总部相连，一般分店发出订单 24～48 h 之内，就可以收到配送中心送来的商品。如此快速的信息反馈和高效的库存控制，使得存货量大大降低，资金周转速度加快，成本自然降低。

**可持续发展管理**。在社会方面，沃尔玛积极参与社区服务和慈善活动。公司设立了"沃尔玛基金会"（Walmart Foundation），致力于为贫困家庭提供帮助和支持。另外，沃尔玛还向全球各地的慈善机构和非营利组织捐赠资金和物品，支持教育、环境保护和健康等领域的事业。在环境方面，沃尔玛采取了多项措施来减少对环境的影响。例如，公司致力于推广可持续采购，采购环保产品，减少包装材料和能源消耗。沃尔玛还设立了"可持续发展计划"（Sustainability Program），旨在实现零碳排放和可持续经营。在经济方面，沃尔玛积极支持本地经济发展。公司采用本地化经营模式，鼓励本地供应商为门店提供产品和服务。同时，沃尔玛还为员工提供优厚的福利和薪酬待遇，为他们提供良好的工作环境和发展机会。

（资料来源：https://baijiahao.baidu.com/s?id=1674736179622289561&wfr=spider&for=pc;https://baijiahao.baidu.com/s?id=1639569956094381648&wfr=spider&for=pc）

## 本章知识结构图

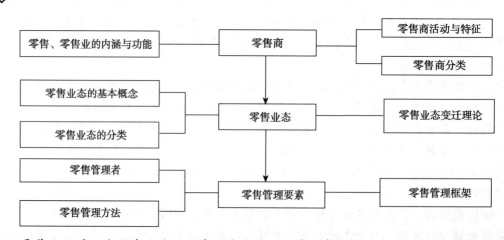

零售业既是一个国家和地区经济社会发展的"晴雨表"，也是一个国家和地区主要的就业领域，还与人们的日常生活如影随形。中国商业联合会、中华全国商业信息中心联

合发布的《2022 中国零售企业百强名单》显示，2022 年中国零售百强企业实现销售额 3.3 万亿元。在零售百强企业中，过千亿元的超大型零售企业有 5 家，千亿元以下 500 亿元以上的企业有 8 家，过百亿元至 500 亿元的大型零售企业有 39 家。可见，这些大型零售企业的管理是比较复杂的，也是十分重要的。同时，零售商业竞争十分激烈，建筑费用、租赁费用、人工成本迅速上升。所有这些表明，零售经营管理十分不易。了解和掌握零售管理活动的内在联系及其变化规律，对于零售业从业者及经济管理类专业大学生来说，至为重要。

# 第一节　零　售　商

## 一、零售、零售业的内涵与功能

### （一）零售

"零售"一词源自法语动词"retailler"，意思是"切碎（cut up）"，是指大批量买进并小批量卖出的活动。本书用的"零售"这个术语，是指向最终消费者销售供其个人、家庭或社会集团使用的物品与服务的所有活动和步骤。因此，任何一个向顾客销售物品或者提供服务的企业，都在履行着零售职能，这个企业销售产品的方式无论是通过商店，还是通过邮寄、电话、互联网、自动售货机，或者上门服务。

这一定义包括以下五点。

（1）零售是将商品及相关服务提供给消费者作为最终消费之用的活动。

（2）零售活动不仅向最终消费者出售商品，同时也提供相关服务。

（3）零售活动不一定非在零售店铺中进行，也可以利用一些使顾客便利的设施及方式进行。

（4）零售的顾客不仅包括个别的消费者，也包括集团消费者，非生产性购买的社会集团，也可能是零售顾客。

（5）零售是商品流通的最终环节。商品经过零售，卖给最后消费者，就从流通领域进入消费领域。

### （二）零售业的内涵

零售业是指以向最终消费者（包括个人、家庭和社会集团）提供所需商品及其附带服务为主的行业。由多业种、多业态、多种经济形式构成，担负着促进生产、繁荣市场、引导和满足消费者多方面生活需要的重任。要理解零售业的内涵，必须把握如下五点。

零售业是流通产业的基础，是城市的基础产业。零售业处于商品流通的第一线，体现了流通产业的基本职能，是流通产业的基础。城以市兴，市以城在，零售业构成城市基本的经济功能，直接关系到城市的生存和发展。世界上存在没有工业或农业的城市，如政治中心、宗教圣地、旅游城市，但不存在没有零售业的城市。零售业是城市的基础，是世界共有的经济现象。

零售业是一个国家重要的行业之一。零售业是实现国民最终消费支出的最终环节，是生产领域价值实现的重要环节，是国家财政收入的重要来源。

零售业是反映一个国家和地区经济运行状况的晴雨表。以中国为例，2018年，城镇非私营单位就业人员平均工资达到82461元，是1978年的134倍，年均增长率达到13.0%，扣除物价因素，实际增长了18.3倍，年均实际增长率为7.7%。1978年全国居民人均可支配收入仅为171元，人均消费支出为151元。2018年全国居民人均可支配收入达到28228元，比1978年实际增长24.3倍。人均消费支出为19853元，比1978年实际增长19.2倍。与此相应，直接反应零售规模的社会消费品零售总额2018年突破38万亿元，达到380987亿元，而1952年仅为277亿元，2018年比1952年增长了1375倍，年均增长11.6%。1953—2018年批发和零售业增加值按现价计算年均增速超过10%；批发和零售业增加值占国内生产总值的比重在2018年达到9.4%。而经过近30年的发展，中国商业建立了发达国家商业100多年发展所形成的各种零售业态。

零售业是一个国家和地区的主要就业渠道。2017年中国国有单位、城镇集体单位、私营单位和个体经营户中批发和零售业年末从业人员超过1.3亿人，是1952年零售商业机构的全部从业人数的18.8倍，年均增长约4.6%。美国总劳动人口的1/6就业于零售业。

扩展阅读1.1 零售数字化的未来

现代零售业是高投资与高科技相结合的产业。现代零售业为了更好地服务顾客，为了提高经营效率，为了赚取更多利润，在高科技的应用或开发上往往投资巨大。例如，沃尔玛曾投资7亿美元租用卫星传递信息，建成了美国最大的民用数据库。许多现代零售企业引入条形码技术、扫描技术、无线射频技术及更先进的信息和沟通技术去经营。数据库管理、互联网络经营、在线服务、人工智能应用越来越广泛。

### （三）零售业的功能

零售业在国民经济中主要承担如下功能：商品分类、组合、备货功能；为生产者、为消费者服务的功能；减少消费者的成本负担功能；商品储存与风险负担功能；信息传递功能；金融功能和娱乐休闲功能。

## 二、零售商活动与特征

### （一）零售商或零售企业的定义

零售商或零售企业是任何向个人、家庭或社会集团消费出售商品并提供售后服务的机构。零售商是连接生产者和消费者的分销渠道中的最终业务环节。通过货物（以小批量）与服务（给予适当的支持）的组合满足特定顾客的需求与欲望。

### （二）零售活动组合

零售活动组合是指零售商用以满足顾客需要并影响其购买决策的各种活动的组合，包括零售选址、商品分类、商品采购、商品定价、广告和促销、店面设计和布局、顾客服务、商品销售等要素。零售商最基本的特征表现在零售商所从事的各种零售活动中。不同类型的零售商有其零售活动的特有方式。特别有利于区分零售商的零售活动组合的四大要素是：所经销的商品类型、所经销商品的品种和种类、为顾客所提供服务的水平和商品的价格。

### （三）零售商的特征

零售商显著区别于制造商的特点有三个：平均每笔交易量小；最终消费者经常进行无计划的或冲动性购买；多数顾客更喜欢亲临商店购物（图1-1）。

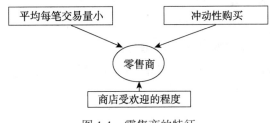

图1-1 零售商的特征

## 三、零售商分类

零售商分类标准众多，最常用的有以下四类。

### （一）按所有权分类

独立商店：个人所有和管理的小规模零售组织。一般只拥有一家零售单位。

连锁商店：经营着多家分店（商店单位），它们同属于一个所有者，通常还实行一定程度的集中（或协调式）采购和决策。

特许经营商店：特许权授予人（制造商、批发商或服务提供商）与零售受许人签订合作协议，允许受许人使用某个已注册的名称和某种特定的经营模式开展经营活动。通常，受许人必须缴纳特许费。

租赁商品部：在零售店中被租赁给其他外部企业的部门。租赁该商品部的所有者需对业务经营的各个方面负责，并按销售额的一定百分比向商店支付租金。

消费者合作社：由消费者所有的零售企业，由消费者投资，选择管理层和管理运营，并分享获取的利润或节省的成本。

### （二）按有无店铺分类

有店铺零售商：有固定的进行商品陈列和销售需要的场所和空间，并且消费者的购买行为主要在这一场所内完成的企业，如便利店、超级市场、仓储店、专业店、杂货店、集合店、百货商店等。

无店铺零售商：借助其他形式而非固定实体商店独立从事商品的零售业务，并对经营的商品拥有所有权的企业，如无人售货设备零售商、网络零售商店、电视/广播零售商等。

### （三）按规模分类

根据中华人民共和国国家统计局关于印发《统计上大中小微型企业划分办法（2017）》的通知，从业人员 300 人及以上、年营业收入 2 亿元及以上的为大型零售企业，从业人员 50 人及以上 300 人以下、年营业收入 500 万元及以上 2 亿元以下的为中型零售企业，从业人员 10 人及以上 50 人以下、年营业收入 100 万元及以上 500 万元以下的为小型零售企业，从业人员 10 人以下或年营业收入 100 万元以下的为微型零售企业。

### （四）按经营客体分类

商品零售商：以经营有形（实体）商品为主的零售商。

服务零售商：以经营无形服务为主的零售商。

在服务零售商和商品零售商之间主要有四个方面的不同，它们是无形性、紧密性、易坏性和异质性。

#### 1. 无形性

从本质上说，服务本身是一种非实体的现象，是无形的，是为顾客解决实际问题的直接途径，直达顾客的"终极目标"。而实物商品是有形的，是顾客达到某种目标的工具和方式。对于顾客来说，很难评价一项服务的好坏、价格的高低。例如，顾客很难判断轿车上无线电调音的准确性。零售商也很难评估服务质量，因为服务不像实物商品那样容易检查。例如，医院就很难评估医生和其他工作人员的工作质量。许多文献指出，人们应该通过采用各种具体、形象的规章制度，如记分卡等形式，使得服务对于顾客而言变得具有有形性。当然，也可以通过开发能代表公司的有形标志物，处理服务商品的无形性问题。

#### 2. 紧密性

服务产品的供应商是同时生产和提供服务商品的。服务商品的生产和消费是紧密结合、不可分割的。例如，顾客接受理发师的设计和服务后服务也即告结束。服务商品的这一独有的特性决定了服务零售商在第一次提供服务时就做到"服务到位"是至关重要的。通过雇用合适的人选，正确恰当地培训和激发他们的工作积极性，服务零售商就可能避免种种服务失败。当然，并不能避免所有的服务失败。在发生服务失败时，服务零售商必须坚持一点：顾客的满意度最终将战胜一切。

紧密性还表现在服务的生产与服务零售商的企业文化和战略的关系比实物商品零售商更为密切。密切关注客户的需求并把客户当作自己组织中设计服务项目团队中的一员，需要有浓厚的服务于顾客的企业文化为背景，这种企业文化的特征受这样一种理念驱动：把为客户提供高品质的服务作为核心内容。

#### 3. 易坏性

服务生产与消费的紧密性往往要有企业内部的一线员工参与，这就意味着服务不可能和其他实物商品一样列入库房的清单之列，更不能进行质量保证的定期检查。因为服务产生的时间和地点具有独立性，所以服务本身常常是容易过期作废的。例如，如果飞机的座位或者酒店的房间没有售出，那就不可能放进仓库里储存起来。与此相关的问题是顾客经常需要特定的人来提供这些服务。服务零售商不得不储备一些服务商品的供应商，以便顾客在需要服务时不必等候。那些依赖于其他设备来运送他们服务商品的零售商，如保龄球馆和航空公司，必须在需求高峰时保持过量的供给能力。

**4. 异质性**

由于接受服务的人的变化性和提供服务的人的变化性，因而服务零售具有异质性。一方面，服务的接受者是人，因此即使是相同的服务，不同的人将以不同的方式体验他们。例如，两位顾客相继接受自动取款服务，两个人对屏幕显示的指示在理解上会存在差异。另一方面，服务的提供者是人，同样可能不会一直传送同样的表现行为。因为在不同场合下的社会关系是不同的，当然还有其他原因。例如，有些美发师就比另一些更好。服务的异质性产生了服务营销管理中一个主要问题：如何保持稳定的服务品质。雇用最好的人员，制定标准化的服务程序，良好地训练服务商品供应商，都是服务零售商用来减少异质性服务的重要方法。

## 第二节　零　售　业　态

### 一、零售业态的基本概念

#### （一）零售业态

一般认为，"业态"一词来源于日本，大约出现在 20 世纪 60 年代，20 世纪 80 年代被引入中国。零售业态是指零售企业为满足不同的消费需求而形成的不同的经营形态，其实质是指零售企业为了实现销售目的所采取的组织形式和经营方式，是零售企业市场定位的核心问题和先决条件。零售业态的分类主要依据零售业的选址、规模、目标顾客、商品结构、店堂设施、经营方式、服务功能等确定。

零售业态产生的基础主要有四：一是生产力发展与制度创新。在不同的历史时期，生产力实现了飞跃发展，商业制度出现了创新，引发了超市连锁、快餐连锁、百货连锁等新的业态出现。二是消费需求发展与消费力的提升。任何一种业态都是经济发展的产物，尤其是消费需求扩大与消费力提升的产物。没有一定的消费需求和消费能力，一站式消费就无法实现，仓储商店、购物中心的产生就没有基础。三是适宜的本土市场环境。任何一种业态的产生都有一个本土化的过程。百货商店之所以产生于法国，超级市场之所以源于美国，仓储商店之所以出现在荷兰，7-ELEVEN 便利店之所以在日本获得迅速发展，皆因其存在特定的市场环境。各国各地经济发展水平不同，社会风俗、消费习惯、价值观念不同，就会导致业态发展不平衡，形成各具特色的零售市场业态结构。四是效益。任何一种经济行为其最终目的都是为了资本增值，这是社会发展的基础。同样，衡量一种零售业态是否成功，基本标准是能否以低于社会平均价格销售，同时又能获得合理的利润，即效益。没有效益，企业将失去继续发展的条件。

### （二）零售业种

要准确理解零售业态的概念，必须了解另一个概念——零售业种。零售业态是零售业种发展演变而来的。零售业种是按所经营的商品类型划分或组建的零售商店，如布店、粮店、肉店、鞋店、杂货店等。业态与业种在如下三个方面不同：一是目的不同。业种商店的主要目的是推销自己所经营的商品，而业态商店的主要目的是为了满足目标顾客的需要。二是核心不同。业种商店的经营是以商品为核心，而业态商店的经营是以顾客为核心，体现了营销观念由销售导向向消费导向的转变。三是经营重点不同。业种商店强调的是卖什么，而业态商店强调的是怎么卖。

### （三）零售业态的构成要素

零售业态的内在构成要素包括目标顾客、商品结构、服务方式、店铺环境、价格策略等因素。目标顾客是指零售店铺所选择的服务对象；商品结构是指零售店铺为满足目标顾客需求所确定的经营各类商品的比例；服务方式是指零售店铺采取的售货方式和提供的服务内容；店铺环境是指店铺的内部装饰与商品展示所营造的购物氛围；价格策略是指零售店铺所采用的价格高低策略。缺少其中任一要素，就无法确定它的零售业态类型。零售业态的实质就是这些要素的组合，组合不同，业态不同。

## 二、零售业态的分类

根据 GB/T 18106—2021《零售业态分类》，零售业态从总体上可以分为有店铺零售业态和无店铺零售业态。有店铺零售业态有 10 种，无店铺零售业态有 7 种。有店铺零售，包括便利店、超市、折扣店、仓储会员店、百货店、购物中心、专业店、品牌专卖店、集合店、无人值守商店。无店铺零售，包括网络零售、电视/广播零售、邮寄零售、无人售货设备零售、直销、电话零售、流动货摊零售等业态。在此，介绍 12 种主要业态。

### （一）百货商店（department store）

百货商店是一种经营品种广泛（商品组合既宽又深）的商品和服务的大型商店，通常按购买目的、促销、顾客服务和控制等设立多个独立的商品部，是最古老的大型商店形式。号称世界第一家百货商店的是 1852 年在巴黎开业的邦马士百货店。而具有百货店的一些交易特征、本身不是百货店的商店，最早可以追溯到 1673 年的日本三越百货。

扩展阅读 1.2　各国对百货店的定义

世界主要城市的百货店不仅是零售企业，也是旅游景点和娱乐场所，如伦敦的哈洛德百货店、巴黎的春天百货店、纽约的梅西百货店。

## （二）超级市场（supermarket）

超级市场是开架售货，集中收款，满足社区消费者日常生活需要的零售业态。根据商品结构的不同，可以分为食品超市和综合超市，又称标准超市。1930年产生于美国纽约，经过初期的迅速发展，到20世纪60年代在发达国家进入成熟期。进入20世纪80年代，开始发生一些重要的变化：超级市场向大型化发展；商品和服务向多样化和综合化发展；在经营业态上转向更多的细分化。

在欧洲，规模较小的大型综合超市又称超级商店；在英国，大型综合超市和超级商店经常交替使用；在美国，大型综合超市和超级中心常被视为同义词。食品超级商店/大型综合超市1963年起源于法国，英国的第一家大型综合超市成立于1967年，随后迅速传播开来，在经济萧条期也不例外。

## （三）便利商店（convenience store）

便利商店是以满足顾客便利性需求为主要目的的零售业态。商店相对较小，位于住宅区附近，营业时间长，在一周内每天开门，并且经营周转快的方便商品，售价稍高。最先倡导便利店概念的某些基本元素的是一些独立商店，这些基本元素包括较长的营业时间、商品种类根据商品的购买频率，以及满足顾客补缺型购物需求进行筛选。现在的便利店大都是在自愿连锁、合作社、特许经营及大型连锁店的推动之下获得广泛发展的。世界上最著名的便利店是7-ELEVEN便利店。便利店在不同国家的地位不一样。日本的便利店在食品市场的份额占到70%，在意大利将近占到40%。在英国，由没有结盟的独立商店经营的便利店占总便利店数量的一半，但是其销售额只占便利店销售总额的36%。在西方国家，便利店早已成为使用电子商务购物的消费者的提货点，或成为"就餐问题解决中心"。

在中国，便利店按照国家标准，分为四种类型：社区型便利店，客流配套型便利店，商务型便利店，加油站型便利店。

## （四）专业商店（speciality store）

专业商店是以专门经营某一大类商品或服务为主的零售业态，如办公用品专业店（office supply）、玩具专业店（toy store）、家电专业店（home appliance）、药品专业店（drug store）、服饰店（apparel shop）等。专业商店不仅限于销售产品，许多专业商店向顾客提供服务产品，如快餐店、咖啡馆、饭店、银行、建筑协会、维修中心、干洗店、理发店、修指甲店和美容店等。美国通常把位于城郊或城市边缘的零售园区的以经营商品大类的多品种和相对较低的价格为特征的特大型专业商店称为"品类杀手"（category killer）。品类杀手的产品系列被限定在较窄的商品领域，但商店规模很大，在这一类产品中有非常丰富的选择。玩具反斗城、宜家、百安居就是这类商店的例子。

## （五）专卖商店（exclusive shop）

专卖商店是以专门经营或被授权经营某一主要商品为主的零售业态。专卖店一般选址在市、区级商业中心、专业街，以及百货店、购物中心内，目标顾客以中高档消费者和追求时尚的年轻人为主,如盖普服饰连锁专卖店、海尔空调专卖店。

### (六)购物中心(shopping center/shopping mall)

购物中心是多种零售店铺、服务设施集中在由企业有计划地开发、管理、运营的一个建筑物内或一个区域内,向消费者提供综合性服务的商业集合体。分为三种:一是社区购物中心(community shopping center),指在城市的区域商业中心建立的,面积在 5 万 $m^2$ 以内的购物中心。二是市区购物中心(regional shopping center),是在城市的商业中心建立的,面积在 10 万 $m^2$ 以内的购物中心。三是城郊购物中心(super-regional shopping center),指在城市的郊区建立的,面积在 10 万 $m^2$ 以上的购物中心。购物中心的雏形产生于 1910 年美国巴尔的摩,第一个标准的购物中心产生于 1930 年美国得克萨斯州的达拉斯。购物中心不同于一般的业态,它是多业态的集合体。其特点主要是大(规模大、共享空间大、停车场大)、专(以专业店为主,即使是百货店也采取大而专、专而全的经营方针)、全(功能全)。对大多数购物中心来说,正确的店铺组合是保证其吸引力的主要因素。

扩展阅读 1.3 中国的购物中心

### (七)仓储商店(warehouse club)

仓储商店是以会员制为基础,实行储销一体、批零兼营,以提供有限服务和低价格商品为主要特征的零售业态。1968 年首家现代化的仓储商店在荷兰创建,名字叫"万客隆"。大多建在城郊结合部,营业面积在 2 万 $m^2$ 左右,附设大型停车场。商场内装修简单,采用开架式货架陈列商品,商品主要以日用消费品为主,所售商品直接来自厂家或国外进口,质优价廉。20 世纪 70 年代初美国出现与之类似的"价格俱乐部""平价商场"。20 世纪 80 年代末台湾、1993 年香港和广州分别引进这一模式。1996 年一些国际上享有盛名的跨国零售公司,如美国沃尔玛、德国麦德龙、荷兰万客隆等,均以仓储式商店抢滩中国市场。仓储商店的最大经营特点是实行会员制,目标市场是诸如餐馆、小食店、小型零售店、生产企业、学校、政府机关等机构用户,而不是普通消费者个人。

### (八)集合店(selection shop)

集合店是汇集多个品牌及多个系列的商品,可涵盖服饰、鞋、包、文具、电子产品、食品等多种品类的零售店。在欧美零售市场,集合店是一种普遍的渠道模式。很多品牌的货品都流向买手,最终呈现在精品百货式集合店。

集合店产品种类多,顾客选择更多,可以满足顾客的一站式购物体验,因而成单的概率更高。集合店网罗了各种人们所需要的产品,不仅延长了顾客停留时间,让顾客挑选到适合自己的产品;也缩短了顾客去找品牌挑选产品所消耗的时间,因而受顾客欢迎。

不少业内人士认为,集合店买手的能力、眼光是其一,销售人员如何提供精细的售后服务,是未来集合店发展的关键。

## （九）无人值守商店（unmanned store）

无人值守商店是指在营业现场无人工服务的情况下，自助完成商品销售或服务的零售店。无人值守零售商店是零售业的新物种之一，它实现了全产业链的数字化，重塑了"人、货、场"的关系。相比于其他业态的新零售，无人零售通过技术革新，主要在两个方面赋能：第一，为消费者提供新的渠道，丰富消费者的消费场景。第二，为运营者节约前端成本并拓展了商店布局。

目前，无人值守零售主要包括开放货架、无人货柜、无人便利店、无人超市四种形式。

## （十）网络零售（online retail）

网络零售是指通过电子商务平台、物联网设备等进行买卖活动的零售业态。根据经营模式的不同，网络零售可以分为网络自营零售和网络平台零售。那些真正使用网络购物的人，主要是为了方便和节省时间。

## （十一）电视/广播购物（television/broadcast shopping）

电视/广播购物是以电视/广播作为向消费者进行商品推介展示的渠道，并取得订单的业态。采用电视图文等信息提供网络购物是最早的电视购物形式。最近的电视购物运用屏幕图像的三维视觉展示技术增加平面零售广告的动感，有专门的购物频道。电视购物节目的一个难题是需要为消费者提供机会，使他们能够跳过不想买的产品。因此基于屏幕的互动式零售最有可能成为向潜在顾客提供一切必须模拟"通常购物体验"的产品的零售形式。数字电视和宽带互联网服务将大大促进互动式电视购物的发展。

## （十二）电话零售（tele-shopping）

电话零售主要通过电话完成销售或购买活动的一种零售业态。根据不同的产品特点，目标顾客不同；商品单一，以某类品种为主；送货到指定地点或自提。其不足是被许多人视为骚扰电话，不能对产品做任何展示。

扩展阅读 1.4 零售业态分类国家标准的变化

## 三、零售业态变迁理论

### （一）车轮理论

零售业态发展的车轮理论由哈佛商学院的零售学权威麦克内尔（McNair）教授1958年提出，后来由霍兰德（Hollander）做了进一步的分析。这一理论认为：创新型零售商在开始进入市场时总是以低价格、低毛利和低定位为特点和优势，从而在与业内原有零售商的竞争中取得优势。而随着这一业态的进一步发展，它们会不断购进新的昂贵设备，不断增加新的服务，从而不断提高其经营成本，逐步转化为高成本、高价格和高毛利的传统零售商，并最终发展为衰退型的零售商，同时又为新的零售业态留下了生存和发展的空间，而新的业态也以同样的模式发展。最常见的例子就是百货商店的发展。当百货公司刚出现时，由于它的低价格和高度便利性而倍受消费者欢迎，从而在与小型零售商的竞争中占得先机，成为几十年来占统治地位的业态。而时至今日，百货商店却在与超级市场和折扣商店的较量中处于下风。

### （二）手风琴理论

手风琴理论的主要思想是由布兰德（Brand）于1963年提出的，1966年霍兰德（Hol-lander）则将其命名为零售手风琴假说。零售手风琴假说主要是从商品组合宽度的扩大与缩小的角度来解释新业态的产生。这一理论认为，在零售业态的发展过程中，存在着商品种类由综合化到专业化，再到综合化的循环往复的过程。也就是说，商品系列从注重深度，再到注重宽度的循环往复过程。按照这一理论，可以将美国的零售业发展分为五个阶段：杂货店时期——综合化；专业店时期——专业化；百货店时期——综合化；便利店时期——专业化；商业街、购物中心时期——综合化。

### （三）生命周期理论

生命周期理论于1976年由达卫德森（Davidson）、伯茨（Bates）和巴斯（Bass）三人共同提出的。该假说应用产品生命周期理论来解释业态从产生到衰退的发展过程。这一理论认为，零售业态具有像人一样的生命现象，即存在一个从产生到消亡的过程，而在每一不同阶段，零售业态表现出不同的特征。生命周期理论将零售业态的发展分为以下四个阶段。

（1）创新阶段。在此阶段，出现新型的零售业态，由于新型的零售业态的许多特点都与传统的零售业态不同。因此，新型业态具有差别优势。企业的投资回报率、销售增长率和市场占有率都迅速提高。

（2）加速发展阶段。由于新型的零售商在竞争中获得优势，因此有大批模仿者开始效法，而最早进入市场的新型的零售商也开始进行地区扩张。市场竞争异常激烈，市场占有率和收益率达到最高水平。

（3）成熟阶段。此阶段，更新型的零售业态进入市场，原有业态失去朝气和生命力，市场占有率和收益率降低。成熟期可能持续很长时间，处于此阶段的业态可以进行创新以维持中等盈利水平，以避免被市场淘汰。

（4）衰退阶段。市场范围明显萎缩，反应迟钝，最终退出市场。

### （四）辩证过程论

辩证过程论由美国的吉斯特（Gist）于1968年首先提出，得到马罗尼克和沃克的支持。该理论主要来自于黑格尔的辩证法思想，与中国古代哲学家老子的思想也有异曲同工之妙。该理论认为，任何观念，就其本性而言，均会导致对其本身的否定，起初提出观念，称为"正"，对它的否定称为"反"，其结果称为"合"，又称为"正"，从而又开始新的辩证过程。例如，百货商店是高价格、高毛利、低周转率的零售业态，而其对立面——折扣商店，则以低价格、低毛利、高周转率为特点。而随着零售业的发展，这两种相反特点的融合形成新的零售业态：折扣百货商店，如凯玛特和沃尔玛等。

### (五)自然选择论

自然选择论于 2001 年由利维和韦茨（Levy and Weitz）提出。此理论以达尔文的"适者生存"为基础，认为零售业态的发展必须与社会环境的变化相适应，只有那些能够适应消费者需求与社会、文化和法律环境变化的零售商才能生存下来。例如，第二次世界大战以后，在美国发生了城市人口向郊区转移的情况，原来的百货商店由于都开设在市中心而发生经营困难。为应付这一变化，百货商店进行革新，在店内开设专门店，并在郊区的购物中心开设分支机构。又如，近年来，由于妇女参加工作的人数增加，一些零售商为迎合这一变化而开设了以职业女性为目标市场的女性用品专门店等。

### (六)真空地带理论

真空地带理论于 1966 年由丹麦学者尼尔森（Nielsen）提出，即根据消费者对零售商的服务、价格水平存在着偏好空隙来解释新零售业态的产生。这种理论认为，零售商业形态取决于消费者的偏好，而消费者的偏好主要表现为对零售商提供的价格或服务的偏好。在现实生活中，既有偏好低价格的消费者，也有偏好高服务的消费者，因此有些零售商为了满足偏好低价格消费者的需要，就尽量向低价格的零售商业形态靠拢；相反，有些零售商为了满足偏好高服务消费者的需要就尽量向高服务的零售商业形态靠拢。于是就出现了未被满足的"真空地带"，一些创新者就会以这个"真空地带"为经营目标从事零售经营，从而意味着一种新的零售商业形态的出现。

## 第三节 零售管理要素

### 一、零售管理者

在一定意义上，零售管理者须是商业全才。在从事零售管理工作过程中，需要处理以下问题：提供什么样的产品或者服务；针对什么样的顾客群体；商店在何处选址；如何培训和激励员工；采取什么样的价格政策；如何设计店面布局；采取什么样的促销手段；提供哪些服务；如何利用互联网来完成任务。

一个零售管理者取得成功，需要具备以下个人条件。

（1）分析能力。一个零售管理者必须能够通过对事实和数据的定量分析来解决问题，运筹帷幄。

（2）创造能力。能够创造并识别新思想和新方法的能力被称为创造力。零售商的成功取决于敏感的、有洞察力的决策，而这些决策又需要富有想象力和创新力。

（3）决定能力。能够对有关情况，迅速做出判断，做出决定，采取行动，并直至完成的能力。零售业外部环境变化迅速，即使无法获得完全信息，一个零售管理者也必须能够迅速、自信、正确地做出决策。

（4）应变能力。能够对瞬息万变的市场环境及时作出调整的能力。零售管理中意外的变化不可避免，零售企业的销售计划、产品、价格一定要适应外界的变化，迅速予以相应的改变。

（5）主动精神。亲自掌握第一手资料，马上开始某项行动的能力。

（6）领导能力。能够激励其他人相信并且尊重自己的判断，以及能够委派、指导、指挥其他人工作的能力。任何大型零售企业，单凭个人力量难以成事，必须依靠所属人员的共同努力。

（7）组织能力。能够安排工作中的优先事项和计划并一直跟进直到任务完成的能力。零售管理者每天都要同时处理许多复杂的问题，必须能够分清主次、合理安排时间。

（8）承担风险的能力。零售管理者应当愿意承担经过全面分析和明智判断之后仍然存在的风险，也应当愿意对结果承担责任。

（9）承受重压的能力。零售业是一种快节奏、对人有很高要求的职业。零售管理者必须能够顶住经营管理中遇到的压力，坚韧不拔，勇往直前。

（10）对工作的狂热。即对工作有强烈的热情。

扩展阅读 1.5　沃尔玛创始人山姆·沃顿的特质

## 二、零售管理方法

零售管理者普遍采用以下三种工作方法。

### （一）分析方法

零售管理者一定要重视调查研究，对有关情况系统地进行综合分析，做出正确的决断。为了达到这个目的，零售管理者还需运用一些适用于零售现象的模型和理论，对整个零售企业进行全盘考虑，有了这种系统分析，就可以形成一整套行之有效的规章制度和经营方针。

### （二）创新方法

富有创造力的零售管理者很会出主意、想办法。这些管理者一般思路比较开阔，富于想象力，善于利用洞察力、直觉和广博的知识，发现新奇的方法解决零售难题。在大多数情况下，单凭创造性可以经营管理好零售企业。但从长期来看，只有创造性是远远不够的。

### （三）双管齐下

从长期来看，那些同时实施分析性和创新性管理的零售商们将总是能够获得更可观的利润。例如，星巴克管理者的创新能力表现在商标名称和标识的开发上，而分析技巧则体现在标准化店面布局、设置、器具和员工培训的安排上。正是创新能力和分析技巧的结合，星巴克才有了如今蓬勃的发展。

## 三、零售管理框架

研究零售管理一般有三种视角：①原理视角，即描述零售商的各种类型及其发展；

②功能视角,即着重研究零售商从事的活动(如采购、定价和人员培训);③战略视角,即以定义零售企业、设定目标、迎合恰当的顾客市场、开发总体规划、实施综合战略和定期检查经营状况等内容为主。

零售商为实现长期繁荣,需要制定战略规划,并具有不断改进的意愿。因而本书侧重从战略视角阐述零售管理框架。即制定零售战略,通过人、财、物管理实施战略。具体包括:零售战略规划、零售组织与人力资源管理、零售企业财务管理、零售企业营销管理(零售选址、零售购物环境管理、商品采购管理、零售定价管理、零售促销管理、零售服务管理、零售连锁经营管理)、零售企业可持续发展管理。

## 本章小结

零售,是指向最终消费者销售供其个人、家庭或社会集团使用的物品与服务的所有活动和步骤。零售商或零售企业是任何向个人、家庭或社会集团消费出售商品并提供售后服务的机构。零售商是连接生产者和消费者的分销渠道中的最终业务环节。通过货物(以小批量)与服务(给予适当的支持)的组合满足特定顾客的需求与欲望。零售业是流通业的基础产业、国民经济的重要行业,是一个国家和地区经济社会发展的晴雨表。

零售业态在不同的国家有不同的分类标准,其共同的类型主要有12种:百货店、超级市场、专业店、专卖店、购物中心、集合店、便利店、仓储会员店、电视/广播购物、网络零售、无人值守商店、电话零售。一些学者总结了一些理论加以说明,其中经常被人提及的理论主要有零售车轮理论、手风琴理论、生命周期理论、辩证过程理论、自然选择理论、真空地带理论。虽然所有这些理论都受到了批评,但他们却从历史中汲取了重要的教训,强调了对积极的、长期营销计划的需求。想在零售市场成功的任何人都要理解这种演进,这是关键。

零售业中没有任何两天是完全相同的,一个零售管理者要获得成功,需要具备分析能力、创造能力、决定能力、应变能力、主动精神、领导能力、组织能力、承担风险的能力、承受重压的能力、对工作的狂热等10个方面的个人条件,必须能够同时运用分析性和创新性的经营管理方法。

## 思考题

1. 试比较商品零售商和服务零售商。
2. 你最喜欢哪家餐饮企业?说说你的选择标准。竞争企业如何才能把你从最喜欢的企业那里吸引过去?
3. 解释零售车轮理论。该理论在今天仍适用吗?为什么?
4. 超市为什么宁愿将营业空间租给外人经营而不自己经营?此方式有何风险?
5. 本书给出了零售管理者成功的10个条件,你认为哪一个(哪一些)是最重要的?为什么?
6. 数智时代零售管理将发生哪些变化?

# 案例讨论

## 7-ELEVEN 会败在管理漏洞上吗？

2021 年，北京商报记者发现，7-ELEVEN 北京多家门店存在卫生环境问题，在大众点评等平台不乏消费者投诉。尽管并非所有门店都如此，但 7-ELEVEN 曾经引以为豪的日系服务优势正在削弱，同时还面临着门店增长乏力的问题。记者调查发现，7-ELEVEN 进入北京市场已经 16 年，目前门店数仅有 288 家。而从全国范围来看，7-ELEVEN 门店仅有 2147 家。而同为日系便利店的罗森、全家门店数量都已接近或超 3000 家。尽管 7-ELEVEN 方面的策略一直是以质取胜，但随着本土便利店的强势崛起，7-ELEVEN 靠这套打法占领市场的机会和时间还有多少？

**1. 卫生服务遭吐槽**

曾经以日式精细化服务著称的 7-ELEVEN，如今却遭到不少消费者的吐槽。北京商报记者注意到，微博、大众点评等平台上，有不少消费者对 7-ELEVEN 门店表示不满，其中卫生问题、商品质量问题，以及店员态度不好的吐槽屡见不鲜。其中，记者在黑猫投诉平台上注意到，一位消费者 2023 年 4 月 3 日在 7-ELEVEN 知春路店购买的食物发霉，与店家协商，店家经过查单承认为自身商品，但却将问题推给厂家，随后厂家拒绝了消费者提出的赔偿要求。

北京商报记者在走访中也发现，7-ELEVEN 便利店北京林萃东路店，热餐台面连续多日布满油污锈迹和餐食残渣。除此之外，记者随机走访 7-ELEVEN 位于朝阳区、海淀区的多家门店，发现也存在门店硬件老化、餐食台面不清洁、店员服务态度不友好等问题。

曾经的零售"神话"，正因门店老化、环境卫生问题面临口碑危机。针对上述情况，北京商报记者采访了 7-ELEVEN 北京公司相关负责人，对方表示，7-ELEVEN 便利店北京林萃东路店为 D 型加盟店，将立即进行整改，并严肃追究该加盟主对此事件的一切责任。

在和君咨询合伙人、连锁经营负责人文志宏看来，尽管 7-ELEVEN 在卫生、安全管理的要求相对来说是比较严格的，但仍然在食品安全及卫生环境上出现一些问题，这也折射出企业日常管理出现了一定的漏洞，企业应当进一步改进。但企业要把食品安全真的做好、做到位，对整个管理系统的要求是非常高的，包括员工的意识、管理系统、加盟店管理、培训等方面。

**2. 加盟后遗症隐现**

事实上，7-ELEVEN 自 2004 年就已经进入北京市场，2012 年，北京 7-ELEVEN 先后放开了委托加盟和特许加盟。一方面通过委托加盟将一部分直营店转化为加盟店，降低运营成本；另一方面靠特许加盟实现门店的低成本扩张。

据介绍，截至 2023 年，7-ELEVEN 北京门店共有 288 家，其中 13%为 A 型加盟，D 型加盟则有 200 多家。针对北京商报记者探访中发现的问题，尽管 7-ELEVEN 表示将立即整改并追究责任，但这也折射出其内部对加盟店日常监管的缺失。

实际上，无论是餐饮还是零售领域，加盟制度背后，要面对的是经济利益与食品安全、人员管理的平衡难点。

北京商业经济学会常务副会长赖阳认为，7-ELEVEN 在日本普遍采用的是加盟模式，但加盟模式有利也有弊。如果全部直营的话，企业需要承担高昂的运营成本，资金利用效率不高。而加盟的模式可以在资金上减轻企业的负担，让企业更好地投入研发和生产，但难于管理。"因为直营店管理相对更加严谨，而目前在国内加盟店的管理难度比日本和一些其他国家更大。在这种背景下，加盟店一旦管理不善，那么出现问题的概率就很高。"赖阳分析称。

**3. 业态亟待转型升级**

随着国内消费多元化发展，在新零售和技术的创新尝试上，相比全家和罗森，7-ELEVEN 动作显得较为迟缓。赖阳表示，在当前的数字化时代，7-ELEVEN 面临着业态升级转型的压力。尽管 7-ELEVEN 是老牌便利店，但当前消费者的需求发生了很大的转变，便利店要搭载更多的功能、职能。除了快餐之外，生鲜的经营、综合服务的能力，以及线上线下融合的能力上都需要拓展。"在日本，7-ELEVEN 门店非常多，形成一个非常充分的服务网络体系，运营成本也比较低。而在北京，7-ELEVEN 店铺数量比较少，它的运营很难形成整个供应链的高效集约化发展。"赖阳说。

文志宏认为，7-ELEVEN 在国内的发展，一方面面临本土便利店的竞争，另一方面在本土化方面也面临着挑战。"如何更加本土化，更加接地气，需要 7-ELEVEN 根据各个市场的情况去做调整、调节。"

（资料来源：北京商报不等式调查组. 7-ELEVEN 会败在管理 bug 上吗？ 北京商报百家号. 2021-04-11.）

**案例思考**

1. 你认为 7-ELEVEN 会败在管理漏洞上吗？请阐述你的理由。
2. 7-ELEVEN 怎样加强管理？

# 本章实训

## 一、实训目的

1. 明晰零售管理的概念与框架。
2. 通过实地调查，了解零售管理者具备的技能。
3. 锻炼调查收集资料、分析问题、团队协作、个人表达等能力。

## 二、实训内容

以小组为单位，拜访一位零售管理者，观察他同时具有哪些技能。

## 三、实训组织

1. 指导教师布置实训项目，提示相关注意事项及要点。

2. 将班级成员分成若干小组，成员可以自由组合，也可以按学号顺序组合。小组人数划分视修课总人数而定。每组选出组长 1 名，发言代表 1 名。

3. 以小组为单位，选定访谈的零售管理者，拟定调查提纲，深度访谈收集资料。写成书面调查报告，制作课堂演示 PPT。

4. 各小组发言代表在班级进行汇报演示，每组演示时间以不超过 10 min 为宜。

### 四、实训步骤

1. 指导教师布置任务，指出实训要点、难点和注意事项。

2. 演示之前，小组发言代表对本组成员及其角色进行介绍陈述。演示结束后，征询本组成员是否有补充发言。

3. 由各组组长组成评审团，对各组演示进行评分。其中，演示内容 30 分，发言者语言表达及台风展现能力 10 分，PPT 效果 10 分。评审团成员对各组所评出成绩取平均值作为该组的评审评分。

4. 教师进行最后总结及点评，并为各组实训结果打分，教师评分满分为 50 分。

5. 各组的评审评分加上教师的总结评分作为该组最终得分，对于得分最高的团队予以适当奖励。

## 延伸阅读

1. 伯曼，埃文斯. 零售管理 [M]. 吕一林，宋卓昭，译. 11 版. 北京：中国人民大学出版社，2011：1-21.

2. 夏春玉，汪旭辉. 中国零售业 30 年的变迁与成长[N]. 中国商报，2008-12-16.

3. 谢家驹. 卓越的管理典范：马狮百货集团经营剖析[M]. 北京：生活·读书·新知三联书店，1988.

4. 冯永春，皇甫云峰. 管理移植视角下企业管理能力提升过程与模式研究：基于物美集团的探索性案例分析[J]. 管理学报，2022，19(2).

5. 张辉，陈海龙，刘鹏. 智能时代信息通用技术创新微观动力机制分析：基于沃尔玛信息技术演化的纵向案例研究[J]. 科研管理，2021，42(6).

## 即测即练

# 第二章

# 零售战略规划

◆ **本章学习目标**

了解零售战略规划过程，熟悉零售战略环境分析的内容与方法，掌握零售战略、零售一般环境、行业环境、竞争环境的含义和各种零售战略的内核及其适用性。

◆ **引例**

### "科技永辉　数字赋能"战略

当今时代零售业用户需求、用户体验、供应链、线下门店场景发生了变化，互联网巨头纷纷布局线下零售，数智技术逐渐走进人们生活，并应用于各个领域。实体零售走到了机遇和挑战并存的十字路口，如何实现突围是每个零售企业面临的重大问题。

永辉超市早在 2015—2016 年就开始正式探索线上运营。2017 年便开始发力建设"科技永辉"。2017 年底，吸引腾讯入股永辉超市 5%、永辉云创 15% 的股权。从门店端、用户端、供应链端到基础设施端、人才端，腾讯的数据和技术都开始在永辉应用。在腾讯的帮助下，永辉构建了"智慧零售云"，试图实现两个层面的价值：赋能技术和赋能服务。

2018 年，永辉超市组建了科技部，推动"科技永辉、数字赋能"战略的实施。一方面，致力于零售业务的线上线下解决方案创新应用；另一方面，全面围绕在线化、云化等数字化能力展开创新探索，为业务的下一步发展夯实科技基础。具体措施：搭建基于两地三中心的永辉云平台，提供各个层次的云服务；对门店管理系统进行了移动化、平台化、智能化升级；构建以流程贯通、数据驱动为核心的具有国际竞争力的消费供应链系统平台；人工智能技术在食品溯源、智慧选址、商品与消费者洞察领域进行了试点探索应用。

2019 年，永辉超市建设线上线下全渠道营运营销平台，全力支持到家、到店业务。通过云化、智能等技术手段打造数字化门店，提升门店管理效率及用户购物体验。建设数字中台，以业务场景为抓手，充分利用数字资产及人工智能技术，试点落地数字创新应用。建设推广供应链中台，通过数字化技术实现供应链各环节之间无缝连接。落地推广"辉腾2.0项目",优化构建以商品流、订单流、财务流和信息流整体流程拉通的应用平台。

2020年将科技系统建设纳入2020—2025年5年规划。完成系统性的数字化搭建,为亿级的会员平台打下扎实基础,充分联动供应链、财务、人资、物流、后台,利用战略联盟优势,共享采购、管理、经营、服务、金融等资源,达到降低成本、提高效率,进而增强企业竞争能力的目的。

2021年1月,永辉超市聘任原京东集团高级总监李松峰为公司首席技术官(CTO)、副总裁。明确表示:下一个十年公司将全面推进"科技永辉、数字赋能"战略落地。8月初,聘任李松峰为公司首席执行官(CEO),更好地牵头建立技术驱动运营的组织体系,带领公司努力实现"坪效、人效、品效"三大提升,成为一个更受消费者喜爱的"科技零售企业"。

(资料来源:https://hea.china.com/article/20210829/082021_862718.html;https://www.yonghui.com.cn/show?Id=75993;https://xueqiu.com/9752028711/171829782)

### ◆ 本章知识结构图

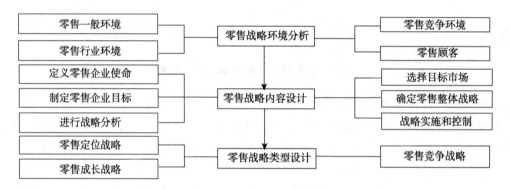

零售企业与外部环境是相互作用、相互影响、相互制约的。随着顾客需求与顾客价值取向的变化,随着外资零售企业在中国市场扩张步伐加快、扩张力度加大,加上新的零售业态和零售技术的出现,全球绿色运动的蔓延,零售业竞争日益激烈。环境的变化迫使零售企业花更多的时间、精力考虑长期的战略,以便在竞争中获胜。

## 第一节 零售战略环境分析

### 一、零售一般环境

零售一般环境是指影响零售行业和企业的较广泛的社会力量或因素,包括人口的、经济的、技术的、政治的、法律的,以及社会文化方面的力量和因素。一般用PEST分析法分析企业的一般环境。PEST分析法是指针对一般环境中起作用的政治、经济、社会文化、技术等各要素(表2-1)的分析。具体考察:当前影响零售企业的一般环境因素是什么?其中哪个因素最重要?将来还会出现哪些新的因素?

表 2-1 零售商 PEST 分析示例

| 政治的/法律的 | 经济的 | 社会文化的 | 技术的 |
| --- | --- | --- | --- |
| 政局稳定性 | GDP | 绿色运动 | 高新技术产品 |
| 税收政策 | 区域经济 | 消费者保护运动 | 食品加工/提供 |
| 劳动法 | 可支配收入 | 工作形式发生变化 | 互联网/互动电视 |
| 最低工资 | 储蓄率 | 社会阶层收入差距 | 数字货币转移 |
| 营业时间限制 | 利息率 | 假日/休闲时间 | 电子数据交换 |
| 商业网点法规 | 汇率 | 参加体育锻炼 | 仓储技术 |
| 垄断法 | 燃料价格 | 关心食物安全 | 绿色汽车 |
| 交易准则或法规 | 就业率 | 教育程度 | 卫星定位跟踪 |
| 有关折让的规定 | 国内竞争 | 人口老龄化 | 数智技术 |
| 环境法 | 国际竞争 | 晚婚晚育 | 安全技术 |

零售企业不可能直接控制这些一般环境因素。成功的零售企业会收集相应种类和数量的信息，了解一般环境各方面因素及其意义，以便制定和实施适当的战略。

## 二、零售行业环境

零售行业环境是指对一个零售企业及其竞争行为和反应，以及行业的利润能力有直接影响的因素。它包括这样一组因素：新进入者的威胁、供应商、购买者、替代产品或服务，以及当前竞争对手之间竞争的激烈程度。在波特"五力"模型的基础上，麦戈德里克（McGoldrick）把购买者分为零售商和顾客，改造出适应零售业特点的竞争力模型（图 2-1）。

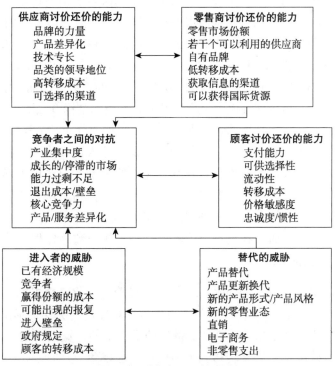

图 2-1 零售行业环境因素

经过对行业力量的分析，零售企业应该能够对该行业的吸引力做出判断，看是否有机会获得足够甚至超常的投资回报。

## 三、零售竞争环境

零售竞争环境是指与零售企业直接竞争的每一个公司，即竞争对手。主要分析每一个主要竞争对手的未来目的、当前战略、想法和能力。即：什么东西驱动竞争对手；竞争对手正在做什么，能做什么；竞争对手对自己的行业是怎么看的；竞争对手的能力是什么。

有效的竞争对手分析的关键，是收集相关的数据和信息。除竞争对手信息外，还要收集全世界所有国家有关的公共政策信息。当然，零售企业在收集竞争情报时应当遵从法律法规和社会认可的伦理标准。

## 四、零售顾客

顾客需求是零售企业生存的土壤，零售企业将自己与竞争者区分开来的最简单的方法就是能够比竞争者更好地满足顾客们的需求。因而，认识并了解顾客需求是一件非常重要的事情。如果零售企业不了解顾客的需求，就不可能吸引顾客进店并购买商品，最终只能关门倒闭。

### （一）顾客人口统计特征

从市场营销学的角度来看，市场等于人口加购买欲望加购买力。因而，人口的总体规模是影响零售消费市场规模的重要因素，人口结构决定了消费市场结构，人口的收入状况和分配状况决定了购买能力和购买水平。中国是世界上人口最多的国家。2023年末全国总人口约为14.09亿人，其中城镇常住人口约为9.33亿人，占总人口的66.2%，乡村人口约为4.77亿人，占总人口的33.8%。从总的趋势来看，中国人口规模不断扩大，城市人口比重增加，农村人口比重下降，人们收入水平不断提高。因而，中国零售消费市场是全球规模大且增长潜力大、消费结构升级潜力大的市场之一。

具体而言，要分析顾客的年龄分布，尤其要关注14岁以下人口和老龄人口及其趋势；要关注人口出生率现状与趋势；要分析人们的工作方式及其变化；要分析农村居民人均纯收入，城镇居民人均可支配收入，贫困人口、富裕阶层收入状况，居民家庭食品消费支出占消费总支出的比重，居民消费结构；居民的居住地及居民在地理上流动的趋势，居民数字化程度及其趋势等。

扩展阅读 2.1　数字消费者的类型

### （二）顾客价值取向

价值观或信仰支撑一个人的几乎所有行为，尽管其变化是缓慢的，但是在不断进行中。英国社会研究所对40多个国家进行调查发现，对环境的关注最早出现在瑞典，后来依次扩展到德国、法国和西班牙。在20世纪的早、中期，英国人的兴趣点从更稳定/更安全转移到伦理与社区，之后又转移到更为全球化的视角。

就中国的情况而言，随着人们生活水平的提高和社会福利的改善，随着全球绿色运动在中国的传播，消费者的价值取向变化呈现如下趋势：更加寻求物美价廉；更加关注自然环保；更加重视健身美体；更多倾向家庭购物；更多购买中国商品。

### （三）顾客购买行为

**1. 购买者行为的 SOR 模型**

心理学的刺激—有机体—反应（stimulus-organism-response，S-O-R）模型认为外在环境会影响个体的感知评估和情绪状态，从而影响其心理反应，并通过心理反应间接影响个体表现的行为（图 2-2）。应用到零售营销活动中，"刺激"是指商店里看见的、听到的、闻到的、触摸到的任何东西。"有机体"是指商店的顾客，"反应"是指顾客购买行为或是在购买者的头脑中对商店或商店的产品产生积极的态度。简单地说，一个购物者的行为被他所感受到的所有刺激所影响。由于人类行为的复杂多变，欲 100%准确预测行为其可能性很低，但是能够在一定程度上影响购买者行为就有价值。

刺激 → 有机体 → 反应

图 2-2 SOR 模型

**2. 购买者行为的 MR 模型**

MR（Mehrabian-Russell）模型是对 SOR 模型的扩展。其基本假设是：一个购物者在一种零售环境下的感知和行为是这种环境创造的情绪化状态的结果。简单地说，一个购物者的行为受环境（如店内布置、商品陈列、商店氛围等）的直接影响。这一模型包括了环境刺激、情绪化状态、行为三个因素（图 2-3）。其中，情绪化状态包括愉悦和激昂两个变量。愉悦是指购物者在店内感到惬意的程度，激昂是指购物者感到兴奋或激励的程度。行为包括进取行为和逃避行为，进取行为是指愿意进入环境，更广泛地参与和增加愿意购买的倾向；逃避行为是指逃离环境，减少参与和减少愿意购买的倾向。

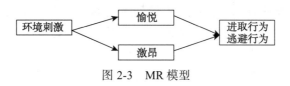

图 2-3 MR 模型

**3. 购买者行为的 ELM 模型**

心理学家佩蒂和凯希奥伯 1986 年提出的态度改变模型——精细加工可能性模型（elaboration likelihood model，ELM），将态度的改变归纳为两条基本路径：中央路径和外围路径。中央路径认为态度改变是受众认真考虑和整合说服信息的结果，即受众进行精细的信息加工，综合多方面的信息与证据，深思熟虑，然后形成一定的态度。其显著的特点是它需要高水平的动机和能力去加工说服信息的核心成分，即用中央路径加工的人将更深刻地考虑说服信息，需要较多的认知资源。外围路径认为态度的改变不在于认真思考说服信息的内容，无须进行逻辑推理和深入思考，而是根据一些外围线索得出结论来形成态度。更多的时候,中央路径和外围路径一起影响消费者的态度。

ELM 模型是对 SOR 模型的扩展,能够用于描述购买者受店内外劝说(影响)的情况。尽管相对于采用外围路径的购物者,采用中央路径的购物者倾向于更谨慎的态度,但两条路径都被环境因素所影响。

**4. 影响购买行为的因素**

零售商店的实物环境,如大小、店堂设计、清洁与否,对商店质量感觉的形成和发展,以及购买者是否光顾商店具有重要作用。良好的质量感觉起着"沉默的推销员"作用,糟糕的质量感觉可以从根本上延迟购买者光顾商店的时间。

购买者个体的社会环境是指所有与社会其他成员之间的互动因素,如其他的购买者或商店职员。影响这种互动的因素有文化、社会阶层、参考群体和生活方式。在零售情景中,文化因素(价值观、态度和信念)将会影响购买者店内和店外的行为,影响到购买者对商店、购物及消费习惯的感觉。许多研究发现,购买习惯、媒体选择、广告展示等因素与社会阶层成员有紧密联系。参考群体是指对一个人的态度和行为有直接或间接影响的一群人,其中重要的参考群体之一是家庭,因为成员之间具有紧密互动性。生活方式是一个人的生活模式,用活动、兴趣和意见表示,具体表现为购买习惯。

扩展阅读 2.2　线上生活化消费者行为改变的驱动力

购买目的、购买者的内在特点(如个性、态度、信念等)、时间因素(主要包括购买时机、外出持续时间、外出频率、时间限制)也会影响消费者的购买行为。

**(四)顾客店铺选择标准**

消费者选择某家商店而不选择另一家商店的原因,是零售理论界和实业界一直在探寻的目标。总体而言,当消费者考虑去哪里购物时,店铺特色的吸引力起着重要作用。店铺特色具体表现在哪些方面呢?尼尔森和英国竞争委员会均认为,便利、价格、商品种类和停车位都是很重要的因素。当然,就这些因素重要程度的判断、各自选取的关键性特征是不同的。就日用品购买者选店标准而言,尼尔森认为依重要性排序是如下 11 个特征:物有所值,便利位置,便利泊车,价低,商品齐全,店铺干净整洁,自有品牌质量好,生鲜食品质量好,产品质量高,店内促销,乐于助人的员工。英国竞争委员会认为依重要性排序是如下 11 个特征:每周同一地点购物;日用品价格;商店在居所附近;琳琅满目的日用品;充裕的泊车位;产品随到随有;营业时间灵活;附加设施加油站;咖啡店等;店铺的购物体验和风格;邻近其他店铺和/或娱乐设施。[①]

消费者零售店铺选择标准在很大程度上受购物及购物者情况的影响。例如,购物者所在地区、购物者所处的季节、不同的购物群体、购物者的购物目的、购物成本、购物风险等都会影响到店铺选择标准。

---

① 资料来源:麦戈德瑞克.零售营销(原书第 2 版)[M].北京:机械工业出版社,2004:69-70.

## 第二节 零售战略内容设计

零售战略是指导零售商的整体经营规划或行动框架。考虑的是零售商如何确定一系列行动从而对环境及时做出反应。内容涵盖零售商的使命、目标、顾客、整体经营计划和具体行动方案,以及控制方法。有效的战略规划能够保护零售商免受竞争性攻击的伤害。

战略规划的首要步骤是定义企业的使命,确定目的与目标,并进行战略分析;其次,选择目标市场;最后,确定企业的零售组合。寻找机会,努力在竞争中寻找一种差别优势,实现企业目标。

### 一、定义零售企业使命

零售企业使命是零售企业对业务类型及其在市场中的独特角色的承诺,反映了企业对消费者、员工、供应商、竞争者、政府及其他相关者的态度。主要回答以下三个问题。

一是业务应基于商品和服务种类,还是基于目标消费者的需求?例如,经营五金的商店是否可以经营一种浴室梳妆台?如果基于商品和服务种类,五金店可能不会选择经营梳妆台;如果基于目标消费者的需求,则将经营消费者装修房屋需要的任何东西,包括梳妆台。

二是企业打算在市场上充当领导者还是跟随者?零售企业可能制定一种独特的战略,成为市场领导者;也可能效仿竞争者的方法,但比竞争者做得更好。

三是市场范围确定为广泛的顾客群,还是较窄的顾客群?大型连锁商店因其资源和品牌认知度所致,通常追求广泛的顾客群;小型零售商集中于一个较窄的顾客群通常是最好的选择。

以下是国内外几例经典的零售企业使命。

荷兰银行使命——通过长期的往来关系,为选定的客户提供投资理财方面的金融服务,进而使荷兰银行成为股东最乐意投资的标的及员工最佳的生涯发展场所。

沃尔玛公司使命——给普通百姓提供机会,使他们能与富人一样买到同样的东西。

联邦快递使命——信奉员工—服务—利润的理念。我们将提供完全值得信赖、比竞争对手更卓越的全球急件快递运输服务,从而创造出巨大的经济收益。我们利用实时电子追踪系统掌握每一包裹的运输情况。每一份运单的完整记录都会附上费率报价。我们相互之间以及对公众都将十分友好、礼貌、同时不失职业风范。我们将努力使每位客户在每次快递服务完成后都感到满意。

上海豫园旅游商城(集团)股份有限公司——为全球家庭客户"智"造快乐生活。

王府井集团——全力打造以顾客为核心、线上线下融合互通的商业新模式,引领美好生活方式,并不断提升企业核心竞争力,将王府井打造成为中国零售领军企业。

## 二、制定零售企业目标

零售企业目标，指零售企业所希望达到的长期或短期绩效标准。应该来自于零售商的使命，并能够对使命进行详细精确的描述和指导。目标不仅有助于制定战略，而且有助于将企业使命转化为行动。零售企业追求的目标一般分为两种：①市场绩效，即将一个企业的市场行为与它的竞争者进行对比；②财务绩效，即分析企业是否可以获得一个能够维持运营的利润水平。此外，有些零售商可能也会建立社会目标及个人目标。

市场绩效目标最流行的衡量标准是销售额和市场份额。

财务绩效目标可以很方便地分为两种：盈利性目标和生产效率目标。

销售目标与零售商所销售商品/服务的数量有关，可以用金额和销量两种形式表示。销售增长率、稳定性和市场份额是最常见的销售目标。稳定性强调保持销量、市场份额、价格等。小型零售商通常寻求稳定的销售额，一些零售商非常重视培养忠诚的顾客。市场份额（给定企业的销售额占同类企业销售总额的百分比）通常是大型零售商或零售连锁店的目标；小型零售商更关心街道或邻里商店之间的竞争，而不是城市、地区的总销售额。

利润是指零售商在既定时期（通常是一年）内至少应达到最低利润水平，可以用金额或销售额百分比两种方式表示。在土地、建筑和设备方面拥有大量资本的零售企业常常设立投资回报率（return on investment，ROI）目标。投资回报率描述了企业利润与资本项目投资之间的关系。

生产率目标说明零售商希望从每单位的资源投入中得到多少产出。零售商投入的主要资源有空间、劳动、商品，零售商会确定每种资源的生产率目标，如空间生产率、劳动生产率、商品生产率。

社会目标强调了零售商对社会中更广泛问题的关注，引用最频繁的社会目标有五个：就业目标、纳税、消费者选择、公平、捐助者，如图2-4所示。

图2-4 零售目标

个人目标指零售机构中任何一位员工的个人目标。一般来说有三种类型：自我满足，地位与尊敬，权力与权威。

## 三、进行战略分析

战略分析是对即将或已经开业的零售商所面临的机会和威胁结合零售商的优势和劣势进行客观评价的过程。常用分析工具是 SWOT 分析。SWOT 分析指的是对一个企业的优势（strengths）和劣势（weaknesses），以及面对的机遇（opportunities）和威胁（threats）的识别和分析。它把 PEST 分析和竞争力分析的成果结合在一起，并和零售企业的战略能力结合起来。

优势：我们商店拥有哪些重要的竞争性优势（更低廉的价格、更恰当的店址、更勤奋的员工等）？擅长什么？顾客如何理解我们商店的强项（例如，钱花得最值）？

劣势：竞争者拥有哪些我们不具有的竞争优势？竞争者在哪些方面做得比我们好？我们最大的内部缺点是什么？

机遇：什么样的环境趋势能够使我们的企业受益？我们商店所面对的市场竞争情况如何？与我们紧密相关的行业领域有哪些还没有发展起来？

威胁：我们商店将来的经营会受到哪些不利环境趋势的影响？市场中将会出现哪些影响到我们商店的新技术？

SWOT 分析可能涉及的问题纷繁复杂，分析的重点主要集中在与战略规划和实施具体相关的方面。

## 四、选择目标市场

目标市场是指零售商希望吸引和满足的消费群体。零售商在选择目标市场的过程中，可供选择的策略有三种：①大众营销，即向范围广泛的消费者销售商品和服务；②集中营销，即圈定一个有限的消费群体；③差异化营销，即以两个或更多有明显差异的消费群体为目标市场，并对其采取不同的零售策略（表 2-2）。

表 2-2 目标市场定位技术及其战略含义

| 战略含义 | 目标市场定位技术 | | |
| --- | --- | --- | --- |
| | 大众营销 | 集中营销 | 差异化营销 |
| 零售店位置 | 靠近大量人口地区 | 靠近少量或者中等规模人口地区 | 靠近大量人口地区 |
| 商品和服务组合 | 宽品种，中等质量的产品 | 深组合，优质或低质的商品 | 针对每个细分市场的独特商品/服务 |
| 促销活动 | 密集的广告 | 直邮、电子邮件、订购 | 针对每个细分市场采用不同的媒体和消息 |
| 价格导向 | 流行的价格 | 高价或者低价 | 价格依细分市场而定 |
| 战略 | 针对大量的同质（类似）消费群体采取一种通用战略 | 针对具体的、有限的消费群体采取一种特殊战略 | 针对各个不同的（异质）消费群体采取几种特殊战略 |

超市和药店一般选择大众营销，小型高档女装店选择集中营销，百货商店一般选择

差异化营销。

各类零售商成功的关键在于确定目标顾客群,并以独特的方式迎合顾客需求的能力。

## 五、确定零售整体战略

零售商在对企业可以直接加以影响的变量及企业无法控制而只能适应的变量进行研究之后,确定零售整体战略。这一战略主要包括三个任务:设法让购物者走进你的商店;通过使他们购买商品,把这些购物者转变为顾客;在保持顾客期待的服务水平的同时,尽可能地降低前面两步(使购物者进入你的商店并把他们转变为顾客)所需要的运作成本。

## 六、战略实施和控制

战略实施由零售商日常和短期的经营活动即战术构成,具体如下。

商店选址,主要包括商圈分析和具体的店址选择。

商店管理,主要包括组织结构设计与人力资源管理、财务管理、购销业务运营管理。

商品管理与定价,主要包括商品经营结构确定、商品采购管理、定价策略。

顾客沟通,主要包括店面设计与布局、商品促销。

战略控制是战略规划的最后一个步骤。

零售企业应根据企业使命、目标和目标市场,对已制定和实施的战略与战术做出评估。通过评估,零售商可以了解其优势与劣势,战略实施过程中运行良好的方面与运行欠佳的方面,然后,强化良好的方面,调整欠佳的方面,使之与零售企业的使命、目标和目标市场相一致。

扩展阅读 2.3 美国塔吉特公司的战略

# 第三节 零售战略类型设计

## 一、零售定位战略

零售战略的一个关键因素是以企业参与竞争的细分市场为基础进行决策。市场细分根据市场规模、增长潜力、竞争状况、企业能力、所需投资、获利潜力等因素进行。之后,评估并选择最适合的目标市场。然后,对零售组合进行定位,以便更有效地服务目标顾客,赚取更多的利润。

定位是由美国著名营销专家艾尔·里斯(Al Ries)与杰克·特劳特(Jack Trout)于20世纪70年代早期提出来的,认为定位就是确定产品在人们头脑中所期望的位置。定位的真谛就是"攻心为上",消费者的心灵才是营销的终极战场。

零售定位是在目标顾客心目中形成并维持零售企业有别于竞争对手的价值形象的过程。定位可以有意使本企业与其他市场上的其他企业区别开来,也可以使本企业尽可能地接近一般购物者心目中特定细分市场上理想零售企业的看法。美国威拉德·N.安德、尼尔·Z.斯特恩提出零售商的定位战略是必须在以下某一方面对特定的顾客群体做得最出色：价格、品种、时尚、服务、迅捷。

最佳价格指的是零售企业出售的商品要比竞争对手价格更低。其前提是顾客对商品的质量满意。

最佳品种是指零售企业在特定类型的商品上提供最齐全的品种。这类零售企业被称为"品类杀手"。这里所说的商品，不仅仅是货物，也包括了为顾客排忧解难的解决方案。

最佳时尚是指零售企业拥有顾客刚开始大量购买的对路商品，依靠大众时尚来赢得顾客。

最佳服务是指零售企业帮助顾客特别是那些不清楚自己想要什么的顾客解决问题。也就是说，为顾客提供优质的服务和合适的商品。

迅捷是指零售企业努力用最快的方式来满足特定需求，以快捷的服务取胜。

威拉德·N.安德、尼尔·Z.斯特恩认为，零售企业在某个特定定位上得到顾客认同是及格水平，低于及格水平就会遭到市场淘汰；在某个领域已经站稳脚跟但还没有什么特别之处是平均水平，早晚会被淘汰。零售企业要实现持续经营，必须在每个方面达到及格水平，在某些方面达到平均水平，并且要在某一方面做得最好。

## 二、零售成长战略

### （一）多元化与专业化

零售"手风琴理论"认为，零售业的主导模式有两种：以追求商品品种多样为主导的零售商和专注于某一类商品经营的专业零售商。这一理论重申：在某些特定环境下，多元化战略和专业化战略都取得了成功。

促使零售企业实施多元化战略的主要原因是：退出所在的行业，分散风险，克服消费周期的影响，开发未充分利用的资源和能力，发挥不同业态的合力。例如，特易购利用自己规模较大的店铺，在这些店内设立特色店中店，包括电器、小餐馆、保健和美容、婴儿和儿童世界、音乐和休闲、运动世界、印刷和纸张，还包括视力测试和配镜服务、信用卡发行、保险和其他金融服务。

专业化是向顾客提供专业建议的能力，同时也使店铺更紧凑、更专业的特性更为突出。商品品类的范围广而目标市场狭窄、商品品类的范围窄而目标市场特定、商品品类的范围窄而品类内的选择度深，都是专业化战略。其中影响力最大的是"品类杀手"战略。"品类杀手"是通过把深度的选择性和低价格两个卖点结合在一起，力图主宰某个狭窄的非常规性购买的商品市场，并成为消费者"首选"的目标商店。"品类杀手"战略最适用于每次采购的产品比较单一而且购买频率低的零售场合。办公设备、家居用品、家具和家用电器就属于此类。

## （二）内部扩张与外部扩张

### 1. 内部扩张

内部扩张战略是通过整合内部资源，维持并发展企业竞争优势。常用的内部扩张战略有市场渗透、市场开发、产品/种类开发和多元化。

市场渗透战略是以现有零售品种/产品系列瞄准现有的顾客，通过吸引现有商店所在地域内的更大份额的总销售额提高市场占有率。涉及的零售营销活动主要有：提高商品布置的视觉效果，扩建商店，提高顾客忠诚度，降低价格，加大促销力度，增加便利性，等等。这种战略最适用于仍在增长的目标市场。

市场开发战略是用现有的商品种类瞄准新的细分市场。市场开发战略比市场渗透战略使用的资本更多、面临的风险更大。

产品/种类开发战略是指开发新的产品/服务组合满足顾客更多的需要，以此增加在现有市场上的销售额。例如，大型杂货零售企业增加许多文具、书刊、服装和电器等商品。

多元化战略是用新的产品/零售形式瞄准新的市场。多元化包括相关多元化和无关联的多元化。

### 2. 外部扩张

外部扩张战略是通过吸纳和整合外部资源，实现企业发展。常用的外部扩张战略有：并购、联合和租赁。

并购（mergers and acquisitions）是兼并和收购的统称，是企业扩张和发展的一条途径。通过并购，两个相互独立的具有不同公司特性、文化和价值体系的组织包容在一起，共享达到共同目标的资源。并购可以解决市场的饱和、停滞、衰退等问题，进一步提高市场份额、扩大经营规模，通过分享、交流双方的技术和长项产生协同利益，开发新的分销渠道等。并购要冒相当大的风险，实践表明，并购成少败多。不过，与其他产业的企业相比，零售企业的并购活动相对比较成功。

联合是两个或两个以上的零售企业形成一个联盟，联合开发与经营一种有吸引力的新产品、新业态。既可以是松散的、机会型的联合，也可以是正式的合资经营。联合主要是解决消费者对产品可选择深度的要求不断提高又希望产品更加多样、不受现有市场局限的两难处境。

扩展阅读 2.4 物美入主麦德龙中国

租赁，有时称作"店中店"，但严格说来，两者是有区别的。"店中店"一般是指零售商在店内租赁场所进行经营，而出租经营在更多的情况下是指由一个更类似于生产厂家的租户在店内租赁场地经营。出租经营对租户来说，可以共享所在商店的集客力和源源不断的客流，对于业主来说，租户可以增强整个商店的吸引力。但是，有时也会对租户带来一些制约因素，业主如果过多采取出租经营的策略，那么也会面临一些风险。

## 三、零售竞争战略

### （一）零售竞争优势

**1. 零售企业竞争优势的内涵**

竞争优势（competitive advantage）：是指一个企业相对于另外一个企业或一组企业，在任何一种维度、特质或层面上的、实际的或想象的不对称性或差距，这种不对称性或差距使得该企业能够比对手更好地为顾客提供更有价值的产品和服务。

根据迈克尔·波特的竞争优势理论，企业竞争优势的基本形式有两种：低成本或差异性。差异性就是企业力求就客户广泛重视的一些方面在产业内独树一帜。如产品本身，销售交货体系，营销渠道及一系列其他因素。就零售商业企业的具体情况而言，其竞争优势的基本形式有廉价、（品种）丰富、（商品）流行、便利、快速、简而精等。

**2. 零售企业竞争优势的来源**

总的来说，零售企业竞争优势来自零售企业外部的自然滋生和内部的战略寻求。自生性的起因主要是指环境变迁带来的运气，战略性的起因主要是管理举措、战略制定和实施，包括创新（creation）、控制（control）、竞争（competition）、合作（cooperation）、拉拢（co-option）等"五C"。

**3. 零售企业持久竞争优势的创造**

持久竞争优势（sustainable competitive advantage），一般认为是指零售商具有可以在市场竞争中长期保持竞争优势的能力，它往往来自于企业的核心能力。

创造持久竞争优势的主要途径：便利的位置；建立顾客忠诚度；与供应商结成密切的关系；高效的物流和供应链管理；良好的信息系统；独家商品；采购上的规模经济；更好的顾客服务；丰富的知识；积极努力的销售队伍。

### （二）零售竞争战略

零售竞争的基本战略有三种：成本领先战略，差异化战略，目标集聚战略。

**1. 成本领先战略**

成本领先战略就是指零售企业通过采用一系列针对本战略的具体措施在本行业中赢得的总成本领先。与采取其他战略的企业相比，尽管它在质量、服务及其他方面也不容忽视，但贯穿于整个战略中的主题是使成本低于竞争对手。总成本领先通常与持续投资和可获得资本、严格的劳动监督、低成本的分销渠道和严格的控制系统联系在一起。对于零售业而言，可能还包括强有力的采购、商品管理技术和高效的店面管理系统。

零售企业成本领先战略的实施主要体现在商品购、存、销流转过程的成本和费用的控制，只有降低商品的进价成本、储存成本和销售费用，才能实现对商品流转全过程的成本费用的控制。而大多数零售企业的主要成本是商品销售成本，因此采购规模和讨价还价能力成为实现成本领先战略的关键。

扩展阅读 2.5 拼多多的成本领先战略

实施成本领先战略要避免两个盲区:第一个盲区是过分强调成本优势而忽视了其他战略;第二个盲区是人们极易将成本领先看成简单的价格竞争,从而步入低价竞争的风险之中。

**2. 差异化战略**

差异化战略,就是零售企业力求就顾客广泛重视的一些方面在产业内独树一帜。零售企业选择在本行业内许多顾客视为重要的一种或多种特质,并为其选择一种独特的地位以满足顾客的需要,它将因其独特的地位而获得溢价的报酬。零售企业实现差异化的程度,决定了它在某一市场上的成败。

差异化战略一般与较强的营销能力、创新能力,以及在质量和/或创新方面的良好声誉相关。在零售业中,可以解读为产品品种范围、商店位置、店面设计/环境气氛、服务和/或促销等特定方面的优势。

扩展阅读 2.6 胖东来的绝招

零售业中的失败之一是太多的零售商都仅仅过分关注于一种差异化手段——价格。实际上,价格促销通常只能吸引顾客,但不可能留住他们。除非一个零售商的经营成本明显低于其竞争者,不然这将是一个非常危险的战略,因为它很容易被竞争者模仿,最后的竞相降价将会使这些商店的利润骤减,甚至严重亏损。

**3. 目标集聚战略**

目标集聚战略是指零售企业着眼于本行业的一个狭小空间内做出选择。这一战略与其他战略不同,零售企业选择行业内一种或一组细分市场,并量体裁衣使其战略为这一细分市场顾客服务。通过为其目标市场进行战略优化,集聚战略的企业致力于寻求其目标市场上的竞争优势,尽管它并不拥有在全面市场上的竞争优势。目标集聚战略有两种形式:成本集聚战略和差异化集聚战略。前者是指零售企业寻求其目标市场上的成本优势,后者是指零售企业寻求其目标市场上的差异化优势。

集聚战略可以包括不止一个细分市场,可以包括具有强烈关联的数个细分市场。但是,零售企业对于任何一个细分市场的优化能力通常都随目标的拓宽而减弱。也就是说,目标越集中,其服务的优越性越强。集聚战略者的价值链和服务于其他细分市场所要求的价值链相差越大,集聚战略就越持久。如果某细分市场和其他细分市场间的差异随着时间的推移而减少,如果技术变革减少了服务多个市场的折中成本,或者如果为细分市场而特制的价值链相对于较为标准化的价值链变得过于昂贵,那么集聚战略的持久性就会受到损害。

## 本章小结

外部环境对零售成功有着重要影响。零售商在制定战略时,必须尽力适应占主导地位的环境状况,并在竞争性的市场上可行。不论作为群体还是作为个体,顾客都对零售企业具有重要意义。深入了解顾客需求变化,了解顾客对产品和商店的偏好,零售企业可以针对顾客开展营销活动，使他们提供的产品和服务比竞争对手更有吸引力。购买者的行为影响到零售商的营销战略和战术。基本的行为模型显示购买者行为既受到内部因素（购买者特点）又受到外部因素（环境刺激）的影响。零售商要面对许多来自环境的刺激，并以独特的方式做出反应。由于消费者、竞争者、市场集中度、科学技术等方面的发展变化，零售企业面临的竞争环境越来越激烈，市场竞争越来越多采用非价格竞争手段。

战略决定着组织的长期发展方向和范围。制定零售战略要确定零售企业的使命和目标，分析形势，确定及评估战略机会，制定利用这些机会的营销战略，确定满足顾客需要和有效参与市场竞争的零售组合及有效的实施方法。PEST 分析侧重于对宏观环境中的政治/法律、经济、社会和技术等问题的研究，这些问题与零售企业未来计划和发展具有潜在的相关性。"五力模型"关注的主要对象是：供求双方讨价还价能力的变化，市场上出现的替代产品/渠道和新进入者所造成的威胁。SWOT 分析通过结合零售企业自身的劣势和优势，评估市场上存在的机会和威胁，进而把这些因素有机地结合起来。零售企业要想实现可持续的竞争优势，必须在各种零售定位战略、零售成长战略、零售竞争战略中做出选择。零售定位战略是必须在以下某一方面对特定的顾客群体做得最出色：价格、品种、时尚、服务、迅捷；零售成长战略主要包括多元化战略、专业化战略、内部扩张战略、外部扩张战略；零售竞争的基本战略包括成本领先战略、差异化战略和目标集聚战略。所有这些战略都存在战略创新与战略控制平衡问题。

## 思考题

1. 你在多大程度上同意购物者比零售企业处于劣势的说法？
2. 讨论中国正在发生的人口变化，指出哪些零售企业因此获益，哪些零售企业因此遭受打击。
3. 回顾不同的购物动机。对每种动机举出一个购物的例子。
4. 解释成本领先战略、差异化战略和目标集聚战略的不同。
5. 零售企业可以选择的主要成长战略有哪些？举出采用每种战略的零售企业的例子。
6. 为什么有那么多的企业在通过市场定位形成有效的差异化时遭遇失败？

## 案例讨论

### 宜家的战略转型

宜家家居（IKEA）是全球年纪最长、规模最大的家具零售商，用自己的独特方式，穿越时代的清洗，越来越发展壮大。而前些年，随着整个家居市场环境发生剧变，尤其是在中国，宜家的销售额增速以及商场客流量增速都在连年放缓。2018年，为应对当今的市场环境，宜家在全球范围内启动最大规模的战略转型，2019年8月底，宜家宣布其全新的"未来＋"战略，将通过渠道拓展、数字化、积极探索新的业务模式等，致力于成为消费者的"家居生活服务专家"。

**1. 随机应变,搭乘线上化、数字化的"快车"**

随着全球消费者正不断向线上转移,电商渗透率越来越高,家居行业的数字化转型已"箭在弦上"。宜家数字化战略的具体措施包括开设新型门店、投资电商以扩大业务覆盖范围,以及与第三方电商平台合作。除了对基础设施进行升级,宜家还优化了线上供应和配送服务对原有仓库进行了改造,建立起用于处理线上订单的分销中心。

在中国,宜家还设立了一个全新的业务部门——宜家中国数字创新中心。该中心的主要职能是提升宜家中国整体的数字化能力,包括使用数字化工具简化线下购物体验,打造更便捷的线上购物体验等。

**2. 线上线下"不割裂",让品牌触达最大化**

线上、线下等不同的渠道是相互补充而不是相互替代。宜家虽然一直在发力线上化、数字化,但仍然重视线下消费场景的打造;它的线上线下并不是割裂的,数字化串联线上线下等渠道,最大化宜家的可触达性。同时,宜家商场走出一线城市,开始布局中国不同区域的二线城市。

例如,2019年,广州、郑州、贵阳、长沙和青岛宜家商场开业,2020年,福州、南宁、昆明宜家的新店相继开业。2021年宜家开始布局小型卖场,利用大量使用数字化虚拟展示间的方式压缩线下空间,将卖场地址立足于交通便利、年轻一代更聚集的商业中心附近。探索新商场模式,为消费者提供线下的不同互动体验。

**3. 打造品牌IP,扩充新业务领域**

宜家自诞生以来,不断地在各种场合强化自己的品牌理念"为大多数人创造美好生活的一部分",并包含着"打破地位和传统的局限而成为更自由的人"的态度。这种品牌理念和态度,都让宜家逐渐成为一种符号,甚至是IP,也为之后宜家扩充新的业务领域,做好了消费者认知层面上的铺垫。

2020年7月,宜家推出了首个服装系列"EFTERTRÄDA",其中包含卫衣、T恤、托特包以及浴巾、雨伞等多款单品。该服装系列的设计依旧是以"IKEA"标志为中心,被印刷在衣服的背部、水瓶包装等显眼的地方,极具在网络上病毒式传播成为爆款的潜质。

2020年7月,宜家还在东京原宿开设了首家"家居+便利店综合店"。这家店最大的亮点是,能够打包购买咖啡和甜点。引入便利店,一方面是日本宜家向市中心进军,另一方面是宜家持续将自己的品牌理念,融入消费者的日常生活场景,让消费者离不开宜家。

**4. 联名营销,主动走向年轻消费者**

2020年3月,宜家天猫旗舰店开业,为了造势,首页就曾发售了此前与Off-White创始人Virgil Abloh合作打造的联名款购物袋以及地毯。在此之前,在日本市场宜家曾与阿迪达斯合作,开发室内运动产品。

最近宜家的联名合作更是频繁,且花样多、跨界广。在台湾市场,宜家与《动森》合作,推出《动物森友会》主题的宜家家居指南;与乐高联手,打造"乐高式"宜家家居——BYGGLEK 比格列克系列。

更值得一提的还有，在2020年儿童节当天，宜家中国公布了一段与新裤子乐队主唱彭磊合作的15 s预告片，引发了几天网络热议后，6月10日，正式官宣了与新裤子乐队的合作，推出了合作单曲《别再问我为什么长大》，内容聚焦在新手父母家中，随着孩子快速成长带来的空间局促，家具频繁更换等一系列居家问题上。区别于其他联名合作，此次合作是宜家首次在中国进行真正意味的合作营销，更是首次与中国本土音乐人开展联名营销活动。

**5. 公益营销，增加与消费者的情感连接**

随着社交媒体网络的不断发展，全世界范围内的弱势问题，诸如疫情问题、难民问题、环保问题……都越来越成为普通民众的关注焦点。而一直致力于把平等自由精神传播到各地的宜家，在公益营销领域有非常多亮眼的表现，这些都加深了宜家和消费者之间的情感连接。

例如，疫情期间，为了让隔离在家的网友们也能尝到美食，宜家大方地在推特上公开了瑞典肉丸食谱。原料和制作过程都写得非常详细，网友纷纷表示支持，还在社交平台上进行打卡。

又如，宜家和挪威红十字会共同组建，通过一比一的复制还原了叙利亚一个家庭的景象，通过宜家商场，给人们展示真实的战区生活，同时也提醒大家学会珍惜。样板房里挂上了许多特别的标签，上面写的不是价格和编号，而是关于Rana一家人的故事叙述，以及对战区人民的捐助方式。最终，宜家通过它筹集了2200万欧元的善款，用来支持挪威红十字会对难民的救助行动，给消费者带来感动的同时让无数消费者和宜家一起参与到公益活动中。

（资料来源：https://www.jiemian.com/article/4961659.html，2020-09-10，作者：韩一个）

**案例思考**

1. 宜家为什么要进行战略调整？
2. 你是如何理解零售业务"线上线下并不是割裂的"？
3. 你认为这一案例对数智时代中国零售企业战略转型有何启示？

# 本章实训

## 一、实训目的

1. 明晰零售战略环境对战略规划、战略类型的影响。
2. 了解中外著名便利商店在战略方面的异同。
3. 锻炼比较研究、观点提炼等能力。

## 二、实训内容

以小组为单位，从网上收集中国便利店美宜佳和德国便利店阿尔迪（Aldi）的战略管理资料，比较这两家零售商战略的异同，以及阿尔迪战略对中国便利店的启示。

## 三、实训组织

1. 指导教师明确实训目的、任务和评价标准。

2. 学习委员将班级成员分成若干小组。成员可以自由组合，也可以按学号顺序组合。小组人数划分视修课总人数而定。每组选出组长 1 名，发言代表 1 名。

3. 以小组为单位，从网上广泛收集美宜佳、阿尔迪战略管理方面的资料。根据资料和战略理论，提炼观点，写成书面分析报告，制作课堂演示 PPT。

4. 各小组发言代表在班级进行汇报演示，每组演示时间以不超过 10 min 为宜。

5. 鼓励同学们在每个组发言后提问、讨论、质疑。

### 四、实训步骤

1. 指导教师布置任务，指出实训要点、难点和注意事项。

2. 小组成员分工收集、整理案例企业资料。

3. 各小组组织讨论，按实训任务要求形成、归纳要点，完成书面分析报告。

4. 演示之前，小组发言代表对本组成员及各自承担的任务进行介绍陈述。演示结束后，征询本组成员是否有补充发言。

5. 班级演示之后，指导教师进行最后总结及点评，并为各组实训结果打分，对表现优秀者提出表扬。

### 延伸阅读

1. 安德，斯特恩. 零售商的定位策略[M]. 北京：电子工业出版社，2005.
2. 马浩. 竞争优势[M]. 北京：中信出版社，2004.
3. 董晓明. 外资沉浮启示录[J]. 零售世界，2019(8).
4. 永恩. 智能新零售[M]. 汪惟，赵俊丽，译. 北京：人民邮电出版社，2018.

### 即测即练

自学自测 扫描此码

# 第三章

# 零售组织与人力资源管理

### 本章学习目标

了解零售企业组织设计原则和企业组织结构模式，零售企业人力资源管理的特殊性，零售企业数字员工的特征；熟悉零售企业组织设计的一般程序，零售企业人力资源的招聘来源和特点，数字员工的概念、特征以及与传统人力资源的区别；掌握零售企业人力资源培训的目标、职责和基本流程，零售企业人力资源培训的类别和绩效考评的常用标准，零售企业数字员工管理。

### 引例

#### 王府井集团赋能员工成长

王府井集团公司始终把尊重人才、加强员工归属感和打造员工价值提升平台作为企业文化的重要一部分，在"共创，共担，共享"的公平公正机制下，打造一视同仁、和睦融洽、协作共赢的工作氛围，达到员工和公司共同成长的目标，提升员工在王府井的自豪感、使命感、归属感和幸福感。

公司持续强化人力资源体系建设，打造体系型人才团队，以"高标准、高激励、高成长、高淘汰、高绩效"人才策略，形成"优选人才，优培人才，优待人才"的人力资源体系建设，并建立起员工与公司之间顺畅沟通的信息反馈渠道，确保整个公司及团队的良性发展。

公司以优化管理人员队伍结构，快速培养、生成各级各岗管理人员与专业技术人员，提高整体素质为根本出发点，用优秀文明成果、现代管理知识，以及自有知识产权充实干部人才队伍，强化职业素养培训和职业技能培训，注重实践锻炼，努力做到知行合一，切实增强领导干部把握形势、驾驭全局的能力，增强专业技术人员专业素养、创新能力，为集团可持续发展提供充分的人才支撑和智力保障。

为规范管理，公司对总部各部门各岗位进行了梳理，完成总部《岗位说明书》编写和人力资源制度梳理工作。光是2022年就梳理了现有82个制度，其中59个制度需要进行整合，合并后计划重新出台24项制度。

公司确定了"自上而下、分层管理、全面覆盖"的考核管理理念，梳理集团绩效考核体系，建立《集团绩效考核方案》，成立集团薪酬与绩效管理委员会，在此基础上修改完善《事业部、业态及分子公司管理考核办法》和《总部绩效考核管理办法》。

公司根据经营管理工作需要，完成了王府井、原首商用友系统的整合。完成了系统搭建、岗职序列对应、组织架构和人事信息采集、权限配置及薪酬数据对接等各阶段工作，为集团人力资源电子化管理奠定了基础。

王府井关注人力资本价值，薪酬体系向有能力、有业绩的人才倾斜，适当拉开收入差距，充分体现人才价值；倡导能上能下、能进能出的竞争意识；建立以职位价值为基础、以绩效和能力为导向、以业绩贡献为分配依据的综合性薪酬制度；鼓励员工大胆投入工作，营造宽松的工作氛围，共同迎接挑战，共享奋斗成果。

为培养职工使命感责任感，增强企业凝聚力，激发企业发展活力，提升品牌美誉度和影响力，王府井集团开展了多类型、多层次的文化宣贯活动，在发扬集团"一团火"精神的基础上，进一步发掘赋予新时代中国特色的企业文化内容，让员工对公司有更全面和深入的了解和认识，提升职工的价值认同和文化认同。

王府井关爱员工健康生活，开展健康讲座和心理咨询服务，提高员工的自我健康管理能力，指导合理科学的生活方式。例如，百货大楼工会以职工需求为导向，积极改善工作环境和条件，提升职工健康管理水平，完善丰富职工之家建设，增置运动器械；关注职工的心理健康，邀请专业机构采取在网上答题的形式对全员开展心理健康情况测评；开设"心灵驿站"心理健康辅导站，邀请分会主席、人力、党委等相关人员组成心理辅导团队，兼职对职工进行心理辅导、心理健康宣传、培训、咨询等工作，关爱职工，提升职工的幸福指数。

（资料来源：王府井集团.2022 年度环境、社会及治理(ESG)报告. https://data.eastmoney.com/notices/detail/600859/AN202308251595840108.html）

## ◆ 本章知识结构图

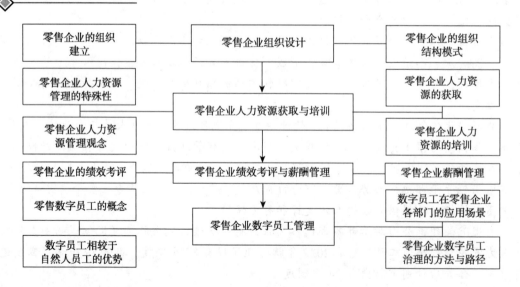

凡是由两个以上的人所从事的事业，都不能离开组织。零售企业同样如此。为了实现零售企业的目标，就必须建立一定的机构和组织体系，并划分各级组织机构的职责范围和协作关系。正确管理一个零售企业有三个最基本步骤：建立组织结构，聘用和管理员工，运营管理。本章主要探讨零售企业如何建立组织、聘用和管理员工。

## 第一节　零售企业组织设计

一个零售企业组织的建立必须同时满足目标市场、员工和管理者的需要。同时，零售企业组织的设计需要综合考虑多种因素（图3-1），从而形成多种多样的组织模式，并随着社会经济的发展而不断演化。

```
目标市场的需要
是否有足够的员工为顾客服务？
员工是否有丰富的知识和友善的态度？
店内设施是否得到很好的维护？
分店顾客的特殊需要能否得到满足？

员工的需要
职位是否有挑战性并能给员工带来满足感？
是否具有有序的晋升计划？
员工能否参与决策制定？
沟通渠道能否透明通畅？
权责是否明确？
员工是否得到公平待遇？
良好业绩能否得到回报？

管理层的需要
能否获得并留住有能力的员工？
人事制度是否有明确的规定？
每名员工是否只向一名主管汇报？
每位管理者是否都能有效监督那些向他汇报的员工？
运营部门是否得到足够的人员支持？
组织层次是否恰当？
组织计划是否统一？
员工是否受到适当的激励？
缺勤率是否较低？
是否有一个合适的岗位人员替换制度？
组织能否灵活适应顾客和环境的变化？
```

图3-1　零售企业组织设计时需要考虑的因素

### 一、零售企业的组织建立

零售企业组织建立的程序一般为：确定工作任务，分解工作任务，归类职位，职位分类，形成组织。

### （一）确定工作任务

零售企业的工作任务是其作为分销渠道终端的任务。零售企业的典型工作任务具体有：

- 采购商品。
- 运输配送商品。
- 接受商品。
- 检查进货数量。
- 确定价格。
- 贴商品标签。
- 存货的盘点和控制。
- 商品准备和橱窗陈列。
- 设施维护（如保持店面整洁）。
- 客户调查和信息交换。
- 接触顾客（如广告、人员推销）。
- 创造便利的购物条件（如便利的位置、快速结账）。
- 顾客回访，处理顾客的抱怨。
- 员工管理。
- 商品修理和更换。
- 给顾客开账单。
- 处理单据和财务记录。
- 信用业务。
- 礼品包装。
- 送货。
- 退换货。
- 销售预测和预算。
- 管理协调。

### （二）分解工作任务

上述确定的工作任务多由零售分销渠道来执行，但它们并不一定由某个特定的零售企业来执行。一些任务也可以由制造商、批发商、专业公司或顾客来执行完成。到底由谁来执行这些任务，就涉及工作任务分解这一问题。在对任务进行分解时，应考虑通过分担或转移任务是否能够实现成本的节约。同时，零售企业的组织结构也会影响到任务的分解。例如，特许经营者可以联合起来拥有自己的自有品牌，而独立经营者则很难做到这一点。零售企业对零售任务的分解具体如表 3-1 所示。

表 3-1　零售任务的分解

| 执行者 | 任务 |
|---|---|
| 零售商 | 能执行前面所列的从商品采购到管理协调的全部或一部分任务 |
| 产品供应商 | 能执行几种或多种职能，如运输配送、贴标签、存货的清查和控制、商品准备和陈列、调研、销售预测等 |
| 服务供应商 | 包括以下几类：采购部门、运输公司、仓储公司、市场调研公司、广告代理商、会计师事务所、政府信用机构、计算机服务公司等，它们都是专门执行一种特定任务的机构 |
| 顾客 | 可以承担的任务有运送、信用（现金销售）、销售（自助或直复营销方式）、产品改进（自己动手做产品的顾客）等 |

## （三）归类职位

零售企业一旦确定其所要执行的任务，并在供应商与顾客之间分解工作任务之后，就要将任务归集成职位，并必须明确这些职位的定义和构成。表 3-2 是一些职位归类的例子。

表 3-2　零售企业常见职位归类举例

| 职位 | 任务 |
|---|---|
| 销售人员 | 陈列商品，联系顾客，包装礼品，跟踪顾客 |
| 收银员 | 输入交易数据，处理现金收据，处理信用卡购买，商品包装，存货控制 |
| 仓库保管员 | 接收商品，检查来货，给商品标价，货物存储和控制，退货 |
| 陈列人员 | 装饰橱窗，布置内部陈列，顾客调查 |
| 信用业务人员 | 给顾客账单，信用卡业务，顾客调查 |
| 顾客服务人员 | 商品的修理和更改，顾客抱怨的处理，顾客调查 |
| 门卫 | 清扫商店，更换旧设备 |
| 管理人员 | 人事管理，销售预测，预算，定价，任务的协调 |

零售企业在将任务归集为岗位职责时，需要考虑实施专业化分工。在专业化分工条件下，每名员工只对有限的职能负责（与之对立的是每名员工执行多种职能）。专业分工的优势有任务范围明确、获得专业技能、降低培训费用和时间，以及可雇用受教育水平较低和经验较少的人员等。但是，过度的专业化也可能会产生一些问题：士气低落（因工作枯燥乏味），员工意识不到自己职位的重要性，需要雇用更多员工等。

一旦任务归集完毕，职位说明书就形成了。职位说明书概括了每个职位的名称、目标、义务和责任等。它是对员工进行聘用、监督和评价的工具。表 3-3 和表 3-4 分别是一个采购总监及采购经理的职位说明书。

表 3-3　采购总监职位说明书

| 职位名称 | 采购总监 |
|---|---|
| 直接上级 | 区域经理或地区副总经理 |
| 直接下属 | 各部门采购经理 |

续表

| 职位名称 | 采购总监 |
|---|---|
| 主要职责 | ①在区域经理的领导与授权下，直接负责采购部门的各项工作，并行使采购总监的职权<br>②在公司总体经营策略指导下，制定符合当地市场需求的营运政策、客户政策、供应商政策、商品政策、价格政策、包装政策、促销政策、自有品牌政策等各项经营政策<br>③在遵循公司总体经营行政策略下，领导采购部门达成公司的业绩及利润要求<br>④给予采购人员相应的培训<br>⑤与采购本部及其他地区公司密切沟通与配合 |
| 主要工作内容 | ①制定、督导各项经营政策及措施的实施<br>②制定并督导各部门各月、季、年度各项销售指标的落实，利润及各项业务指标落实<br>③协调各部门经理的工作并予以指导<br>④负责各费用支出核准，各项费用预算审定和报批落实<br>⑤负责监督及检查各采购部门执行岗位工作职责和行为动作规范的情况<br>⑥负责下属员工的考证工作，在授权范围内核定员工的升职、调动、任免等<br>⑦定期给予采购人员相应的培训 |

表3-4 采购经理职位说明书

| 职位名称 | 采购经理 |
|---|---|
| 直接上级 | 采购总监 |
| 直接下级 | 采购主管 |
| 主要职责 | ①对公司分配给本部门的业绩及利润指标进行细化，并进行考核<br>②负责本部门全部商品群商品的品项合理化、数量合理化及品项选择<br>③负责本部门全体商品价格决定及商品价格形象的维护<br>④制定部门商品促销的政策和每月、每季、每年的促销计划<br>⑤督导新商品的引入、开发特色商品及供应商<br>⑥督导滞销商品的淘汰<br>⑦决定与供应商的合作方式、审核与供应商的交易条件是否有利于公司运营<br>⑧负责审核每期快讯商品的所有内容<br>⑨参与A类供应商的采购，为公司争取最大利润<br>⑩在采购主管需要支援时予以支援<br>⑪负责本部门工作计划的制订及组织实施和监督管理<br>⑫负责部门的全面工作，保证日常工作的正常运作<br>⑬负责执行采购总监的工作计划<br>⑭负责采购人员的业务培训和管理 |

## （四）职位分类

零售企业的职位分类大体可以按照职能、产品、地理区域、顾客类型或综合的分类体系来进行划分。

**1. 按职能划分**

根据职能范围可以把职位分为促销、采购、运营及一些辅助职能，如人事、财务、审计等。这种分类方法的示意图如图3-2所示。

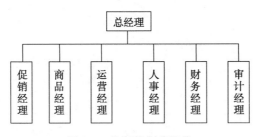

图 3-2　按职能划分职位

**2. 按产品划分**

按照产品分类是根据商品或服务来划分职务。例如，一家百货商店可以聘用服装、家具、礼品、家用电器等方面的人员。这种方法承认不同商品对人员的要求存在差异，从而使更为严格的控制和更明确的责任划分得以实现。其分类示意图如图3-3所示。

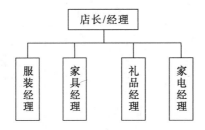

图 3-3　按产品划分职位

**3. 按地理区域划分**

当零售企业存在多家分店并分布在不同地区时，按地理区域划分职位的方法就非常恰当。员工应适应当地的情况。职位说明和任职资格由各地分店经理把握。其具体职位划分示意图如图3-4所示。

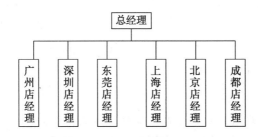

图 3-4　按地理区域划分职位

**4. 按顾客类型划分**

当零售企业面对的顾客类型不多，也不复杂时，可以考虑按照顾客类型划分职能，以便更好地为他们提供服务。按顾客类型划分职位示意图如图 3-5 所示。

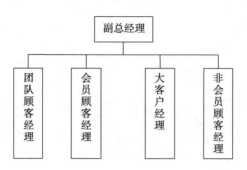

图 3-5　按顾客类型划分职位

**5. 按综合情况划分**

对于大型零售企业来说，它们往往不会局限于某一种职位划分方式，往往会把以上几种方法综合起来运用，从而形成比较复杂的职位分类。其示意图如图 3-6 所示。

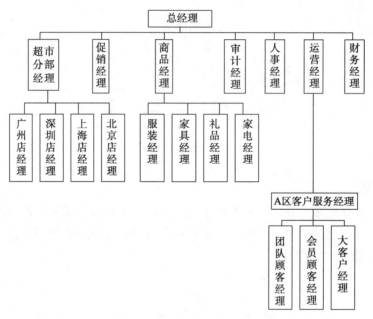

图 3-6　按综合情况划分职位

## （五）形成组织

在筹建一个零售企业组织时，企业不能孤立地看待每一个职位，而应把每个职位看成是一个整体的组成部分。零售企业组织的形成必须要经过统一、协调的规划与设计，职位必须明确、清晰；同时，职位间的相互关系也应该明确、清晰。成功的零售企业总裁并不需要亲自开展业务，但需要有效地建立一个组织，然后开动这个组织，让其顺利运转。

权力层级是指通过描述企业内部员工之间的汇报关系（从最低层到最高层）来说明各个职位间的关系。这种等级关系可以实现组织的协调与控制。零售企业组织构建的过程中需要考虑其组织的权力层级是多少层，即从最底层到商店经理或董事会要通过多少层报告。如果零售企业有大量的下级向同一个上级汇报，那该组织就应属于扁平式组织。扁平式组织的优点是沟通良好，问题能得到迅速解决，但缺点是可能造成汇报的人数过多。与扁平式组织相对应的是高长式组织，该组织有多层管理人员，在这种层级结构下，可以实行密切监督，向每位管理人员汇报的员工数量较少。高长式组织的缺点在于沟通渠道太长，给员工缺乏人情关怀的感觉（无法接近组织内的高层人士），以及制度僵化。

综合考虑这些因素，零售企业便设计出适合自身的组织结构图，它以图示的方式表明企业内部的层次关系（具体参考零售企业的组织结构模式部分）。表3-5列举了在建立零售企业组织结构图时需要考虑的原则。

**表 3-5　零售企业的组织原则**

- 组织应该关心员工。职位轮换、员工参与管理、业绩认可、工作丰富化等，都有助于提高员工士气
- 员工离职、迟到、旷工应得到控制，这些都是存在人事问题的征兆
- 权力应能从最高职位直达最低职位，以便员工明确他们向谁汇报和谁向他们汇报（命令链）
- 一个下级只能向一位直接主管报告。这样可以避免员工接到相互冲突的命令（统一指挥）
- 一个经理直接管理的员工数量要有限（管理跨度）
- 责任应该辅以足够的权力。一个对特定目标负责的人需要有达到目标的权力
- 虽然主管可以授权，但是他应对下属的行为负责。授权不能成为管理人员没有达到目标的借口。这就要求主管人员在下级为实现目标工作时，主动去评价他们的行为
- 企业应尽量控制组织的层级数量。层级越多，沟通所需要的时间就越长，协调的困难也越大
- 组织内除了正式组织外还存在非正式组织。非正式组织在组织内所起到的作用可能会超过正式的关系与程序

## 二、零售企业的组织结构模式

零售企业根据自身的企业规模与特点，为完成其组织目标，在综合考虑多种因素的前提下，设计出适合自己的企业内部层次关系，形成自己的组织结构模式。组织结构（organization structure）是指一个组织内各构成要素，以及它们之间的相互关系，主要涉及企业部门构成、基本的岗位设置、权责关系、业务流程、管理流程及企业内部协调与控制机制等。零售企业的组织结构模式主要分为简单结构模式、职能结构模式、梅热结构模式、分部型结构模式、矩阵结构模式及委员会结构模式等。

### （一）简单结构模式

简单结构模式是指低复杂性、低正规化和职权集中在一个人手中的一种结构简单的"扁平"组织。它通常只有两三个纵向层次，员工队伍比较松散，决策权主要集中在某

一个人身上。中小型独立零售企业通常采用这种简单结构模式，因为它们只有两三个人事层次（业主、经理与雇员），而且业主亲自管理业务、监督员工。它们的员工很少，也很少划分部门，而且没有分支机构，每名员工需要负责多项工作任务。图 3-7 是两家小型零售商店的组织结构模式图。图 3-7(a)的服装用品小商店是按职能组织起来的：商店销售人员负责商品采购、销售服务、分类、陈列及广告；商店运营人员负责商店的维护和一些运营业务（如存货管理和财务报告）。图 3-7(b)的家具商店是以产品为导向组织起来的，人员按每类商品分工并负责特定的任务。

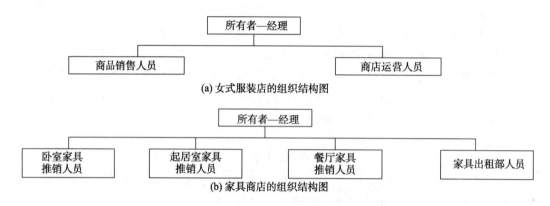

图 3-7　小型独立零售企业采用的简单组织结构模式

### （二）职能型结构模式

职能型结构模式是按照职能导向来安排企业的组织结构，图 3-8 是一个零售企业职能型组织结构图，它把整个零售企业的运作分为促销、商品管理、人事管理、商店运营与财务控制，并配备相应的经理和总会计师来行使其职权。

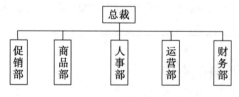

图 3-8　职能型结构图

职能型结构模式的优点：首先，它从专业化中取得优越性。将有同类专长的人员归在一起可以产生规模效益，减少人员和设备的重复配备，以及通过给员工们提供与同行们交流与相互学习的机会而使他们感到舒适和满足，从而提高工作效率。其次，这种结构职责分工明确，有利于调动部门全体员工的积极支持，充分挖掘技术专家、企业信息及部门内其他资源的潜力，并形成很好的凝聚力，发挥团队精神。再次，部门的全体人员共同承担全部项目工作，人员由部门统一调度，一个人可以同时参加多个项目，人员的利用率是高效的，这对整个企业都是如此，即信息及其他资源在部门内部共享，它们的利用在部门内是高效的。如果部门中的项目不多，部门主管可以作为具体的项目负责人,项目的具体决策者距离项目的路径短,因而这种结构对风险有高效的预警能力。同时,在部门内部,项目人员只有一个直线领导,纵向沟通畅通,而部门内部无组织性的壁垒,横向沟通也无阻。最后,在公平性方面,由于有比较完善的组织章程,事权划分明确、清晰,职权平衡。同时,组织稳定,使得管理幅度与管理者的能力之间易于平衡。职能部门本身按专业原则划分,工作跨度较小,让工作跨度与承担者能力之间也易于平衡。

当然,职能型结构模式也有较为明显的缺点:首先,组织中常常会因为追求职能目标而看不到全局的最佳利益。没有一项职能对最终结果负有全部责任,每一职能领域的成员们相互隔离,很少了解其他职能的人员干些什么。不同职能间利益和视野的不同会导致职能间不断地发生冲突,各自极力强调自己的重要性。职能经理们看到的只是组织的一个狭窄的局部,难以拥有看到整个组织的广阔视野,从而缺乏成为未来高层经理的锻炼机会。其次,对于主办部门,由于不承担最终责任,没有全力支持项目的机制保障,使得工作的协调主要靠部门主管的协作精神,自然容易造成部门间相互利益的冲突,部门间容易发生工作的摩擦。再次,各部门由于专业性分工不同,各自利益有一定的独立性,容易形成信息及其他资源的"孤岛",信息及其他资源的跨岛流动存在障碍,在信息方面甚至可能失真。因此,信息在跨部门的利用中存在低效率。当遇到突发风险时,跨部门的紧急资源调配会面临低效的问题,从而难以有效处理风险。同时,因为部门间难以有效协调,使得组织面对风险的预警能力也自然下降。最后,团队激励不足,工作分配容易失衡。在专业划分的组织中,部门之间没有工作可比性,部门间的相互激励性自然不足。同时,个人更专注自己的专业,对项目一般缺乏积极性,因此,也存在个人激励不足的问题。正因为专业分工明确,人员囿于正统专业的领域,对环境变化,特别是突发性变化不够敏感,使得这种组织的创新能力一般不强。此外,因为组织的层次关系比较多,工作调整一般比较慢,使得工作分配容易失衡。

### (三)梅热型结构模式

梅热(Mazur)结构已提出有近百年了(1927年),但许多大中型百货企业仍在沿袭这种结构的修正形式作为自身的组织结构,该结构实质上仍是一种职能型结构。梅热结构把整个零售业务分为四个职能领域:商品销售、公关宣传、商店管理、财会与控制。这些职能部门的具体任务如下。

**1. 商品销售**

它的职能具体包括采购、销售、库存计划与控制、设计促销活动。

**2. 公关宣传**

它的职能具体包括橱窗设计和店内陈列、广告、计划并实施促销活动(与商品经理合作)、广告调研、公共关系。

**3. 商店管理**

它的职能具体包括商品保管、顾客服务、购买商店自用品和设备、商店保洁、运营活动(接收和运输商品)、商店和商品保护(如保险和保卫)、员工培训和报酬、工作场所管理等。

**4. 财会与控制**

它的职能具体包括信用和信用审查、开支的预算和控制、库存计划和控制、记录保存等。

这四个领域是根据直线（垂直授权和职责）和职能结构（建议和支持）组织起来的。例如，财会经理和公关宣传经理向商品部提供职能服务，但在各自职能部门内部是按直线组织的。图3-9列示了一个基本的梅热型结构模式。

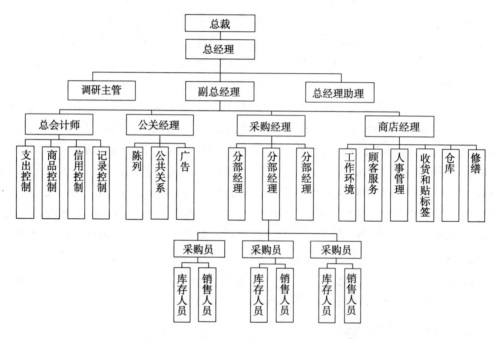

图3-9　百货商店基本梅热型结构模式图

在基本的梅热结构中，商品销售经理领导的商品部负责采购和销售活动。商品销售经理通常被看作是商店中最重要的部门经理，其责任包括监督采购人员、为各部门设计财务控制系统、协调各商品部的计划和政策、对经济数据及其对商品的影响进行解释等。一些商店还会设置商品分部经理，以减少向同一个经理报告的采购员数量。

在基本的梅热结构中，采购员对本部门的开支控制和利润目标负有完全责任。采购员的任务包括进行初步预算、研究流行趋势、与供应商讨价还价、计划所需要销售人员的数量、让销售人员了解商品购买和流行趋势方面的信息等。把采购和销售归集于同一个职位（采购员）中，可能会产生一个重大问题：由于采购人员并非一直待在商店中，这可能使人事控制（培训、日程安排及监督）非常困难。

随着分店的增多，梅热结构产生了三种衍生形式：母子型分店组织由总部人员对分店进行监控和经营；独立型商店组织由各分店负责采购；平等型商店组织则采购集中化，各分店是地位平等的销售单位。在母子型分店组织中，总店保留了大部分权力。商品计划和采购、广告、财务控制、营业时间表及一些其他任务都集中管理。在这种组织形式下，下级单位的行为被标准化了，分店经理负责聘用和监督本店员工，并且保证分店的日常运营和总公司的政策一致。在分店数量有限，且顾客的购买偏好与总店类似，那么这种组织形式就十分有效。独立型组织直接把商品销售经理置于分店之中，分店拥有商品购销和经营决策自主权。这种组织可以使顾客需求很快得到重视，但它引发了总店与分店管理人员的重复设置，而且协调成本也会随之增加。分店之间的存货调运十分复杂，且耗资巨大，只有当分店规模很大、地理位置分散或顾客品位相差很大时，这种组织才是非常有效的。在平等型组织中，百货公司既要提高总体利润，又要顾及分店利润。一般包含多家分店的百货公司会采用这种组织形式。采购职能均采用集中管理，销售职能则由分店自行管理，各销售点的待遇是平等的，采购人员不受总店人员的监督。各种类型的连锁店通常采用平等型组织结构。

## （四）分部型结构模式

分部型结构模式是指零售企业通过设计自我管理方式来组织企业，每个单位或事业部一般都是实行自治，由分部经理对全面绩效负责，并同时拥有充分的战略和运营决策权利。中央总部一般对各分部提供支援服务，通常包括财务和法律方面的服务，同时总部也是作为一个外部监管者，协调和控制各分部的活动。在既定范围内，各分部是相对独立的。只要在总部设定的总体指导方针下，分部经理常常可以按照他们觉得合适的方式自由地指导所属分部的活动。多元化经营的零售企业一般采用这种分部型结构模式。图 3-10 为某零售企业分部型结构模式示意图。

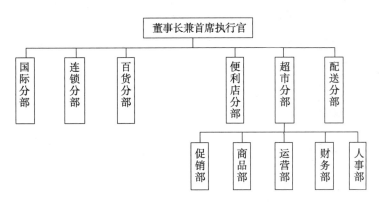

图 3-10　分部型结构模式图

分部型结构模式的零售企业内部其实包含着职能型结构，如图 3-10 所示的超市分部中包含一个职能型结构。分部型结构模式创造了一系列自治的"小公司"。这些公司内部存在另一种组织形式，这些组织形式往往是职能型结构的变种。

分部型结构模式的优点在于强调结果。分部经理对一种产品或服务负完全的责任。分部型结构也使总部人员摆脱了关注日常运营具体事务的负担，从而专心致志于长远的战略规划。与职能型结构模式不同，分部形式更有利于培养高级经理人员。各分部经理们在运营其自治单位的过程中不仅获得了范围广泛的经验,也锻炼了他们独立承担责任、自我管理企业的能力。分部型结构模式所存在的主要缺点是:活动和资源出现重复配置,运营成本较高。例如,每一个分部都可能有一个市场营销部门,这样造成分部化后总的营销费用偏高。因此,分部型结构的职能重复配置会导致组织总成本的上升,而效率又有所下降。

### (五)矩阵型结构模式

矩阵型结构模式是由职能型结构与项目小组混合而成的组织模式。在职能型组织下,为了完成特定的工作,抽调有关人员,以执行某种特定任务。此种组织模式是功能组织与专案组织的结合,两者相互依存,交相运用。专案组织的主要目标在于完成其专案计划,功能组织则要对专案组织给予支持与合作。图 3-11 为某零售企业的矩阵型结构模式示意图。

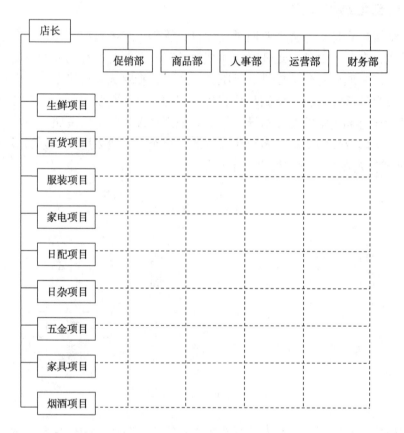

图 3-11 矩阵型结构模式示意图

矩阵型结构中的员工有两个上司:他们所属职能部门的经理和他们所工作的产品或项目小组的经理。项目经理对于作为某项目小组成员的职能人员也拥有职权。例如,负责生鲜项目促销活动的销售人员,他同时要对促销部门经理和生鲜项目经理汇报工作。两位经理共同享有职权。一般来说,项目经理对项目小组成员行使有关项目目标达成的权力，而晋升、工薪建议和年度评价等决策的权力则留给职能经理。为了使矩阵型结构能有效运作，项目经理和职能经理必须经常保持沟通，并协调他们下属共同员工提出的要求。

由这种矩阵关系形成的总体结构，兼收了职能部门化和产品部门化的优点，但又能避免它们各自的缺点。矩阵型结构的优点在于能促进一系列复杂而独立的项目取得协调，同时，又保留将职能专家组合在一起所具有的经济性。矩阵型结构的主要缺点是造成了一定的混乱，并易于激发部门间的权力斗争。矩阵型结构放弃了统一指挥原则，就相当程度上增加了组织的模糊性。混乱存在于谁向谁汇报工作方面。这种混乱和模糊性反过来培植着权力斗争的种子。

矩阵型结构模式是职能型组织结构与项目型组织结构的混合，在这个结构中项目负责人既是项目经理又是部门经理。在领导项目时，对项目的结果负责，同时又对职能部门的业务负责。这种结构有效地利用了公司的资源，减少了部门间工作的冲突，增加了横向沟通，降低了每个项目的执行成本，使部门经理有机会通过领导和参与各种项目，获得更多领域的知识和技能，丰富多部门、多专业管理的经验和阅历，使他们的个人价值提高并能够胜任未来的高层职务，获得职业上的发展。企业为了鼓励中层经理的职业发展，在对他们的评价和考核中除了对他原先的部门工作业绩指标考核外，也加入了对他们所组织领导的项目的考核。通过公司的各项激励机制，保证在项目工作中的成员有充分的积极性和成就感。图 3-12 为项目化管理的组织结构示意图。图 3-13 则展示了项目化管理的运作程序。

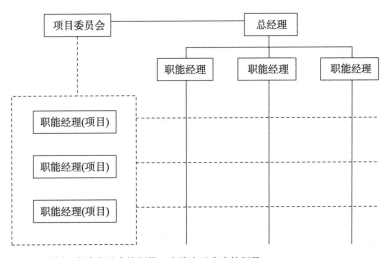

图例：实线表示直接领导，虚线表示非直接领导。

图 3-12　项目化管理的组织结构

## （六）委员会型结构模式

对于许多大型零售企业，特别是那些发行股票并上市的企业，它们越来越多地采用委员会型结构模式。委员会型结构就是将许多个人的经验和背景结合起来，跨越职能界限地处理一些问题。委员会可以是临时性的，也可以是永久的。临时性委员会通常等同于任务小组，永久性委员会与任务小组一样，都可以促进各种投入的统一，但永久性委员会更具稳定性和一致性。

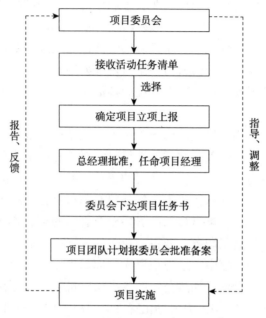

图 3-13　项目化管理的运作流程

永久性委员会结构与矩阵结构相似，但委员会只是一种附加的设计。委员会的成员们长久地属于某一职能部门，但他们定期或不定期地聚在一起分析问题，提出建议或做出最终决策；协调有关活动；或者监控项目的进行等。因此，委员会是将各职能部门的投入聚合在一起的一种手段。例如，一些零售企业会通过设立薪酬委员会来评审经理人员工资奖金方案，设立审计委员会来客观地评估组织的活动等。还有一些零售企业甚至会利用委员会来作为其组织的中央协调机构。

以上是零售企业六种组织结构模式的简单划分，下面我们将这六种结构模式的优点和适宜应用的条件进行了简单归纳（表 3-6）。

表 3-6　各种组织结构模式的优点与适宜应用的条件

| 结构模式 | 优点 | 适宜应用的条件 |
| --- | --- | --- |
| 简单型结构 | 快速、灵活、经济 | 小型组织；发展的初期；简单、动态的环境 |
| 职能型结构 | 专业化的经济性 | 单一产品或服务的组织 |
| 梅热型结构 | 全局观 | 大型组织 |
| 分部型结构 | 对结果的高度责任感 | 大型组织；多种产品或多个市场的组织 |
| 矩阵型结构 | 专业化的经济性与对产品结果的责任感 | 有多个产品或规划、需要依靠职能专长的组织 |
| 委员会型结构 | 灵活性 | 需要跨职能界限的专门技能的组织 |

## 第二节　零售企业人力资源获取与培训

在零售企业的各种资源管理过程中，人力资源是其中最活跃，同时也是最核心的资源，人力资源是零售企业的第一资源。美国现在约有 2300 多万人在零售企业工作，零售业成为全美雇员数量排名第三的私营部门，人力成本成了零售企业除商品成本之外的最大成本。因此，加强零售企业员工的管理，提高员工的工作效率和效益，有利于员工薪资的上涨和员工流失率的下降。零售企业有必要建立科学的人力资源管理体系，最大限度地发挥人力资源的作用。零售企业人力资源管理是指零售企业为了提高劳动生产率，提高员工生活质量，提高经济效益，采用计划、组织、控制、监督和激励等有效措施和手段，充分开发和利用人力资源而进行的一系列活动的总称。

扩展阅读 3.1　天虹集团的"灵活用工"

### 一、零售企业人力资源管理的特殊性

零售企业的人力资源具有特殊性，其特殊之处在于非熟练的员工多、工作时间长、员工显露率高、兼职员工人数多、顾客的需求复杂多样。

#### （一）大量的非熟练劳动力

长期以来对于大多数零售企业来说，人力资源管理中最大的问题在于零售业需要大量劳动力，但是却经常招聘那些工作经验很少或者几乎没有工作经验的员工，即大量非熟练劳动力。造成这一问题的原因通常是零售企业所招聘的职位要求比较低，如零售企业招聘收银员、理货员、柜台销售人员等，对员工受教育程度、培训和技能的要求都比较低。与此同时，零售企业对很多职位支付较低的工资，这也导致雇用不到熟练员工。对于许多新进员工来说，零售工作可能是他们的第一份"真正的"工作。由于低进入门槛，导致零售企业员工的离职率普遍较高，员工迟到与旷工的事情时有发生。

#### （二）工作时间长，员工显露率高

零售业的工作时间通常都较长，零售企业往往是一年 365 天都营业，甚至有些还通宵营业。随着社会的发展，零售企业工作时间还有延长的趋势，许多顾客希望在晚上或周末零售企业都能正常营业。这使得许多零售企业采用两班制或三班制，从而必须雇用至少能够进行"两班倒"的全职员工。在零售业中，员工在顾客面前显露率很高。因此，零售企业在选择员工时必须格外注意他们的仪容仪表、言谈举止。

#### （三）兼职员工人数多

由于零售企业工作时间长，企业通常不得不雇用兼职员工。在许多大型超市中，兼职员工甚至超过员工总数的半数，这就产生了相应的管理问题。兼职员工比全职员工更

容易消极怠工、迟到、旷工或辞职，这都会增加零售企业的管理成本。

### （四）顾客需求变化大，人力资源规划难

零售企业每一天、每一个时期和每一个季节都会面对顾客需求的变化，这无疑增加了公司进行人力资源规划的难度。例如，在中国，大部分顾客都喜欢在周末到超市大量采购，那么与此相对应，零售企业应该在周末安排多少员工呢？一天内（上午、下午、晚上）的需求差异和季节（元旦、春节、元宵节、五一节、儿童节、中秋节、国庆节）的需求差异，都会对零售企业的人力资源规划产生影响。

## 二、零售企业人力资源管理观念

现代零售业对人才的要求和传统零售业有很大的不同。现代零售企业在技术、管理等方面已经有很大的转变，如各种POS技术、网络技术、冷冻保鲜技术、物流配送技术、选址布局技术、商品促销策划、门店陈列、风险管理、顾客服务技术等，在现代科学技术条件下不断涌现、发展和应用。这就要求零售企业的中高层管理人员应该是高素质的复合型人才。即使是一线操作的中低层管理人员，也需要兼通技术知识和管理知识。为此，零售企业人力资源管理必须要具有正确的管理观念，才能适应现代零售企业发展的需要。

### （一）人本管理观念

人本管理是指在经营管理的一切活动中，始终把人放在中心位置。在手段上，着眼于最充分地调动所有员工的工作积极性和实现人力资源的优化配置；在目的上，追求人的全面发展，以及由此带来的企业效益的最大化。零售企业人本管理能有效地改善企业中人与人之间的关系，充分发挥人的聪明才智，从而保证企业在竞争中的优势地位。

人本管理需要把人的因素当作管理中的首要因素和本质因素，围绕调动人的积极性、主动性和创造性进行企业运作的一切管理活动。人本管理的第二个基本要素是环境。实施管理、领受管理的活动过程是在企业内外直接的和间接的外力和介质作用下，在个人和团体、社会和物理的多因素复合系统中实现的。人本管理的第三个基本要素是文化。零售企业的成长必定受到地区文化、社会文化的影响，并日益受到开放条件下的外来文化的冲击。人本管理所依托的企业文化是在一个企业团体内形成的具有特色的文化观念和历史传统，是在企业内所确立的价值标准、道德标准、文化信念，是企业组织赖以生存和发展的精神支柱。以人为本的价值观是人本管理的第四基本要素。人本管理要从个人、团队、社会价值观的形成和优化的角度，着眼于企业中人的价值观倾向及其变化与行为方式的状态及变化的相关性，努力营造适合于本企业发展目标的价值观体系，使其充分发挥内化、整合、感召、凝聚、规范、激励等作用，将社会价值观和企业预期的价值观渗透到企业的行为方式中。

## (二)情感管理观念

以人为本的体现是情感管理。情感管理强调管理要以人为本,强调管理要关心人、爱护人。这种"爱的管理""人情味的管理""无为而治的管理"正受到企业界的关注和推行,成为一种新型的管理方式。

情感管理立足于"依靠人→关心人→培养人→提高人→收到管理效果"的逻辑程序,标志着零售企业"对人的管理"的内容和方法更全面。情感管理不但强调人的心理因素,而且把全面关怀人的身心健康和机能的正常发展作为目标,视野更加开阔;不只是把人看成管理的对象,更重要的是把人作为伙伴和朋友,强调采用体贴、关怀的方式构筑企业的和谐气氛;不但关心员工的工作条件,而且把管理触角深入到员工的生活领域,深入到员工的家庭,把改善员工的生活质量作为主要目标;不但注意减轻员工在企业的压力,而且努力帮助员工解决企业之外的压力;不但重视软件开发,而且重视与人员管理有关的硬件开发。

## (三)能本管理观念

零售企业在实行的人本管理过程中,逐步走向对人的知识、智能、技能和实践创新能力的管理。能本管理是一种以知识、能力为本的管理,是通过采取有效的方法,最大限度地发挥人的知识潜能,从而实现知识价值的最大化,把智能这种最重要的人力资本作为零售企业的推动力量,并实现企业发展的目标。

能本管理源于人本管理,又高于人本管理。在市场经济、知识经济和数字经济高速发展的时代,人的实际创新能力这一人的核心本质将突显出来,以人的创新能力为核心内容的人力资本也将在经济发展中发挥主导作用。以人的能力为本是更高层次和更高意义上的以人为本,能本管理也是更高阶段、更高层次和更高意义上的人本管理,是人本管理的创新发展。

扩展阅读 3.2 华盛顿合作定律

## 三、零售企业人力资源的获取

零售企业人力资源的获取途径有公司外部和内部两种渠道。外部的招聘渠道通常包括教育机构、同行业竞争对手、广告、职业介绍机构以及自发的应聘者等方面。而内部的招聘渠道则包括从现有和原有的员工中选拔、接受员工推荐等方面。表 3-7 显示了招聘的各种来源及其关键特点。招聘是在零售企业内部出现职位空缺时发生的系列活动,是零售企业获取人力资源的主要手段。零售企业招聘员工包括发布和传递企业用人信息,接收应聘者的简况和意愿,初步交流和理解的一系列前期活动。

零售企业人力资源管理部门首先要确定企业人员需求的数量和岗位工作的具体要求,包括岗位职责、权限、在企业组织系统中的地位和期望个人发展的方向等。同时,通过岗位工作分析,制定对工作人员受教育程度、专项技能、个性品质、工作经历及健康条件等具体要求。管理人员的招聘和销售人员的招聘是零售企业人力资源招聘的重要内容。

表 3-7 零售企业招聘来源及特点

| 来源 | 特点 |
| --- | --- |
| 公司外部 | |
| 教育机构 | a. 高中、商学院、职业学院、大学、研究生院;<br>b. 有利于在职培训;确保满足最低教育要求;特别有用的是与教员们建立的长期联系 |
| 其他销售渠道、竞争者 | a. 批发商、制造商、广告代理机构和竞争者的员工和骨干;<br>b. 减少了培训力度;可以通过前任企业评价员工表现;必须在公司政策指导下进行;如果现有员工感到未被提升,将对士气产生不利影响 |
| 广告 | a. 报纸、专业期刊、网站;<br>b. 大量应聘者;应聘者整体素质不高;费用/应聘者比率低;甄选的责任更加重大;可以在广告中说明职务要求以减少不可能录用的应聘者的数量 |
| 招聘代理机构 | a. 私人组织、专业组织、政府、调研公司;<br>b. 必须仔细选择;必须确定谁支付费用;有利于对申请者进行选拔;利用了人事专家 |
| 主动申请者 | a. 上门求职者、写求职信者;<br>b. 素质差别很大;必须仔细选择;资料应当保留,以便将来填补空缺之用 |
| 公司内部 | |
| 目前和以往的员工 | a. 现有员工、兼职员工的提拔和调动、重新聘用解聘的员工;<br>b. 了解公司的政策和人事制度;提高士气;内部监督人员的真实评价 |
| 员工推荐 | a. 朋友、亲戚、熟人;<br>b. 推荐的价值取决于现有员工的诚实程度和判断力 |

## (一)管理人员的招聘

招聘零售企业的管理人员,人力资源管理部门主要注重以下四个方面。

第一,学历。学历是零售企业管理人员的一个前提条件,担任大型零售企业中高级管理人员一般要求本科或研究生学历,具有大学商学院毕业证书的学生到零售企业求职将处于有利地位。零售企业的一般管理人员也都要求具备不同程度的学历,以此提高整个管理队伍的学历层次。

第二,经历。零售企业在招收中高级管理人员时,求职者仅有学历是不够的,还要有从事这方面工作的经历。只有在某一个工作岗位上有若干年的工作经历,才能在新的企业担任同职或更高一级的职务。据日本关东经营者协会一份调查资料,在职工 500 人以上的 34 个公司中,由大学毕业进入公司后,提升到股长需要 9.5 年;由股长提升到科长要 7.3 年;由科长提升到部长要 9.6 年。也就是说,22 岁大学毕业,48 岁才能升为部长,如再提升为经理要在 60 岁上下。在日本的大企业里,没有大学学历和 20 年以上的实践经验是当不了经理的。经历在零售企业招聘管理人员过程中是非常重要的一个方面。

第三,能力。与经历相比,能力更为重要。实际能力是企业判断一个管理人员是否够格的最主要依据。在现代企业制度治理下,专家在企业中的地位日益重要,对管理人员的能力要求越来越高。据日本有关资料显示,由经营管理专家担任经营者的,5 亿日元以下的企业中占 29.4%;200 亿日元以上的大公司中则占 56.3%,大企业的经营者,3/4 是根据能力第一的原则,从经营、技术和商品销售等方面的专家中选拔出来的。能力具体包括四个方面的内容：一是基本能力，即一个人所具有的专业知识和专业技能；二是认识和统率能力，前者包括理解、判断、创造、计划和开发等方面的能力，后者表现为善于处理人际关系和领导艺术；三是干劲；四是贡献。

第四，健康条件。健康也是一个不容忽视的条件，管理人员不但工作强度大，而且工作时间长。中高级管理人员一般都在中年以上，所以身体健康是很重要的。

### （二）销售人员的招聘

一线销售人员是零售企业员工中非常庞大的队伍之一。零售企业在选择招聘销售人员时，需要注重考虑招聘对象的性别、年龄、个性、知识、智力、文化程度和经历。

第一，性别与年龄。鉴别与挑选销售人员时，对申请人的性别、年龄的考虑是最为重要的。不同的行业，对销售人员的性别、年龄的要求是不同的。比如，音像商店的主要供应对象是青少年，因此，选用30岁以下的销售人员较为适宜。高级妇女时装商店的主要销售对象是有职业的和上层社会的妇女，因此，在选择销售人员时一般不会选用文化素质低、年纪大的销售人员。

第二，个性。一个人的个性在一定程度上反映了他潜在的能力。零售企业的员工有着很高的显露率，特别是一线销售人员，他们时刻都要与顾客打交道。因此，零售企业要求销售人员待人友好、自信、稳健和富有风采，在展示自己个性的同时，给顾客展现出良好的形象。在招聘过程中，可以通过与申请人的互动交谈或有关个人的材料来考察其个性是否符合要求。

第三，知识、才智与文化程度。零售企业销售的许多商品在技术上是比较复杂的，这就要求销售人员必须具有丰富的商品知识，同时具有一定的才智与文化水平，只有具备较高的综合素质，销售人员才能对顾客的各种询问做出让顾客满意的回答，最终提高其销售的成功率，并让顾客满意。越是销售技术含量高的商品，越需要销售人员具有更高的素质。

第四，经历。初步考察销售人员业务能力非常可靠的依据，就是他以前的工作经历，特别是从事销售的经历。但多数申请人往往都是第一次求职，那就需要根据申请人的个人特点，以及其显露出来的雄心、干劲和职业道德来做出评价。这是对招聘主管招聘能力的一种考验。

## 四、零售企业人力资源的培训

零售企业不断在招聘新员工，与此同时又存在大量非熟练员工，要想提高员工素质和改善服务质量，只有不断加强员工的培训。有效的员工培训体制，可以使零售企业员工队伍的素质、形象和业绩不断提升。同时，培训能提高零售企业的规范化经营，从而更有效地执行总部的决策，促进整个组织的规范化经营。零售企业员工培训是一项系统性工作，要达到预期目标，首先需要结合企业的整体发展战略，制定人才培养的长远规划；其次需要拟订各个时期和阶段的具体培训计划，明确培训对象、内容和要求；最后还需要采用科学的培训方法。

### (一)培训的目标、职责和基本流程

零售企业人力资源的培训首先要有明确的培训目标,具体目标包括:

(1)达成对公司文化、价值观、发展战略的了解和认同。

(2)掌握公司的规章制度、岗位职责和工作要领。

(3)提高员工的知识水平,关心员工的职业生涯发展。

(4)提升员工履行职责的能力,改善工作绩效。

(5)改善员工工作态度,提高员工的工作热情,培养团队精神。

零售企业人力资源的教育培训工作是在公司总经理统一部署下由人力资源部统筹规划和具体实施,各部门配合,共同完成的。零售企业人力资源部的培训职责具体包括:

(1)根据公司的发展规划制定公司教育培训战略规划和实施纲要。

(2)制订员工职业生涯发展规划,并形成实施方案,督促各部门贯彻落实。

(3)根据公司年度工作计划、各项考核结果和各部门提出的培训计划,分析培训需求,并统筹安排。

(4)形成中短期培训计划,着重组织实施新员工培训、管理干部培训、业务骨干培训。

(5)负责制定公司年度培训的财务预算,并管理调控培训经费。

(6)负责培训资源的开发与管理。

(7)根据公司培训工作开展情况,做好培训项目和重点培养人才的培训档案的建立与管理工作,开展培训的效果评估工作。

(8)管理、检查、监督、指导、考核各部门的培训工作。

(9)负责编写公司培训教材,检查审定各部门培训的讲义和教案。

零售企业其他各部门在教育培训中的职责具体包括:

(1)根据工作需要,结合本部门员工需求,制订年度培训计划,并组织实施相应的培训工作。

(2)指导本部门员工制订和实施职业发展规划。

(3)建立和管理部门员工的培训档案。

(4)负责向公司提供本专业的培训师和教材。

(5)进行培训需求调研和本部门组织的培训工作的效果评估,汇总上报人力资源部。

零售企业员工在教育培训工作中的个人职责具体包括:员工享有参加培训的权利,也有接受培训和培训他人的义务。员工除了积极参加公司和各部门组织的各项培训外,重点在提高专业知识、工作技能和综合素质方面进行自主学习,同时对自己的职业发展做出具体规划,并在直接领导和公司主管部门的指导下实施。图3-14为零售企业全员培训体系图。

零售企业人力资源培训的基本流程如下。

(1)年度培训计划的拟定程序。首先,人力资源部每年年底应根据公司的下一年度的业务规划,分析、判断所需要的技能和知识,根据绩效考评结果,对员工作出培训需求建议;其次,与各部门讨论员工所需培训课程的分配,制定出公共课程和特定课程,

制作"年度培训计划表""月度培训计划表";最后,人力资源部应根据各部门计划,统筹年度培训计划并上报公司总经理批准。

（2）培训实施程序。人力资源部要进一步明确课程要求,根据课程要求联络讲师。由讲师设计课程,进行教案设计,制定有效的培训方法。人力资源部公布课程大纲,相关部门根据自身需求填写报名表报人力资源部。人力资源部统筹学员名单,与受训员工的直接主管确认其对该培训的期望。同时安排讲师做培训前调查。课程实施包括：选择适宜的培训地点,保证良好的环境；准备培训设备及辅助材料；准备教材；课堂管理；培训评估等。零售企业全员培训体系如图3-14所示。

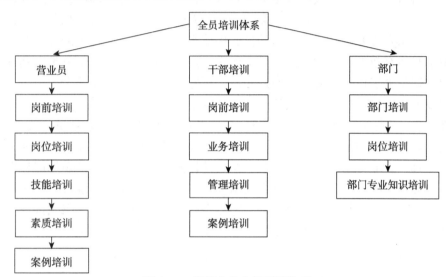

图3-14 零售企业全员培训体系

## （二）培训的种类

零售企业员工培训简单可以划分为三种类别：职前培训、在职培训和职务培训。每一种培训都有着非常重要的意义。

### 1. 职前培训

职前培训又称入店培训,是新员工进店后的基础培训。它主要是使新员工了解零售企业的规章制度和职业道德规范、礼貌,以适应工作岗位的要求。职前培训应从三方面着手：专业技能培训、规章制度培训、礼貌待客规划培训。职前培训的主要形式分为在职学习、传授和正规培训三种。在职学习是让受雇员工在干中学,这种培训方法省去了所有直接的培训费用,但是会带来比较高的间接费用。新手在边干边学中出现差错,会给企业造成一定的损失。传授则是让老员工带新员工,直到新员工将有关技能学到手为止。这种方法在很大程度上取决于传授者的才干和处理人际关系的技巧。这种方法对于小型零售企业来说是最好的方法。正规培训是根据新手即将承担的工作,规定一套学习方法和学习资料,学习时间根据培训对象而定,销售人员安排1~2周,采购人员或分部经理则要安排更长的时间。正规培训有不同的方法,可以采用讲课、讲课加讨论、电化教学、专门训练、实习和案例分析等多种方法。

**2. 在职培训**

在职培训就其目的而言，可以分为三种情况。首先，改善人际关系的培训。此类培训主要是使员工对人际关系有一个比较全面的认识，包括员工与员工之间的关系、感情、交往，员工自身的心理状况和社会关系，员工对部门、企业整体的认同感或疏离感，以及整个企业内部各部门之间的关系等。其次，新知识、新观念与新技术的培训。零售企业要发展，就必须随时注意环境的变迁，随时向员工灌输新知识、新技术和新观念，否则员工必然落伍。最后，晋级前的培训。晋级是企业人力资源管理的必然过程，为了让即将晋级的员工在晋级之前有心理方面和能力方面的准备，并能获得相关的知识、技能和资料等，公司有必要对有培养前途的员工提前实施培训。在职培训的方式多种多样，可以采取的具体有效形式有六种。一是工作更换。工作更换是使一部分员工到本公司的其他部门或岗位去工作若干时间，使这些员工更好地了解整个公司的全面情况。二是委派。专门委派某些员工去解决一项特殊问题，这不仅可以锻炼被委派的人员，还是企业本身所需要的。三是担任管理人员的助理。指派某些员工担任总经理或部门经理的助理，以培养其专门技能。四是设计内部专题课程。零售企业自己安排各类专题，如关于目标和任务的管理，企业应用的计算机知识、个人销售方法等。五是外部短期课程学习。零售企业可以委托学校、商会或私人开设的培训公司、咨询公司，围绕某些专题或课程来培训公司员工。六是现代经营管理课程。零售企业可以采用选拔员工出国进修、进高等学校深造或攻读 MBA 等专业课程的方式，提高员工的经营管理能力。

**3. 职务培训**

零售企业的职务培训主要是对管理人员的培训。管理人员是零售企业生存发展的中坚力量。对这些人的培训尤为重要。零售企业职务培训可以采用的形式主要有：①以内部讲师制为特色的门店培训制度。内部讲师制度是指对于每门培训课程在每个门店都有相关营运管理人员担任讲解。例如，如何防止损耗这门课程会由专门讲师来讲解，这样既节省了人力成本，又使得课程更具有实践性和针对性，符合零售业培训内容的要求。②固定实习岗位制度。虽然门店课程都会有各门店相关的管理人员负责，但零售业的培训更重要的还是来自工作实践。因此，固定实习岗位制度的设计是较有针对性的一种方法。它就是在门店的关键岗位设置固定培训岗位，如培训店长、采购人员和财务人员，根据每个门店的实际情况，给这些固定培训人员安排专门的工作。这样一旦有新店开张，这些培训店长、采购人员和财务人员就完全熟悉了工作流程、方法及员工情况，即可马上接替工作，进行管理。固定实习岗位制度不仅解决了人才储备和人力成本的矛盾，还让门店中各个层级的管理者充当了实践培训老师，使得实践培训既能充分接触工作实际而加快培训速度，同时又节省了培训师的人力成本。零售企业的职务培训除了注重培养管理人员的技术水平、管理才能、综合协调全局的才干之外，还需要注意以下几个方面：①熟悉开展工作的环境。对于管理人员，应要求他们对公司的经营性质、管理制度、所分配部门的工作性质有更充分了解，只有这样才能有效地开展工作。②注重团队能力的培养。管理人员在团队中生活，向具有经验的前辈或行家学习工作经验，有助于自身的快速进步。在安排工作时,最好从基层干起,使其确切了解基层人员的状况,为将来的主管工作积累最实用的经验。③提出工作报告。在初期的培训工作中应要求被培训人员定期提出工作报告,以了解该人员学习的进度和深度,随时做出相应调整。④随时进行工作考核。主管应以随机抽查的方式做不定期的考核。这种方式可使主管更深入地了解被培训人员的工作绩效和培训成果。⑤合理的工作分配。在管理人员对某一工作熟悉之后,最好能将其安排调至其他岗位,特别是一些能力较强、有潜力的新进人员尤其不可长期做同一个工作,以免浪费精力、埋没人才。适当调动工作,使其能在最短时间内掌握较多的工作经验。

扩展阅读 3.3 信誉楼的责任感培训

## 第三节 零售企业绩效考评与薪酬管理

建立科学的绩效考评系统,对于所有企业都非常重要。零售企业拥有丰富的人力资源,其绩效考评系统尤为重要,应结合自身的特点建立科学的绩效考评系统。同时,薪酬永远是吸引人才、留住人才的一种重要指标,是对一个人总体评价的最根本性指标。薪酬管理是企业进行人力资源管理的一个非常重要的工具,运用得当,会获得员工工作热情升高而企业人工成本又比较合理的良好效果;反之,常常会造成员工满意度低、人才流失、企业效益下降等严重后果。

### 一、零售企业的绩效考评

绩效考评是指根据现有标准对零售企业员工的工作情况进行系统化的正式考核与评价,并将考评结果传达给员工。一般来说,员工们会非常重视自己的考评结果,这关系员工的薪酬、福利、晋升等各个方面,因而绩效考评系统的运作方式对企业的士气和企业氛围有重要影响。

#### (一)绩效考评的管理制度

零售企业进行绩效考评,第一,必须要有明确的考评原则和目的。零售企业绩效考评的原则:保持客观性、公正性、全面性、准确性、科学性、系统性、适用性。零售企业绩效考评的目的:提高员工的工作满足感与工作成就感,增强企业的竞争力和整体效率。

第二,零售企业绩效考评必须要有明确的考核标准。零售企业的员工考评应以绩效为主要标准。绩效是员工所做的工作中对企业的目标达到具有效益、具有贡献的部分。绩效,以性质来分包括可量化和不可量化;以效益来分包括即期与远期;以形态来分包括有形与无形。

第三,零售企业绩效考评必须要有考评的具体组织。零售企业绩效考评工作应由公司的行政事务部负责组织。行政事务部考评各部门和经理级以上的员工,各部门经理考评自己部门下属员工。

第四，零售企业绩效考评必须要有具体的考核方法。零售企业绩效考评一般分为定期和不定期两种。对于可量化的绩效部分，公司将进行定期考评，即每月考评、每季考评、每年考评。例如，考评商品部（楼台面）管理人员，对应的量化指标为销售额、毛利、完成销售情况等。对于不可量化的绩效部分，公司将采用不定期考评，随时进行奖惩、年终表彰等。例如，对公司的突出贡献、日常工作态度、行为表现、考勤等。

第五，零售企业绩效考评结果的上报和归档。由行政事务部组织的绩效考评，其所得到的结果要以表格的形式整理出来，上报公司领导和总经理，经总经理审批，行政事务部执行。绩效考评的定期、可量化部分在员工的工资中体现出来；绩效考评的不定期、不可量化部分，视具体情况在日常管理中以罚款、表彰、奖励的形式出现。

### （二）零售企业对各类人员的绩效考评

销售人员和采购人员是零售企业员工队伍中最为庞大的群体，因此，这里重点介绍这两类员工群体的绩效考评。

#### 1. 对销售人员的绩效考评

零售企业对销售人员进行绩效考评应当制定系统考评办法，要为销售人员制定科学的、切实可行的考评标准。在这些标准中，有些只能用来考评销售人员的个人工作，有些既可以考评销售人员的个人工作，又可以对销售人员的集体工作进行考评。对销售人员绩效考评的常用标准有：转变率、每小时销售额和时间的利用。

（1）转变率。转变率是以购买了商品的顾客的全部人数，除以进入商店的全部顾客人数来计算的。这种衡量指标反映了看物购货的人转变成顾客的百分比，以及全部销售人员的工作效果。转变率相对较差可能是由各种原因造成的：第一种原因可能是当顾客需要销售人员帮助选购时，销售现场没有足够的销售人员；第二种原因可能是销售人员并不少，但是没有较好地开展销售工作；第三种原因可能是销售人员无法控制的一些因素，如准备的商品不充分、花色品种不齐、商店关门过早等。当转变率低于标准时，零售企业应力图寻找出原因，采取措施，纠正错误。

（2）每小时销售额。衡量销售人员工作效果最常见的标准是每小时的平均销售额。这是以一定时间内的全部销售额除以销售人员时间来计算的。当运用这种衡量手段时，一定要为销售人员规定一套专门的衡量标准，不同部门、不同的销售时间都会有不一样的每小时销售额。比如，在百货商店，玩具部与珠宝首饰部每小时的销售额大不相同，7月与12月每小时的销售额也截然不同。

（3）时间的利用。这是用来确定销售人员利用他们工作时间的标准。销售人员的工作时间可以花费在以下四个方面：一是销售时间。它是指应顾客购买需要，帮助顾客选购所花费的全部时间，包括接待顾客、与顾客交谈、进行商品介绍和宣传、开写销售单据，以及在其他可能为商店增加收入的方面为顾客提供的服务。二是非销售时间。这是指花费在非上述销售任务方面的任何时间。三是闲散时间。这是指销售人员在销货场所花费的与任何业务经营无关的时间。四是不在销货场所的时间。零售企业可以为以上各类时间制定一定的标准。比如，标准的时间分配为：60%花在销货上，28%花在非销售活动上，5%的闲散时间，余下的时间可以不在销货场所。一旦偏离这些标准，应当进行深入了解，如有必要，就应当采取纠正措施。

零售企业要为业务经营制定合适的标准，必然需要有关数据。多少转变率才是正常标准？每小时多少平均销售额才符合标准？什么样的时间利用才是合理的时间分配标准？只能通过有关数据才能回答这些问题。获取这些数据可以通过零售商业同业工会、咨询服务公司，以及零售企业自身的经验等。同时，零售企业也需要持续地收集更多的数据，或者至少是定期收集实际的执行结果、实际的转变率、每小时平均销售额，以及时间的分配，以便进行纵向或横向比较。一旦出现标准差别较大时，就需要调查研究其中的原因。有利的差异和不利的差异，都应当给予调查研究。此外，标准也要随着时间推移而发生变化，应持续地收集数据，加以研究，以制定出符合实际的标准。

**2. 对采购人员的绩效考评**

在采购管理中，绩效考评不但是调动采购人员积极性的主要手段，而且是防止业务活动中非职业行为的主要手段。采购人员绩效考评是防止员工腐败的最有力武器。好的绩效考评应当达到的效果是：采购人员主观上必须为公司的利益着想，客观上必须为公司的利益服务，没有为个人牟私利的空间。针对采购人员的绩效考评，跨国零售企业有许多较为有效的经验可以借鉴，如量化业务目标和等级评价制度。跨国零售企业每半年就会集中进行员工的绩效考评和职业规划设计。针对采购人员，主要对其采购管理的业绩进行回顾评价和未来的目标进行确定。在考评中，交替运用两套指标体系，即业务指标体系和个人素质指标体系。业务指标体系主要包括：

（1）采购成本是否降低？卖方市场条件下是否维持了原有的成本水平？
（2）采购质量是否提高？质量事故造成的损失是否得到有效控制？
（3）供应商的服务是否增值？
（4）采购是否有效地支持了其他部门，尤其是营运部门？
（5）采购管理水平和技能是否得到提高？

当然，这些指标还可以进一步细化。例如，采购成本可以细分为购买费用、运输成本、废弃成本、订货成本、期限成本、仓储成本等。把这些指标一一量化，并同上一个半年的相同指标进行对比所得到的综合评价，就是业务绩效。在完成这些评估之后，再将员工分成若干个等级，或给予晋升、奖励；或维持现状；或给予警告或辞退。业务指标的考评与员工的切身利益紧密联系在一起。

关于个人素质指标体系，则相对比较灵活。因为它不仅包括现有的能力评价，还包括进步的幅度和潜力的评估。其考评的主要内容包括谈判技巧、沟通技巧、合作能力、创新能力、决策能力等。这些能力评价都是与业绩的评价紧密联系的。零售企业可以结合自身的特点，建立适宜的采购人员个人素质指标体系。

扩展阅读 3.4 欧亚商业连锁的星级量化绩效管理模式

## 二、零售企业的薪酬管理

薪酬是零售企业吸引、留住和激励人力资源的重要变量之一。零售企业能够吸引到什么水平的普通员工或管理人员，与其愿意支付的薪酬水平直接相关。合理的薪酬体系应能实现内外均衡。内部均衡是指内部员工之间的薪酬水平应与他们的工作业绩成比例，即内部公平；外部均衡是指员工的薪酬应与同地域行业的水平基本保持一致。对于零售企业来说，实现内外均衡显得更为重要。零售企业在制定薪酬政策时，应注意以下四点：①科学地进行工作分析，以此作为零售企业薪酬政策的前提；②定期进行薪酬的市场调查，以实现薪酬水平的外部公平；③把报酬与绩效挂钩，以便通过报酬最大限度地激发员工的积极性提高绩效水平；④注意薪酬结构的合理性。薪酬结构涉及固定薪酬与可变薪酬的组合问题。

### （一）报酬与效率

在发达国家的零售企业，人力上的花费，一般占业务经营费的50%，人力上的花费与企业的销售额、利润是密切相关的，管理好工资与报酬，关系到企业的效率。报酬是吸引、保持、刺激人力资源的重要的可变因素之一。雇员的质量应该与报酬相称，素质越好的雇员，所付其的报酬也就要越高。尽管还有其他激励雇员的因素与方法，但报酬是使多数雇员对工作感到满意的最重要因素。

许多国家零售企业的经验显示，对销售人员实行低工资是得不偿失的，低工资只能吸引素质较差的销售人员，而且他们工作热情不高，结果自然影响到企业的销售额，造成低水平的恶性循环。提高销售人员的售货能力对零售企业的利润影响相当显著，如果销售人员的售货能力提高10%～15%，那就会在很大程度上直接转化成营业利润。因此，零售企业管理人员应当设法提高售货人员的售货能力。零售企业的薪资计划是吸引更高素质雇员并激发销售人员积极性的基本要素，零售企业应当制订有利可图的薪资计划。确定销售人员的薪资，关键不在于控制薪资开支，而在于控制利润收入，要确保零售企业的潜在利润达到最大限度，这就是效率问题。以高报酬获取高素质雇员，从而实现高效率，最终零售企业利润最大化。

### （二）薪酬管理

薪酬管理是零售企业用以指导与调节人们的生产关系，激励员工为实现企业目标而努力的最重要手段，是一个系统工程。零售企业人力资源管理绝对不能忽视薪酬管理，要努力求得员工对薪酬的理解或满意，从而实现凝聚人心、激励奋进的格局。

**1. 薪酬政策**

零售企业所给付薪资水准的定位，一是取决于该企业在市场上竞争力的强弱，二是一般采取同业相比较或参照的方法。企业的薪酬政策要考虑：

（1）企业负担能力，即企业的财务负担能力。

（2）给付合理性，即其水准应与同行大体相当，并与员工对企业的贡献度相当。

（3）内部公平性，即各职位的给付标准，须通过职位评价来决定。

（4）工作激励性，即是否具有鼓励员工努力工作的诱因。

**2. 薪酬制度**

零售企业的薪酬体系包括三个基本组成部分：固定工资、可变薪酬和附加福利计划。当前，零售企业销售人员的具体薪酬制度可分为四个主要类型。

（1）固定薪水。固定薪水使得销售人员每隔一定时间，不管销售额多少均可得到一份固定的薪水。绝大多数小型零售企业采取这种劳动工资办法，他们一般不给销售人员分派非销售的任务。如果销售人员在非销售方面出了力，那么可以另外得到相应的酬金。许多薄利多销的连锁商店也采用这种劳动工资办法，因为他们的销售人员不过是按顾客需要取货，是很少有可能产生许多额外的销售额的。这种薪酬制度使销售人员收入有保证，但它对销售人员的格外努力很少有激励。因此，要使这种薪酬制度有效果，一定要与定期的考评结合起来，以便鉴别优秀的销售人员，对其确定更高的薪水待遇。

（2）直接酬金。直接酬金是销售人员的收入按其销售额给一定比率的酬金。酬金的比率，可以是所有商品销售额均采用同一个比率，也可以根据不同商品的获利可能性确定不同的比率。零售企业销售人员所领取的直接酬金，一般得到销售额的 2%～8%。支付直接酬金，有利于鼓励销售人员，提高销售额。但在买卖不景气时，销售人员就可能得不到足够的收入。为此，零售企业就有必要进行一些调整，在按规定比率支付直接酬金达不到规定的最低限度时，允许销售人员从今后的酬金中提取一些工资，直到达到每周的规定数。直接酬金办法尽管能激励销售人员的积极性，但也会造成他们为多销售而损害零售企业在顾客中的形象和今后长期的业务经营。

（3）薪水加酬金。薪水加酬金是企业对销售人员支付固定薪水，加上根据整个销售额或者超过定额部分的销售额给一定比率的酬金。在这种办法中，固定薪水一般比全部支付直接薪水要低一些，但是加上支付的酬金，整个收入一般比全部支付直接酬金要高一些。实行这种办法，销售人员的基本收入比较稳定，有利于鼓励他们执行非销售任务，还可以鼓励他们在销售中更努力。因此，它是固定薪水与直接酬金办法之间一种比较好的折中办法。实行提取部分酬金的办法，确定的定额一定要得当。实行以定额为基础的提成办法，一般包括四个步骤：首先，确定每个部门每周或每月的定额。这一般以过去的销售额为基础，根据情况或季节性变化予以调整。为有利促进销售，此定额应保持在所有销售人员均可达到的水平上。当然，这个水平也不能太低，以致任何人不经过努力就可以达到。其次，确定基本薪水。薪水要以过去工资为基础，根据销售额的一定百分比来确定。再次，为超过定额部分的销售额确定酬金比率。在实践中，酬金比率往往定为 2%；在某些情况下，奖金为具体的钱数，而不是按超出定额部分的销售额的百分比来计算。最后，决定采用非累积办法还是累积办法。非累积办法是每周或每个月重新开始，而不管上一次完成定额的情况；累积办法是某个时期未完成定额的销售人员，必须补足差额才有资格在下一个时期得到酬金。一般零售企业采用非累积办法。

（4）钟点计薪制。零售企业一般营业时间较长，在营业时间中各时段顾客人数差别较大，因此零售企业普遍雇用一部分钟点工或兼职员工，在高峰时段投入工作。这些员工的报酬一般按照钟点来计算。

### （三）附加的福利

零售企业为更好地吸引、留住和激励员工，一般在接受正规工资（薪水与酬金）以外，还可以为员工附加一些企业福利。

#### 1. 本企业员工购物享受优惠折扣

几乎所有的零售企业对销售人员或雇员在本店购买商品均会给予优惠折扣。除非某些行业业务经营的毛利比较低，如食品杂货行业。一般零售企业都会给本企业员工购物的优惠折扣在10%~20%，作为员工的福利之一。

#### 2. 保险和退休福利

以前，零售企业并不提供任何保险或退休福利。随着劳动法的进一步修正，零售企业不但会给正式员工提供保险和退休福利，而且也会为兼职员工提供免费的或缴纳较低的团体健康保险和人寿保险，甚至有些企业还会为员工提供利润分成、股权持有等。这一福利有利于零售企业员工的稳定，增强了员工对企业的忠诚度。

#### 3. 推销奖金、奖金与奖品

推销奖金、奖金与奖品是在基本薪水和正规酬金之外付给企业员工的，目的是鼓励企业员工做出更多的努力。推销奖金、奖金与奖品既可以由零售企业承办，也可以由供应商承办。零售企业为了鼓励销售人员销售过时的或滞销的商品，可以给销售人员推销奖金、奖金与奖品。推销得最多的销售人员可以免费去旅游，或者获得一些其他的奖金等。

扩展阅读 3.5　苏宁内部人合伙模式 2.0

#### 4. 其他福利

零售企业还可以给予员工包括休假、婚丧补助、生日礼物、节庆福利品、在职进修、国内外研修考察、资深员工奖励、分红奖金、员工入股、员工餐厅、健康检查、员工辅助等其他福利。

## 第四节　零售企业数字员工管理

以习近平同志为核心的党中央高度重视数字经济发展，明确提出数字中国战略。《中华人民共和国国民经济和社会发展第十四个五年规划和二〇三五年远景目标纲要》明确指出，"十四五"期间要迎接数字时代，激活数据要素潜能，推进网络强国建设，加快建设数字经济、数字社会、数字政府，以数字化转型整体驱动生产方式、生活方式和治理方式变革。党的二十大报告进一步明确表示"加快发展数字经济，促进数字经济和实体经济深度融合，打造具有国际竞争力的数字产业集群"。在此时代发展背景下，零售企业数字化转型势在必行。数字化转型是将传统零售行业与数字技术相结合，以更好地满足消费者需求。数字化转型能够为零售企业提供大量机会，使他们能够更好地服务消费者，提高客户体验，从而实现更高的销售额和利润。在零售企业数字化转型发展过程中，零售企业数字员工应运而生。

## 一、零售数字员工的概念

数字员工，也叫"数字机器人"，是智能软件机器人形象化的称呼，实质是机器人流程自动化（robotic process automation，RPA）。现如今RPA融合了众多创新科技，综合运用了大数据、人工智能、云计算、区块链等技术，通过操纵用户图形界面、多媒体交互等方式，增强了人与计算机之间的交互，加上低代码开发的应用，使RPA得以规模化实现，并作为高强度、高重复性、规则化工作的劳动力补充，从整体上提升了企业的智能生产力。数字员工是一种人工智能技术，通过算法和机器学习建立的机器人智能化工具，可以在单位时间内完成大量工作，同时也可以像人一样进行沟通交流和协调。

当前，数字员工的技术方案主要有两个方面：基于自然语言处理的语言理解和生成技术；基于人工智能的自动化决策和行动技术。数字员工结合这两项技术，能够在日常工作中实现自主学习，信息处理，执行任务等多个操作步骤。应该说，数字员工的应用是零售企业数字化过程中重要的方式之一，它以模拟自然人的思维、行为甚至优于自然人的功能，发挥着自然人在零售企业经营过程中的作用，与自然人一起，构成了现代零售企业的人力资源的总和。

截至目前，学术界对于数字员工的概念尚无统一的定义，综合现有的一些理论成果及实践中对数字员工的认识，数字员工可以从以下五个层面来理解。

（1）数字员工是相对于自然人员工而言，实质上是模仿自然人的机器人，承接了自然人本应从事的工作，与自然人一起共同合成一个单位的人力资源整体。在表述上还有称数字员工（digital workforce）为虚拟员工、数字劳动力（digital labor）、数字化劳工（digital worker）等。其中，数字虚拟员工是数字员工的主要表现形式之一，是通过人工智能技术，以虚拟形象和智能交互方式模拟人类员工进行服务和沟通的一种创新应用。它们具备高度智能化的语音识别、图像识别及自然语言处理能力，能够与人类用户进行自然流畅的对话，解答问题，提供服务，甚至参与零售企业决策。常见的零售企业数字虚拟员工有"虚拟代言人""虚拟迎宾员""虚拟销售员""虚拟采购员""虚拟主播"等。

（2）数字员工有两种存在形式：一是计算机中的自动运转的软件机器人，二是具有实物形态的服务型机器人。数字员工与传统意义上的信息系统是有较大差别的，它已经不是纯物资形态的屏幕、设备或逻辑程序，而是可以有很强的自我学习能力，能不断成长的具有自然人一些特征甚至有一定的情感表现的载体，由传统意义上的自然人工作的简单工具上升为大数据时代、智能时代人类的经营管理的助手、帮手，甚至一些方面可以独立完成工作目标任务的主管。

（3）从零售企业角度来看，数字员工是零售企业人力资源的一个重要组成部分，与自然人员工一道构成了生产力中最活跃的组成部分，是不断推进零售企业改革、业务流程优化重要驱动力量之一。

（4）从技术角度来看，数字员工本质上是深度结合了实际业务需求与自动化技术、人工智能技术的软件与硬件的集成；是机器人流程自动化技术、语音识别、机器学习、处理自然语言技术、认知计算等人工智能业务的与技术高度融合的、具有复杂结构与一定的逻辑思维、计算能力等的复合体。

（5）从社会角度来看，数字员工是人工智能时代来临的标志物之一，是人与人工智能（artificial intelligence，AI）结合进一步解放生产力的成功实践。

## 二、数字员工相较于自然人员工的优势

数字员工基于RPA，具有运行速度快、执行成本低、使用门槛低、不替换现有系统、可扩展性强、安全合规等特点，同时具备跨系统、部门、平台提供服务的能力，通过既定流程，有效降低企业人力成本，基于明确的规则操作能够消除人为因素产生的错误，同时随着与AI、机器学习技术的深度结合，数字员工的自智水平不断提升。与自然人员工相比较，数字员工的优势主要有：

**1. 7×24 h 全天候服务**

数字员工不受时间限制，无论白天黑夜，都能为您提供即时的服务。无须再为等待门店开放、等待员工上班而焦急。以目前零售企业中最常见的数字员工即销售流程自动化机器人为例，一个销售流程自动化机器人可以实现7×24 h的全天候无休工作，且始终能保持高质量、高速度的工作处理状态，全天候为顾客开展服务。

**2. 高效个性化服务**

数字虚拟员工能通过大数据分析，为每位用户量身定制服务建议。您可以得到更准确的消费建议，提升购物决策的效率。数字员工在脑存储的信息量巨大，且有自我学习能力，对各种数据能够精准、快速计算。能够替代人工处理大量重复、规则性事务，将人力资源解放出来并投入到更高附加价值的工作中去。

**3. 工作能力强**

数字员工的能力有着良好的拓展性和极佳的发展潜力，工作能力更强。具体表现有：①通过图像识别技术，数字虚拟员工能够模拟人类面部表情和肢体语言，增强顾客与机器的沟通体验，使对话更加生动自然。自然语言处理技术则能够将数字员工的大脑、眼睛串联起来进行认知计算，实现跟人类更加高效、准确地沟通。②语音识别技术则为数字员工装上了"耳朵"，能够通过更加便捷的语音交互方式提供服务，提高沟通效率。③机器人流程自动化则是数字员工的双手，帮助机器人执行决策，保证数据操作的零失误率，是数字员工稳定工作的有效保障。④数据分析、数据自动化等技术则为数字员工提供了向前走的双腿，能够在不断积累下来的数据中不断发展优化自身的同时，为企业在确定或实现发展战略规划目标中提供强大的数据支撑。⑤隐私安全保障。数字员工遵

循严格的安全协议，保护用户隐私。顾客可以放心地与其分享个人信息，获得专业建议，而无须担心信息泄露；⑥智能购物助手。数字员工能够辅助消费者进行购物消费，为消费增值服务。

### 4. 可控性

数字员工的工作是可控、易监督管理的，不存在与人沟通上的障碍。因为数字员工的本质是"软件"，因此可以在引入数字员工时对需要监管、设控的环节进行跟踪追溯。数字员工在运行过程中主要根据自然人设计而运行，在运行过程中完全按照运行规则形成结果，因此，没有自然人概念中的道德风险。数字员工比普通业务人员有着更高实时反馈能力，也不存在人类的性格差异、文化差异、观念差异等问题，大大降低了管理和使用成本。

### 5. 成本低

一位数字员工不需要花费招聘成本与人力成本，仅需要开发成本和有限的硬件采购成本，一次投入长期使用。通常硬件采购的成本远低于人类员工的月薪，开发成本往往远低于人类员工的年薪，所以数字员工的投入成本低。而因为数字员工的高效、零错误等特点，数字员工一旦投入使用，往往能够替代多个业务人员。正是因为数字员工有着众多的优势，所以数字员工的投资回报周期一般都在两年之内。数字员工的绩效可以进行精确的监管和考核。数字员工适合零售企业全流程岗位，是多面手员工。

## 三、数字员工在零售企业各部门的应用场景

在实践工作中，零售企业可以先从业务部门实际痛点入手，选取合适的场景，采用数字员工衔接运营系统，通过人机协作模式进行有效调度，实现业务全流程前、中、后台一体化。具体来讲，数字员工可以在下列工作岗位承担任务。

企业运营管理部门。零售企业通过引入账户管理数字员工，实时对接工信、网信、公安、监管部门，实现数字员工为客户提供服务的事前、事中、事后全生命周期管理。可以说，零售企业全流程业务，如采购、销售、财务、售后服务、商场设计和商品陈列、网络直播等都可以通过数字员工开展工作。

交易清算业务。数字员工在支付系统、银联、外管局等各系统间，实时进行对账、清算等工作，在提高数据准确性和效率的同时，为零售企业提供更多决策数据支持。

财务管理部门。数字员工在零售企业总账管理、税务申报、财务审计等业务中都可以开展工作。

客服中心。数字员工的运用就更加广泛，数字员工丰富了零售企业的客服服务场景，从过去的线下服务、电话客服、视频客服迈向一体化的智能客服，大幅缩短了响应时间，节省了大量客服成本的同时，也为客户带去了极佳的用户体验。

扩展阅读 3.6 苏宁"聊商"机器人

## 四、零售企业数字员工治理的方法与路径

### （一）将数字员工管理上升到零售企业战略发展高度

当前，企业数字化已经成为众多零售企业的战略发展目标，但较少零售企业将数字员工管理上升到企业战略管理高度。众所周知，战略规划对零售企业发展方向起到关键作用，零售企业所有资源的配置应为企业战略目标服务，如果零售企业不将数字员工列入数字化发展的战略目标当中，数字化建设也就成为空谈。因此，零售企业应将数字员工战略上升为同财务战略、技术研发战略、营销战略等同等高度，营造出企业自上而下所有员工都重视数字员工发展建设的良好氛围。

### （二）建立零售企业内部的数字员工骨干团队

尽管零售企业自身不一定能生产数字员工，数字员工的生产者主要来自相关科技公司，但为了能够更好地应用数字员工，有条件的零售企业有必要建立自身信息科技人才管理队伍。零售企业在充分尊重并运用数字员工的同时，应组建具有深谙本行技术、文化的数字员工骨干团队。该团队的核心责任是为零售企业内部的数字员工的应用落地提供技术支持，同时有效衔接企业各业务部门，搭建可复制使用的业务流程，通过高品质、高技术、高层次的团队领衔后，能够将自动化技术及 AI 技术融合到企业不同部门，来推动企业内部跨职能、跨岗位项目的实现与落地。

### （三）加强数字员工的基础管理

零售企业应将数字员工当成企业的人力资源的一部分，而不是软件。零售企业赋予数字员工人格化特征，包括给数字员工起名字、企业邮箱、工位、工牌等，并依据担负职能给数字员工分配工作任务。同时，尽量将那些高重复性的业务分配给数字员工，将数字员工充分利用起来。数字员工也需要组织化，建立企业内部汇报机制，做到有效沟通；数字员工业务交互及时报告反馈给相关人员；数字员工设有自检、自查机制，并设置预警系统，一旦其错误超出预定的范围，须及时停止工作并通知有关人员，将风险控制在可接受范围。

### （四）建立数字员工管理平台

一般来说，零售企业人力资源管理模块包括人力资源规划与预测、招聘与配置、开发与培训、薪酬与绩效管理、劳动关系管理等。同样，零售企业也应为数字员工管理建立一套健全的管理平台。该平台应包括以下模块：培训与开发、健康管理、绩效考核、调度管理、监控、风险管理。由于数字员工自身的特性，往往能够实现"一岗多能""多岗多能"，如何合理地配置数字员工的数量，以控制成本和更高效地调度数字员工，并充分利用其 7×24 h 全天候工作能力，将成为零售企业实施数字员工战略的最高目标。

### （五）培训数字员工

零售企业应不断提升数字员工素质，以使数字员工更好地为企业服务。零售企业可

以通过培训来提升数字员工素质，常用的培训方法有：①岗前培训。数字员工在正式上岗前必须符合零售企业监管要求及准入原则，对数字员工进行统一管控和调度，做到数字员工利用率最大化。②身体素质培训。数字员工须不断提高其自身的健壮性，有极强的抗压能力，能全天候无间断工作。零售企业应定期检查并优化数字员工的基础架构，保持基础架构的稳定性及自动化程序的稳健性。③业务素质培训。通过专业技能培训数字员工，培训师可以帮助数字员工程序降低错误率，数字员工算法必须经过训练，才能模仿人类行为。比如，客服聊天数字员工要经过培训师的训练，才能知道跟人类交流的复杂和微妙之处，通过训练数字员工的语言处理能力，让数字员工能够认识到语言表达字面之外的意思。通过训练数字员工的视觉识别能力，让其能及时辨别出第三方系统的变化，预防因外部环境变化导致的业务异常，及时修正并告警，避免对业务造成影响。④安全意识培训。数字员工要不断提升安全意识，确保其有益无害，由数字员工安全培训工程师定期检查数字员工安全状况，确保数字员工得到正确利用，尝试并预测数字员工的意外后果，并且避免紧急情况可能会造成的任何伤害性事件。培训人员可以来自数字员工骨干团队，包括数字员工培训师、安全工程师。⑤培训培训师，让其对数字员工的能力、适合的工作岗位、优势、风险点等都有清晰的认识，从而可以准确地进行数字员工资源分配和科学决策，并和负责数字员工骨干团队做好沟通与协作。

### （六）数字员工绩效管理

零售企业如何对数字员工进行绩效管理？这个问题一直困扰诸多零售企业。绩效管理就是管理者与员工在相互理解基础上确定绩效目标，以及达成绩效目标所需的知识、技能和能力，并通过人员管理和人员开发使组织、团队和员工取得更好的工作成果的管理过程。零售企业应准确评价数字员工的绩效优劣，关注数字员工的发展动态和变化，并通过持续沟通反馈，解决数字员工应用过程中存在的各种问题和困难，使数字员工更好地为零售企业作出贡献。

**1. 制订数字员工工作绩效计划**

零售企业管理者与数字员工开发者（或使用者）就数字员工在该绩效考核期内应履行的工作职责、各项任务的实现，预期达到的工作效果、衡量绩效的标准、数字员工的自主权限、可能遇到的障碍及解决方法进行探讨并达成数字员工用工协议。绩效计划是整个绩效管理体系中重要的前馈控制环节。

**2. 进行绩效诊断与辅导**

绩效诊断与辅导指零售企业数字员工管理者与数字员工共同分析引起绩效问题的原因，帮助数字员工克服工作困难。零售企业在整个数字员工绩效管理的实施过程中，应有专人以教练的身份与数字员工进行有效沟通，追踪数字员工的工作进度和工作质量，及时排除遇到的障碍，必要时配合数字员工开发者通过修改软件等手段修订数字员工绩效计划，及时纠正数字员工工作过程中的偏差，以帮助数字员工更好地完成绩效计划。

**3. 绩效评价与反馈**

对数字员工的绩效评价主要是指零售企业依照预先确定的标准和一定的评价程序，运用科学的评价方法、按照评价的内容和标准对数字员工的工作能力、工作业绩进行定期和不定期的考核和评价。为此，零售企业需成立数字员工绩效考核评价小组，明确考评标准，收集考评信息，选择适当的考评方法，实施考评与反馈来进行数字员工绩效考核。

### （七）切实防范数字员工的风险

数字员工主要有两种风险表现，一种风险表现是由于外部环境引起，因为数字员工主要负责的业务流程，从本质上其实也是由软件程序执行的。由于外部环境变化，例如，在第三方系统不知情的情况下进行了更新，数字员工可能因误操作从而引发风险，数字员工需设有自检、自查机制，当错误发生时能及时察觉到风险。具体可以采取以下风险防范措施：①对第三方环境的变化进行实时的检测比对，形成历史的参照。②对多数据源进行交叉比对，发现数据源有异常，及时警告并停止当前工作。③基于对关键节点数据源的纵向比对分析，找出此数据的运行区域空间，据此设立预警系统与边界。④定期对数字员工的运行状态、健康情况进行检查，对数字员工代码的安全性进行定期评审。

数字员工的另一种风险表现为敏感数据泄露风险：数字员工掌握着很多业务系统的关键敏感数据，如业务系统的账号、密码。为了防止数字员工操作系统的账号和密码被盗用，必须严格地设置使用权限，保证系统被登录的最小权限。涉及账户密码等敏感信息必须设置严格的安全策略，做到"看不到、拿不走"。在进行数字员工风险管理时，零售企业应结合资源容量预测及隐患识别，判断和决定如何优化资源配置，降低资源分配不足与系统操作上可能存在的风险。

### （八）应急管理

数字员工基于安全应急处理系统，针对零售企业业务流程进行编排，通过自我判断、定时触发、人工审核、循环判断等内置动作，辅助安全运营人员进行安全流程编排。通过平台监测产生的安全事件，以及对接的第三方平台的安全事件自定义响应规则、触发预警等信息，实现安全事件的应急管理。数字员工自动实现对系统的自动巡检、故障预测、异常侦测、异常警报、问题判断及故障修复。对不能自动处理的复杂问题，通过短信接口、邮件网关、电话通知等手段将问题信息描述和问题截图通知管理员，方便管理员及时获取问题信息，排除隐患。

数字员工在零售企业的应用也引发了一些挑战。比如，数字员工缺少人类员工的情感体验；技术的不断进步也意味着数字员工迭代更新较快，可能会存在一些技术性的问题；将来的数字员工是否会在某些方面超越人类所能控制的范围，是否会引发伦理或其他关乎人类命运的问题等。此类挑战都将带来更多的数字员工管理问题，需引起零售企业重视。

在快速变化的数字化时代，数字办公越来越被零售企业所重视，数字员工作为突破性的劳动力模式已经开始成为大多数企业用工的"新常态"。人机耦合已经成为必然趋势，数字员工也必将加速推进零售企业数智化转型发展。数字员工带来的是一场前所未有的零售业的变革。它们不仅为我们带来高效便捷的购物消费体验，更让我们领略到科技创新的无限可能性。然而，无论数字员工如何发展，其真正的目标始终是为消费者提供更好的服务，让消费者的购物生活更加便捷、智能、人性化。未来，数字员工将持续发展壮大，必将成为零售服务业的重要组成部分。随着人工智能和虚拟现实技术的进步，数字员工的功能将更加强大，服务也会更加贴近用户需求，零售企业应从多个方面做好数字员工管理工作。

## 本章小结

零售企业的组织设计需要综合考虑多种因素，从而形成各种组织模式。零售企业的组织建立程序一般为：确定工作任务，分解工作任务，归类职位，职位分类，形成组织。零售企业的组织结构模式主要分为简单结构模式、职能结构模式、梅热结构模式、分部型结构模式、矩阵型结构模式及委员会结构模式。

零售企业人力资源管理有其显著的特殊性，其特殊之处在于非熟练的员工多、工作时间长、员工显露率高、兼职员工人数多、顾客的需求变化大、人力规划难。为适应现代零售企业发展的需要，零售企业人力资源管理必须具有人本管理观念、情感管理观念和能本管理观念。

零售企业人力资源的获取途径有公司外部和内部两种渠道。招聘是在零售企业内部出现职位空缺时发生的系列活动，是零售企业获取人力资源的主要手段。管理人员的招聘和销售人员的招聘是零售企业人力资源招聘的重要内容。零售企业员工培训是一项系统性工作，首先需要结合企业的整体发展战略，制定人才培养的长远规划；其次需要拟订各个时期和阶段的具体培训计划，明确培训对象、内容和要求；最后还需要采用科学的培训方法。零售企业员工的职前培训、在职培训和职务培训都有其各自的重要意义。

零售企业根据现有标准对零售企业员工的工作情况进行系统化的正式考核与评价，并将考评结果传达给员工，这就是零售企业的绩效考评。为进行绩效考评，零售企业要形成相应的管理制度，并建立绩效考评的具体指标。为吸引、留住和激励员工，零售企业要强化薪酬管理，以凝聚人心。零售企业的薪酬体系一般包括三个基本组成部分：固定工资、可变薪酬和附加福利计划等。

在数字经济高速发展的时代背景下，数字员工为零售业带来一场前所未有的变革。数字员工的技术方案主要有两个方面：基于自然语言处理的语言理解和生成技术；基于人工智能的自动化决策和行动技术。数字员工相较与自然人员工的优势：7×24 h全天候服务、高效个性化服务、工作能力强、可控性、成本低。数字员工管理主要包括基础管理、绩效管理、风险管理、应急管理、管理平台构建等方面。

## 思考题

1. 零售企业组织的建立需要综合考虑哪些因素？
2. 零售企业在将任务归集为岗位职责时，需要考虑专业化分工，请问岗位职责的专业化分工能够对企业产生什么效应？

3. 零售企业的组织结构模式有很多种，零售企业应根据自身的规模和特点，选择其适宜的结构模式，试比较各种组织结构模式的优缺点。

4. 零售企业管理人员和销售人员的招聘应分别重点注意哪几个方面？

5. 试比较零售企业四类薪酬制度的利弊。

6. 什么是数字员工？如何做好零售企业数字员工管理？

## 案例分析

### 京东集团组织结构变革的动因与启示

京东集团（以下简称"京东"）创立于1998年，创始人为刘强东。自创立之初，京东集团就秉持诚信经营的核心理念，坚持销售正品行货，倡导品质经济，依托于所有京东人的拼搏和激情，曾持续16年超过110%的年均复合增长率。同时，京东奉行客户为先、诚信、协作、感恩、拼搏、担当的价值观，坚持技术为本，定位于"以供应链为基础的技术与服务企业"，致力于成为全球最值得信赖的企业。

目前，京东核心业务为零售、数字科技、物流、技术服务四大板块，总部位于北京，并在北京、上海、广州、成都、武汉分别设有华北、华东、华南、西南、华中分公司。2004年，京东开始涉足电商领域，公司规模也逐渐壮大并建立职能型的组织结构。2013年3月，为了提高组织效率，更好地为客户提供服务，京东将原来的职能型组织结构转变为事业部制的组织结构。具体来说，主要是通过资源整合，设立营销研发部、硬件部和数据部三大事业部。2013年7月，京东成立金融集团。2014年4月，为解决商城和金融集团经营模式的差异问题，京东一拆为四，设立子（集团）公司和事业部，即京东商城集团、京东金融集团、拍拍网（子公司）和海外事业部。2015年8月，京东将原商城的采销体系整合为3C、家电、消费品和服饰家居四大事业部。2016年6月，京东整合原大市场、无线业务和用户体验设计部资源，成立商城营销平台体系。2017年4月，京东设立集团营销平台体系，全面负责包括商城、金融、保险、物流、京东云等业务在内的整合营销业务以及集团整体的国内市场公关业务。同时，京东宣布组建物流子集团，以更好地发挥京东物流的专业能力。2018年12月，京东以客户为中心，将组织结构划分为前中后台。其中，前台主要围绕B端和C端客户建立灵活、创新和快速响应的机制，包括平台运营业务部、拼购业务部、生鲜事业部、新通路事业部和拍拍二手业务部，其核心能力包括：对市场和客户行为的深刻洞察，服务客户的产品创新和精细化运营。中台主要通过沉淀、迭代和组件化的输出服务于前端不同场景，不断适配前台，包括新成立的三大事业群（3C电子及消费品零售事业群、时尚居家平台事业群、生活服务事业群）、商城市场部、商城用户体验设计部以及技术中台和数据中台，其核心特点是专业化、系统化、组件化、开放化。后台主要为中前台提供保障和专业化支持，包括CEO办公室、商城财务部和商城人力资源部，其核心是专业化、服务意识与能力。2018年9月，京东金融更名为京东数科。

作为国内的电商巨头，京东集团的组织结构经历了多次变革。京东集团组织结构变革的动因主要包括两个方面：一方面是科技进步、经济全球化和客户需求多样化可知等外部因素；另一方面是组织规模变化、组织战略调整和组织发展阶段更替等内部因素。京东集团通过组织结构变革推动了企业的持续快速健康发展，这带给我们一些启示：一是组织要适时调整自身结构；二是组织结构应适当扁平化；三是组织结构要为质量和效率服务。

（资料来源：郭云贵，薛玉平. 京东集团组织结构变革的动因与启示[J]. 管理工程师，2021, 26(1).）

**案例思考**

1. 京东集团如何进行组织变革的？
2. 京东集团组织结构变革的动因有哪些？

## 本章实训

### 一、实训目的

1. 理解职位说明书的重要性。
2. 掌握零售企业不同岗位职位说明书的撰写。
3. 锻炼岗位职责分析与工作内容描述的实际能力。

### 二、实训内容

假定国美电器公司需要招聘采购经理一名、普通销售人员若干名，请以小组为单位，分别撰写采购经理的职位说明书和普通销售人员的职位说明书。

### 三、实训组织

1. 指导教师明确实训目的、任务和评价标准。
2. 学习委员将班级成员分成若干小组。成员可以自由组合，也可以按学号顺序组合。小组人数划分视修课总人数而定。每组选出组长1名。
3. 以小组为单位，收集国美电器公司的基本资料，同时收集国美电器公司采购经理和销售人员的岗位职责与工作描述的相关信息。根据收集资料和零售企业职位说明书的基本要求，写一份采购经理的职位说明书或销售人员的职位说明书，上交指导教师。
4. 从中遴选最优秀的两组（采购经理职位说明书和销售人员职位说明书各一组）在课堂汇报演示，时间 20 min 为宜。

### 四、实训步骤

1. 指导教师布置任务，指出实训要点、难点和注意事项。
2. 小组成员分工收集资料、分析岗位职责与工作内容描述。
3. 小组组织讨论，按实训任务要求形成、归纳要点，完成职位说明书的撰写。
4. 指导教师对上交的职位说明书逐一评阅，写出书面点评意见，并反馈给学生。
5. 遴选最优秀的二组在课堂报告，其他小组提问、质疑，发言代表和该小组成员答疑。

6. 指导教师即席点评、总结。

## 延伸阅读

1. 伯曼，埃文斯. 零售管理[M]. 吕一林，韩笑，译. 北京：中国人民大学出版社，2007.
2. 勒斯克，邓恩，卡弗.零售管理[M]. 杨寅辉，陈娜，译. 北京：清华大学出版社，2011.
3. 巫开立. 现代零售精要[M]. 广州：广东经济出版社，2004.
4. 瞿晓理，姚乐. 人力资源管理案例汇编[M]. 北京：经济科学出版社，2012.
5. 魏秋立. 国美人力资源管理的实践[J]. 中国人力资源开发，2012(2)：9-10.
6. 楼旭明，王瑞萍. 基于虚拟视角的零售企业人力资源管理职能转变研究[J]. 商业研究，2008(6)：211-214.
7. 肖怡. 零售学[M]. 北京：高等教育出版社，2013.
8. 陈昭清. 现代企业人力资源管理研究[M]. 北京：中国商务出版社，2019.
9. 胡贺，任丽丽. 数字员工大有可为[J]. 企业管理，2022(2)：19-22.
10. 陆岷峰，马进. 基于数字银行背景下的数字员工管理研究[J]. 金融理论与教学，2020(5)：1-6, 11.
11. 李敏. 中小银行RPA数字员工引入及管理策略[J]. 银行家，2021(1)：108-110.

## 即测即练

自学自测 扫描此码

# 第四章

# 零售企业财务管理

◆ **本章学习目标**

了解零售商资金筹集的目的与要求、资产运营的概念与方式、财会报表的主要类型，熟悉零售商资金筹集的渠道与方式、财务预算与资源配置，掌握三种主要报表的差异及其用途。

◆ **引例**

"十元小酒馆"海伦司通过控制成本谋取盈利

2009年，徐炳忠关停了他在老挝的酒馆，带着创业赚来的钱在北京五道口某小区旁确定下了海伦司的第一家门店位置，目标客户瞄向外国人。2012年，海伦司进入成长期，将目标客户群体从国外青年群体转向了国内青年群体。2016年12月，徐炳忠和海伦司其他高管一行四人前往纽约曼哈顿考察后发现，当地的人均月收入水平在4000美元左右，而当地的啤酒价格却很便宜，每瓶只需七八美元，甚至更低。但对标国内，当时国内的人均月收入四五千元人民币，可任意走进一家处于二、三线城市的小酒吧，点上一瓶普通啤酒都要好几十元！于是决定为年轻人打造出属于他们的"十元小酒馆"。但这同样会给海伦司的成本控制带来莫大的压力。该从哪方面入手进行成本控制？

推出自有品牌啤酒。这样不仅可以自己生产更符合年轻人口味的啤酒，还可以将定价权牢牢控制在自己手里，不受第三方的牵制。海伦司通过与研发服务供应商合作开发各种口味及风味的新型酒精饮料，之后通过第三方供应商直接生产，去除了中间商环节，极大程度降低了采购成本。从2018年起，海伦司60%以上的酒饮均为自有品牌。

2020年，距离徐炳忠从美国考察回来已经过去了四年时间，在这四年里海伦司不断地开店，扩大自身规模，门店数量已经从2018年末的84家增长至2020年末的337家，一跃成为酒馆行业拥有门店数量最多的公司。规模上升带来的好处之一便体现在了海伦司的议价能力上，海伦司终于成功地把第三方品牌酒水价格降到了9.8元，远低于其他酒馆的同类产品价格。

门店成本控制。"好地段、差位置"是海伦司的选址标准。"好地段"意味着整个区域的目标用户数量至少能够达到一定水平;"差位置"的底气则在于海伦司打下的优秀口碑,让顾客带有明确目的和方向前来消费,海伦司吸引的不只是慕名而来的新客户,还有更多的回头客用户。这样的选址好处不言而喻,不仅能节约了一大笔租金,还能降低获客成本。

此外,海伦司管理层还开始在门店内的布置上突出社交空间。走进海伦司店内,映入眼帘的除了桌游、飞镖等社交小游戏装置,剩下的空间摆放的都是酒桌。海伦司一家酒馆的面积为 $300 \sim 500 \, m^2$,能够摆放 $36 \sim 50$ 张桌子,大致可同时容纳 $150 \sim 200$ 名顾客。极简化的装潢设计不仅最大程度节约了装修成本,还把年轻人的社交空间扩张到最大,"拼桌"更是成了海伦司吸引年轻消费者们的一大特色。

为了尽可能降低人工成本,海伦司在人员上做出了精简化、合理化的安排。把餐食改成了零食小吃,直接向客户销售成品,省下了原本该支付给大厨的支出。取消了酒馆的驻唱歌手、调酒师等职位,这样便不用再承担支付每个门店驻唱歌手和调酒师的薪水。外包员工主要负责酒馆门店的服务,这样一来不仅帮海伦司节约了不少人工成本,还避免了不必要的劳务纠纷。

在成本管理上,海伦司技术部门的员工也设法通过技术升级来帮助公司更好地进行成本控制。经过海伦司技术部门的不懈努力,最终成功开发出了 Future BI 系统。Future BI 通过连接 ERP 和 CRM 两个操作系统,相应地实现了对门店业务和客户营销的双向数字化管理。为海伦司提供了创造性的解决方案,实现了精准有效的微营销,降低了营销成本支出。

海伦司成本控制在产品、门店、人力上的频频发力,反映在海伦司的盈利能力上。2018—2020 年,海伦司 2019 年的净利率达到 14.9%,2020 年受疫情突然来袭,人们居家隔离,海伦司的酒馆生意受到了一定的影响。但海伦司的净利率还是要优于一众传统餐饮连锁企业。

(资料来源:蒋秋菊,郑婉琳,方媛,等. 殚精竭虑:"十元小酒馆"海伦司如何控成本、谋盈利. 中国管理案例共享中心案例库.)

## 本章学习目标

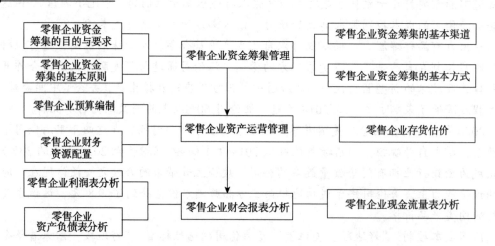

零售企业财务管理就是零售企业组织财务活动、处理财务关系的一种职能管理活动。所谓零售企业财务活动就是零售企业在经营过程中客观存在的资金运动，而零售企业财务关系则是指零售企业资金运动中所体现的经济利益关系。零售企业财务管理主要包括零售企业资金筹集、资产营运、成本控制、收益分配、信息管理、财务监督六大要素。本书择其要者，阐述零售企业资金筹集管理、资产营运管理、财会报表分析三个方面。

# 第一节 零售企业资金筹集管理

资金筹集是零售企业资金运动的起点。筹资管理是指对资金筹集的数量，获得资金的渠道，以及如何最经济地筹集资金等问题的管理。

## 一、零售企业资金筹集的目的与要求

零售企业资金筹集是零售企业根据自身生产经营、对外投资、调整资本结构及未来经营发展等需要，通过科学预测和决策，采用适当的方式、从一定的渠道获取所需资金的行为。

零售企业资金筹集的主要目的有三个：筹集资金以便设立企业，筹集资金以便扩大企业经营规模，筹集资金以便偿还债务。

零售企业资金筹集的基本要求：认真研究和选择投资方向；根据实际需要，结合经济核算的要求合理确定资金数额和投放时间；适度利用债务资金，正确运用负债经营，降低零售企业财务风险；协调收益与风险之间的关系，选择适当的筹资渠道和筹资方式，降低零售企业的资金成本。

## 二、零售企业资金筹集的基本原则

零售企业资金筹集应遵循适当、及时、经济、合理原则。

**1. 适当**

零售企业筹集的资金并不是越多越好，资金过多会增加资金成本，造成资金闲置、积压，不能充分发挥每笔资金的使用效益。资金筹集不足，则会影响经营的正常进行。零售企业宜考虑自身经营状况和规模大小，采用比较科学的方法，通过预测和规划，确定一个适当的资金筹集量。

**2. 及时**

同等数量的资金，在不同时间点上具有不同价值。零售企业资金筹集人员应全面掌握资金需求的具体情况，熟知资金时间价值的原理和计算方法，合理安排资金的筹集时间，及时获取所需资金。

**3. 经济**

零售企业筹集资金必然要付出一定的成本、承担一定的风险，而不同筹资方式的筹资成本和财务风险高低不同。为此，零售企业在确定筹资数量、筹资时间、筹资渠道的基础上，对各种筹资方式进行分析、对比，选择经济、可行的筹资方式。

#### 4. 合理

不同来源的资金，对零售企业的收益和成本有不同影响。零售企业在筹集过程中，要从多种筹资渠道和方式的结合中找到合理的筹资结构，以便提高资金收益降低资金成本。在选择合理的筹资结构方面一般要考虑如下几个问题：筹资方式是否方便可靠，筹资还本付息的风险大小，筹资费用和成本的高低，筹资使用的期限长短。

### 三、零售企业资金筹集的基本渠道

零售企业资金筹集的基本渠道一般有以下七种。

#### 1. 股权资本

股权资本来源于零售企业的所有者的投资。组成公司的零售企业可以在公司内外部出售股份，增加股权资本。股权资本增加，会扩大公司所有者的人数，削弱创业者对企业的控制。很多零售企业为了发展，都采取了吸收他人入股的方式来筹集资金。

#### 2. 商业信用

商业信用主要来自供应商对零售商的赊销，零售企业一般在进货的 30～50 天后付款。零售商向供应商提供信用，以应付账款或应付票据的形式开辟了一个短期的资金来源。商业信用也是一个重要的资金来源，它可以减少零售企业的存货投资。

#### 3. 银行贷款

向银行和其他金融机构贷款是零售企业资金的重要来源。利用银行贷款有如下优势：第一，为中小企业筹资提供了一条很好的途径；第二，投资资金来自银行，企业可避免回收资金受通货膨胀的不利影响。但向银行贷款也有一些弱点，如企业到期不能还本付息就有可能破产，贷款规定严格导致企业不能灵活地使用资金，等等。

#### 4. 发行股票筹资

发行股票筹资的优点是，股票没有偿还期，企业通过股票发行所获得的资本可以持续使用。但弱点是企业需要具备一定的条件，经过有关部门审批才能发行股票，发行手续复杂，一般的零售企业很难获得这种资格。

#### 5. 债券筹资

公司通过向社会发行债券筹资。债券发行也需要经过有关部门审批，但与股票相比，审批手续比较简单。债券与股票的区别是：债券有一定的偿还期限，债券到期必须还本付息，如果零售企业不能按时支付，就有面临倒闭的风险。

#### 6. 留存收益

这是指企业在经营过程中留存下来可供后期继续使用的企业纯收入。留存收益具体表现为公积金、集体福利基金和未分配利润这三种形式。

**7. 财政补贴**

在政策规定范围内,各级财政对零售企业进行投资补助,或者贷款贴息、专项经费补助,或者政府转贷、偿还性资助,或者弥补亏损、救助损失或者其他用途而使零售企业获得财政资金。

## 四、零售企业资金筹集的基本方式

零售企业资金筹集的基本方式主要有以下三种。

**1. 短期筹资方式**

短期资金是指使用期限在一年以内或超过一年的一个营业周期以内的资金。零售企业短期筹资主要用于流动资金的短期需要。例如,发放员工薪酬福利、采购周转商品和其他存货,以及经营过程中的其他费用开支。短期筹资的主要来源是银行借款、商业信用、短期融资券、票据贴现等方式。

**2. 中期筹资方式**

中期筹资是指零售企业为了满足经营发展需要,从金融机构和其他渠道获得的,可供企业在 1~5 年内使用的资金。主要有以下三种方式:银行中期借款,投资公司中期借款,企业内部中期融资。

**3. 长期筹资方式**

长期资金主要用于扩大经营规模、更新企业建筑和设备等,一般需几年甚至十几年才能收回。长期筹资通常采用吸收直接投资、发行股票、发行债券、长期借款、融资租赁和利用留存收益等方式。

扩展阅读 4.1 京东仓储的融资破局

# 第二节 零售企业资产运营管理

零售企业资产运营是指零售企业为了实现企业经营绩效最大化而进行的资产配置和经营运作的活动。零售企业应当根据风险与收益均衡等原则结合经营需要,采取一定的措施,对资产运营全过程进行有效的监督和控制,包括现金流量管理、资产利用、资源优化配置、资产规范化处置、资产安全控制等。

扩展阅读 4.2 万达商管轻资产转型之路

## 一、零售企业预算编制

预算编制是指预算收支计划的拟订、确定及其组织过程。零售企业根据预期业绩编制一定时期的开支计划,通过预算编制,零售企业的支出可以与目标市场的开拓、员工职业的发展和管理目标的实现紧密联系在一起。

## （一）零售预算编制的价值

零售企业预算编制可以获得以下四方面的好处。

### 1. 提高劳动生产率

预算与预期的业绩直接相关，并在目标改变时做出相应调整，由此可以提高零售企业的劳动生产率。

### 2. 优化资源配置

通过预算编制，将资源分配到适当的商品部、商品种类等，实现不同商品部、商品种类等方面的开支相互协调。

### 3. 提高应对未来变化的主动性

通过预算编制，零售企业可以为将来做准备，而不只是被动适应。

### 4. 有效控制支出，提高资金利用率

既可以确定各方面的支出水平，又可以在整个预算周期中不超支，还可以通过分析预期开支与实际开支的差别、本企业开支及业绩水平与行业平均水平的比较实现纠偏。

## （二）零售预算编制的基本要求

零售企业在编制预算时，应当考虑编制过程花费的时间和精力；预算语言必须清晰易懂，能被所有的决策者理解；预算必须具有一定的灵活性，能够根据不可预见的顾客需求、竞争对手战术的变化等因素调整计划；预算既不能过于保守，也不能简单地在现有各类支出的基础上加上一定百分比就得出下一期的预算。

## （三）零售预算编制的预备决策

零售企业在编制预算前需要在以下方面做出决策。

### 1. 明确指定谁对预算编制的决策负责

当采取自上而下的方式编制预算时，由高层管理人员制定财务决策，然后传达给下级管理人员。当采取自下而上的方式编制预算时，由基层管理人员提出本部门的预算要求，然后将这些要求组合起来形成整个企业的预算。在实践中，许多企业将两种编制预算的方式结合起来使用。

### 2. 确定编制预算的期限

大部分企业通常按年、季和月编制预算。有时，预算的期限可能会长于一年或短于一月。例如，当一家企业决定在未来五年内开设数家新店时，需要确定五年内的资本支出。又如，当一家超市订购生鲜易腐食品时，需要按周编制预算。

### 3. 确定编制预算的概率

在通常情况下，企业一年编制一次预算。大部分企业每年都要用几个月的时间编制预算，既可以使编制人员有充足的时间收集数据，还可以在做出最后决策前多次审查、

调整预算草案。

**4. 确定支出的种类**

按照支出的时间长短分类可将支出分为资本支出和经营支出。资本支出包括对土地、建筑物、工具和设备的长期投资。经营支出包括经营业务所产生的短期销售费用和管理费用。按照支出与业绩的关系可将支出分为固定成本和变动成本。固定成本是指不管零售商的业绩如何，在预算期内都保持相对稳定的支出，如商店的保安支出和房产税。变动成本是指在预算期内与企业业绩有关的支出，如销售佣金。

**5. 确定预算的详细程度**

如果零售企业要编制十分详尽的预算，就必须确定每一类开支都能得到充分的满足。

**6. 确定预算的灵活性**

一方面，预算应有足够的刚性，以保证计划开支能够为企业目标服务，并将支出与目标密切联系起来；另一方面，预算应有一定的柔性，如果预算过于死板，零售企业就无法灵活调整预算以适应市场条件的变化、抓住新的机会，或者使相关开支最小化。大部分零售企业都以量化方式说明预算的灵活性。例如，当顾客的需求超过预期数值时，应该允许采购员在一个最大比例的范围内增加他的季度预算。

### （四）零售预算编制过程

零售企业编制预算的过程如下（图4-1）。

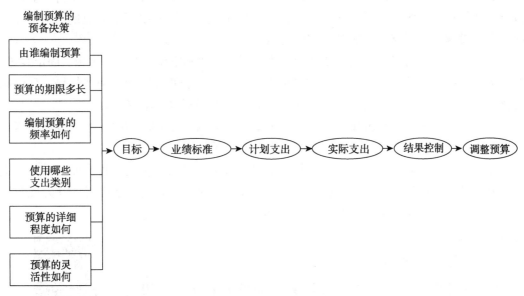

图4-1 零售企业预算编制过程

（1）以顾客、员工和管理层的需要为基础确定目标。
（2）确定达到目标的具体业绩标准，包括顾客服务水平、激励员工所需的报酬水平、能够令管理层满意的销售额和利润水平。一般来说，预算与销售额的预测值有关。销售额的预测值指的是下一个预算期的预期收入，通常按部门或商品种类进行分解。

（3）根据业绩目标确定支出，可采用零基预算或增量预算法。零基预算是指预算从头开始进行，列出实现预算目标所需的费用，每次预算都要对所有的成本进行考核。增量预算是企业以现在或过去的预算为基础，通过增加或减少得出下一个预算期的费用。大部分零售企业采用增量预算法，因为这种方法简单易用、费时少且风险低。

（4）实际支出。零售企业用于支付租金和员工工资、购买商品、做广告等方面的支出。

（5）对结果进行控制。一方面，将实际开支与零售企业预先确定的每一类计划开支做比较，并找出产生偏差的原因；另一方面，确定目标和业绩标准是否实现，并对产生的偏差做出解释。

（6）调整预算。当发现预算的实施与实现企业目标偏离时，要适当调整预算。预算方案的调整程度取决于对企业目标的偏离程度。分配到某些方面的支出可能被削减，分配到另一方面的支出则可能会增加。

## 二、零售企业财务资源配置

零售企业在分配财务资源时，既要考虑各类开支项目的金额，又要考虑开支的生产率。

### （一）各类开支项目的金额

零售企业的开支可以分为资本支出和营业支出。所谓资本支出，是指零售企业用于固定资产的长期投资，所谓营业支出，是指零售企业经营过程中产生的短期的销售和管理支出。通常两种开支的金额都要定期考察。

新建一家商店的资本支出主要涉及基本建设、通风和空调、照明、地板、固定装置、天花板、内部和外部标志及屋顶装饰。由于竞争压力、兼并和收购、消费趋势、环保原因及其他原因可能引起老店改建。改建一家老店也需要不少资本支出。

营业支出通常以占销售额的百分比来表示，其范围为 20%～40%（某些专业商店）不等。要获得成功，企业的营业支出必须与竞争对手相当。

零售企业分配财务资源时，还必须考虑机会成本。机会成本是零售企业选择某一机会而放弃另一机会时可能带来的收益损失。例如，一家连锁超市决定耗资 450 万元改造现有的 15 家店，那它就无法开一家耗资 450 万元的新店（不包括租金等）。

### （二）开支的生产率

生产率是指实施零售战略的效率。其衡量指标有：成本占销售额的百分比，如收银员完成一项交易所用的平均时间、每平方米营业面积的销售额、存货周转率等。关键的问题就是如何在控制成本的同时实现销售额和利润目标。

扩展阅读 4.3 Tuesday Morning 公司提高生产率的方式

因为不同的经营战略组合有不同形式的资源需求，所以生产率的衡量标准必须与每一种战略组合的经营规则联系起来。衡量销售增长率还应考虑各种变量的影响，保持数据的可比性。

## 三、零售企业存货估价

零售企业商品种类繁多，存货的估价非常复杂。零售企业必须掌握许多相关信息，如销售额、未到货的额外采购、某段时间内的存货毁损、毛利润、采购限额、存货短缺，以及盈利所需的存货水平等。

零售企业需要做出两个有关存货估价的决策：利用哪一种会计存货系统，以及选择哪种存货定价方法。

### （一）会计存货系统

有两种存货会计系统可供零售企业使用：①成本会计系统，按成本加运费确定商品的价值。②零售会计系统，按当前零售价格确定商品价值。本书从接收存货信息的频率、完成实地盘存和记录时遇到的困难，以及存货短缺能够被计算的程度等方面介绍这两种方法。

**1. 成本法（cost method of accounting）**

成本法是指仅仅根据零售企业的成本（包括运货费用）确定存货的账面价值。这种方法关注的只是每种产品在购买时登记在会计记录中的成本。在进行存货清点（即实地盘存）时，必须查明每件商品的成本、每种商品的库存数量，并按成本计算所有存货的价值。

成本法对于那些销售高价产品，并允许顾客讨价还价的零售企业非常实用。售货员可以从价签上的编码了解到在能够弥补商品成本和运营费用的前提下，顾客议价的空间有多少。

成本法也存在一些局限：很难制作每日甚至每月的存货清单；很难将每一笔销售额都记录在案；很难将运货费用分配给每件产品的销售成本。

成本法一般适用于那些销售高价产品，或者每天的销售活动有限的零售企业（如昂贵的珠宝店或者古董家具店），以及自产自销的零售企业（如烤面包店、餐厅和家具展厅），这些零售企业通常拥有很少的商品线或者有限的存货需求，价格不经常变动，存货周转率比较低。

**2. 零售法（retail method of accounting）**

零售法是指根据当前的零售价格估计存货的价值。零售法克服了成本法的缺点，但要求详尽地簿记，而且因为期末存货首先按零售金额估价，然后转化为成本以计算毛利润，所以也更加复杂。

利用零售法确定期末存货价值有三个基本步骤：计算成本比例，计算零售价格的降低，然后将调整后的零售账面存货价值转化为成本。

第 1 步：计算成本比例。

期初存货的价值、净采购额、额外加价和运费都包含在零售法内。期初存货和净采购额（购买减去退货）同时以成本和零售价格表示；额外加价指因通货膨胀和出乎意料的高需求使销售价格上涨而给零售商带来的额外收益，只按照零售价格来表示；运费指由零售商负担的将采购的商品从供应商处运送至零售商处所发生的成本，只按照成本方式表示。

假如一家零售企业下个季度可供销售的存货数据如下：以成本表示的期初存货 199000 元，净采购 7000 元，进货费用 1000 元，则可售存货总价值 270000 元；以售价表示的期初存货 401000 元，净采购 154000 元，额外加价 5000 元，则可售存货总价值 560000 元。可售商品的成本比例 = 总成本价值/总零售价值 = 270000 元/560000 元 = 0.482。也就是说，每一元的零售销售收入中包括 0.482 元成本。

第 2 步：计算零售价值的扣减。

存货的期末零售价值必须反映从可供销售商品总额中的所有扣减。除销售额外，扣减应包括降价（如特价销售，以及对处理的、过季的和陈旧的商品的降价）、员工提成，以及（因失窃、未记录的损坏等原因造成的）存货短缺。虽然可以在一个会计期间记录销售额、降价以及员工折扣，但仍需要进行实地盘存以得出存货短缺量。

零售企业将以零售价格计算的期末存货账面价值与实际存货价值进行对比，计算真正的存货短缺。如果账面价值大于实际价值，就会出现存货短缺，如果账面价值小于实际价值，就会出现存货盈余。存货短缺通常是由于偷窃、损坏、顾客未支付的过多送货，以及记账错误造成的，而记账错误一般是最常见的原因。记账错误通常是由于对减价、退货、折扣和破损商品的记录不当。存货盈余通常也是由于记账错误造成的，即实地盘存时盘查错误，或者记录条目不当。

第 3 步：将调整后的零售账面存货价值转变为成本。

按成本计算的期末存货成本等于经过调整的期末零售账面价值乘以成本比例。这个等式并不能得出精确的期末存货成本，只能显示所有可供销售商品的成本和零售价格之间的平均关系。

与成本法相比，零售法具有以下优点：进行实地盘存，成本不必换算，因此可以减少商品估价中发生的错误；由于工作程序更简单，可更频繁地开展实地盘存，使零售企业能够更清楚地知道周转慢的商品和存货短缺；完整的期末账面价值记录有利于确定恰当的保险总额水平和解决保险索赔。

零售法有两个主要缺点：一是需要记录大量的数据，簿记工作过于繁重。二是成本比例是基于可供销售商品的总成本和零售总价值的平均数。很可能得出的存货期末成本价值只是近似于库存商品的真实成本，特别是在畅销商品与滞销商品有不同的提价，或不同商品的提价具有很大差异时，更可能导致错误信息。

### （二）存货定价系统

存货定价有两种方法：先进先出法和后进先出法。

先进先出法（first-in-first-out method，FIFO）从逻辑上假定先采购的商品先卖出，而最近采购的商品保存在仓库中。先进先出法按照当前成本结构确定存货的价值——留做存货的是最近采购的商品，因此货架上的商品反映的将是最当前的重置价格。在通货膨胀期间，这种方法可以将"存货利润"（由销售原来那些低价的存货，而不是现在这些昂贵的新存货创造）包括在收入中。

后进先出法（last-in-firsr-out method，LIFO）则假定后采购的商品先售出，而先采购进的商品保存在仓库中。后进先出法则按照当前成本结构确定当前的销售额——最先卖出的商品是最近采购的商品。在存货价值不断上涨时期，后进先出法由于表现为较低的利润而给零售企业带来税收上的好处。大部分零售企业也更偏好使用后进先出法进行商品规划，因为它能够精确地反映商品的重置成本。

## 第三节 零售企业财会报表分析

成功的零售企业需要正确稳妥的会计核算。一家零售企业需要的会计记录的数量和类别取决于零售企业的规模及管理层的目标。

零售企业财会报表是对企业财务状况、经营成果和现金流量的结构性表述。能够为零售企业提供一种衡量营利性和零售绩效的标准，可以呈现出某段时期内发生的所有交易。

零售企业财会报表最常用的有三种：利润表，资产负债表，现金流量表。

扩展阅读 4.4 唯品会的收入确认采用总额法还是净额法？

### 一、零售企业利润表分析

零售企业需要制定的最重要的财会报表是利润表（也叫作损益表）。利润表是指反映企业在一定会计期间的经营成果的会计报表，是对零售企业在一定会计期间的收入和支出的总结，通常按月、季或年编制。利用利润表，零售企业能够将当前的数据与过去相比，从而注意到销售额、费用和利润的趋势或改变。

利润表可以分成不同的部门、分支等，使得零售企业能够评估某段时间内每个子单元的经营绩效，见表 4-1。

利润表包括以下主要内容。

营业收入，是指零售企业经营主要业务和其他业务所确认的收入总额。

营业成本，是指零售企业经营主要业务和其他业务发生的实际成本总额。

税金及附加，是指零售企业经营业务应负担的消费税、城市维护建设税、土地增值税和教育费附加等。

销售费用，是指零售企业在销售商品过程中发生的包装费、广告费等费用和为销售本企业商品而专设的销售机构的职工薪酬、业务费等经营费用。

管理费用，是指零售企业为组织和管理生产经营发生的管理费用。

研发费用，是指零售企业研究与开发某项目所支付的费用。

财务费用，是指零售企业筹集生产经营所需资金等而发生的筹资费用。

表 4-1 利 润 表

编制单位： 　　　　　　　　　年　月　　　　　　　　　　单位：元

| 项　目 | 本期金额 | 上期金额 |
|---|---|---|
| 一、营业收入 | | |
| 　　减：营业成本 | | |
| 　　　　税金及附加 | | |
| 　　　　销售费用 | | |
| 　　　　管理费用 | | |
| 　　　　研发费用 | | |
| 　　　　财务费用 | | |
| 　　　　　其中：利息费用 | | |
| 　　　　　　　　利息收入 | | |
| 　　加：其他收益 | | |
| 　　　　投资收益（损失以"-"填列） | | |
| 　　　　　其中：对联营企业和合营企业的投资收益 | | |
| 　　　　　以摊余成本计量的金融资产终止确认收益（损失以"-"填列） | | |
| 　　　　净敞口套期收益（损失以"-"填列） | | |
| 　　　　公允价值变动收益（损失以"-"填列） | | |
| 　　　　信用减值损失（损失以"-"填列） | | |
| 　　　　资产减值损失（损失以"-"填列） | | |
| 　　　　资产处置收益（损失以"-"填列） | | |
| 二、营业利润（亏损以"-"填列） | | |
| 　　加：营业外收入 | | |
| 　　减：营业外支出 | | |
| 三、利润总额（亏损总额以"-"填列） | | |
| 　　减：所得税费用 | | |
| 四、净利润（净亏损以"-"填列） | | |
| 　　（一）持续经营净利润（净亏损以"-"填列） | | |
| 　　（二）终止经营净利润（净亏损以"-"填列） | | |
| 五、其他综合收益的税后净额 | | |
| 　　（一）不能重分类进损益的其他综合收益 | | |
| 　　　1. 重新计量设定受益计划变动额 | | |
| 　　　2. 权益法下不能转损益的其他综合收益 | | |
| 　　　3. 其他权益工具投资公允价值变动 | | |
| 　　　4. 企业自身信用风险公允价值变动 | | |
| 　　　5. 其他 | | |

续表

| 项目 | 本期金额 | 上期金额 |
| --- | --- | --- |
| （二）将重分类进损益的其他综合收益 | | |
| 1. 权益法下可转损益的其他综合收益 | | |
| 2. 其他债权投资公允价值变动 | | |
| 3. 金融资产重分类计入其他综合收益的金额 | | |
| 4. 其他债权投资信用减值准备 | | |
| 5. 现金流量套期储备 | | |
| 6. 外币财务报表折算差额 | | |
| 7. 其他 | | |
| 六、综合收益总额 | | |
| 七、每股收益： | | |
| （一）基本每股收益 | | |
| （二）稀释每股收益 | | |

其他收益，是指用于核算与企业日常活动相关、但不宜确认收入或冲减成本费用的政府补助。

投资收益，是指零售企业以各种方式对外投资所取得的收益。其中，"对联营企业和合营企业的投资收益"，是指采用权益法核算的对联营企业和合营企业投资在被投资企业实现的净损益中应享有的份额（不包括处置投资形成的收益）。"以摊余成本计量的金融资产终止确认收益"，是指以摊余成本计量且其变动计入当期损益的金融资产终止而确认的收益。

净敞口套期收益，是指零售企业使用套期保值策略来规避风险并获得的收益。

公允价值变动收益，是指零售企业交易性金融资产、交易性金融负债，以及采用公允价值模式计量的投资性房地产等公允价值变动形成的应计入当期损益的利得或损失。

信用减值损失，指零售企业因应收账款的账面金额高于其可收回金额而造成的损失。

资产减值损失，是指零售企业各项资产发生的减值损失。

资产处置损益，是指零售企业核算固定资产、无形资产、在建工程等在可以继续使用的情况下因出售、转让等原因，产生的处置利得或损失。

营业外收入、营业外支出，是指零售企业发生的与其经营活动无直接关系的各项收入和支出。

所得税费用，是指零售企业根据所得税准则确认的应从当期利润总额中扣除的所得税费用。

其他综合收益，是指零售企业根据其他会计准则规定未在当期损益中确认的各项利得和损失。其他综合收益分为可以重分类进损益和不能重分类进损益的其他综合收益。

基本每股收益，是指零售企业按照归属于普通股股东的当期净利润，除以发行在外普通股的加权平均数计算的金额。

稀释每股收益，是指根据稀释每股收益准则的规定计算的金额。

## 二、零售企业资产负债表分析

零售企业资产负债表与报告一段时间内的活动的利润表不同，表示的是一个零售企业在某一时刻的财务状况。资产负债表可以识别企业所有的资产和负债，并将它们进行数量化，见表 4-2。资产与负债的差就是所有者权益，或者说资产净值。通过将当前的资产负债表与一段时间之前的报表进行对比，零售分析家能够观察到企业财务状况的变动。

资产负债表的典型格式如表 4-2 所示。

表 4-2　资产负债表

编制单位：　　　　　　　　　　　　年　月　日　　　　　　　　　　　　单位：元

| 资　产 | 期末余额 | 年初余额 | 负债和所有者权益（或股东权益） | 期末余额 | 年初余额 |
|---|---|---|---|---|---|
| 流动资产： | | | 流动负债： | | |
| 　货币资金 | | | 　短期借款 | | |
| 　交易性金融资产 | | | 　交易性金融负债 | | |
| 　衍生金融资产 | | | 　衍生金融负债 | | |
| 　应收票据 | | | 　应付票据 | | |
| 　应收账款 | | | 　应付账款 | | |
| 　应收款项融资 | | | 　预收款项 | | |
| 　预付账款 | | | 　合同负债 | | |
| 　其他应收款 | | | 　应付职工薪酬 | | |
| 　　其中：应收利息 | | | 　应交税费 | | |
| 　　　　　应收股利 | | | 　其他应付款 | | |
| 　存货 | | | 　　其中：应付利息 | | |
| 　合同资产 | | | 　　　　　应付股利 | | |
| 　持有待售资产 | | | 　持有待售负债 | | |
| 　一年内到期的非流动资产 | | | 　一年内到期的非流动负债 | | |
| 　其他流动资产 | | | 　其他流动负债 | | |
| 流动资产合计 | | | 流动负债合计 | | |
| 非流动资产： | | | 非流动负债： | | |
| 　债权投资 | | | 　长期借款 | | |
| 　其他债权投资 | | | 　应付债券 | | |
| 　长期应收款 | | | 　　其中：优先股 | | |
| 　长期股权投资 | | | 　　　　　永续债 | | |
| 　其他权益工具投资 | | | 　租赁负债 | | |
| 　其他非流动金融资产 | | | 　长期应付款 | | |
| 　投资性房地产 | | | 　长期应付职工薪酬 | | |
| 　固定资产 | | | 　预计负债 | | |
| 　在建工程 | | | 　递延收益 | | |
| 　生产性生物资产 | | | 　递延所得税负债 | | |
| 　油气资产 | | | 　其他非流动负债 | | |

续表

编制单位：　　　　　　　　　　年　月　日　　　　　　　　　　单位：元

| 资　　产 | 期末余额 | 年初余额 | 负债和所有者权益（或股东权益） | 期末余额 | 年初余额 |
| --- | --- | --- | --- | --- | --- |
| 使用权资产 | | | 非流动负债合计 | | |
| 无形资产 | | | 负债合计 | | |
| 开发支出 | | | 所有者权益（或股东权益） | | |
| 商誉 | | | 实收资本（或股本） | | |
| 长期待摊费用 | | | 其他权益工具 | | |
| 递延所得税资产 | | | 其中：优先股 | | |
| 其他非流动资产 | | | 永续债 | | |
| 非流动资产合计 | | | 资本公积 | | |
| 资产总计 | | | 减：库存股 | | |
| | | | 其他综合收益 | | |
| | | | 专项储备 | | |
| | | | 盈余公积 | | |
| | | | 未分配利润 | | |
| | | | 所有者权益（或股东权益）合计 | | |
| | | | 负债和所有者权益（或股东权益）总计 | | |

资产是指零售企业过去的交易或者事项形成的、由企业拥有或者控制的、预期会给企业带来经济利益的资源。主要分为两类：流动资产和非流动资产。

流动资产是预计在一个正常营业周期中变现、出售或耗用，或者主要为交易目的而持有，或者预计在资产负债表日起一年内（含一年）变现的资产，或者自资产负债表日起一年内交换其他资产或清偿负债的能力不受限制的现金或现金等价物。主要包括：货币资金、应收账款、应收票据、预付款项和存货。应收账款和应收票据是客户应付零售企业的产品或服务款项。对于那些不愿意支付或不能支付账款的顾客，零售企业通常会将应收款项的总额减少一个固定的比例（根据过去的经验）。预付款项是指零售企业已经支付但服务还没有结束的款项，如垃圾清理费和保险费用。零售存货是指零售企业放置在商店中或者存放在库房中以供销售的商品。

非流动资产是指零售企业在正常运营过程中，不能在很短的时间中（通常是12个月）将其变现的资产。主要包括专利权、建筑物、停车场，以及建筑物和停车场所占用的土地，还有一些固定设施（如商品展示架）和器械（如空调系统）。非流动资产的折旧不能忽略，因为大部分非流动资产的使用寿命都是有限的。资产与折旧的差额能够更加真实地表现零售商拥有的资产，避免零售商对这些资产进行夸大或者保守的估计。

资产负债表中的另一部分反映了零售企业的负债和所有者权益。负债是零售企业过去的交易或者事项形成的、预期会导致经济利益流出企业的现时义务。所有者权益又称为资产净值，是企业总资产与总负债的差值，代表所有者拥有的企业权益。它表示企业偿还所有负债后剩余的价值。

零售企业财务管理的目的之一是提高资产管理效率。有三种基本的方法被广泛用于衡量资产的管理效果：销售净利率、资产周转率和财务杠杆。

销售净利率是根据零售企业的净利润和销售收入来衡量其绩效的评估指标：销售净利率=净利润/销售收入。零售企业可以通过提高销售毛利率，或降低营业费用占销售额的比例来提高销售净利率。

资产周转率是根据零售企业的销售净收入和总资产来衡量其绩效的指标：资产周转率=销售收入/总资产。提高资产周转率，企业必须在资产不变的基础上增加销售额，或在保持销售额不变的前提下减少资产。

通过观察零售企业的销售净利率与资产周转率的关系，可以得到资产收益率：资产收益率=销售净利率×资产周转率。

财务杠杆是根据零售企业总资产与净资产之间关系来衡量其绩效的指标：财务杠杆=总资产/净资产。财务杠杆比较高的零售企业负有大量债务，百分率等于1则表示没有任何负债，即总资产等于净资产。如果比率过高，企业有可能为了支付利息，过度偏重于削减成本和增加短期销售额，导致净利率降低；企业如果不能偿还债务，可能会被迫破产。如果财务杠杆太低，零售企业可能过于保守，这会使零售企业改造现有商店和进入新市场的能力受到限制。

## 三、零售企业现金流量表分析

现金流量表是指反映零售企业在一定会计期间的现金和现金等价物流入和流出的会计报表。当现金流入超过流出时，零售企业拥有一个正的现金流；当现金流出超过现金流入时，零售企业拥有一个负的现金流。现金流量表的目的就是使零售企业能够对企业需要的现金进行规划。现金流量表的作用表现在三个方面：有助于评价零售企业支付能力、偿债能力和周转能力；有助于预测零售企业未来现金流量；有助于分析零售企业收益质量及影响现金净流量的因素。擅长管理现金流的零售企业将具有更强大的盈利能力。

现金流量表的典型格式如表4-3所示。

尽管现金流量表一般不如利润表重要，但现金流量表有其独特意义。实际上，近年来零售企业破产的首要原因就是现金流问题。即使一度发展非常迅速，并具有强大盈利能力的零售企业，却往往会因为现金流不足而一败涂地。

扩展阅读4.5 新租赁准则对永辉超市财务报表的影响

表4-3 现金流量表

编制单位：　　　　　　　　　　　　　年　月　　　　　　　　　　　　　单位：元

| 项　目 | 本期金额 | 上期金额 |
| --- | --- | --- |
| 一、经营活动产生的现金流量 | | |
| 　　销售商品、提供劳务收到的现金 | | |
| 　　收到的税费返还 | | |
| 　　收到其他与经营活动有关的现金 | | |
| 　　经营活动现金流入小计 | | |
| 　　购买商品、接受劳务支付的现金 | | |
| 　　支付给职工以及为职工支付的现金 | | |
| 　　支付的各项税费 | | |
| 　　支付其他与经营活动有关的现金 | | |
| 经营活动现金流出小计 | | |
| 经营活动产生的现金流量净额 | | |
| 二、投资活动产生的现金流量 | | |
| 　　收回投资收到的现金 | | |
| 　　取得投资收益收到的现金 | | |
| 　　处置固定资产、无形资产和其他长期资产收回的现金净额 | | |
| 　　处置子公司及其他营业单位收到的现金净额 | | |
| 　　收到其他与投资活动有关的现金 | | |
| 　　投资活动现金流入小计 | | |
| 　　购建固定资产、无形资产和其他长期资产支付的现金 | | |
| 　　投资支付的现金 | | |
| 　　取得子公司及其他营业单位支付的现金净额 | | |
| 　　支付其他与投资活动有关的现金 | | |
| 　　投资活动现金流出小计 | | |
| 　　投资活动产生的现金流量净额 | | |
| 三、筹资活动产生的现金流量 | | |
| 　　吸收投资收到的现金 | | |
| 　　取得借款收到的现金 | | |
| 　　收到其他与筹资活动有关的现金 | | |
| 　　筹资活动现金流入小计 | | |
| 偿还债务支付的现金 | | |
| 　　分配股利、利润或偿付利息支付的现金 | | |
| 　　支付其他与筹资活动有关的现金 | | |
| 　　筹资活动现金流出小计 | | |
| 　　筹资活动产生的现金流量净额 | | |
| 四、汇率变动对现金及现金等价物的影响 | | |
| 五、现金及现金等价物净增加额 | | |
| 　　加：期初现金及现金等价物余额 | | |
| 六、期末现金及现金等价物余额 | | |

## 本章小结

零售企业财务管理就是零售企业组织财务活动、处理财务关系的一种职能管理活动。而财务活动、财务关系的核心是资金运动及其中体现的经济利益关系。

资金筹集是零售企业资金运动的起点。筹资管理是指对资金筹集的数量，获得资金的渠道，以及如何最经济地筹集资金等问题的管理。零售企业根据风险与收益均衡等原则和经营需要，采取一定的措施，对资产运营全过程进行有效的监督和控制，就是资产运营管理。主要包括预算编制、资源配置、存货评估等内容。预算是零售企业根据预期业绩编制的一定时期的开支计划，可采用零基预算法或增量预算法。分配资源时既要考虑开支的数量，又要考虑开支的生产率，还要考虑机会成本。成本法和零售法是零售企业在进行存货评估时可以使用的两种会计核算技术。成本法是最简单的，零售法是最常用的。

零售企业有三种重要的财会报表：利润表、资产负债表和现金流量表。利润表为零售企业提供了企业在某段时间内发生的收入和费用的总结。资产负债表表示零售企业在某个特定时刻的财务状况。现金流量表则详细地列出了企业在某段时间内所有的现金收入和现金支出的来源与类型。

## 思考题

1. 分析各种筹资渠道的利弊。
2. 什么是零基预算法？既然增量预算法有一些局限性，为什么大多数零售企业仍然采用这种预算法？
3. 区别资本支出与营业支出。零售企业分清二者的重要性是什么？
4. 列出零售法与成本法相比具有的优势和不足。
5. 利润表和资产负债表存在哪些不同？零售企业应当如何利用这两种财会报表？
6. 现金流量表和利润表之间存在哪些不同？
7. 为什么说在制定财会报表时，零售企业很难确定存货的确切价值？

## 案例分析

### 苏宁易购智慧零售转型的财务压力

2017年苏宁易购发布《智能零售发展战略》，力求形成"购物中心做大""专业店做精""小店做近"三个方向的场景互联，直击消费者生活的方方面面。随着苏宁易购智慧零售的布局越来越成熟，这一新业态带给苏宁易购的财务压力也渐渐浮出水面。

2017年苏宁易购智慧零售提出之后，净资产收益率有了一个大幅提升，此时的苏宁小店仅仅布局23家。但之后的两年净资产收益率和总资产收益率却出现断崖式下降，这恐怕与那一时期苏宁小店急速扩大规模以发展苏宁易购的线下实体店不无关系。例如，苏宁小店2018年1—7月主营业务收入仅有1.43亿元，而亏损竟高达2.96亿元。2019年上半年，苏宁小店亏损多达13.7亿元，而营收寥寥。

苏宁易购主营业务一直不见好转，其经营活动现金净流量在 2017—2020 年持续为负，而其中主要的销售商品、提供劳务收到的现金并没有为它带来充足的现金流入。2015 年到 2019 年之间，苏宁易购的投资涉及文体、地产、物流、百货等多个方面，而这些投资无一例外都是为了丰富其智慧零售的服务业态，希望通过输出智慧零售场景塑造能力，将线下门店进行全面的数字化改造，构筑线上线下融合的超市消费场景。但这些大规模、多领域投资的结果就是巨额现金流出，在报表上的反映就是投资活动现金净流出大幅增加。报表显示，在 2016 年，苏宁易购投资活动现金流净流出近 400 亿元，2019 年净流出也超过 200 亿元，而在投资活动现金流出中，投资支付的现金占了绝大部分比重。

无论是苏宁易购的主营业务收入还是其现金流状况，似乎苏宁易购的智慧零售布局并没有为它带来可观的经营绩效。但是，苏宁易购的净利润在智慧零售模式下却能持续为正且不断增加，这是为什么呢？

原来，2014—2016 年，在企业主营业务不能回报可靠收益的情况下，苏宁易购主要通过出售线下资产来缓解净利润的压力。苏宁易购变卖资产来"美化"净利润的脚步从未放缓。其 2018 年年报显示，苏宁易购全年实现"非经常性损益"136.86 亿元，主要是投资收益、处置固定资产、理财所得。如果扣掉这些"非经常性损益"所得，苏宁易购"归属上市公司股东的扣除非经常性损益"后的净利润实际亏损 3.59 亿元。也就是说，苏宁易购过于依赖非经常损益来弥补核心收益的不足。2019 年，苏宁易购再次通过"投资收益"来拉动净利润，其全年投资收益高达 218 亿元。这其中靠着转让苏宁小店部分股权获得 7.5 亿元的对价。被视作苏宁易购智慧零售重要布局的苏宁小店，以半年亏损近 22 亿的惨淡表现被最终剥离出财务报表，最后帮助苏宁易购获得了 36 亿元的投资收益。此外，苏宁金服的增资扩股，也贡献了 99 亿元的净利润。

（资料来源：代文，张宇婧，彭逸飞. 苏宁易购智慧零售布局下的财务困境. 中国管理案例共享中心案例库.）

**案例思考**

1. 智慧零售对苏宁易购盈利能力和现金流的影响如何？
2. 苏宁易购的净利润能否反映苏宁易购的真实经营状况？
3. 智慧零售布局过程中要注意哪些财务问题？

# 本章实训

## 一、实训目的

1. 明晰零售企业财务管理的概念与框架。
2. 通过网络查阅，了解著名零售企业的财务管理状况。
3. 培养财务管理意识、提高分析财会报表的能力。

## 二、实训内容

以小组为单位，从网上收集两家国内著名零售上市公司（必须是位列中国零售百强的企业）近三年的财会报表，并进行对比分析。

### 三、实训组织

1. 指导教师布置实训项目，提示相关注意事项及要点。

2. 将班级成员分成若干小组，成员可以自由组合，也可以按学号顺序组合。小组人数划分视修课总人数而定。每组选出组长 1 名，发言代表 1 名。

3. 以小组为单位，选定调研的零售企业，收集资料。写成书面调查报告，制作课堂演示 PPT。

4. 各小组发言代表在班级进行汇报演示，每组演示时间以不超过 20 min 为宜。

### 四、实训步骤

1. 指导教师布置任务，指出实训要点、难点和注意事项。

2. 演示之前，小组发言代表对本组成员及其角色进行介绍陈述。演示结束后，征询本组成员是否有补充发言。

3. 由各组组长组成评审团，对各组演示进行评分。其中，演示内容 30 分，发言者语言表达及台风展现能力 10 分，PPT 效果 10 分。评审团成员对各组所评出成绩取平均值作为该组的评审评分。

4. 教师进行最后总结及点评，并为各组实训结果打分，教师评分满分为 50 分。

5. 各组的评审评分加上教师的总结评分作为该组最终得分，对于得分最高的团队予以适当奖励。

## 延伸阅读

1. [美]巴里·伯曼，乔尔·R. 埃文斯.零售管理（第 11 版）[M]. 吕一林，宋卓昭，译. 北京：中国人民大学出版社，2011.

2. [美]帕特里克·M. 邓恩，罗伯特·F. 勒斯克. 零售管理（5 版）[M]. 赵娅，译. 北京：清华大学出版社，2007.

3. 中华人民共和国财政部令. 第 41 号. 企业财务通则. 2006-12-04.

4. 中华人民共和国财政部令. 第 76 号. 企业会计准则——基本准则. 2014-07-23.

5. 中华人民共和国主席令第 81 号. 中华人民共和国会计法. 2017-11-04.

6. 财政部. 关于印发《企业会计准则解释第 17 号》的通知. 财会〔2023〕21 号. 2023-10-25.

## 即测即练

自学自测 扫描此码

# 第五章

# 零售选址

◆ **本章学习目标**

了解可选店址类型及商圈的影响因素,熟悉店址选址的步骤与方法,掌握常用的零售选址理论和商圈划定方法。

◆ **引例**

肯德基的选址秘诀

肯德基选址决策一般是两级审批制,通过两个委员会的同意,一个是地方公司,另一个是总部。其选址成功率几乎是百分之百,是肯德基的核心竞争力之一。通常肯德基选址按以下四个步骤进行。

第一步,拟订商圈策略计划。肯德基进入的新市场,一定是被列入公司市场发展规划中的目标市场。因此,开发人员要对该市场作三年期的开发计划,并对预定开设的市场区域及发展地点,做详细的评估,同时还要完成下列工作:①确定该市场属地区性开发还是单店开发,以便完成该市场或城市的总体发展规划和开店布局。②对目标市场的开店规模和投资做出规划和预估。例如,肯德基公司计划在第一年开出3家分店,则发展部人员要根据市场的分析预估出这三家店的规模和投资总额,以便于公司提前做好资金的规划和调度。

第二步,划分商圈。肯德基一旦进入新市场,选址人员将通过获得的各种文字/地图/经济和消费数据等资料进行分析并划分商圈,确定肯德基分店的设点商圈。一般来说,从连锁店扩张管理上的方便来看,商圈可划分为:一级商圈、二级商圈和三级商圈。一级商圈,在最容易吸引消费者的顾客活动区域,原则上是在顾客步行五分钟以内的范围。此商圈的消费力约占该店营业额的60%~70%。肯德基餐厅的选址大多是在一级商圈内。二级商圈,与一级商圈相比,属于较不容易吸引消费者的活动范围,此商圈的消费力约占该店营业额的 20%~30%。三级商圈,最难吸引消费者的区域,此商圈的消费力约占该店营业额的5%~8%。

第三步,商圈选择及评估。在商圈划定后,发展部人员开始规划将在哪些商圈内开店，主要选址目标是哪些。在选择商圈的标准上，既考虑到肯德基自身的市场（包括目标消费者/价格等）定位，更要考虑该商圈的稳定度和成熟度。餐饮品牌的市场定位不同，锁定的顾客群也不一样，商圈的选择也就不同。例如，肯德基和必胜客的市场定位不同，目标顾客群却是两个"相交"的圆，即顾客喜欢肯德基也可能喜欢必胜客，有的顾客可能从来不去必胜客却是肯德基的常客，或相反。但必胜客的商圈却与肯德基相同。例如，在南京新街口，肯德基与必胜客的店址相邻并分占了上下楼层。由此可以看出，肯德基的选址理念是：努力争取在成熟的商圈和最集客的地方开店，即使其租金很贵。

第四步，店址选择和相关要素评估。选择店址就是要确定该商圈内最主要的聚客点，因为一个商圈有没有主要聚客点是这个商圈成熟度的重要标志。肯德基聚客点的测算与选择如下。

（1）确定商圈内最主要的聚客点在哪儿。

例如，北京西单是很成熟的商圈，但不可能西单任何位置都是聚客点，肯定有最主要的聚集客人的位置。肯德基开店的原则是：努力争取在最聚客的地方和其附近开店。

这跟人流动线（人流活动的线路）有关。可能有人走到这，该拐弯，则这个地方就是客人到不了的地方，差不了一个小胡同，但生意差很多。人流动线是怎么样的，在这个区域，人从地铁出来后是往哪个方向走，等等。这些都派人去掐表，去测量，有一套完整的数据之后才能据此确定地址。

比如，在店门前人流量的测定，是在计划开店的地点掐表记录经过的人流，测算单位时间内多少人经过该位置。除了该位置所在人行道上的人流外，还要测马路中间的和马路对面的人流量。马路中间的只算骑自行车的，开车的不算。是否算马路对面的人流量要看马路宽度，路较窄就算，路宽超过一定标准，一般就是隔离带，顾客就不可能再过来消费，就不算对面的人流量。

肯德基选址人员将采集来的人流数据输入专用的计算机软件，就可以测算出，在此地投资额不能超过多少，超过多少这家店就不能开。

（2）在选址时一定要考虑人流的主要动线会不会被竞争对手截住。

人流是有一个主要动线的，如果竞争对手的聚客点比肯德基选址更好的情况下那就有影响。如果是两个一样，就无所谓。例如，北京北太平庄十字路口有一家肯德基店，如果往西100 m，竞争业者再开一家西式快餐店就不妥当了，因为主要客流是从东边过来的，再在那边开，大量客流就被肯德基截住了，开店效益就不会好。

为了规划好商圈，肯德基开发部门投入了巨大的努力。以北京肯德基公司而言，其开发部人员常年跑遍北京各个角落，对这个每年建筑和道路变化极大、当地人都易迷路的地方了如指掌。经常发生这种情况，北京肯德基公司接到某顾客电话，建议肯德基在他所在地方设点，开发人员一听地址就能随口说出当地的商业环境特征，是否适合开店。在北京，肯德基已经根据自己的调查划分出的商圈，成功开出了400家餐厅。

（资料来源：https://jiameng.baidu.com/content/detail/ 8135576448?rid=1.31.36.117, 2023-06-10；卞君君. 肯德基：中国式进化[M]. 北京：中信出版社，2009.）

## 本章知识结构图

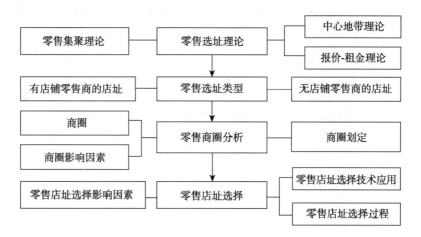

零售选址是指零售企业对经营场所地点的决策,它包含选择商店设立的地区和选择商店设立的地点两个方面。零售业界有句名言,认为零售业中三个最重要的因素是:选址,选址,选址。科林斯指出:"一个商店至少有85%的业绩不是由内部管理所能控制的,而是由当地和外部因素决定。"零售选址之所以重要,主要是由零售的特性及零售环境所决定的。零售是一个依赖人流量的业务,以及稳定的涌入商店的潜在顾客量。零售店的位置越便利,就会有越多的顾客拜访。如果顾客很难到达你的商店,他们就会很少光顾。为了确保零售店运作成功,零售商应该把选址作为所有要考虑的策略因素中的首要因素。选择了一个好的位置,余下的一切就迎刃而解了。选择一个不好的位置,不管其他策略如何好,零售业绩也不会很好。

# 第一节 零售选址理论

零售选址理论最经常使用的是中心地带理论、报价—租金理论和零售集聚理论。中心地带理论试图解释购物区的存在、规模、构成、空间布局及其相互关系;报价-租金理论解释非规划的购物区的内部空间安排;集聚理论对同类零售企业集群的现象做出了解释。

## 一、中心地带理论

中心地带理论是解释导致市区购物设施分级供应的经济因素的模型。由克里斯塔勒在20世纪30年代首次提出,后来得到廖什(1954)和其他学者的进一步发展。这一理论认为,能够根据商店的吸引力去预测特定的购物者。商店吸引力的关键限定因素是到达商店的旅行距离要在要求的范围之内。其他的限定因素有卖场的大小和整个零售商店的商品品质(范围)。这一理论假定:购物区有适当的竞争,购物者将光顾那些能提供最大效用的商店。他们付出的成本是到商店的旅行距离、消费时间和必要的经济花费。因而随着到零售中心/区域距离的增加，由于旅行费用增加，对产品的需求会随之减少。客户为获取产品而行走的最远距离称作商圈或商品辐射范围。这一理论也考虑了商品和服务门槛的概念，即使供应商品有利可图所要求的最低人口。为了长期生存，商品的辐射范围要超过产品的门槛。低位（经常购买、低价格和便利的）产品取得成功所要求的门槛较低，辐射范围较小，而对比商品等高位（不经常购买、价格高的）产品要有较大的辐射范围和较高的门槛才能取得成功。为了比较和购买这些产品，购物者愿意行走较远的路程。这意味着高位商品只能在人口密度高的"中心"地带出售，低位商品则可以在本地供应，从而使购物中心分成不同的等级，如区域性购物中心、本地购物中心和社区购物中心等。

中心地带理论的贡献在于：提醒人们注意距离衰减效应的重要影响，强调选址（不论是否中心地带）的适当性取决于所售商品这一事实。这一理论的主要不足在于：可以部分地解释 20 世纪 60 年代以前的选址模式，但已不能再用来解释目前的模式或规划未来的模式。因为这一理论假设消费者都是相同的，行动总是理性的；建立此模型的依据是"单一目的"的人群；商店形象、价格、附属物等因素，在测量吸引力时没有被充分考虑。

扩展阅读 5.1　瓦尔特·克里斯塔勒

## 二、报价-租金理论

报价-租金理论建立在这样的假设基础之上，即土地的使用是没有弹性的。认为最好的地段一般会被那些能够提供最高租金的零售商拥有，而吸引力小的地段将留给余下的零售商。这一理论试图解释非规划的购物区内部的空间安排。例如，假定到达的方便程度是解释城市土地利用模式的最重要因素。在城市环境中，市中心是交通网络的交汇点，是易于到达的地方，具有招揽客户和招聘劳动力的最大潜力。对中心位置的竞争最激烈，土地归报价最高的竞争者。因此，中心的租金最高，距离中心越远租金就越低。对零售企业而言，能否招揽到客户是头等重要的事情，他们愿意支付市中心店址要求的高租金。但是，只有部分零售企业有能力支付这些最佳位置的费用。

报价-租金理论假设"市场力量"将为所有的地段设置租金，最好的地段是城市中心地段，也可能是现代化的郊区地段。费里对这个理论进行了修改，把标准扩大到在不同方位的相同可到达性，对零售商进行比较了解，没有法律、自然或社会等方面的限制。报价-租金理论给出了一个有用的、零售商根据其经济实力选择好地段的理论依据，但这一理论不太灵活，不能应付更复杂的环境，况且现实生活中土地的使用不可能是真正理性的。

## 三、零售集聚理论

零售集聚理论又称最小化区分理论，认为大量的竞争商店如果集中在一起，他们将获得更好的效果。其假设是靠近竞争商店将使零售商进入更大的销售地区或获得更大的目标顾客群。该理论被用来解释商店在某种程度上的明显集聚，特别是在城市中心。在这种情况下，如果一个城市中心地区成为众所周知的特定类型的商品零售点和供应处，购物者将能扩大他们的选择机会，减少商店之间的行走，光顾这个地区就能得到他们所需求的特定产品和服务。这种集聚在服装百货商店都可以看到，但在便利店却很少看到。

早期对同类零售企业聚集在一起的现象的解释源自霍特林的《最小差异原则》(1929)一书，他认为零售企业在竞争对手附近开店或转移到此类地段可以扩大商圈，从而实现最大利润。例如，海滩上的两家冰淇淋商店，如果一家商店可以自由搬迁，他将把商店开在与另一家相邻且靠近"长线"市场的一侧，以实现"腹地"或市场（和利润）的最大化。如果两家商店不受搬迁限制，将开始一个不断向"长线一侧"跳跃的过程，最终聚集在市场的中心地带。

对零售集群现象最新的解释认为零售企业在同一地段开店有积极的溢出效应（效用），有利于吸引更大的客流。例如，集群促使基础设施改善，或由于共用停车场降低成本，便于所有的零售企业招揽客户。零售企业通过截取来往于最终目的地（如百货商店）的客户扩大自己的客流，也是在利用集聚效应。

需要指出的是，零售集聚理论更多应用于珠宝古董商店、服装商店或者专卖店等高门槛的商店中，而不是像便利店、超市这样低门槛的商店中。

## 第二节 零售选址类型

### 一、有店铺零售商的店址

有店铺零售商的店址一般有三种基本的类型。

#### （一）独立店区（isolate store）

独立店区是指仅有一家商店，不毗邻其他商店。通常沿主要的交通要道选址，并且没有毗邻的其他零售商与之分享同一交通要道，销售同类型的竞争性产品。这类零售店铺位置具有以下优越性：无竞争对手，租金较低，营业时间非常自由，经营上不必遵守集团规则，可得到较大的场地，位置可以自行选择，有利于顾客一站式购物或便利购物，道路及交通的可见度高，设施能适应个人的具体需要，可以安排方便的停车场地，有可能降低成本、从而降低价格。

这类零售店铺位置也存在各种劣势：缺少互补商店带来的顾客吸引力，很难凭第一印象吸引消费者，不能满足顾客在购物中喜欢品种丰富多彩的要求，广告和促销成本可能较高，营运费用不能分摊，如室外照明、场地维修与清理垃圾等费用只能独自承担，多数情况下，只能租用店房而不必新建，将顾客吸引过来并将他们保留住，是一件非常困难的事。

通常最适合在独立店区开办商店的是大型零售商店，如美国的沃尔玛、北京的燕莎商城。孤立的中小型零售商店不可能形成一批对它依赖的顾客，因为它没有花色品种齐全的商品，又没有很大的名声，顾客也就不愿去光顾。但也有一些小店铺只强调在孤立位置经营，如许多加油站与便利店（如易捷便利店）。

### （二）无规划商业区（unplaned business district）

无规划商业区零售位置是指有两家以上的商店坐落在一起，或相距极近，但不是事先规划的结果，而是一点点地逐步发展起来的。商店的位置是根据各自的利益确定的，而不是从整个商业区来考虑的。无规划商业区有四种类型：中心商业区、次级商业区、邻里商业区及商业街。

中心商业区（central business district，CBD）是典型的非规划的商业区，为传统的商业繁华地带。通常是指位于一个城市中所有公共运输系统交汇点周围的未经规划的购物区。CBD零售商的组成主要取决于历史、零售趋势和运气，一般并没有经过任何提前规划。许多传统的百货商店和一些精选的专营商店都位于城市的中心商业区。中心商业区是城市的零售中心，不但店铺数量多，而且店铺类型即零售业态也多，可提供丰富的商品和多种服务，顾客到中心商业区购物，可以有更多的选择机会，并可得到多样化的服务，因此，中心商业区是一个地区最有零售吸引力的区位。中心商业区的优势主要有：公共运输系统为商店带来的可进入性；种类齐全的产品组合；品牌形象；价格和服务；以及邻近的商业活动。不足之处主要包括：不够方便的停车场所；高昂的租金；拥挤的交通与货运通道；随处可见的小偷；晚间和周末购物非常耗时；有些中心商业区旧城改造并不很成功等。

在规模更大的城市中，一些次级商业区和邻里商业区也逐渐发展起来。次级商业区（secondary business district，SBD）是指位于主干道交汇处，围绕至少一家百货商店或杂货店修建的规模小于中心商业区的购物地带。邻里商业区（neighborthood business district，NBD）是指主要为了满足顾客购物方便而在周边邻近地区建立的购物地带。邻里商业区一般坐落于某个居民区的主干线，主要包括一些小商店和一家大型零售商，通常是超市或杂货店。邻里商业区是一种颇具吸引力的新商店店址选择地。

商业街（string）是由一组零售商店（通常经营类似的或互补的产品线）组成的、未经规划的、位于街道或高速公路旁的商业区。商业街的形成可能是从一家孤立商店开始的，由于这家商店的经营获得了成功，因此逐渐出现了竞争者。一家设在商业街而非孤立店址的商店，因客流量增加得到的利益可能超过由竞争造成的损失。

### （三）规划的购物中心（planing shopping center）

规划的购物中心是一种经过仔细筹划的集中拥有与（或者）集中管理的购物区，拥有均衡的店铺体系（每家商店在产品种类上是互相补充的），在周围设有各种停车设施。他们作为一个整体进行设计和运作，其位置、规模和商店组合与被服务的商圈有关。一个典型的购物中心有一家或一家以上的骨干商店或主力商店（一个主要的大规模商店，整个购物中心的顾客都是被其吸引过来的），以及各种各样较小的商店。通过均衡配置，规划的购物中心的商店在新提供的质量和品种上相互补充，商店的类型和数量紧密结合，以满足周围人口的全面需要。

为确保均衡配置，这种购物中心的管理者通常规定各类零售商在总面积中所占的比例，限制每家零售商出售的商品类别，并说明哪些类型的公司可以取得无限期租约。

购物中心这种店址的主要优势是：种类齐全的产品带来的客流量非常大；共同规划和一般成本的分担；接近高速公路、停车设施便利；较低的犯罪率；干净整洁的环境。在购物中心里选址需要面对的一些主要劣势是：不够灵活的营业时间；租金非常高；购物中心施加的很多限制（如零售商销售的商品种类）；低弹性的营业方式；必须加入购物中心的商人组织，可能存在太多的竞争，并且大部分客流量对某一特定产品并不感兴趣，主力商店对小商店的支配权。

## 二、无店铺零售商的店址

无店铺零售商有各种各样，第一章我们讨论了无店铺零售商的几种形式。这里主要讨论街头兜售这种无店铺零售商形式的店址。街头商贩是最古老的无店铺零售形式，目前在许多国家仍然非常普遍，他们利用手推车或者在路边的临时摊位销售商品。其店址通常分布于街道的街角处、人流密集区、举办体育赛事的体育馆馆外等。

不论发达国家还是欠发达国家，在将来很长时期内，主要的零售业形式仍然是有店铺零售，所以，我们将注意力集中在这些零售商的选址分析上。

扩展阅读 5.2 新零售的选址逻辑

# 第三节 零售商圈分析

商圈分析就是经营者对商圈的构成情况、特点、范围，以及影响商圈规模变化的因素进行实地调查和分析的基础上，明确经营范围和服务对象，为选择店址，制定和调整经营方针和策略提供依据。

## 一、商圈

### （一）商圈的概念

商圈是指特定商店或购物中心吸引其顾客的地理区域，也就是来店购买商品的顾客所居住的地理范围，基本决定了一家商店的销售潜力。对商圈概念的理解一般可归纳为三点：第一，商圈是一个具体的区域空间，是一个大致可以界定的地理区域，是指一定距离内顾客集聚的程度，即人流状况，完全取决于区位选择；第二，商圈是一个具体的销售空间，同时又是一个具体的购买空间，而且，这个地理区域空间很容易在地图上标示出；第三，商圈内各种销售辐射力和购买向心力构成一个类似物理学中的"场"的"商业场"，商业活动就是在这个商业场中进行。作为销售空间和"商业场"，取决于业态种类和经营能力所焕发的内聚力和辐射力大小。

### (二) 商圈构成

**1. 商圈层次**

商圈可分为三个层次,即核心商圈、次级商圈和边缘商圈(图 5-1)。

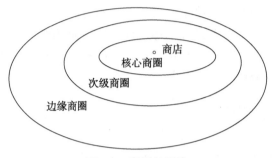

图 5-1 商圈的层次

核心商圈是指最接近店铺的区域,在这个区域内顾客来店购物最方便。一般来说,小型店铺的核心商圈在 0.8 km 之内,顾客步行来店在 10 min 以内;大型店铺的核心商圈在 5 km 以内,无论使用何种交通工具,顾客来店都在 20 min 以内。核心商圈的顾客占顾客总数的比率最高,每个顾客的平均购货额也最高,顾客的集中度也较高,顾客占到商店顾客总数的 60%~65%。

次级商圈是指核心商圈的外围区域,在这个区域内顾客来店购物比较方便。一般来说,小型店铺的次级商圈在 1.5 km 之内,顾客步行来店在 20 min 以内;大型店铺的次级商圈在 8 km 以内,无论使用何种交通工具,顾客来店都在 40 min 以内。次级商圈的顾客占顾客总数的比率较少,顾客也较为分散,顾客占到商店顾客总数的 20%~30%。

边缘商圈是指次级商圈以外的区域,在这个区域内顾客来店购物不够方便。一般来说,小型店铺的边缘商圈在 1.5 km 之外,顾客步行来店在 20 min 以上;大型店铺的边缘商圈在 8 km 以外,无论使用何种交通工具,顾客来店都在 40 min 以上。边缘商圈的顾客占顾客总数的比率相当少,且非常分散,包括 5%~10% 的顾客。

**2. 顾客来源**

零售店有其特定的商圈范围,在这一范围中,零售店服务的对象,即顾客来源可分为三部分。

居住人口是指居住在零售店附近的常住人口,这部分人口具有一定的地域性,是核心商圈基本顾客的主要来源。

工作人口是指那些并不居住在零售店附近而工作地点在零售店附近的人口,这部分人口中不少利用上下班就近购买商品,他们是次级商圈中基本顾客的主要来源。

流动人口是指在交通要道、商业繁华地区、公共活动场所过往的人口。这些路过人口是位于这些地区零售店的主要顾客来源,是构成边缘商圈内顾客的基础。一个地区的流动人口越多,在这一地区经营的零售店可以捕获的潜在顾客就越多,同时经营者云集,竞争亦十分激烈，这就要求经营者更讲究竞争策略和经营特色。

## 二、商圈影响因素

商圈形状与规模由众多宏观因素与微观因素的相互作用决定。

### （一）商圈宏观影响因素

影响商圈形状与规模的宏观因素一般有人口统计因素、经济基础和居民购买力因素、商业竞争状况因素、基础设施因素等。

（1）人口统计因素。主要是人口总量和密度、年龄分布、平均受教育程度、居住条件、总的可支配收入、人均可支配收入、职业分布、人口变化趋势、消费习惯等。其中，人口数量是衡量商圈内需求大小的重要参数。而了解商圈内不同顾客的年龄分布特点、教育水平、收入支配情况、职业分布，可使连锁企业掌握消费者的惠顾倾向，安排设立适应这些惠顾倾向的连锁分店，以得到最好的布局效益。在大多数情况下，人口增长区域比人口减少区域零售商的商圈规模更大。

（2）经济基础和居民购买力因素。经济基础主要是指商圈内经济结构的合理性、区域经济的稳定性、居民收入增长的可能性等，反映了一个区域的产业结构和居民收入来源。其中重点是主导产业、产业多角化程度、消除季节性经济波动的自由度等。零售企业需要掌握商圈内是否存在主导产业、是什么产业，以及会给商圈带来什么影响。若商圈内居民多从事与主导产业相关的工作，那么该主导产业的前景就会直接影响商圈内居民的收入和消费水平，进而影响商圈的市场容量；如果商圈内产业多角化，则消费市场一般不会因某产业市场需求的变化而发生大的波动；如果商圈内居民从事的工作行业分散，则居民购买力总体水平的波动就不明显，对零售商店营业额影响相对也就较小。居民购买力一般用购买力指数来衡量。

$$购买力指数 = A \times 50\% + B \times 30\% + C \times 20\%$$

其中，A 为商圈内可支配收入总和；B 为商圈内零售总额；C 为具有购买力的人口数量。

（3）商业竞争状况因素。这是一个非常重要的因素，商圈内商业竞争的激烈程度会影响特定商店的商圈规模和形状。一方面，如果两家便利食品商店离得太近，那么他们各自的商圈都会缩小，因为他们提供的是同样的商品。另一方面，相邻的购物商店，如妇女服装店，应该扩大商圈的边界。因为有更大的选择范围。考察一个地区的商业竞争状况，应着重分析以下因素：现有竞争者的数目与规模、不同竞争者的优势与弱势、竞争的短期和长期变动趋势、市场饱和程度等。除要注意竞争者外，还要掌握商圈内商店群的构成，衡量商业相对集中区里的各个网点的相容性。其评价工具是商店间顾客交换率。

（4）基础设施因素。商圈内的基础设施是商店正常运作的基本保障，主要包括地域类型与数目、交通网络状况、区位规划限制等。商圈内交通的顺畅程度，公交车的路线安排、站位设置、道路过往限制等，均会影响客流量大小。此外，税收、执照、营业限制、劳动力保障等，也是影响网点生存的重要条件。

### （二）商圈微观影响因素

根据一些经得起时间推敲的传统经验，影响商圈形状与规模的微观因素可以总结为如下四点。

（1）商店规模。随着商店规模的增大，商圈规模也会逐渐增大，因为它可以储存更广泛的商品组合，而这又会吸引距离更远的消费者。

（2）经营商品的种类。那些经营消费者希望以最方便的方式购买的产品的商店拥有的商圈规模，将比所谓的专营商店拥有的商圈规模要小。因为前者经营的商品，如食品、牙膏、卫生纸等，顾客购买频率高，不愿在比较价格或品牌上花费太多时间，不愿意走很远的路。而后者经营的商品，如服装、珠宝、家具、电器等，选择性强、技术性强、须提供售后服务，顾客需要花费较多时间精心比较之后才确认购买，甚至只认准某一个品牌，因而顾客愿意走很远的路，商圈较大。

（3）商店经营水平及信誉。一般而言，经营水平高、信誉好的商店，由于具有颇高的知名度和信誉度，吸引许多慕名而来的顾客，因而可以扩大其商圈。

（4）促销策略。零售商可以通过广告宣传、推销方法、服务方式、公共关系等各种促销手段扩大商圈的边界。省会城市、边贸小镇的一些零售商经常大做广告，通过展销会、推出特价商品来吸引较远区域的顾客前来购物。

一些自然的或人为的障碍可能会突然限制商圈的边界，如河流、山脉、铁路和高速公路。

扩展阅读 5.3　智慧商圈

## 三、商圈划定

商圈划定的方法主要有两类：实测法和数学模型。现有商店商圈划定采用实测法，新店商圈划定采用量化方法。实测的主要目的是从地图上看客户来自何处。零售企业采用这种方法可以确定商圈范围及商圈内客流来自的主要区域。常用的实测方法有客户调查、客户记录（如客户信用、服务和送货记录）、积分方案、比赛、抽奖等促销方法。确定商圈最常用的量化方法有空间相互作用模型、多元回归分析、模拟技术等。

### （一）空间相互作用模型

空间相互作用模型又称引力模型，正逐渐发展成为选址理论主流模型的一部分。其基本原理是：总体的客流与店铺/购物中心的吸引力正相关，与距离或其他阻碍因素负相关。

**1. 赖利模型**

最古老的空间相互作用模型是赖利（Reilly）模型（1929）。赖利法则（Reilly's Law）指出，位于两个城市中间的居民到两个城市购物的频率与两个城市的人口数量成正比，与到两个城市的距离成反比。该法则的目的在于确定两个城市或社区之间的无差异点，进而分别确定商圈。所谓无差异点，是指两个城市（或地区）之间的地理分界点，这里的顾客去哪儿购物都无所谓。这一地点到两商店的距离即是两商店吸引顾客的地理区域。公式如下：

$$D_{ab} = \frac{d}{1+\sqrt{P_b/P_a}}$$

式中，$D_{ab}$ 为 A 城镇商圈的限度（以沿公路到 B 城镇的里程衡量）；$P_a$ 为 A 城镇人口；$P_b$ 为 B 城镇人口；$d$ 为城镇 A 和 B 的里程距离。

假设：A 城镇人口 9 万人，B 城镇人口 1 万人，A 城镇距 B 城镇 20 km。

$$D_{ab} = \frac{20}{1+\sqrt{1/9}} = 15（\text{km}）$$

$$D_{ba} = \frac{20}{1+\sqrt{9/1}} = 5（\text{km}）$$

```
            15（km）                    5（km）
  A  *——————————————————*——————————*B
                    无差异点
```

根据赖利法则，许多顾客都被吸引到大城市或大社区，因为那里商店多，商品种类多，即便路途上花的时间长也值得。

赖利法则的假设前提有二：①两个竞争区域的交通同样便利；②两个城市的竞争力相同。其他因素，如人口分布状况等或视为不变，或忽略不计。

赖利法则对商圈研究的突出贡献，主要体现在该公式计算方便，简单实用。当其他数据无法收集或收集成本太高时，这一法则尤其适用。

赖利法则存在两个主要缺陷：第一，距离的计算依据是主要干道，没有考虑小马路。实际上，许多人通过穿过小马路可以缩短路途距离。第二，实际距离与顾客心理感受的距离往往不一致。例如，一家环境舒适的商店和一家服务差、走道拥挤的商店尽管位置相近，在顾客心目中，后者必定比前者远。

**2. 赫夫法则**

为了克服赖利模型的不足，赫夫（Huff）（1964）设计了一个新的预测模型。赫夫法则（Huff'law shopper attraction）从不同商业区的商店经营面积、顾客从住所到该商业区或商店所花的时间及不同类型顾客对路途时间不同的重视程度这三个方面出发，来对一个商业区或商店的商圈进行分析。认为，商店的商圈是由其相对吸引力决定的，这里的相对是与本地区的所有同类商店比较而言的。赫夫进一步指出，一家商店对客户的价值或吸引力取决于它的规模，以及客户到达商店所必须行走的距离。客户被特定商店吸引的概率 $P_{ij}$ 可以用该商店的吸引力与相互竞争的所有商店吸引力之和的比值表示为

$$P_{ij} = \frac{S_i/T_{ij}^{\lambda}}{\sum_{j=1}^{n} S_j/T_{ij}^{\lambda}}$$

式中，$P_{ij}$ 为 i 地区的消费者在 j 商业区或商店购物的概率；$S_j$ 为 j 商店的规模（营业面积）或 j 商业区内某类商品总营业面积；$T_{ij}$ 为 i 地区的消费者到 j 商店的时间距离或空间距离；$\lambda$ 为通过实际调研或运用计算机程序计算的消费者对时间距离或空间距离敏感性的参数；$S_j/T_{ij}^{\lambda}$ 为 j 商店或 j 商业区对 i 地区消费者的吸引力；$\sum$ 为同一区域内所有商业区或商店的吸引力。

例：假设一个人可以选择在城里的两家超市购物。这个人到 A 超市的距离为 3 km，到 B 超市的距离为 4 km，A 超市的营业面积为 2000 m²，B 超市的营业面积为 4000 m²。通过调研，顾客对旅行时间的重视程度为 2。分别计算两家超市对这个人的相对吸引力：

A 超市吸引力 = 20000/3² = 2222

B 超市吸引力 = 40000/4² = 2500

这个人光顾 A 超市的概率是

$$\frac{\text{A 超市吸引力}}{\text{本地区所有商店吸引力总和}} = 2222/(2222+2500) = 0.47 \text{ 或 } 47\%$$

这个人光顾 B 超市的概率是

$$\frac{\text{B 超市吸引力}}{\text{本地区所有商店吸引力总和}} = 2500/(2222+2500) = 0.53 \text{ 或 } 53\%$$

应用赫夫法则应注意以下四个方面。

（1）为完整地描述一个地区的商圈，应分别对各类顾客从家庭住所到购物区所费时间，进行同样的分析，并加以汇总。这样才能全面估计该区域内的市场规模、商圈范围及各类商品的核心、次级和边缘商圈。

（2）顾客前来选购的可能性很大程度上取决于商品种类。因为商品种类不同，顾客对路途时间的感受也不同。

（3）绝大多数变量都难以量化，为了制图方便，路途时间应转换为以千米为单位的距离。此外，路途时间也随交通方式的不同而不同。

（4）顾客在每次光顾时，购买的商品都不完全相同，这就意味着商圈处于不断变化之中。

### （二）商圈饱和度分析

当比较两个可供选择的店址时，人们尝试减少对目前和潜在竞争的评估量，而直接确定商圈饱和度指数。商圈饱和度是衡量具体地区需求与零售建筑面积供应量的对比关系，是产品需求除以该类产品零售建筑面积总和所得的值，用 IRS 表示。用以帮助新设商店经营者了解某个地区内同行业是过多还是不足。一般来说，较低的 IRS 值表示该地区此类商店的数目过多，较高的 IRS 值则说明数目偏少。

$$IRS = C \times RE / RF$$

式中，IRS 为某区的商圈饱和度；C 为某区商圈的潜在顾客数量；RE 为顾客平均购物金额；RF 为区内同类型店铺总面积。

例：为一家新设果品商店测定零售商业市场饱和系数（商圈饱和度），根据资料分析得知，该地区购买果品的潜在顾客人数是 140 000 人，每人每周在果品商店平均购买 8 元，该地区现有果品商店 10 家，营业总面积 175 000 m²，则据上述公式，该地区零售商业中果品行业的市场饱和系数可计算为

$$IRS = 140\ 000 \times 8 / 175\ 000 = 64（元/m^2）$$

式中，IRS 即为每平方米的商品销售额。

用这个数字与其他地区测算的数字比较，指数越高则成功的可能性越大。运用 IRS 还可以帮助经营者用已知的毛利与经营费用的比率，对商店的利润进行预测，进行经营效益评估。但是从上述的公式可以看出计算 IRS 的准确资料不易获取，同时饱和理论也忽略了原有商店和经营同类商品的新设商店有哪些优势和劣势，所以在进行定量分析的同时，还要进行定性分析。其中包括：竞争门店的经营特征和经营规模；竞争门店的经营种类，位置，顾客的流动性，交通地理状况，商家的促销手段等因素。

### （三）多元回归分析

利用一系列数学方程式描述商店销售潜量和各种自变量在给定条件下的相关性。这些自变量包括人口规模、平均收入、家庭数量、附近的竞争者、运输障碍和交通模式等。

### （四）地理信息系统

地理信息系统起源于 20 世纪 60 年代，但对零售业产生影响则始于 20 世纪 80 年代中期。地理信息是指与某一地点（区域）有关的，特别是与自然现象、文化和人力资源相关的信息。地理信息系统最常用的包括商品配送最优化程序、交通管理系统和车内实时导航等。地理信息系统应用举例如表 5-1 所示。

表 5-1　地理信息系统应用举例

| 零售功能 | 地理信息系统 | 决策范围 |
| --- | --- | --- |
| 选址 | 居民信息 | 店铺是否适合公司 |
|  | 驾车时间带 | 估计人口密集区的规模 |
|  | 购物区域地图 | 微观选址决策 |
|  | 国际数据 | 市场进入决策 |
|  |  | 地点决策 |
| 设计 | 私家车拥有量 | 是否需要停车场 |
|  | 家庭组成 | 对咖啡、儿童设施的需要 |
| 促销 | 地址信息 | 直邮 |
|  | 媒体使用 | 广告组合决策 |
| 定价 | 收入水平 | 价格水平 |
|  | 人口统计数字 | 特价类型 |
| 商品管理 | 产品消费量 | 当地品类 |
|  | 商品数据 | 空间布局和陈列 |
| 服务 | 信用卡信息 | 消费信贷 |
|  | 年龄和雇用结构 | 营业时间 |
|  | 相关服务提供者 | 对音像、干洗、修鞋的需要 |

利用地理信息系统的主要优点在于快速、数据广泛、数据间的一致性、数据的高质量和持续性。将来不采用地理信息系统的零售商会在竞争中处于劣势。当然，地理信息系统的成本也是比较高的。

### （五）模拟技术

模拟技术是利用数学方法，将信息进行组合，来预测某一地点的销售额。最早是阿普勒巴姆于1966年开始使用，随后克罗格公司将其发展成为一项预测技术。目前西方零售商已经在频繁使用这一方法来更新他们的模拟数据库，而且与其他预测技术一起成为评估现有店铺的有效方法。模拟的程序主要包括以下方面：①在连锁网络内部，找出与计划开业店铺在主要特点上类似的店；②量化这些店和商圈的关键因素，然后将这些数据进行列表汇总；③从模拟店铺的情况来推断和估计计划开业店的销售额和利润。模拟方法代表对列表数据的系统使用，使分析人员的主观评判因素最小化。

模拟技术实际上是根据历史的销售情况进行的，它对归纳的方法是一个很大提高。模拟方法永远不会替代主观的评价，而且主观评价会引导和限制模拟方法。

## 第四节　零售店址选择

### 一、零售店址选择影响因素

#### （一）市场因素

市场因素主要包括市场供给因素、需求潜力及供需密度。

市场中存在的竞争（包括竞争的数量与质量）对零售商决定进入一个新市场有重要影响。这些竞争因素主要有：每家商店的平均占地面积，每位员工的平均活动面积，商店数量的增长，以及竞争的质量。每家商店的平均占地面积，能够说明这个社区是趋向于拥有大规模还是小规模的零售业；每位员工的平均活动面积，结合了零售业中两个主要的供给因素：商店空间和劳动力，取值越大，表示每个员工都拥有更大的活动空间，而员工平均活动面积的差别主要是由于零售商提供的服务水平的不同；如果最近1~5年商店数量增长很快，说明这个社区拥有很多更具当代气氛、更善于选址的商店，这个社区的竞争将会更激烈；竞争的强度和质量将可能使商圈逐步发展壮大。

市场需求潜力分析需要适用于零售商销售的产品或服务的特定标准，某个零售商选择的标准并不适合于另一个销售不同产品线的零售商。市场需求潜力主要包括人口特征、购买者的行为特征、家庭收入、家庭年龄概况、家庭组成、社区生命周期、人口密度、流动性。人口特征包括人口总量、人口增长率、学校录取人数、教育、年龄、性别、职业、民族和国籍。购买者的行为特征主要包括：商店忠诚度、消费者生活方式、光顾商店的动机、地理与气候条件及产品的利益追求。家庭收入主要包括平均家庭收入及家庭收入的分配，会极大地影响消费者对零售设施的需求。家庭的年龄组成是消费者对零售设施需求的一个重要的决定性条件。有孩子的家庭与收入水平相当但没有孩子的家庭具有不同的消费习惯。社区的发展形式主要有迅速发展、连续发展、相对稳定的发展、衰退，零售商应当选择处于迅速发展或连续发展的社区。人口密度越高，以平方米衡量的商店的平均规模就应该越大，给定人口规模需要的商店数量就越少。在一个具有较高流动性的社区中，消费者需要的零售商数量要小于流动性较低的社区。

供给密度是指零售商在某个市场的不同地区中集中的程度。需求密度是零售商的产品和服务集中在某个人口普查区、拥有统一邮政编码的地区或者社区中的某些部分的程度，即某一区域对零售商业提供的商品和商业性服务的潜在需求程度。把供给密度与需求密度进行综合分析，就可以在某一区域的可用店址中确定合适的店址。

### （二）政府法规和城乡规划

影响商店位置选择的法律问题主要包括环境问题、城市分区问题、建筑法规、标志管理规定和执照规定问题等。环保部门越来越关注一些影响零售商店的问题了，特别是建筑物中石棉，以及含石棉材料的使用问题，有害物质问题。城市分区规定了如何使用某个特定的位置，建筑法规决定了零售商在某个特定位置所使用的建筑物的种类、标志、规模大小和停车场类型等。关于使用标志的规定（主要是对标志的大小和样式做出要求）能影响零售商对特定商店位置的喜好。执照规定可能会使零售商丧失购买某一特定商店位置的信心。例如，在校园周边一定区域内禁止经营网吧。

城乡发展规划可能给商店经营带来重大影响。有些地点从近期看可能是店址的最佳选择，但随着城乡改造和发展可能会出现新的变化而不适合开店；相反，有些地点近期看可能并不理想，但从规划前景看又可能很有发展前途。商店地址选定之后一般不会轻易迁移，这就要求在选择新店址时，从长远、发展的角度着眼，详细了解该区的街道、交通、市政、绿化、公共设施、住宅及其他建设和改造项目的规划，使选定的店址既符合近期环境特点，又符合长远规划。在既有规划内，零售商选址要围绕着土地使用、交通流量和道路容量、对零售层次的作用效果、对城市内部的作用效果、更多驾车购物的社会影响等主题进行评估。

### （三）互联网

店铺零售企业的部分销售额会流向无店铺的网上虚拟零售企业。而多数实力雄厚的零售企业正在建立他们自己的交易网站作为实体商店的补充。随着互联网渗透率和接受程度的不断提高，将会有越来越多的零售额是基于电子商务实现的，因而将来为客户提供服务所需的实体商店会减少，从而导致零售网络的优化组合，为余下的商店找到合适的位置将更加重要。

互联网零售企业的发展，有些店铺零售企业受到的影响可能大于其他企业。例如，专营书籍、唱片、葡萄酒和计算机产品的店铺零售企业受到的影响较大。同时，不同的零售区位受到的影响也不同。

就网上虚拟零售企业本身而言，网络接入的便利性仍然是成功的关键。网上商店要有特点鲜明、便于记住的网址。还要通过相关企业的网络链接及搜索引擎进一步方便客户查找。

## 二、零售店址选择技术应用

各种选址技术在不同零售商的应用过程中是有差异的。

### （一）各个公司应用的技术种类不同

调查结果表明，绝大多数公司在选址时采用不止一种方法，它们应用技术的总平均数为 2.75 种(不包括经验法则)。有 13% 的公司完全依靠经验法，有大约一半公司会运用 2～3 种方法，还有一家则使用了 9 种不同的技术。

### （二）各种技术应用的普遍程度不同

大约有 2/3 的公司使用了因素表法这样的简单技术，大约 2/5 公司使用了多元回归、聚类分析及引力/空间互动模型，大约 1/3 使用了类推法和比率法。而区别分析，以及最复杂的两种方法——专家系统和神经网络，只有不到 1/8 的公司使用。

之所以出现这些差异，原因在于：各种技术本身在适用范围、成本要求、技术要求等方面表现出不同的特征；即将做出的决策的性质和类型也会导致技术应用的差异；零售企业的外部环境和内部条件的差异。例如，发达国家零售商选址时采用的平均技术水平比发展中国家的零售商更为先进；资金实力更为雄厚的零售企业、企业文化更为活泼新颖的零售企业、组织结构更为扁平的零售企业、人才储备更为充足的零售企业等，都会倾向于接受更为先进、科学、复杂的选址技术。

## 三、零售店址选择过程

按照著名零售商的成功经验，零售店址选择一般要遵循方便性（方便主要目标客户到达）、经济性（开店支付的成本要在五年左右收回）、展示性（主要目标客户在正常行走线上店铺的可视程度，即在 70～100 m 的视角范围内可见）原则。

零售选址决策第一步是确定最具吸引力的区域/市场地区。这里的区域可以是城镇、城市、由卫星城组成的城市群甚至是地理区域。第二步是在市场地区内确定可供选择的商圈的适当位置。第三步是确定合乎理想的店址，具体包括选择大致的店址、对大致的店址进行评估、确定具体的店址。第一、二步的内容在前面基本上已经阐述，在此重点就第三步的内容展开阐述。

### （一）选择大致的店址

#### 1. 店址应具备的条件

一般来说，具备以下全部条件的是第一流的店址，一般的都要具备其中的两条以上。

（1）商业活动频度高的地区。在闹市区，商业活动极为频繁，把商店设在这样的地区营业额必然高。这样的店址就是所谓的"寸金之地"。相反，如果在非闹市区，在一些冷僻的街道开办连锁商店，人迹罕至，营业额就很难提高。

（2）人口密度高的地区、居民聚居、人口集中的地方是适宜设商店的地方。在人口集中的地方，人们有着各种各样的对商品的大量需要。而且需求基数也十分大。如果商店能够设在这样的地方，致力于满足人们的需要，那就会有做不完的生意。而且，这样的地方，顾客的需求比较稳定，销售额不会骤起骤落，可以保证商店的稳定收入。

（3）面向客流量最多的街道。因为商店处在客流量最多的街道上，受客流量和通行速度影响最大，可使多数人就近买到所需的商品。

（4）交通便利的地区。旅客上车、下车最多的车站，或者在主要车站的附近。可以在顾客步行不超过 15 min 路程内的街道。

（5）接近人们聚集的场所，如电影院、公园、剧院、农贸市场、学校等场所，或者大工厂、机关附近，以及一般人口稠密、店铺林立的且各种业态比较成熟稳定的地方。

（6）店中店形式。一旦和某连锁超市或大型购物中心、商场等合作发展店中店，就可以充分利用他们的网点，而选址问题也等于转嫁给了超市或大型购物中心等，节省了大量的人力和物力。

（7）同类商店聚集的街区。大量事实证明，对于那些经营选购品、耐用品的商店来说，若能集中在某一地段或街区，则更能招揽顾客，因为经营的种类繁多，顾客在这里可以有更多的机会进行比较和选择。

扩展阅读 5.4　永辉超市的选址标准

**2. 商店不宜选址的区域**

快速车道旁。由于快速通车的要求，高速公路一般有隔离设施，两边无法穿越。公路旁也较少有停车设施。因此尽管公路旁有单边的固定与流动顾客群，也不宜作为新开店选址的区域。

周围居民少或增长慢而商业网点已基本配齐的区域。有限的固定消费总量不会因为新开商店而增加。

同一地区的层高地方。例如，开在二楼甚至高层的店铺。这不仅因为层高开店，不宜顾客购买，也因为层高开店一般广告效果差，商品补给与提货都有不便。

### （二）店址评估

前文所述的商圈划定方法，一般也用于店址评估，在此不再赘述。

### （三）确定具体的店址

商店在商业中心/商业区的具体位置极其重要，亿米的差异就可能决定成功和失败。这是因为中心的客流差异非常大。任何商业中心或商业区都有一个客流量最高的具体位置。这个位置通常有一家或一家以上的核心商店，由于距交通终端近而便于到达，并且附近有其他吸引客流的设施。这一区域称作顶级地段。其他位置的评级是根据顶级地段来确定的。

评价具体的店址时应当考虑的因素主要有店址的性质、客流量特征、周边商店的类型、购买或租赁条款以及预期盈利能力。

（1）店址的性质。主要考虑这个地点目前是一个空的商店，或是一块空地，或是属于一个已经规划好的购物中心？不少可用的商店地点是一些因停业而空闲的商店。如果一个最适合的零售店址是一片空地的话，就需要调查一下原因。为什么其他商店没有选择这个地点？是因为这块土地以前并没有被出售，还是定价太高，或者其他原因？如果这个地点是一个已经规划好的购物中心的一部分，零售商通常可以确定这个地点拥有比较合适的周边商店组合、充足的停车设施及良好的交通条件。

（2）客流量特征。要考虑总客流量，更要考虑适合这个商店的客流量。零售商应当针对与客流量有关的两个方面对商店地址进行评价。一是这个地点或者附近是否有足够的停车设施。商店需要的停车空间，一般来说，与四个因素有关：商店规模，顾客到商店中购物的频率，购物需要的时间，以及可用的公共交通工具。二是消费者到达商店地点的难易程度。这是决定客源的关键因素。路面形态完善、交通顺畅、客户安全是要考虑的重要因素。

（3）周边商店的类型，主要是指处于同一地段的同类和/或相互补充的零售企业产生的集聚效应，以及附近区域的商店相互交换客户的可能性。如果两个或更多的零售企业能够相辅相成，他们就可以为彼此创造更多的销售机会。调查发现，当两个相容或者非常相似的商店距离非常近时，他们的销售量会增加得更快。在商店的商品种类具有互补性的情况下相互交换客户的可能性较大，如服装店、鞋店和珠宝店。此外，竞争性商店的规格、数目和类型（同质或异质），以及他们与拟开设商店的相对位置，直接影响新店的销售潜力。

（4）购买或租赁条款。当零售商选择租赁店址时，应当仔细考察租赁契约中租期长度、排他性条款、保证的客流量，以及主力商店条款、租金。零售商如果希望开办一家独立式的商店，就可以将店址购买下来，这时要考虑购买成本。

扩展阅读 5.5　便利蜂的智能选址

（5）预期盈利能力。除了计算购买或租赁店址的成本外，通常还要计算净利润率、资产周转次数及资产回报率。

## 本章小结

选址决策是零售营销战略中最重要和长期性的因素。开发新的大型店铺花费巨大，差的选址决策会导致非常严重的后果，不论是在市场还是财务方面。选址决策不仅要满足客户对便利性、到达方便程度和质量的要求，还必须为零售企业创造竞争优势。

可供有店铺零售商选择的三种主要选址方案是独立店址、无规划的商业区、规划的购物中心。独立零售商通常沿主要的交通要道选址，无规划的商业区一般位于一个城市创建和发展之处，购物中心通常由一个或多个主力商店，以及其他许多不同的小商店组成。

零售选址决策是个逐步的过程，首先要确定最具吸引力的市场地区或区域，然后确定具有可持久的商圈的适当店址。确定商店商圈时使用最多的方法是空间相互作用模型、多元回归分析、列举法、地理信息系统、模拟技术。市场因素、政府法规和城乡规划、互联网对零售选址有重大影响。

零售选址最后一步是选定具体的店址,要遵循方便性、经济性、展示性原则。既要考虑这个位置可以创造的潜在收入,也要考虑再次开店的成本,还要考虑店址的性质、客流量特征、周边商店的类型。

## 关键名词

零售选址　　独立店区　　无规划商业区　　规划的购物中心　　中心地带理论　　报价—租金理论　　零售集聚理论　　商圈　　商圈分析　　赖利法则　　赫夫法则　　商圈饱和度

## 思考题

1. 区分可供零售企业选择的主要零售店址类型。与非规划的店址相比,规划的店址有哪些优势?

2. 为什么有些零售企业偏好集群而其他企业没有这个偏好?

3. 讨论影响商店商圈大小的主要因素。

4. 空间相互作用模型的基本原理是什么?描述这一模型所定义的过程。

5. 你认为在为一家书店选址时哪些因素最重要?将这些因素与为一家超市选址时使用的因素进行对比。

6. 零售商应当如何选择最佳的商店地点?

## 案例分析

### 为何寺庙旁的商场总能生意兴旺

2022年6月18日,与西禅古寺和报恩塔一街之隔的福州万象城开业,吸引了众多目光。路易威登之家落户成都大慈寺远洋太古里、西安太古里官宣落子小雁塔历史文化片区,则是2022年一季度商业热点。这三座高端商场背后有颇为相似的选址玄机——都有古寺"傍身"。

日本东京浅草寺吉祥寺大阪天王寺商圈、泰国曼谷四面佛SIAM CENTER等都是繁华的商业街区。菲律宾马尼拉SM购物中心的中庭,在周末的上午会用作礼拜活动场地。中东迪拜更是在购物中心专设男女分开的祷告室。欧洲各城的教堂圣地周围,往往是当地的商业中心所在。例如,伦敦布朗普顿圣三一堂附近的哈罗德百货附近,牛津街周围则有玛格丽特街诸圣堂;巴黎香榭丽舍大街周边,更是环绕着圣三一等多座大教堂。

虽然与寺庙伴生的商业项目并非个个都能大放异彩,但好项目的选址如果有了寺庙的伴生与加持,可谓如虎添翼。

**1. 庙市共生,另一种"人和场"的交织**

2022年初,LOUIS VUITTON MAISON"路易威登之家"落户成都远洋太古里,引发各方惊艳。这是"路易威登之家"旗舰店西南首店,也是沪京之后的全国第三店。

据太古地产发布的2021年第四季度营运数据财报，成都远洋太古里2021年零售销售额同比增长21.9%，总营业额直冲百亿元，蝉联全国营业额最高的开放式街区型购物中心之王。成都远洋太古里的成功，除了团队和项目软硬件方面的优势，也与旁边成都大慈寺有形无形的赋能和有大有小的呼应，脱不开关系。

寺庙和商场在底层逻辑上，有相通之处，即用空间和文化，吸引和汇聚人流，并展开互动。寺庙相关的国家级非物质文化遗产庙会，相当于商场重大的市场活动或IP活动，如年中庆、主题市集，同时两者有嫁接融合的空间。

在新的时代，"有寺便有市"的趋势（融吃喝玩乐及赏灯场景于一体的庙会堪称现代购物中心的"前身"），也正由最初的庙街向大体量的商业街区及商圈发展，国内著名且成熟的寺庙商圈，有上海静安寺、上海城隍庙、无锡崇安寺、南京夫子庙、宁波城隍庙、苏州观前街等。其中，城隍庙旁的豫园商城、静安寺旁的久光百货是目前上海知名度最高的寺庙伴生零售商业企业。

**2. 烽火再燃，这些寺庙伴生新项目要来了**

以上海为例，拟于2022—2023年陆续开业的新项目：静安区天后宫—苏河湾万象天地，青浦区千年古刹蟠龙庵（始于隋朝）—蟠龙天地，徐汇区已有1700多年历史的古寺龙华寺—龙华会，普陀区真如寺-中海环宇城MAX。

上海的寺庙很多，寺庙商业也不少，但真正实现彼此共融发展的不多，因为这需要两个前提：一是彼此物理空间距离足够近，并且在实际动线中能够非常连贯；二是彼此精神共同和谐共生不违和，在建筑空间设计、业态场景规划、品牌内容招商、运营推广等方面互为对方加分。

上海之外，成都文殊院—文殊坊二期（光大安石运营），武汉归元寺—远洋里，武汉宝通禅寺—武商梦时代广场，南京大报恩寺—越城天地，苏州双塔寺定慧寺—仁恒仓街，北京东岳庙—THE BOX朝外等，都是近期值得关注的新项目。

如果说早年的奢华商业新地标大多与大广场高楼大厦为伴，近年来越来越多有趣的商业新项目开始与古刹宝塔为邻，商旅文一体化。无论是现代的"高楼广场+商业"，还是"古刹宝塔+商业"，共通的是不断更新商业的模式、空间、内容，架起一座触达更多人的消费和心灵之桥。

**3. 结语**

商业（商场街区）、宗教（寺庙教堂）、文化（剧场美术馆博物馆）、公园绿地、体育场馆、交通设施乃至宾馆、办公楼、住宅区共同构成了多元而丰富的城市中心，历史悠久的商业街区附近没有宗教与文化设施是难以想象的。

真正成熟的商圈绝不是封闭的商业孤岛，而是商业与文化艺术有机融合的街巷。无论是来自东方的寺庙，还是源自西方的教堂，都是经过长久历史验证和积淀的精神文化场所。商业与精神文化的共同作用让生活更有兼具内外的温情。

（资料来源：郭歆晔. http://www.linkshop.com/news/2022489621.shtml. 2022-07-01）

**案例思考**

1. 寺庙旁的商场生意兴旺的原因有哪些？

2. 这一案例对你有什么启发？

## 本章实训

### 一、实训目的

1. 理解零售选址的重要性与复杂性。
2. 掌握零售选址的主要分析方法与选址报告的构成要素。
3. 锻炼实地调查和动手能力。

### 二、实训内容

假定要在你所在学校的周围开设一家社区型便利店，请以小组为单位，撰写一份选址报告。

### 三、实训组织

1. 指导教师明确实训目的、任务和评价标准。
2. 学习委员将班级成员分成若干小组。成员可以自由组合，也可以按学号顺序组合。小组人数划分视修课总人数而定。每组选出组长1名。
3. 以小组为单位，实地考察、收集学校周边商圈、可选店址方面的资料。根据资料和零售选址理论与方法，写一份社区型便利店选址报告，上交指导教师。
4. 从中遴选最优秀的一组在课堂汇报演示，时间 20 min 为宜。

### 四、实训步骤

1. 指导教师布置任务，指出实训要点、难点和注意事项。
2. 小组成员分工实地考察、调查收集商圈与店址资料。
3. 小组组织讨论，按实训任务要求形成、归纳要点，完成社区型便利店选址报告。
4. 指导教师对上交的选址报告逐一评阅，写出书面点评意见，并反馈给学生。
5. 遴选最优秀的一组在课堂报告，其他小组提问、质疑，发言代表和该小组成员答疑。
6. 指导教师即席点评、总结。

## 延伸阅读

1. 赖志斌,潘懋,宋永辉. 基于 GIS 的零售商业网点选址评价模型研究[J]. 地理信息世界,2009(2).
2. 任鸣鸣，何波. 多阶段零售店选址的模型与算法研究[J].计算机集成制造系统，2009(2).
3. 刘星原. 贸易经济理论中商圈概念的探讨[J]. 商业经济与管理，2010(2).
4. 柳思维，唐红涛，王娟. 城市商圈的时空动态性述评与分析[J]. 财贸经济，2007(3).
5. Reigadinha T, Godinho P, Dias J. Portuguese food retailers: Exploring three classic theories of retail location[J]. Journal of Retailing and Consumer Services, 2017(34): 102-116.
6. Formánek T, Sokol O. Location effects: Geo-spatial and socio-demographic determinants of sales dynamics in brick-and-mortar retail stores[J]. Journal of Retailing and Consumer Services, 2022(66): 102902.

## 即测即练

# 第六章

# 零售购物环境管理

## 本章学习目标

了解零售店面设计的作用，以及如何通过设计实现差异化零售，熟悉店面设计中最重要的问题所在，以及适合于不同零售企业类型的不同布局、陈列和固定装置类型，掌握商品和部门空间分配原则与方法，熟悉电商平台设计的规范和主要内容。

## 引例

### 丝芙兰上海未来概念店的数智化购物环境

2023 年 6 月 6 日开店的丝芙兰（Sephora）上海未来概念店，坐落在商业氛围浓厚的南京东路步行街，虽然外形上与普通门店没有太多区别，但走进门店就会发现，整个门店呈现流线型贯穿前后的"葫芦状"，线条分明地将门店内不同功能区域划分开来。呈现出一种"合乎逻辑的紧凑"的明确感。一进门，就是门店的"美力试新"区域，这个区域主要呈现当季的热卖单品和门店需要主推的产品。紧接着映入眼帘的，就是门店各种主要品牌产品的展示专区，迪奥、纪梵希、古驰、阿玛尼等高端彩妆，梵克雅宝、宝格丽、帕尔马之水、阿特金森、蒂芙尼、罗意威等高端香水均在这个区域进行呈现。

虽然整个货品区涉及的品类众多，但区域设置明显。从彩妆、香水到护肤、护发再到美力课堂，整个区域被划分为玩美空间、美发空间、美肤空间和丝享廊，呈现出十分鲜明的区域特征。值得一提的是，在护肤品专区，丝芙兰还重点标注了渠道的独家品牌和产品（在电子显示屏上打了圆形的蓝色标签），用以区分常见护肤品牌和丝芙兰的独家品牌。在中间这个区域，除了产品被有条不紊地展示出来，空间配套服务也十分完备。不同的品类专区都交叉设置了多样的体验服务，如数智化体验、妆效体验、数智购买体验等，大大延长了消费者的进店时间，提升消费者互动感及购买欲望。在门店最尽头还设有一间"丝享廊"，专用来为消费者和会员提供体验服务。丝芙兰工作人员介绍，门店每周都会开设不同主题的课程分享会，服务丝芙兰金卡会员的"尊美丝享会"，也是在这里进行。

"数智化成果展示"是门店呈现的重点。在这个极具未来感的美妆零售空间内，丝芙兰以数智科技赋能，用尖端科学技术，带来多元数智化互动，多层面挖掘客户的消费喜好与需求，间接提升消费者购买欲望和购买力。主要体现在门店七大触点的数字化焕新提升：潮妆丝造、智美探店、美肤体验、玩妆体验、美力颜究会、尊美丝享会、移动支付及语音卡包装。而其中，"智美探店""玩妆体验"和"美肤体验"是最让CBO印象深刻的数字化互动尝试。

在一进店门的区域，消费者会被引导通过扫码商品标牌上的丝芙兰微信小程序/App，一键直达门店导览，随时随地了解丝芙兰上海未来概念店的抢"鲜"资讯。同时，消费者亦可于店内通过微信扫描、区域触碰或以手机感应商品的电子价签，快速了解商品详情。消费者只需要把商品放到感应区内，或者把手机贴近电子价签，单击进入页面，就能看到产品的详情信息，包括产品的名称、价格和规格、主要功效成分、产品介绍、消费者使用评价等。这类信息化指引，在某种程度上既为消费者避免了不必要的社交尴尬，留存足够的私人空间给消费者进行有关产品的有效探索；同时，也变相节约了导购的服务时间，让工作人员能有更多空余时间分配到门店的其他项目工作中。

如何有效利用消费者的这段私人购物时间呢？如果单纯只是提供生硬的产品信息，其实还不至于完全调动消费者的购买兴趣。而"玩妆体验"和"美肤体验"就是丝芙兰用来解决这个问题的两大具体措施。丝芙兰创新地将彩妆内容风格创造与产品营销有效结合在了一起。丝芙兰全新的 AI 玩妆装备，运用人工智能技术，科学分析人脸特征，并结合大数据推荐个性化妆容风格与产品。且在美力玩妆区域，虚拟试妆机的旁边就摆放了系统推荐的各类产品，以提供给消费者最即时的消费选择。同时，消费者也可预约体验由专业美容顾问提供的 15 min 局部妆容服务或上海未来概念店首发的 60 min 全妆美力定制服务。美容顾问会根据所测系统检测出的数据，严谨地为消费者打造出最适合的妆容。

而美肤体验中具有代表性的"肌能管家"装备，更是基于多光谱深层检测、人工智能分析、成分科学，为消费者推荐合适的护肤产品，更有专业美容顾问一对一专业咨询，量身定制护肤流程。值得一提的是，虽然门店实现了数智化，但这并不代表消费者和门店、BA（business analys）的触点减少了。相反，正是有了这些智能化设备的加持，BA与消费者之间单向性的粗暴式沟通被两者间的"双向奔赴"所取代。这些数智化设备赋予了消费者一定的自主权和想象空间，让他们能够充分了解产品和自己的需求。在这个前提下，BA 的适时介入，对于消费者来说更像是一种"锦上添花"的高附加值行为，更能促成消费者的直接购买粘度提升。

同时，这家门店为每位 BA 配备便携 POS 机，为消费者节省了不必要的时间消耗，也进一步降低了门店的成交难度。利用数智化工具和手段，将"科技"与"人工"有效结合。门店在实现高效的过程中，也进一步提升了服务能力和质量。

总之，丝芙兰上海未来概念店融汇当代潮流与数智化技术，以尖端科技妆备，呈现多元数智化互动，带来七大全新触点，全方位升级消费者的美妆购物体验。差别打造的智能推介系统，独家开发的肌能管家装备，全新 AI 玩妆妆备创新运用人工智能技术，赋能消费者自主探索当季妆容教程与打造贴士。并以此于 2023 年 8 月获得了赢商网"最美门店"称号。

（资料来源：https://www.sohu.com/a/683196818_120166458；https://new.qq.com/rain/a/20230824A0A60000）

## 本章知识结构图

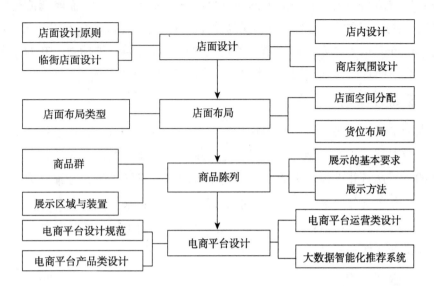

在零售组合中，没有任何一种其他的因素能够像购物环境一样，极大地影响顾客对实体商店的第一印象。因而，商店购物环境设计的决策是零售经营计划中的关键要素。经营有方的零售商总会花大量的时间和精力规划店面，确保店内一切合乎时宜，诱使顾客进入并掏出他们的钱包。购物环境主要包括商店的外观、内貌、店内布局、店内陈列、电商平台。

# 第一节 店面设计

店面是商店的脸面。不论何时，都要让顾客看到商店这张脸，需要时能想到这张脸。店面设计是零售商通过规划商店外观、内部设施、设备、灯光、色彩、音乐、气味和商品陈列，创造独特形象，改善购物环境，进而影响消费者决策，提升顾客忠诚度，实现价值增值的系统工程，包括商店外观设计和商店内部设计两个方面。店外设计包括临街店铺、店面标识和入口，店内设计则包括建筑物的构型和所有表面的修饰，像墙面粉刷、地面和天花板装饰。

## 一、店面设计的原则

店面设计总的要求是商店的气氛应与店铺的形象和整体策略相一致，店面设计应有助于影响顾客的购买决策。具体原则如下。

### （一）独特性原则

现代消费者的需求越来越趋于多样化、个性化，零售商店数量越来越多、商店形式越来越多样化,零售商自身经营的商品多种多样,大型零售企业经营的商品品种更是数十万,适应这些特性,零售企业的店面设计必须塑造与众不同的风格,形成自己的特色。例如,杂货店应便利按顺序购物的人群并且尽可能多地陈列商品。而经营流行服饰的小商店则采用一种适合顾客浏览的自由形式的设计。美体小铺国际股份有限公司(The Body Shop International plc)创始人安妮塔·罗迪克说:"设计是一种拯救。在商业街的激烈竞争中,你必须使自己与众不同才能活下来。"

### (二)新奇性原则

追新求奇是现代消费者尤其是年轻消费者的一大特征,当今时代成年消费者的工作压力、生活压力都比较大,年轻消费者的生存压力、发展压力尤其大,顾客心情不佳是十有八九的事,这时并不很想进店购物。而零售商热衷于把同类顾客细分为更小的目标群,使购物变得麻烦而枯燥。因而,店面设计使进入商店的顾客感到新奇是非常重要的。JCPenney 的总裁兼首席执行官艾伦·奎斯通曾说:"我们出售的商品各种各样,所以我们让他们充满新奇性和刺激性。"

### (三)一致性原则

店面设计的目的是向消费者传达零售商的信息尤其是展示零售商的形象。因此,商店的店面设计(无论是外部设计还是内部设计)和它的所有组成要素(商品、价格、竞争方式等)都应和谐一致,以陪衬突出商品,而不是与其争辉。同时,店面设计必须与零售商的营销目的保持一致,使顾客易于了解店内的商品,并方便他们的购买行为。

### (四)平衡性原则

现代商品和服务的营销已经上升到了一个新的阶段,即消费者购物体验阶段。在某些情况下,一个好的购物者感知的购物体验可能比推荐商品的质量或价格,更让购物者确定再次光顾商店。零售商的商品分类、价格、位置、顾客服务、忠诚度计划、促销等都影响着购物体验,但店面本身的影响是最大的。店面设计必须在购物者的购物体验和商品的功效之间寻找平衡点,从而达到最大效果。

扩展阅读 6.1 绿光派对杭州城西银泰黑金旗舰店

## 二、临街店面设计

临街店面设计包括店面结构、招牌、出入口等项目的设计。如果把零售商店比作一本书,那么临街店面就是书的封面。它必须足够醒目,能够让过往的汽车驾驶者或者购物者一眼看到并留下深刻的印象。临街店面设计对于塑造商店形象、便利消费者识别、美化店堂和环境都起着重要的作用。

## （一）店面结构设计

商店一定要面向街道，把顾客引进商店。店面结构一般有三种类型。

（1）全封闭型。店内店外用门扉隔开，入口尽可能小些，面向大街的一面，用陈列橱窗或茶色玻璃遮蔽起来。顾客进入商店，可以安静地挑选商品，不受外界干扰。经营珠宝首饰、工艺制品、书籍、餐饮的商店，多采用这种设计。

（2）敞开型。一般是指商店正对大街的一面全部开放，使顾客从街上很容易看到商店内部和商品。没有橱窗，顾客出入自由，没有任何障碍。出售食品、水果、蔬菜和小百货等低挡日常用品的商店常采用这种形式进行店面设计。

（3）半开放型。出入口稍大些，临街的一面配有少量橱窗和玻璃窗，顾客从外面经过能够较方便地看清商店内部情形。南方地区的商店，以及经营化妆品、服装的专业化商店，多采用这种类型。

进行店面结构设计时应注意：门面宽广的商店容易吸引顾客；第一主通道很重要；顾客从右侧入口容易进入。

## （二）店面的招牌设计

招牌是指用以展示店名的标记。一般店面上都可设置一个条形商店招牌，醒目地显示店名及销售商品。在繁华的商业区里，消费者往往首先浏览的是大大小小、各式各样的商店招牌，寻找实现自己购买目标或值得逛游的商业服务场所。因此，具有高度概括力和强烈吸引力的商店招牌，对消费者的视觉刺激和心理影响是很大的。

**1. 招牌的功能**

（1）引导与方便消费者。招牌附带着行业属性，标志着主要的服务项目或供应范围，如某眼镜店、某文化用品商店。

（2）反映服务特色与经营传统。有些招牌具有悠久的历史和良好的商业信誉，有些在今天依然受欢迎，如同仁堂、火宫殿、吴裕泰、全聚德等。

（3）引起消费者的兴趣。例如，采用灯光装饰、使人联想的语句命名招牌、名人题字的招牌等，如新华书店、内联升、老凤祥银楼等。

（4）加强记忆易于传播。有些店铺顺应时尚，推陈出新，设计出一些简便易读、朗朗上口的招牌，如燕莎、大悦城等。

**2. 店面招牌材料**

商店招牌底板所使用的材料，在中国长期以来是木质和水泥。木质经不起长久的风吹雨打，易裂纹，油漆易脱落，须经常维修。水泥招牌施工方便，经久耐用，造价低廉，但形式陈旧，质量粗糙，只能作为低档商店招牌。为了反映时代新潮流的变化，如今的店面外装饰材料已不限于木质和水泥，而是采用薄片大理石、花岗岩、金属不锈钢板、薄型涂色铝合金板等。石材门面显得厚实、稳重、高贵、庄严；金属材料门面显得明亮、轻快，富有时代感。有时，随着季节的变化，还可以在门面上安置各种类型的遮阳箔架，这会使门面清新、活泼，并沟通了商店内外的功能联系，无形中扩展了商业面积。

**3. 商店招牌的装饰方法**

商店招牌在导入功能中起着不可缺少的作用与价值，它应是最引人注目的地方，所以，要采用各种装饰方法使其突出。手法很多，如用霓虹灯、射灯、彩灯、反光灯、灯箱等来加强效果，或用彩带、旗帜、鲜花等来衬托。总之，格调高雅、清新、手法奇特、怪诞往往是成功的关键之一。

**4. 商店招牌的文字设计**

商店招牌文字设计日益为经商者所重视，一些以标语口号、隶属关系和数目字组合而成的艺术化、立体化和广告化的商店招牌不断涌现。商店招牌文字设计应注意以下几点：店名的字形、大小、凸凹、色彩、位置上的考虑应有助于门的正常使用；文字内容必须与商店所销售的商品相吻合；文字尽可能精简，内容立意要深，又要顺口，易记易认，使消费者一目了然；美术字和书写字要注意大众化，中文和外文美术字的变形不要太花太乱太做作，书写字不要太潦草。

### （三）出入口设计

商店的出入口是顾客进出商店的必经通道，必须设在醒目并且方便顾客出入的位置。为了便于顾客出入，必须排除商店门前的一切障碍。从保证客流畅通和安全的角度考虑，商店必须设两个或两个以上店门。根据商店建筑规模、格局及临街情况，可选择在正面和侧面、两侧和中央位置开设店门。因零售商店顾客流量大，进出频繁，故店门设计采取推门而入的形式比较合适。而不宜采取旋转式、电动式和自动开启式。进店后的门厅处要留有足够面积的门厅通道，力求宽敞通畅，并且重点进行门厅部分天棚、支柱和地面的装修装饰，显示出商店的品位和气势。总之，商店出入口应综合考虑营业面积、顾客流量、地理位置、经营商品种类等特点及安全等因素，合理设置。总的原则是便利出入，顺畅客流。

### （四）橱窗设计

橱窗是商店的"眼睛"，店面这张脸能否吸引住路人，这只"眼睛"有举足轻重的作用。通过临近街道的橱窗，形象地反映商店的经营范围和经营特点，向广大顾客展示商品，吸引顾客进店参观选购，指导消费。同时，它又是与百姓天天见面的街头艺术，起到美化市容的作用。

**1. 橱窗设计的类型**

根据零售企业的不同规模类型，不同橱窗结构和不同商品特点，可以采取下列不同的橱窗陈列宣传形式。

（1）特写陈列：运用不同的艺术表现形式，集中突出宣传某种或某件商品，适于宣传新产品。应突出两方面：特色商品，品牌与商标。这种陈列形式的宣传效果较为显著。

（2）系统陈列：根据商品的性质、类别和用途与连带性因素，将商品系统地组织陈列在一起。这种陈列形式既便于观赏，吸引注意，又可以引导观现众联想，刺激购买欲望。

（3）综合陈列：通过不同的陈列方法把不同种类的商品综合陈列在一起，商品范围充分反映企业的经营，一般适于小型零售企业。

（4）季节陈列：根据自然界的季节变化，将应季商品集中在一起宣传陈列。

（5）节日陈列：根据节日主题，营造节日氛围。通常会使用浓烈的色彩渲染气氛，将节日相关商品进行展示陈列，促进商品销售，同时还能增强用户对品牌的情感。

**2. 橱窗设计要求**

（1）橱窗陈列要体现零售商店的经营特色，使媒体受众看后就产生兴趣，并想购买陈列的商品。

明确橱窗陈列的主题，即明确以哪种或哪类商品为主要宣传对象。在布局上重点突出，界限分明，使展品组织得有条不紊，以免使观众感到模糊不清，形象杂乱，影响宣传效果。

适当选用背景衬托。为了突出陈列商品的形象，为表达主题思想，增强商品的感染力量，加深对商品性能特点的理解，要进行背景布置。背景在内容和色调上应与陈列商品互相联系，互相衬托。橱窗装饰应力求简练、明快。否则，单纯追求华丽的外表装饰或脱离主题商品的背景衬托，只会分散观众的注意力，冲淡宣传商品的效果。

（2）橱窗陈列要有较高的艺术品位和一定的"艺术美"。

季节性商品要按目标市场的消费习惯陈列，相关商品要相互协调，通过排列的顺序、层次、形状、底色及灯光等来表现特定的诉求主题，营造一种气氛，使整个陈列成为一幅具有较高艺术品位的主体画。

橱窗实际上是艺术品陈列室，通过对广告产品进行合理搭配，来展示商品美。它是衡量零售商业经营者文化品位的一面镜子，是体现零售商业企业经营环境文化、经营道德文化的一个窗口。它是商店的脸谱，顾客对它的第一印象决定着顾客对商店的态度，进而决定着顾客的进店率。

（3）橱窗陈列要更加强调立体空间感和动感。

现代橱窗陈列的布置要更加强调立体空间感和空间布置的对比。例如，由于商品的摆放多集中于橱窗的中下部分，上部空间往往利用不足，此时便可以利用悬挂装饰物的办法增加其空间感。另外，装饰物、背景和橱窗底面的材料也应充分讲求与广告商品的对比。例如，电冰箱橱窗陈列应以皮、毛类材料作背景，颗粒材料作底面，更能突出电器产品的表面金属质地感。橱窗陈列设计还应利用滚动、旋转、振动的道具，给静止的橱窗布置增加动感，或者利用大型彩色胶片制成灯箱，制作一种新颖的画面等。

扩展阅读 6.2 麦当劳的店面设计

## 三、店内设计

店内设计分为两个部分：表面的修饰和建筑构形。

### （一）表面修饰

许多现代零售店铺迎门处是一个门厅，这是店内设计的点睛之处。可以按照店铺的形象，布置花坛、水池、喷泉，或大型电子显示屏。如果门厅设计比较狭小，就不宜过分装饰，否则，会阻塞客流。门厅两侧或一进营业大厅，就应有商店货位分布图。进门醒目处，应设置总服务台，为顾客解决遇到的问题。

表面修饰要考虑从地面到天花板的所有装饰问题。水泥或地板地面可以进一步装饰，最基本的有油漆，还有涂料、地毯、瓷砖或者大理石。粉刷墙面可以用油漆、墙纸、镶板。天花板可以选择采用无墙装饰（档次较高而花费也大）或是吊顶（普通而又经济），或者用一个开放式屋顶，所有管道和电线都漆成黑色，不做任何修饰（廉价的仓储式商店采用的方式）。

总之，商店内部表面修饰必须与商店的市场定位、形象设计相一致。例如，没有喷漆的水泥地面的商店，出售的应当是比较低廉的商品；瓷砖特别是大理石地面的商店，暗示高档次、昂贵、独特的购物经历。

### （二）建筑构形

商业信誉可以通过建筑给人的印象来传播。建筑给人的印象，是它的特征在公众头脑中的反映。建筑构形要讲究整体性、行业性、独特性。整体性是指建筑总体结构协调一致、浑然一体，既要与周围的建筑物有明显区别，又要体现商业建筑风格的一致性、店堂外观建筑与店堂内部建筑的协调。行业性是指建筑构形要突出行业特点，使人一眼认出是百货行业建筑物还是家电行业建筑物或是建材行业等其他商业细分行业建筑物，以获得鲜明印象。独特性是指建筑构形要体现商店自身独特的个性，使顾客能够记住，产生良好的商店印象。例如，大型综合商店突出庄重豪华，建立市场威望；专业商店突出行业特点，提高识别记忆率。

同一建筑给零售企业与公众的印象，会有很大的不同。例如，零售企业认为大的红色建筑可以作为儿童服装店，然而，顾客显然把它看成了别的与儿童无关的建筑。总体而言，绝大多数人愿意去新的、光线明亮、洁净的超级市场购买食品，而不是在老的、破旧的、光线暗淡的商店购买食品；绝大多数人在购买钻石、艺术品或家用电器时，都不相信自己有足够的专业知识，而会去寻找能够给予人们信赖、可靠的印象的商店去买。

## 四、商店氛围设计

科特勒认为，零售氛围是一种通过设计购物环境对顾客的情感产生某种特定效果，并进而刺激顾客增加购物的一种努力方法。氛围有如下五个维度：视觉，听觉，嗅觉，触觉，味觉，如表 6-1 所示。许多零售商都发现，营造商店的优美气氛可以带来许多微妙的作用，可以补充店面设计和商品方面的不足之处。

表 6-1　零售氛围因素

| 维度 | 描述 |
| --- | --- |
| 视觉 | 颜色、亮度、实物外表（大小和形状） |
| 听觉 | 音量、声调、节拍和声音风格 |
| 嗅觉 | 气味的特性和强度 |
| 触觉 | 温度、质地和接触 |
| 味觉 | 味觉的特性和强度 |

## （一）色彩的运用

不同的颜色有不同的含义，同一颜色在不同国家甚至同一国家不同时期有不同的含义。人们对颜色所表现出来的习尚，已经不是一种简单的颜色欣赏，而是一种寓含着某种人类情感的寄托物，反映了一个民族的信仰观念。零售商发现颜色可以吸引人们的注意、辅助人们进行评价并强调某种产品和商店的特征。颜色能用于提供信息，其目的是改善心情、指导情感并增加激动或兴奋。

按照人们对颜色的感受，可将颜色归纳为三类：暖色（红、橙、黄）、冷色（青、蓝、紫）、中间色（白、绿），见表 6-2。实验室研究表明暖色调特别适用于商店橱窗、入口，以及与冲动购物相关的地方。顾客需要时间或做出购物决定有困难时，冷色调更为适宜。有研究认为，不同色彩系列可用于相应的品类部门以强调其独特之处：玩具部门建议采用明亮的色彩来创造一种激动的情绪，女装部门应采用中性色彩以避免明亮的色彩与亮丽的商品冲突。

中国零售企业的经验，颜色运用要与商品本身色彩协调。店内货架、陈列台的色调要衬托商品，多层建筑的一层营业厅或入口处应使用暖色调形成热烈的迎宾气氛，地下营业厅用浅色调装饰以给人赏心悦目的清新感受。

表 6-2　在零售商店中不同色彩对心理、温度、距离的影响

| 色彩 | 心理影响 | 温度影响 | 距离影响 |
| --- | --- | --- | --- |
| 紫罗兰 | 富有进取心和疲倦 | 冷 | 非常近 |
| 蓝色 | 宁静的 | 冷 | 远 |
| 金黄色 | 激动的 | 中性 | 封闭的 |
| 绿色 | 非常宁静 | 冷—中性 | 远 |
| 黄色 | 激动的 | 很暖 | 近 |
| 橙色 | 激动的 | 暖 | 近 |
| 红色 | 非常刺激 | 暖 | 近 |

（资料来源：麦戈德瑞克.零售营销[M]. 裴亮，等，译. 北京：机械工业出版社，2004.）

### （二）商场照明

适当的照明是商店展示店容、宣传商品、方便选购的重要手段。商店有三种照明类型：基本照明、特殊照明、装饰照明。

基本照明，一般是匀称地镶嵌于天棚上的固定照明。其光度的强弱视店铺的不同位置而定。一般来说，卖场最里面配置的光度最大，吸引顾客从外到内把整个卖场走遍；卖场的前面和侧面的光度次之，卖场的中部光度可稍小些。

特殊照明，是为了突出卖场的某一部分或某些商品，通过设置聚光灯、射灯及有色灯等照明设备而进行的重点照明，如珠宝玉器、金银首饰、音响器材等商品，往往用定向光束直照商品，给顾客以贵重的感觉。

装饰照明，是为了丰富卖场的空间环境，在室内外设置一些装饰性灯具而进行的照明，其目的是强调装饰效果，美化卖场环境，渲染购物。大多采用彩色灯、壁灯、吊灯、落地灯、霓虹灯等照明设备。

要注意的是，灯光不可过于明亮。许多场所，特别是加油站、饭店、便利店等，灯光强度很高，不仅会使成本大量增加，而且浪费能源，还会对街区造成"灯光污染"。

### （三）音乐与气味

**1. 音乐**

声音是商店气氛的重要组成部分，适当的音乐可以使人心情平和，并且还能够与店内的商品相映成趣。但店内的各种声响超过一定的限度则会使顾客反感。商店在选择背景音乐时一定要结合商店的特点和顾客特征，以形成一定的店内风格；同时，还要注意音量高低的控制；音乐的播放也要适时有度。

**2. 气味**

大多数购买决策建立在感情基础上。在人类所有感觉中，嗅觉对人的感情最有影响力。嗅觉也是改变人们行为最快的方式。因此，很多零售商通过精心设计的气味来增强店内购物气氛。但是，气味同声音一样有正面影响也有负面影响。商品与其气味协调，对刺激顾客购买有积极的促销作用；不良气味会使人反感，有驱除顾客的副作用。零售商必须根据目标顾客的偏好/经历，以及商品和品牌的特征精心地使用气味。同时必须懂得，顾客的感受是整体性的，而不是依据个别因素。例如，气味和音乐相互匹配将会比不匹配产生更佳的效果。

## 第二节 店面布局

店面布局是对零售商店各个商品部门及其销售空间进行分配、定位和规划的系列过程。店面布局必须方便店内人们的流动，处理需要的人流容量，使所有的产品能够有效地对顾客进行展示，使顾客购买比其自身计划更多的商品。同时，在给予顾客足够的空间进行购物与运用有限珍贵的空间放置更多的商品之间取得平衡。

## 一、店面布局类型

店面布局常见类型有多种，采用哪种类型布局取决于市场定位、产品系列的宽度和深度、所售产品种类的特性、采用的固定装置类型，以及商店在规格和形状上面临的限制。如今，零售商一般采用四种基本的店内布局方式：自由流动布局；方格型布局；岛屿式布局；精品店布局。

扩展阅读 6.3　喜茶上海迪士尼小镇店打造"平行宇宙"

### （一）自由流动布局

自由流动布局是最简单的一种店内布局（图 6-1）。在这种布局下，固定设施和商品的位置不固定，店内没有统一的行走路线，顾客可以随意在货架中穿行。自由流动布局的优点是货位布局十分灵活，顾客可以随意穿行各个货架或柜台；卖场气氛较为融洽，可促成顾客的冲动性购买；便于顾客自由浏览，不会产生急切感，增加顾客的滞留时间和购物机会。自由流动布局的缺点是顾客可能拥挤在某一柜台，不利于分散客流；不能充分利用卖场，浪费场地面积。而且，如果没有统筹设计，整体感觉会比较凌乱。自由流动布局方便了顾客，但对商店的管理要求却很高，尤其要注意商品安全的问题。许多时尚服装店采用这种布局。

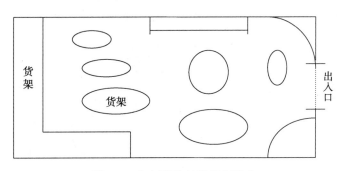

图 6-1　自由流动布局基本形式

### （二）方格型布局

方格型布局是以直线分段式排列，采用平行条状固定货架，直直的通道。对于平行条状货架之间的通道，只有走到通道尽头才能穿越条状货架（图 6-2）。方格型布局的典型例子是超市和药店。这种布局的优点是：创造一个严肃而有效率的气氛；走道依据客流量需要而设计，可充分利用卖场空间；由于商品货架的规范化安置，顾客可轻易识别商品类别及分布特点，便于选购；易于采用标准化货架，可节省成本；有利于营业员与顾客的愉快合作，简化商品管理及安全保卫工作。其缺点是：商场气氛比较冷淡、单调；当较拥挤时，易使顾客产生被催促的不良感觉；室内装修方面创造力有限。

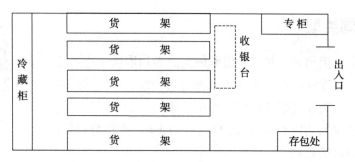

图 6-2　方格型布局基本形式

### （三）岛屿式布局

岛屿式布局是将营业现场中间部位用设备组合成不同形态的岛屿状，如矩形、环形、圆形、三角形、多边形等不规则形式，形成不同的商品出售区位（图 6-3）。一般用于百货商店和专卖店。岛屿式布局的优点是：布局富有创意，采取不同形状的岛屿设计，可以装饰和美化营业场所；商场气氛活跃，使消费者增加购物的兴趣，并延长逗留时间；容易引起顾客冲动性购买；满足消费者对某一品牌商品的全方位需求，对品牌供应商具有较强的吸引力。岛屿式布局也具有缺点，主要是：布局过于变化会造成顾客迷失，顾客会因无耐心寻找而放弃一些计划内购物；不利于最大限度利用营业面积；现场用人较多，不便于柜组营业员的互相协作；货架不规范，此方面成本较高。

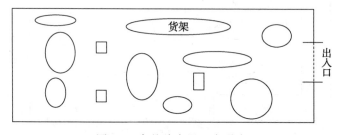

图 6-3　岛屿式布局基本形式

### （四）精品店布局

精品店布局处于方格型布局和自由流动布局之间，属于自由流动布局基础上衍生出的分支（图 6-4）。不同商品部或品类的布局采用不同商品专业店的模式，以针对不同的目标顾客细分。这种布局主要是店中店，但不局限于此。百货商店常采用这种布局模式。这种布局模式的优点主要是商店能为顾客提供较好的体验，较容易为顾客提供服务和个性化销售，可以使针对目标顾客群进行专门设计的要求完成得更彻底。精品店布局的主要缺点是在空间的使用上往往不经济。

精品店布局的一个现代发展模式通常被称为"环形布局"（也称跑道式布局）。环形布局是在入口处形成一条主要过道，围绕商店一圈——通常是环形、正方形或长方形，

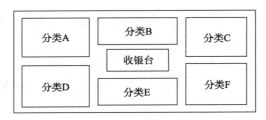

图 6-4　精品店布局基本形式

最终再回到店门口。这种模式较前三种不常用。环形布局的最有利之处在于它能够让顾客最大限度地接触到商品。此外，客流控制和客流容量增加了，商品分类曝光率也增加了。缺点是减少了商店体验，耗尽了顾客的耐心。采用环形布局展示的一个极有代表性的例子就是来自瑞典的宜家精品店，有一条名为"黄色砖路"的道路引领顾客通向 1.858 万 $m^2$ 的每一个角落。

## 二、店面空间分配

在零售业中，楼面布置图指的是零售商如何安排商品和顾客服务部门的位置，店内过道的分布，以及为每个部门分配的空间。它是商店的基础结构，店面环境的其他要素都要围绕它进行布局。设计一个楼面布置图首先要分析如何将可用的店面空间分配给不同的部门。

### （一）部门类型[①]

一个商店包括五个基本部门：里屋；办公室和其他职能部门；过道、服务部门和其他非销售区；墙上陈列区；地面陈列区。经营者一方面需要尽量增大商品陈列的密度，另一方面还要保证商店职能部门的正常运转并方便顾客们购物。然而，店面空间是有限的，大多数零售商只能权衡优劣，综合考虑战略布局和空间限制，并最终妥协于其中一个或几个方面。

（1）里屋。里屋主要包括处理新到货物的收货处和存放剩余商品的储藏室。里屋大小因零售商种类不同而存在差异。但无论哪一种类型的零售商店，里屋这一部分空间都在逐渐缩小。在西方发达国家，如今百货商店的里屋面积一般缩小到店面的 20%，一些小型商店更是缩小到店面的 5%甚至更少。

（2）办公室和其他职能部门。通常包括：员工休息室，培训室，商店经理和副经理办公室，财务室，顾客和员工使用的洗手间，等等。它们通常位于销售区和储藏室的夹层楼面，或者因为太小而不适合作为储藏室的侧面区域。

（3）过道、服务部门和其他非销售区。过道，特别是在一些大型商店中，首先就要辟出主要过道让顾客进店，紧接着是一些次级过道把顾客引向商品。这些过道要足够大，能够容纳高峰时刻的人流。试衣间、休息处、服务台和其他顾客服务设施都要占用一定的空间。

---

① 邓恩，勒斯克. 零售管理[M]. 北京：清华大学出版社，2007：372-373.

（4）墙上陈列区。这是零售商店中重要的要素之一。他们作为地面商品的视觉背景存在，同时也可以挂满各种商品。

（5）地面陈列区。这是顾客最为熟悉的店内空间。在这里，零售商利用许多不同类型的固定装置摆放各种各样的大量商品。主要目的是使商品充满吸引力地展现在顾客面前，方便其了解和购买。

## （二）商品部门的位置

在一个商店里，不同位置带来利润的能力是不一样的。经过一个商品部门的人越多，这个位置就越好。零售商在决定商品部门位置的时候，必须考虑商品部门能带来多少销售额和利润，以及各部门之间的相互关系。

### 1. 相对部门优势

商店里最好的位置取决于楼层、楼层内的安排和与交通要道、入口、电梯等的相对位置。一般而言，在多层商店里，距离出口楼层的位置越近，价值越高。同一楼层最好的地方是那些最靠近商店的入口、主要通道、自动扶梯和电梯的位置。右边也是特别受欢迎的位置。

### 2. 冲动性购买商品

冲动性购买是指之前没有任何购物意图或在进入商店之前尚未形成购物欲望的顾客的购物行为。冲动性购买的商品几乎全都是经常放在商店里靠近商店门口的位置，像百货商店里的香水和化妆品，以及超级市场里的鲜花。

### 3. 需求/目标区域

需求/目标区域是指对这些商品的需求在顾客到达商店之前就已经存在了，不需要最佳的位置。例如，儿童用品、昂贵的专业用品和家具部，美容沙龙、银行办公室、摄影室这样的顾客服务区域，通常都位于远离很多人经过的主路的地方——在角落里或在较高的楼层。

### 4. 邻近的部门

零售商通常将关联性商品聚集在一起，或邻近设置，方便顾客同时购买多种商品。例如，妇女用品和儿童用品，西服与衬衣、领带等。要注意的是，因物理化学性能而相互串味、彼此干扰的商品出售位置则要隔开一定的距离。

### 5. 商品的物理特性

像体积大、搬运困难的家具、电冰箱、洗衣机等商品尽量设置在靠近储存场所附近出售。

## （三）部门内商品的位置

部门内商品的位置确定一般采用商品定位设计图。商品定位设计图是一张由照片、计算机输出结果或绘画者制作的图案，精确地表明了零售商应把每个SKU放置在什么地方。要求使用者将模型的数量或条形码、产品毛利率、周转率、运输的程序、产品包装的尺寸或包装的实际图像、其他相关信息输入程序。计算机根据零售商的优先标准来规划商品定位设计图。一般每个商品定位设计图都附有一些预测其相对盈利率的报告。

## 三、货位布局

### （一）货位布局方法

货位布局是指确定每一种类商品需要占据销售场地的空间大小。最常用的有两种方法：销售生产率法（sale-productivity ratio）和存货模型法（model stock approach）。

销售生产率法是零售商根据每单位商品的销售额或盈利分配销售空间。高盈利的商品种类获得较大空间，微利商品获得较小空间。其计算公式如下：

$$某商品或商品部的空间规模（m^2）= \frac{某商品或商品部的计划销售额（或盈利）}{每平方米预期的销售额（或盈利）}$$

存货模型法是零售商根据每个商品部需要陈列的商品数量和备售的商品数量决定销售空间规模。

步骤：①确定每一商品部的经营品种和存货数量；②确定每一商品部所经营商品的陈列方式和存货方式，并确定陈列和存货所需要的货架数量；③确定每一商品部销售的辅助场所，如试衣间、收银台等；④评估每一商品部需要的总的销售空间。

如果零售商根据每个商品部逐一评估其所需要的总空间，加起来超过了商店总的营业面积，就要对每一商品部的经营商品和存货数量进行修正。

### （二）货位布局依据

无论采用什么方法进行货位布局，最终都要考虑各类商品的赢利能力，即把某种商品利润绩效的衡量（如净销售额、净利润或毛利润）与其占地面积联系起来。如果零售商已从事该行业一段时间，那么其销售的历史记录可以帮助他评估商品销售情况，改进空间分配。一个较简单的计量标准是空间生产率指数，这个指数是用某种特定商品占店内总收益的比例与其占店内空间的比例作比较。指数达到 1.0 就代表一个理想的空间大小。如果指数大于 1.0，就说明这类商品产生的毛利率大于其空间占用率，这时零售商就应当考虑增加这类商品的分配空间。相反，如果指数小于 1.0，说明该类商品的销售情况并不理想，这时零售商或许应当减少这类商品的陈列空间。

此外，货位布局还要考虑商品本身特性、顾客购物行走特点、商店的位置优劣，还要考虑配合其他促销策略。例如，即使某种商品的空间生产率指数很低，高级管理者也可能会因为一位新顾客对它赞不绝口，或者因为它代表店面形象而保留其全部的空间。如果经营者希望让某种流行商品迅速降温，并相信其空间生产率会随之下降，那么他就不会再扩大这个高指数商品的占地面积。

如果是新商店，没有可以参考的盈利能力数据，只能依据行业标准或类似零售形态的以往经验进行空间分配。或者按顾客需要的具体商品数量来分配空间。

## 第三节　商　品　陈　列

商品陈列是零售商在商店中向消费者展示商品、创造良好卖场氛围的一种店内商品管理技术。相关资料显示，科学、专业适应消费心理和消费需求的商品展示能带动 30%～40%的销售增长，远远大于促销带来的销售提升。一般来说，商品展示只有原则，没有标准。不同国家，不同业态，不同商圈，不同商品结构，甚至不同的经营目标，会产生不同的展示模式。

扩展阅读 6.4　简单、诚实、理智：阿尔迪的商品陈列

### 一、商品群

所谓商品群，是商店根据其经营观念，创意性地将某些种类的商品集合在一起，成为卖场之中的特定群落或单位。商品群是商店陈列商品的基本单位，做好商品群的策划工作能提升商店的形象，稳定客源。

#### （一）商品群的类型

最常用的商品群有四类。

**1. 功能型商品群**

功能型商品群是指商品按常见的最终用途进行分类与陈列。例如，男士服装店可经营的商品群有：衬衫、领带、袖扣和领带夹；鞋、鞋架和光亮剂；运动夹克和长裤等。

**2. 购买动机型商品群**

购买动机型商品群是指依据消费者购买产品的欲望和愿意花在购物上的时间进行分类的商品群。例如，百货店一层的冲动性购买商品群，第三层的受到激励且需要更多考虑才会购买的商品群。

**3. 市场细分型商品群**

市场细分型商品群是指将对某一目标顾客群具有吸引力的各类商品放在一起。例如，唱片店将 CD 唱片分成摇滚乐、爵士乐、古典乐、乡村音乐等。

**4. 可储存型商品群**

可储存型商品群常用于需要特殊处理的商品。例如，鲜花商店把某些花保存在冰箱里，而将另一些在常温下保存。

#### （二）商品群的组合

顾客对某一家商店的偏好，不是来自所有商品，而是来自于某个特色商品群。所以，

商店要不断推出和强化有创意的商品群组合，吸引更多的顾客来商店消费购物。一般来说，商品组合有如下几种：①增加商品种类——宽度组合；②扩大商品项目——深度组合，即在每一种类之下增加品种、规格和花色；③等价变换组合，这里"等价"的"价"是指"效价"，即商品的效用；④类比思考组合；⑤主辅调整组合；⑥使用环境组合，即把在同一使用环境中的不同商品组合起来，形成新的商品群；⑦特定使用目的组合，就是将为同一使用目的的不同商品组合起来，形成新的商品群；⑧消费意境组合；⑨根据供应商进行商品组合。

## 二、展示区域与装置

### （一）展示区域的类型[①]

展示区域包括特色商品专栏区、大宗商品区和墙面。

专栏区包括末端展示区、促销通道或区域、自由放置货架、模特模型、橱窗和销售点。

末端展示区，即每条过道的末尾陈列区。这个区域商品展示应遵循25-25-50规则：末端展示区的25%应当陈列顾客正在搜寻的促销商品，另外25%应当陈列非促销商品，但还必须使顾客在浏览末端展示区时一下子就能注意到；剩下的50%应当是固定价格的季节性商品或者能够刺激顾客进行冲动性购买的商品。

促销通道或区域，一般是在重要节日期间选择装点的通道或区域以突出促销某些商品。

自由放置货架和时装模特模型在最初设计时是用来吸引顾客的注意力并将他们引导到店里来。这些货架里展示的通常都是最新、最令人感兴趣的商品。

橱窗一般位于商店外部，其展示应与商店中的商品和其他展示联系起来。橱窗可以用来为节日装点气氛。

销售点区域则是商店营业面积中最有价值的部分。

大宗商品区包括了商品的全部种类。通常包括杂货和折扣店里的长方形货架，以及为纺织品自由设置的货架。

墙面，许多零售商运用它来增加商店的储存货物和展示商品的能力，创造性地利用墙壁空间提供信息。

### （二）固定装置的类型

固定装置是向客户展示商品所必需的，可以充分利用零售空间。零售商店常见的固定装置有货架、陈列台、围栏、四方台、圆台、箱子、篮子和桌子，见表6-3。为建立一致的店内形象，最好选择材料和风格方向相协调的固定装置。选择固定装置的原则是：让固定装置去配合商品，而不是让商品去配合固定装置。

---

① 利维，韦茨，张永强. 零售学精要[M]. 北京：机械工业出版社. 2009: 253-254.

表 6-3  固定装置可选类型

| 固定装置 | 商品举例 | 展示 |
| --- | --- | --- |
| 货架 | 家居用品 | 堆放/摆放 |
| 陈列台 | 食品 | 堆放 |
| 围栏 | 服装 | 挂（从前方或一侧看） |
| 四方台 | 服装 | 挂（从前方或一侧看） |
| 圆台 | 文具 | 泡沫包装 |
| 箱子/篮子 | 小型 DIY 产品 | 散放 |
| 桌子 | 礼品 | 摆放 |

## 三、展示的基本要求

商品陈列即展示，要根据行业、经营商品的特性、营业方针，或者根据商店的类型、卖场的设置等的不同，而千差万别。但是，所有陈列的一个共同点是吸引顾客注意力，进而产生购买行为。

### （一）安全

商品展示中不能有对顾客及导购人员造成伤害的隐患，也要尽量避免对顾客产生不必要的心理负担。例如，不将容易被盗的商品放在角落和门边。

### （二）与商店的整体形象相一致

商店对商品的组合依据、促销展示风格应与商店整体形象一致。如果采取众多不同风格的促销展示，那么各类商品的销售可能在短期内得到一定程度提升，但会导致商店整体形象的不统一甚至混乱，从长远看，可能导致客流减少。

### （三）醒目

陈列的第一要点，就是要便于顾客看到商品。为了使顾客能够看到商品，从顾客的位置来说，要能直接见到商品的正面。"视线水平就是购买水平。"对一般商店来说，柜台后面视线等高的货架上、收银机旁、柜台前、顾客出入的集中处、墙壁货架的转角处等，都是醒目的陈列点。

### （四）突出商品吸引力

商品陈列只有吸引顾客的视觉注意力，才能有效传递商品信息。商店不仅仅是商品丰盛，还要强调花色对比，强调造型美，将各种各样的商品相配合陈列。要通过实际表演、品尝等，强调销售要点，突出商品对顾客的吸引力。

### （五）方便消费者

商品陈列的一个重要目的就是让顾客能够在商店浏览，找到所要的商品。商品陈列摆放要考虑人体工学的基本原理，放在容易拿到的地方，太高或太低的陈列位置都会造成购买障碍。另外，不要把不同类型的商品混放，促销附赠品一般不宜喧宾夺主。

## （六）讲究效益

陈列需要费用。想从效果上增加收益，就要进行经济核算。不管陈列得怎样漂亮，如果不能带来好的效果和效益也就丧失了意义。

## 四、展示方法

展示的主要目标是以销售最大化的方式来表现商品分类，其他目标包括吸引购物者的注意、满足购物者需求、加强沟通并增强店面形象、帮助控制客流等。展示方法很多，最有名的是伯特·罗森布罗姆的分类方法，他认为基本的展示方法分别称为开放式、主题式、生活式、联合分类式（或叫组合式）和商品分类式。

扩展阅读 6.5 伯特·罗森布罗姆

### （一）开放式展示

开放式展示即商品的摆放围绕顾客而不是远离顾客，使购物者能自由、容易地接近商品。这种展示通过允许轻易地接触和尝试产品而吸引购物者的注意和相关举动。常用于百货店和服装店。

### （二）主题式展示

主题式展示是通过一个事件、活动、季节或其他特征进行展示以和购物者之间形成联系。这种展示的风格和物理特征受主题自身所限。主题的选择很广泛，包括当地的、国家的事件，节日，特定的国际主题等。店方可以自行设计主题，以适合于特定的季节和与顾客有关的活动，例如支持参加亚运会的当地足球队。

### （三）生活方式展示

生活方式展示是通过图像、视频、声音或实物，向特定目标细分市场表示其商店及产品的适用性。常用于成衣零售店、运动用品商店以及其他业态。马狮百货对其商店重新设计时，采用了生活方式展示法，突破了以往常规的服装展示方法。

### （四）联合分类式或组合式展示

联合分类式或组合式展示是指如果购物者使用一些配套商品，他们经常会在一起购买它们。组合展示将所有这样需要一起购买的产品放在一个地方，允许购物者购买整套最终解决方案，而非分开来购买。购物者在购买整套解决方案时感到更放心、更满意，同时有助于促进顾客购买相关的产品。例如，服装零售商展示成套服装，家具零售商展示完整的套房家具。

### （五）商品分类式

商品分类式设计是用来在一定的区域内向购物者展示大量的选择。如果一家零售商店的定位是提供这种选择，那么这样的展示是适当的。而且会将这种特征传播给购物者。商品分类法的另外一个特征是，能在购物者脑海中建立高质量和高水平的感知。例如，超市中速溶咖啡的展示。

## 第四节 电商平台设计

### 一、电商平台设计规范

随着信息网络技术的发展,零售场景发生了巨大变化。消费者足不出户就可以在网上完成购物,不但方便而且价格实惠,企业也可以节省更多的时间与空间。电子商务平台成为当今众多零售企业的重要销售渠道。

零售电子商务平台设计质量的好坏,直接影响着用户的购物体验和网络购物渠道的营销效果。为了保证用户线上购物有良好的体验,电商平台的设计需要遵循一定的规范。

#### （一）安全性

电子商务的交易方式与传统零售的面对面交易不同,交易双方通过网络进行信息交流,交易的风险性增加,因此,网络购物的安全性,成为零售电商平台至关重要的因素之一。安全性具体包括以下四个部分。

个人信息数据的保护：用户输入的相关数据,不被篡改,不被泄漏。

用户身份识别和访问控制：确保合法用户才能访问和使用相关服务,采用密码等双因素验证,识别用户身份并控制访问权限,防止假冒和伪造信息进入电子商务系统。

交易的安全性：防止欺诈和非法访问,保障支付、订单确认等在线交易的安全完成。

业务的合法性：保障推行的业务,符合可适用的法律和法规。

#### （二）便捷性

网购的主要优势之一,就是购物的便捷性。这种属性还体现在零售电商设计的方方面面。合理的界面布局、清晰的标识和直观的操作方式,可以助力用户网购体验的便捷性。首页导航实用,频道分类合理,搜索引擎强大,这些均能帮助消费者更快地找到目标信息。依据大数据分析的关联推荐,结合系统平台做的精准营销触达,还能让用户"少做"甚至"不做"选择,一键下单。

#### （三）可用性

考虑不同电商渠道,如三方平台和自创 App 软件上的展示效果,考虑不同的终端设备,如手机端和平板端的展示效果,使界面在各种屏幕尺寸上都能良好适配和显示。优化界面的易用性和可访问性,通过简化操作流程、提供提示反馈等方式,让用户能够快速理解和操作界面。

#### （四）整体性

从信息架构产品类设计到营销活动运营类设计,零售电商的设计要全链路考虑功能的完整性、便捷性、安全性,以保证用户网络购物的体验。视觉的统一性,元素、文字、排版、颜

扩展阅读 6.6　电商平台店铺成交转化率

色等内容组合在一起,要形成一套统一的风格,共同传递电商品牌的形象。

## 二、电商平台产品类设计

有一种形象的比喻,产品是"生孩子",运营是"养孩子"。产品类设计着眼于相对长期的价值,搭建好后可重复利用,更关注用户留存、活跃等数据指标。

### (一)首页

首页是电商的门脸,可谓"寸土寸金",电商平台首页的设计代表着平台的风格和定位,需与品牌定位及目标用户的喜好相统一。优秀的首页设计可以引导用户进入下一环节,刺激用户的购买欲望。

首页按区域和功能划分,主要有分类导航、广告位、商品推荐位及一些功能与频道入口。

**1. 分类导航**

分类导航的设计要简洁又直观,方便用户快速查找想要购买的商品品类,从而完成对精准目标用户的购物引导。

**2. 广告位**

根据运营的需求,一般可以设计3~5种广告位。广告位的尺寸大小及形式各不相同,如日常的轮播广告图,瀑布流中的固定广告图,节假日氛围的弹窗广告,以及优惠活动类的小浮窗广告。

**3. 商品推荐位**

此模块部分的设计,多以系统自动调取为主,规定好展示的尺寸及样式,由系统计算抓取商品详情页的主图来展示,可以节省运营的设计成本。

**4. 功能入口**

功能入口主要为用户互动类活动及商品频道类活动入口,用户高频次互动的需要在首页首屏展示露出,其次则可相应下移,样式不必过于花哨,只需与频道活动属性相吻合。

### (二)商品页

**1. 商品分类页**

商品分类页要展示平台所有的分类,设计时要考虑重点推荐与部分折叠的功能。分类的图标与名称需要清晰易懂,方便快速查找。布局与色彩要简洁明了,符合用户的阅读习惯。当然,也可以适当创意添加趣味性的设计,吸引用户,提高用户体验。

**2. 商品详情页**

商品详情页从产品设计角度,主要由首屏商品主图区与商品详情介绍区两部分构成。

产品设计时重点做好尺寸比例的分布，颜色与交互元素按钮的设计，以及前后跳转，商品关联推荐，助力用户购买下单的功能考虑。

### （三）结算类

**1. 购物车页**

购物车让消费者可以将需要购买的商品添加到购物车中，要方便商品的管理和结算。设计一个好的购物车，整个电商平台的灵魂基本就有了。购物车的设计重在商品规格数量调整、促销活动修改、优惠券领取、关联推荐勾选等操作，以后台系统计算逻辑为主，前台用户能看到的展示，是系统自动调取服务器端的数据结果呈现。

**2. 结算支付页**

订单结算页，主要包含用户地址、配送时间、结算商品清单及需支付金额等信息，与购物车类似，此页面的设计主要在后台系统的计算，前台用户展示端多为系统计算结果的展示，在视觉设计方面，多以文字和按钮为主，颜色风格与平台整体保持统一性即可。

## 三、电商平台运营类设计

电商运营以季节、促销活动等为周期，不断推出新的营销活动来吸引消费者，主要目标是满足消费者的购买需求，从而促进销售转化。电商运营类的设计，主要包含以下方面。

### （一）宣传图文设计

某次活动宣传效果如何，宣传图文起着非常关键的作用，展示的是最核心最重要的内容信息。宣传图文的设计要遵循一致性、创意性、商业性原则。

**1. 一致性**

不论是平台内的广告位宣传图，还是平台系统生成供用户对外转发的宣传图，这些创意图文都需要与平台的风格协调，且在单次活动中系列宣传套图本身也需要保持一致性，如色彩、元素、文字、排版等均可统一模板或者相近相似设计。

**2. 创意性**

宣传图是促进用户转化的催化剂，将活动与商品等需要宣传的元素进行创意创作，将复杂的活动与内容简单化，并形成创意趣味能引起用户共鸣的宣传图文，增加宣传活动的裂变与分享。

**3. 商业性**

电商的宣传图文，以促进商品销售为主要目的。在设计时，内容不宜过多，要围绕商品最能吸引用户的利益点进行凸显设计，以对用户起到引导转化作用为佳。

## （二）商品图文设计

商品主图：可采用拍摄的白色背景的高清精美图，需包含整体、局部不同视角的系列多张图，充分体现商品的质感。

商品宣传图：依据宣传场景不同，商品融入不同背景氛围中，商品的卖点被提炼成宣传广告语，图文相呼应。

商品详情介绍图文：为用户购买提供借鉴意义。

——基本参数，让用户快速获取商品重点基础指标。

——商品卖点，可以卖价格、卖款式、卖文化、卖品质、卖人气，根据目标受众挖掘商品卖点。

——商品展示，精美的图像搭配有意境的文案，把最重要的几个亮点展示出来。

——实力认证，可以设计商品获得的认证，如基地产地、产品检测证书、荣誉证书等信息，如果本身是平台的，还可以提供一些证明平台规模和荣誉奖项等来提高平台的品牌感、专业感，在消费者放心购买的同时也增加商品的可信度。

## （三）专题页设计

系列商品与活动的集合，需要通过专题页来展示，与用户交互。好的专题页设计能够吸引用户参与、能够提高用户购买转化率及平台品牌知名度。

### 1. 布局排版

专题页一般分为：头图；导航；重点营销活动入口、二级会场入口；商品分类分栏。布局设计应该以简洁明了、易于导航为主要原则。

头图：承担最重要的角色，包含活动专题的主副标题及主推内容，在页面的首屏展示。

导航：对整个页面进行导航指引，可以快速切换到页面对应的位置，如果专题页较简单，则可以不使用导航。

入口：重点营销活动入口及二级会场入口，按活动重要性，依主次原则排序。

商品分类分栏：以商品活动专题为例，按活动主推，拟定对应的商品场景分类，每个场景按商品的吸引力进行排序，场景多个则可制作导航，便于用户快速跳转。

常用的移动端专题页结构，如图 6-5 所示。

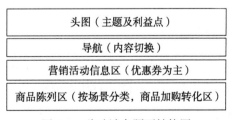

图 6-5　移动端专题页结构图

### 2. 色彩搭配

专题页的颜色可以根据活动主题来选择，节假日综合促销类活动多以热烈的颜色为主，时令季节专题则会各自不同：春季踏青多以绿色为主，秋天丰收多以橙色金色为主；也可以依照商品品类来进行颜色选择，生鲜商品多以绿色、清新的颜色为主，美妆类商品多以粉色、温柔的颜色为主。

**3. 图像制作**

专题页是通过内容创意或者促销活动，对用户进行转化的一种营销活动形式。高清精美的图像，尤其有细节的品质图像，有利于吸引用户，增强用户购买前对商品的感官感受。但保证美观与清晰度的同时，也要考虑图像大小，以保证页面加载速度，让用户能顺畅地浏览专题页。

### （四）直播间设计

越来越多的用户喜欢看直播，动态的卖货场景在电商平台也越来越重要。除主播外，直播间一切观众可以看到的东西，都属于直播间设计。好的直播间设计，主要由直播背景、商品展示、灯光氛围、声响组成。

**1. 直播背景设计**

室内直播，可以制作直播背景板作为背景使用，可以在背景板上印制直播主题、卖点，以及主推品牌的 LOGO；室外直播，可以选择能体现直播卖货产品特点的真实场景为背景。

**2. 直播商品展示**

主播专区摆放部分主推品样品展示，摆放要整齐，搭配装饰点缀，呼应直播商品卖点，给用户带来舒适感。

**3. 灯光氛围设计**

光线不宜过强也不宜过弱。可以使用 LED 补光灯和柔光灯箱打造散光效果，这样现场搭配效果好。还可以通过补光灯和反光板，采用冷光和暖光结合布置出适合的直播间光线。

**4. 声响设计**

声响设计需要优质的硬件设备耳麦、声卡、隔音，保证直播间的声音质感。

## 四、大数据智能化推荐系统

人工智能技术已广泛应用在电商领域，各电商平台为了提高用户的线上购物体验，增强用户黏性，多开发了人工智能推荐系统，打造个性化营销。

### （一）个性化营销前提

电商通过大数据智能推荐，实现个性化营销，需要做好以下准备。

用户数据库：基于用户的基础信息，如年龄、性别、联系方式等，以及用户的个人偏好，打造用户标签体系，建立可营销的用户数据库。

营销内容库：针对没有实效性的营销内容标签化，与用户标签做匹配映射，做到针对不同的用户画像，推荐不同的营销内容。

促销活动库：结合企业希望推荐的促销活动，与用户的心里预期，对促销活动名称进行优化，对类型进行归总。

### （二）智能推荐内容

**1. 商品智能推荐**

商品智能推荐是基于用户兴趣爱好、浏览购买行为等个人数据，进行定制化的商品推荐。这种个性化的推荐有利于提升用户的购买意愿和对平台的忠诚度。

首页流量占比最大，除了活动广告位与频道导航外，基于用户个人浏览、偏好、购买等数据推荐的商品瀑布流，是首页商品推荐呈现的好方式。

商品详情页的用户多为潜在下单用户，在此增加"猜你喜欢""大家都在买"之类的智能商品推荐模块，可以提高用户的关联购买，增加单笔订单的购买金额。

会员中心页面流量也很高，且访问此页面的多为相对忠诚的老用户，可以以用户近期访问和购买数据为主要参考推荐，设立"我的专属推荐"，或者设立"好友购买动态"，可以提高用户对商品的点击率及购买转化率。

**2. 活动智能推荐**

活动可以分为专属定向活动及通用活动。专属定向活动，可以根据活动的目标用户标签属性，进行推荐展示。通用活动适用场景更广，多以促销营销活动为主，智能推荐展示入口可以设立在商品详情页和购物车页，根据商品的促销活动类型进行匹配推荐，帮助用户快速找到优惠活动，并通过系统计算出活动优惠与凑单金额，成为用户参与大额凑单满减类促销活动的得力工具。

### （三）推荐形式

（1）文字形式。其主要出现在促销活动智能推荐中，精简直观的促销文案加上亮红颜色，展示在显眼的位置，可以快速吸引用户的关注与点击，从而让用户看到更多的促销商品池。

（2）图文形式。常见的智能推荐形式之一，精美的图片配上或创意或促销的文案，让人倍感亲切，多为单品推荐或者活动推荐的展现形式。

（3）视频形式。在同页面同模块，智能推荐的数量会略少于图文的形式，重点针对一些特色商品，场景化、细节化，比图文形式对用户的刺激性更强。

## 本章小结

零售商店购物环境在多个层面对消费者的购物行为产生影

扩展阅读 6.7　乐呗小程序

响，包括整个店铺的设计、布局安排、商品陈列、视觉信息沟通等。在每一个层面上，任何决定都会对顾客在店内的直接消费行为和他们的长期惠顾产生影响。零售商店的设计必须在营造新颖、迷人的环境与高效购物场所之间进行权衡。商店设计与布局的目标可以根据具体商店在零售企业全部店铺中发挥的作用有所不同，但是大多数零售企业的商店设计和布局有很明确的目标：增强产品形象、创造销量和提高利润水平等。

店面是商店的脸面，店面设计包括商店外观设计和商店内部设计两个方面。店外设计包括临街店铺、店面标识和入口，店内设计则包括建筑物的构形和所有表面的修饰，商店氛围设计等。店面设计总的要求是商店的气氛应与店铺的形象和整体策略相一致，店面设计应有助于影响顾客的购买决策。

商店布局有助于树立商店的形象而且可以用来控制客流。有几种类型的商店布局是经常使用的：自由流动布局，方格型布局，岛屿式布局，精品店布局。商店规划者还必须谨慎地规划商店不同部门的区域。商品部的位置根据商品部门能带来多少销售额和利润，以及各部门之间的相互关系决定。每类商品营业面积分配则主要根据各类商品的盈利能力来确定。

商品陈列有架上陈列和架下陈列。商品群是商品陈列的基本单位。一般常用的陈列方法是 Bert Rosenbloom 的分类方法，即开放式、主题式、生活式、联合分类式（或叫组合式）和商品分类式展示。

电商平台设计要遵循安全性、便捷性、可用性、整体性等规范。零售商的电商平台设计主要包括产品类设计、运营类设计和大数据智能推荐系统设计。

## 思考题

1. 为什么对在成熟的零售市场上经营的组织来说零售设计是个战略性问题？
2. 通过观察研究离你最近的购物中心，指出你认为其购物环境令人愉快的一家零售企业在设计运用方面的不足。然后找一家让你感到不舒服的商店，并尝试分析，你为什么有这种感觉？
3. 讨论零售企业在分配空间时要考虑的主要因素。
4. 超级市场为什么把糖果、口香糖和杂志放在商店的最前面？
5. 60岁以上的老年人可能只有有限的视力、听力和行动能力。零售商应怎样进行店面布局满足老年人的需求？
6. 数智技术在零售购物环境中的应用趋势将是什么？

## 案例分析

### Unique 店

你是一个拥有六家连锁店的女性服饰公司的大堂经理，这家店的名字叫作 Unique。它的目标顾客是年轻女性，旗舰店位于一个有12万人口的城市中一所大学附近的繁华街道上。这座占地 1350 m$^2$ 的商店最近一次的修葺时间是12年前，最近几年销售额节节上升。但是公司总裁认为,既然许多竞争者离开了大学附近转移到城市外围地区的购物中心去了,那么对于公司而言,销售额实际上是降低了。

为了更好地利用缺乏竞争对手的有利环境,总裁决定在下一年增加40万美元的预算来扩大商店规模。他决定租用店前450 $m^2$ 的空地并扩大过道的宽度,增加试衣间数量,但同时保持存货水平不变。然而销售经理却认为那40万美元应该用于购买新的固定装置来摆放更多的商品。他的方案是缩小所有过道的宽度,放置更多的固定装置并把堆放的商品加倍。毕竟,只有商店中的货架更多,顾客才能接触到更多的商品,从而产生更多的购买需求。

上周当你走进这家商店时,你发现了这个方案的许多弊端:所有商品摆放得十分密集,顾客取放商品一点都不方便;而且商品的陈列方式根本就不能展示商店时尚新潮的形象;最后,不同的商品部门之间还没有明确的分界线,这也让你非常困扰。

总的来说,总裁和销售人员都要认识到,他们的目标是通过店面扩张来提高销售效率。如果店内要增加商品,那么针对不同类型的顾客应当增加什么类型的商品?即使不增加存货,商店应当把哪些部门做成特色区?

(资料来源:邓恩,勒斯克. 零售管理[M]. 赵娅,译. 北京:清华大学出版社,2007.)

**案例思考**

1. 你觉得对顾客而言,什么更重要:增加店面空间?当然这会花更多时间,难度也较大。还是增加更多的货架?为什么?

2. 如果你的目标是增加总体销售额,你会采纳什么样的计划?解释一下原因。

3. 总裁是否可以考虑分配一部分商店空间来容纳新的商品?比如,是不是应该增加一间咖啡吧或者古典服饰店?在这个决定中应该考虑的因素是什么?

# 本章实训

## 一、实训目的

1. 理解商店购物环境设计的重要性。
2. 通过实地调查,加强对商店购物环境设计的感性认识。
3. 提高观察问题、运用所学理论解决购物环境设计实际问题的能力。

## 二、实训内容

以小组为单位,在你就读高校附近选择一家零售企业深入调查(各组选择的零售企业互不重复),了解这家零售企业购物环境设计的基本情况、主要特点、成功之处、存在问题,并提出改进建议。

## 三、实训组织

1. 指导教师布置实训项目,提示相关注意事项及要点。
2. 学习委员将班级成员分成若干小组,成员可以自由组合,也可以按学号顺序组合。小组人数划分视修课总人数而定。每组选出组长1名,发言代表1名。

3. 以小组为单位，各自选定校园附近的一家零售企业，拟定调查提纲，深入企业调查收集资料。写成书面调研报告，制作课堂演示 PPT。

4. 各小组发言代表在班级进行汇报演示，每组演示时间以不超过 10 min 为宜。

## 四、实训步骤

1. 指导教师布置任务，指出实训要点、难点和注意事项。

2. 分组讨论和制定调查工作流程和执行方案，并实地调研。

3. 演示之前，小组发言代表对本组成员及其角色进行介绍陈述。演示结束后，征询本组成员是否有补充发言。允许并鼓励其他小组成员提问，由发言代表及改组成员答疑。

4. 由各组组长组成评审团，对各组演示进行评分。其中，演示内容 40 分，发言者语言表达及台风展现能力 10 分，团队回答提问及协作应变能力 10 分。评审团成员对各组所评出成绩取平均值作为该组的评审评分。

5. 教师进行最后总结及点评，并为各组实训结果打分，教师评分满分为 40 分。

6. 各组的评审评分加上教师的总结评分作为该组最终得分，对于得分最高的团队予以适当奖励。

## 延伸阅读

1. 伍海平，赵德海. 零售企业的店铺设计[J]. 商业研究，2005(23).
2. 周延风，黄光，刘富先. 美国零售商店店面设计和形象促销的启示[J]. 企业活力，2005(10).
3. 白玉苓，张景云. 调查研究：瑞蚨祥店面布局与营销建议[J]. 公关世界，2017(5).
4. 王麒霁. 城市商业街店面门头设计浅析[J]. 建筑科学，2020, 36(5).
5. 蔡瑞雷，黄金放. 新零售背景下电商平台搜索流量优化研究：基于淘宝平台搜索流量优化方案的设计与改进[J]. 价格理论与实践，2019(10).

## 即测即练

自学自测　扫描此码

# 第七章

# 商品采购管理

## 本章学习目标

了解零售企业商品经营的范围和商品结构优化内容；熟悉零售企业采购的目标及采购方式；掌握零售企业商品采购的流程，以及采购品种、数量和时间决策内容。

## 引例

### 宜家的全球采购策略：降价利器背后的竞价之道

宜家作为全球最大的家居零售商，其全球化采购进程始于20世纪50年代中期。说来也巧，由于宜家的低价策略打乱了本国家具市场，使得同行业竞争对手与供应商一起打压宜家，迫使宜家在全球范围内寻求优质的原材料及供应商。宜家在波兰实现了其第一次跨国采购，反而发现国外采购成本比国内低很多。这也是宜家全球化采购的第一次尝试。经过近75年的发展，宜家的全球采购模式逐渐成熟，并开始发挥其降低供应链采购总成本的功效。宜家在全球拥有24个采购办事处，2900名员工，1620个供应商，分布于9个采购和物流区域：南欧、东南欧、北欧、东欧、中欧、美洲、南亚、东南亚和东亚。采购区域互相合作，一起发展、引领业务还有之间的相互竞争的关系，确保所有的业务单元得到最大化和最优的业务支持。宜家在全球9个采购和物流区54个国家实行采购，全球采购的金额超过170亿欧元，已然成为一个全球采购的国际大公司。宜家在东亚区的采购份额占比38%，位列第一。中国的采购量占28%，在采购国家排名第一。

宜家的经营宗旨是为尽可能多的消费者提供他们能够承受得起的、设计独特、价格较低、功能齐全的家居产品。这是对采购提出的具体要求，同时也是采购策略的基础。全球采购实现低价。

最简单的方法就是竞价，宜家称为RFQ（request for quotation）。由于宜家是全球采购，所以竞价的范围就是全球的。参与竞价的供应商也是材料业务的管理层来决定，不是所有供应商都有资格参与竞价。宜家提供专门的网上平台以便全球参与竞价的供应商操作。另外全球竞价不局限于新产品，老产品同样适用，而且适用更广。在生产趋于稳定,达到量产后,供应商的供货质量稳定,生产效率不断提高,这是积极的规模效益。宜家会采用全球竞价的方式获得更低的成本。在产能不足或是现有供应商总体表现不好时,全球竞价可以让更多的供应商参与进来,让宜家获得更多的供货资源。销售不乐观时,全球竞价可以削减多余产能,淘汰不合格的供应商。

宜家的低价策略受惠于其积极的采用全球化的采购战略,使得宜家的产品每年都在不断降价,降价幅度平均达到3%,部分产品甚至达到每年5%或更高的降价幅度,以满足更多的消费者需求。全球采购策略正在实现其愿景和经营理念:为大众创造美好生活和提供让老百姓买得起的产品和服务。

(资料来源:李俊. 宜家贸易服务(中国)公司采购和供应管理优化研究[D]. 济南:山东大学,2019.)

### 本章知识结构图

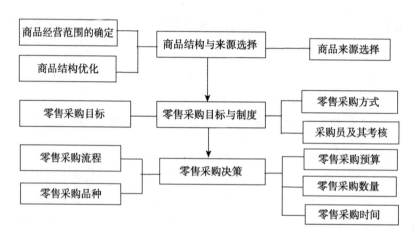

零售采购是零售商向供应商购进商品或服务的业务活动,对零售商的经营相当重要,是零售商经营成败的关键。零售商通过采购并销售合适的商品获取利润,高效的零售采购不但能为零售商节约大量的成本,而且通过精心选择合适的商品来源能帮助零售商形成差异化优势。本章首先介绍了零售商的商品结构和来源选择;其次对零售采购的目标和制度进行了介绍;再次重点介绍了零售采购决策的内容,包括零售采购流程、零售采购品种、零售采购预算、零售采购数量和零售采购时间;最后对零售采购过程中的伦理和法律等相关问题进行了介绍。

## 第一节　商品结构与来源选择

零售商通过销售商品来获得利润。因此,零售商重要的工作之一是决定采购什么商品和采购多少商品。但零售商受自身能力、竞争状况和消费需求的约束,不可能经营制造商提供的所有商品,只能经营一部分商品。为此,零售商必须对商品进行分类,设计一个合理的商品结构,以确定商品经营范围,精心选择合适的商品来源,形成一个与众不同的商品组合,并通过这些商品的组合与管理来获得最大化的收益。

## 一、商品经营范围的确定

### (一)商品分类

商品分类是选择某种(些)标准对所经营的商品集合进行区分,以有效地实现经营目标和经营战略。分类结果因分类标准、时间和地域等差异而变化。商品分类有如下方法。

(1)根据商品用途,商品可以分为消费品和工业品。

消费品是指为家庭或个人的消费需要而购买和使用的产品或服务,直接用于最终消费。消费品的购买多属于非专家型购买,在购买中具有较多的心理感受方面的特点。例如,外观设计的精美程度、商品品牌知名度和商品口碑等是影响顾客选购商品的重要因素。

工业品也称生产资料,是企业为了生产而购入的商品。工业品与消费品的购买者、购买目的、购买数量、购买方式都有很大的差别。工业品的购买者往往是具有专门知识的行家,其购买决策的计划性和科学性较强,商品性价比指标是购买商品时考虑的关键指标。

(2)根据商品的耐用性和有形性,可以分为耐用消费品、非耐用消费品和服务。

耐用消费品是指在正常情况下,能多次使用的有形商品。这类商品的特点是:使用周期长,商品价格一般较高,顾客购买慎重。因此,经营耐用品需要更多的销售服务和销售保证,如维修、运送、保退和保换等;销售的重点是形成促使顾客购买的气氛,做耐心细致的商品介绍,指导使用;建立完善的售后服务体系。

非耐用品是指在正常情况下,经过一次或几次使用就被消费掉的有形物品,如牙膏、洗衣粉和文具等。这类商品的特点是消费快、顾客购买频繁、商品价格较低、商品利润较低。因此,经营非耐用品必须方便顾客的购买,商店选址应接近居民区。

服务是非物质实体商品,服务的核心内容是向顾客提供效用,而非转移所有权。服务与有形商品相比具有以下特点:服务通常是无形的,服务内容不易标准化,生产过程与消费过程同时进行。

(3)根据顾客购买习惯,可以分为便利品、选购品和特殊品。

便利品指单位价值较低,经常使用和购买的日用必需商品,包括牙膏、肥皂、报纸和饮料等。这类商品的特点是标准化程度高,产品单位价值较低,需求弹性不大,多为习惯性购买。顾客在购买便利品时希望就近购买,以便节约时间。比较适合在居民比较集中的区域或交通特别便利的地段设点销售。

选购品是指消费者在购买过程中,需要对产品的适用性、质量、特色、款式和价格进行比较,挑选之后才做出购买决定的产品,如时装、电器等。这类商品的特点是价值相对较高,需求弹性较大、挑选性强,顾客对商品信息掌握不够,购买频率较低。选购品的购买者多采用选择性、理性购买,一般乐意到商店集中区域或者知名商店购买。针对选购品的特点，零售商应尽可能把店址设在同类商品相对集中的地方，如服装一条街，以便于顾客购买时进行挑选和比较。

特殊品是指具有特殊性能、特殊用途、特殊品质和特定品牌的商品。其特点是单位产品价值大，使用时间长。特殊品的购买多为定向性、偏爱性购买。特殊品宜开设专门商店或专柜，并适合集中经营。在经营过程中，零售商要向顾客介绍性能与维修保养知识，注重售后服务，及时上门维修服务。

（4）根据零售商经营商品的层级，可以分为大分类、中分类、小分类和单品。

商品大分类是指经营商品的大类，是零售商商品中构成的最粗线条划分，其划分标准为商品特征。为了便于零售商管理，零售商的商品大分类一般以不超过10个为宜。

商品中分类是根据商品功能用途、制造方法或商品产地为标准，在大分类商品中细分出来的类别。中分类在商品的分类中有很重要的地位，不同中分类的商品通常关联性不高，是商品间的一个分水岭。所以，无论在配置上还是在陈列上都常用它来划分。

商品小分类是在中分类基础上，根据商品的功能用途、规格包装、商品成分及商品口味等进一步细分而成的商品类别。同一商品小分类中的商品往往用途相同，可以相互替代，陈列在一起。相邻陈列的不同小分类商品具有高度相关性。

商品单品是零售商在商品经营的层级分类中不能进一步细分的、完整独立的商品品项。商品单品作为商品分类最基本的层面，用价格标签或条码进行区别。

## （二）商品政策

商品政策是零售商为确定经营范围和采购范围而根据自身的实际情况建立起来的具有独特风格的商品经营方向，也是零售商经营商品的指导思想。一般来说，零售商采用的商品政策主要有单一的商品政策、市场细分化的商品政策、丰满的商品政策及齐全的商品政策。

### 1. 单一的商品政策

这是指零售商经营为数不多、变化不大的商品品种来满足大众的普遍需要，如专卖店、快餐店、加油站、自动售货机等，均采取这一商品政策。采取这一商品政策的零售商一般在竞争中不易取得优势，因而它的使用主要局限于：

（1）消费者大量需求的商品，如加油站、粮店、烟酒专卖等。

（2）享有较高声誉的商品，如麦当劳的汉堡包、可口可乐等。

（3）有较高知名度的专卖商店。

（4）有专利保护的垄断性商品。

采取这一商品政策要注意商品的个性化，其品质应优于其他零售商，才能对消费者形成吸引力。

### 2. 市场细分化的商品政策

市场细分化就是把消费市场按各种分类标准进行细分，以确定零售商的目标市场。按消费者的性别、年龄、收入、职业等标准进行划分，各类顾客群的购买习惯、特点，以及对各类商品的购买量是不同的，零售商可以根据不同细分市场的特点来确定适合某一类消费者的商品政策。例如，若零售商选择的目标市场是儿童市场，则商品经营范围将以儿童服装、儿童玩具、儿童食品、儿童用品为主，借此形成自己独特的个性化的商品系列，并随时注意开发和培养有关商品，以满足细分市场的顾客需要。

### 3. 丰满的商品政策

这是在满足目标市场的基础上，兼营其他相关联的商品，既保证主营商品的品种和规格档次齐全、数量充足，又保证相关商品有一定的吸引力，以便目标顾客购买主营商品时能兼买其他相关物品，或吸引非目标顾客前来购物。要使零售商经营的商品让人感到丰满，必须重视下列三类商品。

（1）名牌商品。这类商品一般是企业长期经营，在消费者中取得良好信誉的商品。这类商品品种全、数量足，能提高零售商的声望，并给人以丰富感，对促进销售起到重要作用。

（2）诱饵商品。这类商品品种全、数量足，可以吸引更多消费者到商店来购物，同时也可以连带销售其他商品。

（3）试销商品。这类商品包括新商品和本行业刚刚经营的老商品，这类商品能销售多少很难预测。但是，将这类商品保持一定的品种和数量，也会增强零售商经营商品的丰富感，促进商品销售额的扩大。

### 4. 齐全的商品政策

这是指零售商经营的商品种类齐全，无所不包，基本上满足消费者进入零售商后可以购齐一切的愿望，即所谓的"一站式购物"。一般的超大型百货商店、购物中心及大型综合超市均采用这一商品政策。一般地，采用这一政策的零售商，其采购范围包括食品、日用品、纺织品、服装、鞋帽、皮革制品、电器、钟表、家具等若干项目，并且不同类型商品分成许多商品柜或商品区。有的零售商每一柜台的商品部经理可以自由进货、调整商品结构、及时补充季节性商品，但连锁性质的大型超市则采取集中采购和配送的方法。当然，任何一个规模庞大的零售商要做到经营商品非常齐全是不可能的。因此，目前国内外一些老牌百货商店正纷纷改组，选择重点经营商品，以这个重点为核心建立自己的商品品种政策，突出自己的经营特色，与越来越广泛的专业商店相竞争。

## （三）商品结构策略

商品结构就是由不同种类形成的商品宽度（广度）与不同花色品种形成的商品深度的综合。商品宽度是指经营的商品系列的数量或商品的种类；商品深度是指商品品种的数量。按照商品种类与商品品种的多少，可以形成四种商品结构策略。

### 1. 宽且深的商品结构策略

宽且深的商品结构策略的特点是商品种类多、品种多，目标市场广阔，商圈范围大，对消费者有吸引力，能全方位满足不同需求的消费者，能培养顾客忠诚度。但它的缺点也是十分明显的，如投资大，占用资金、空间、固定设备多、管理难度大等。该种策略一般适合大型综合零售商。

**2. 宽且浅的商品结构策略**

宽且浅的商品结构策略的特点是商品种类多、品种少，目标市场比较广泛，能形成较大的商圈，对消费者有一定吸引力，能较好满足消费者不同的购物需求，可控制资金占用，强调方便顾客。其缺点是：缺乏品种选择机会，容易流失顾客，企业形象一般化等。该策略通常适合于廉价商店、杂货店、折扣店、普通超市等零售商。

**3. 窄且浅的商品结构策略**

窄且浅的商品结构策略的特点是商品种类少、品种少、投资少、成本低、见效快，经营的商品大多为周转迅速的日常用品，便于顾客就近购买。不足之处在于：种类有限，花色品种少，商圈较小，顾客的一些需要不能满足，容易流失顾客。该种策略主要适合于小型零售商，尤其适合便利店，也适合自动售货机和上门销售商品的零售商。这种策略成功的关键有两个因素，即时间和地点。在消费者想得到商品的地点与时间内，采取这种策略可以成功。

**4. 窄且深的商品结构策略**

窄且深的商品结构策略的特点是商品种类少、品种多，优点是目标市场小而集中，企业形象鲜明，有特色，顾客能买到自己称心如意的商品，进而培养顾客的忠诚度，促进采购、销售和管理的专门化。不足之处在于：不能满足顾客的多种需要，市场有限，风险大。该种策略适合于专业店、专卖店。

扩展阅读 7.1 "小米之家"拓展产品宽度，创造高频消费场景

### （四）确定商品范围的考虑因素

**1. 零售商业态特征及其规模**

确定商品经营范围，必须首先考虑零售商的业态类型、经营规模及经营特点。很多时候，一个零售商的业态确定下来，就已经框定了其大致的经营范围。不同业态的零售商，其商品经营有着不同分工，专业性零售商以经营本行业某一大类或几大类商品为界限，其专业分工越细，经营范围越狭窄；综合性商场除了经营某几类主要商品外，还兼营其他有关行业的商品。零售商经营规模越大，经营范围越广；反之，则越窄。此外，零售商经营对象是以附近顾客为主，还是面向更广泛的市场空间；零售商是属于百货商店，还是超级市场、便利店；零售商是以高质量商品、高服务水平为经营特色，还是以价格低廉为经营特色，这些都将对商品经营范围有着重大影响。

**2. 零售商的目标市场**

零售商的地址和商圈范围确定以后，其顾客来源的基本特征也就随之确定下来。零售商目标顾客的职业构成、收入状况消费特点、购买习惯都影响着零售商商品经营范围

的选择。处在人口密度大的城市中心的零售商，由于目标顾客的流动性强、供应范围广、消费阶层复杂，因而经营品种、花色式样应比较齐全；处在居民区附近的零售商，消费对象比较稳定，主要经营人们日常生活必需品，种类比较单一；处在城市郊区、工矿区、农业区或学校集中区的零售商，由于这些地区消费者的特殊职业形成了其特殊需要，故在确定商品经营范围时，也要充分考虑这些地区消费者需求的共性及个性。

### 3. 商品的生命周期

任何商品都有其生命周期，即从进入市场到退出市场所经历的四个阶段：导入阶段、成长阶段、成熟阶段、衰退阶段。在信息时代，科技日新月异，商品的生命周期不断缩短，新产品不断涌现，旧产品不断被淘汰。零售商必须跟上这种不断变化着的时代步伐，随时注意调整自己的经营范围。一方面，零售商必须跟踪掌握商品在市场流通中所处的生命周期阶段，一旦该商品进入衰退期，则立即加以淘汰；另一方面，随时掌握新商品动向，对于有可能成为畅销商品的新商品，在上市前即列入商品经营计划的范围。

### 4. 竞争对手情况

邻近的同行竞争对手的状况也影响着零售商商品经营范围的确定。在同一地段，相同业态零售商之间，经营特点不宜完全一致，应有所差别，其差别主要体现在零售商主力商品的种类上。一般来说，每家零售商为突出自己的特色都会选择一个最适合自己形象的主营商品大类。因此，零售商只有弄清楚周围竞争对手的经营对策、商品齐全程度及价格和服务等状况，才能更好地确定自己的商品经营范围。

### 5. 商品的相关性

许多商品的销售是相互关联的。例如，女装可以带动化妆品的销售，小食品可以带动儿童玩具的销售等。根据商品消费连带性的要求，把不同种类但在消费上有互补性，或在购买习惯上有连带性的商品一起纳入经营范围，既方便顾客挑选购买，也利于增加销售额。因此，在确定商品经营范围时，在确定了基本的主力商品类别之后，还要考虑辅助商品和连带商品的范围，这就要充分分析商品的相关性，既不能只经营某种高利润的商品，也不能"大而全"而影响了特色。良好的搭配可以相得益彰，互相促进。

另外，替代品的经营也要充分考虑。零售商经营互补商品和连带商品，一方面，可以增加基本商品的销售额；另一方面，也可以增加辅助商品的销售额，提高零售商总销售额。但经营众多的替代品（如各种竞争品牌的洗衣粉）只是简单地使销售额从一个品牌转移到另一个品牌，而零售商的总销售额却几乎不受影响。因此，对同一种类的商品，如何既为消费者提供足够的选择机会又不至于浪费太多的投资和营业空间，这一问题对企业而言必须加以解决。例如，位于美国得克萨斯州奥斯汀的巴特超市，其货架上曾摆放着25种柑橘、9种蘑菇、12种西红柿、2200种葡萄酒、330种啤酒、100种芥末和500种乳酪。这种商品结构由于过深，会占用大量资金、货架，并导致主力商品销售不畅和顾客挑选无所适从。

## 二、商品结构优化

### （一）商品结构调整依据

**1. 商品销售排行榜**

定期对商品销售额情况进行排名，排在前面的商品属于畅销商品，应予保留；排在后面的商品属于滞销品，应列为淘汰考察对象。然后，再调查每一种商品滞销的原因，如果无法改变其滞销的情况，就应予以撤柜处理。在处理这种情况时应注意：对于新上柜的商品，往往因其有一定的熟悉期和成长期，不要急于撤柜；对于某些日常的生活必需品，虽然其销售额很低，但是，由于此类商品的作用不是盈利，而是通过此类商品的销售来拉动零售商的主力商品的销售，如针线、保险丝、蜡烛等，不要撤柜；还有一些商品，可能仅仅由于陈列不当而导致销售不畅，在淘汰滞销品时应注意分析其中的具体原因。

**2. 商品贡献率**

单从商品排行榜来挑选商品是不够的，还应看到商品的贡献率。销售额高、周转率快的商品，不一定毛利高，而周转率低的商品未必利润就低。没有毛利的商品销售额再高，也没什么用。毕竟零售商是要生存的，没有利润的商品短期内可以存在。但是，它们不应长期占据货架。看商品贡献率的目的在于找出门店中贡献率高的商品，并使之销售得更好。

**3. 损耗排行榜**

损耗这一指标是不容忽视的，它将直接影响商品的贡献毛利。例如，超市经营的鲜奶等日配商品的毛利虽然较高，但是，由于其风险大、损耗多，可能会是"赚的不够赔的"。对于损耗大的商品一般是少订货，同时应由供货商承担一定的合理损耗。另外，有些商品的损耗是因商品的外包装问题引起的，这种情况，应当及时让供应商予以改进。

**4. 周转率**

商品的周转率也是优化商品结构的指标之一，谁都不希望某种商品积压占用流动资金。所以，周转率低的商品不能滞压太多。

**5. 其他因素**

除了利用上述信息管理系统的数据进行商品内部的调整外，零售商还要考虑其他的一些因素，如节假日因素。随着一些特殊节日的到来，也应对零售商的商品进行补充和调整。例如，正月十五和冬至，就应对汤圆和饺子的商品品种的配比及陈列进行调整，以适应零售商的销售。此外，在优化商品结构的同时，也应该优化零售商的商品陈列。例如，对于零售商的主力商品和高毛利商品的陈列面的考虑，适当地调整无效的商品陈列面。对于同一类商品的价格带的陈列和摆放也是调整的对象之一。

许多零售商对采购员制定一些硬性指标以保证商品的更新。例如，规定新商品引入的数量或新商品更新率，要求采购员周期性地增加商品的品种，补充商场的新鲜血液，以稳定自己的固定顾客群体。商品的更新率一般应控制在10%以下，最好在5%左右，过多或过频繁的商品调整有时效果会适得其反，让固定顾客失去对零售商的商品印象。另外，需要导入的新商品应符合零售商的商品定位，不应超出其固有的价格带，对于价格高而无销售量的商品和低价格、无利润的商品应适当地予以淘汰。

### （二）商品结构优化的内容

**1. 新产品的引入**

新产品是指本零售商未曾经营过的产品，而不是市场上新开发出来的产品，有些产品对其他零售商而言可能已经是旧产品，但对本零售商而言就可能还是新产品。零售商可以通过不断引入新产品来改善商品现有结构。零售商应对每一年度的新产品开发做出系统的规划，并对新品的进价、毛利率、进退货条件、广告宣传、赞助条件，以及市场接受程度等项目进行具体的评价，并在新产品试销的基础上做好一系列的新产品引入准备工作，如条码输入、定价、陈列、促销、库存定位、商品知识培训等，最后新产品引入后零售商还应当对其销售状况进行跟踪观察、记录与分析。

**2. 滞销商品的淘汰**

由于消费者需求发生改变，或是在商品进货和店铺管理等方面存在疏漏，零售商可能出现商品滞销的现象。许多零售商每年通常要淘汰相当大数量的滞销商品来优化商品结构。零售商依据销售额、商品质量、经营效率等标准列出滞销商品清单，在分析滞销原因的基础上明确淘汰商品清单，通过退回厂家或自行处理等淘汰方式对淘汰商品进行统一下架处理，并做好淘汰商品的记录工作，以避免重新将滞销品引进。

**3. 畅销商品的培养**

畅销商品是指市场上销路很好、不会积压滞销的商品。零售商应掌握商品的发展规律，不断挖掘和培养自己的畅销商品。畅销商品的培养是一个系统的过程，主要包括畅销商品的选择和推广两个方面的工作。零售商可以根据市场需求变动趋势分析、企业历史销售记录、竞争对手调查及商品流行路线来选择畅销商品。对于畅销商品的推广工作，零售商要重视对畅销商品的商品陈列、价格策略和促销活动等方面的工作。

扩展阅读 7.2 屈臣氏商品品类结构的优化调整

## 三、商品来源选择

### （一）选择商品来源的常用标准

零售商选择商品来源的标准取决于零售商的商店类型以及其销售的商品种类。一般来说，零售采购中的确定商品来源其实就是选择供应商。

（1）信用情况。零售商在进货前必须了解供应商以前是否准时收款发货、遵守交货期限，以及履行采购合同的情况，以便同诚实、信用好的单位建立长期合作关系，稳定货源。

（2）价格。价格是零售商进货的主要依据之一，只有价廉物美的商品才能吸引消费者，增强企业竞争力。因此，在保证商品质量的基础上，价格低廉的供应商是零售商进货的首选。

（3）品质保证。当零售商进货时要明确了解对方商品质量如何，比较不同供应商的商品性能、寿命、经济指标、花色品种、规格等，择优进货。

（4）时间。这包括供应商发货后商品的在途时间及结算资金占用情况等。

（5）费用。比较不同供应商、不同地区的进货费用和进货成本，对其进行选择。

（6）服务情况。以不同供应商服务项目的多少和服务质量的高低作为选择标准。例如，是否送货上门，是否负责退换商品，是否提供修理服务，是否赊销，是否负责介绍商品性能、用途、使用方法，是否负责广告宣传等。

（7）管理规范制度。管理制度是否系统化、科学化，工作指导规范是否完备，执行的状况是否严格。

### （二）供应商类型

**1. 按采购货源分类**

按照零售商采购货源，可以将供应商分为制造商、批发商和其他供应商。制造商主要指原始制造商和加工制造商。随着我国市场经济的不断发展，近年来，许多大型零售机构直接从制造商那里采购商品。直接采购可以形成制造商与零售商合作的局面。批发商是营销渠道的中间环节，一头连着制造商，收购制造商的产品，另一头连着零售商，向零售商批销商品，包括商人批发商、代理商和契约批发商。批发商的功能主要是为零售商执行采购代理人的任务，同时也为零售商提供融资、储存、信息、咨询服务等。其他供应商主要包括外贸部门、军工部门及海外市场，这是零售商的补充进货渠道。

**2. 按品牌控制分类**

按照在营销渠道中谁拥有品牌权分类，零售商一般与四种类型的供应商打交道：制造商品牌商品供应商，零售商自有品牌商品供应商，特许品牌商品供应商及无品牌商品供应商。

制造商品牌商品供应商，又称为全国性品牌商品供应商，是指由一个供应商设计、制造和销售的产品，制造商负责开发新产品，树立品牌形象。零售商在经销制造商品牌商品时，销售和促销费用就相对低一些。当然获得的利润也较少，主要是因为制造商已经承担了销售与促销费用，另外销售这种商品的零售商之间竞争也比较激烈等。

零售商自有品牌商品供应商，又称商店品牌商品供应商，就是指由零售商开发制造的商品，然后再与供应商订立合同生产这种产品。经营自有品牌商品的零售商有着更多的利润，但也隐含了一些不明显的支出。例如，产品设计中需要投入大量的资金。另外，产品的质量控制也是零售商担心的一个问题。

特许品牌商品供应商提供特许商标的商品，该特许商标由一个著名商标名称的所有人（许可方）凭商标许可与受许可方共同开发、生产和销售使用。受许可方可能是一个与生产该商品的制造商签订合同的零售商，或是一个按合同生产该商品并将其出售给零售商的第三方。经营特许品牌商品可以给零售商带来一些利益，这些利益往往来源于特许商标能吸引消费者的注意力。然而，使用特许商标的商品也有类似于经营制造商品牌商品的缺点。

无商标商品供应商主要提供给药店、杂货店和折扣商店所经营的，不冠以商标，也未进行广告宣传的商品。虽然在这些零售商中某些无商标商品仍然很流行，但是非品牌商品的流行性在我国已经趋于沉寂。

### （三）供应商谈判

**1. 供应商谈判流程**

供应商谈判是由一系列谈判环节组成的。它一般要经历询盘、发盘、还盘、接受和签约五个程序。其中，询盘不是正式谈判的开始，而是联系谈判的环节。正式谈判是从发盘开始的，中间经历的还盘是双方讨价还价阶段，持续的时间较长，如果一项采购交易达成，且被接受，就意味着采购谈判结束。当然，达成交易的供应商谈判也可以不经过还盘环节，只经过发盘、接受和签约三个环节。

询盘是零售商为采购某项商品而向供应商询问该商品交易的各项条件。询盘的目的，主要是寻找供应商，而不是同供应商洽商交易条件，有时只是对市场的试探。

发盘就是供应商为出售某种商品，而向零售商提出采购该商品的各种交易条件，并表示愿意按这些交易条件订立合约。发盘可以由零售商、也可以由供应商发出，但多数由供应商发出。按照供应商对其发盘在零售商接受后，是否承担订立合约的法律责任来分，发盘可以分为实盘和虚盘。实盘是对供应商有约束力的发盘。即表示有肯定的订立合约的意图，只要零售商在有效期内无条件地接受，合约即告成立，交易即告达成。如果在发盘的有效期内，零售商尚未表示接受，那么企业不能撤回或修改实盘内容。虚盘指对供应商和零售商都没有约束力的发盘。供应商对虚盘可以随时撤回或修改内容。零售商如果对虚盘表示接受，还需要供应商的最后确认，才能成为对双方都有约束力的合同。

还盘是指零售商在接到发盘后，对发盘内容不同意或不完全同意，反过来向供应商提出需要变更内容或建议的表示，按照这一规定，在零售商做出还盘时，实际上就是要求供应商答复是否同意零售商提出的交易条件，这样供应商成了新的发盘人。发盘人如果对受盘人发生的还盘提出新的意见，并再发给受盘人，叫作再还盘。在大型采购时，一笔交易的达成往往要经历多次还盘和再还盘的过程。

接受是继询盘、发盘、还盘之后又一个重要的供应商谈判环节。接受，就是交易的一方在接到另一方的发盘后，表示同意。接受，在法律上称为承诺，一项要约（发盘或还盘）经受约人有效地承诺（接受），合约即告成立，交易双方就履行合同。

零售商与供应商双方通过采购谈判，一方的实盘被另一方有效地接收后，交易即达成。但在商品交易过程中，一方都可通过书面合同来确认。由于合约双方签字后就成为约束双方的法律性文件，双方都必须遵守和执行合约规定的各项条款，任何一方违背合约规定，都要承担法律责任。因此，合约的签订也是采购谈判的一个重要环节。

**2. 供应商谈判内容**

零售商采购谈判的主要内容：

（1）采购商品，包括商品质量、品种、规格、包装等。

（2）采购数量，包括采购总量、采购批量、单次采购的最低订货量和最高订货量等。

（3）送货，包括交货期、频率、交货地点、最高与最低送货量、保质期、验收方式、交货应配合事项等。

（4）退换货，包括退换货条件、退换货时间、退换货地点、退换货方式、退换货数量、退换货费用分摊等。

（5）价格及折扣，包括新商品价格折扣、单次订货数量折扣、累计进货数量折扣、年底进货奖励、不退货折扣（买断折扣）、提前付款折扣等。

（6）售后服务保证，包括是否负责保换、保退、保修、安装等。

（7）付款，包括付款天数（账期）、付款方式等。

（8）促销，包括促销保证、广告赞助、各种节庆赞助、促销组织配合、促销费用承担等。

**3. 零售采购中的重点谈判项目**

在谈判过程中，零售商的采购员要明确重点谈判项目，对于这些重点问题，采购员要找出分歧点，明确重点问题的预期目标和自己的态度，善于应用谈判技巧，赢取主动。采购员尤其应注意以下问题。

1）配送问题的规定

零售商经营的商品一般周转率都比较高，要保持充分的商品供应，商品配送是一个十分重要的方面。许多连锁商店设有自己的配送中心，这一问题相对容易解决，但许多商店是单体商店或小型连锁商店，自己的配送能力有限，必须全部或部分依靠供应商的配送，此时商品配送问题就成了谈判中的一个主要内容。因此，零售商应在配送的方式及配送的时间、地点、配送次数等方面与供应商达成协议，清楚地规定供应商的配送责任，以及若违反协定必须承受的处罚。

2）缺货问题的规定

缺货是零售经营的大敌，不仅损失了销售机会，也损失了零售商形象。对于供应商的供货，若出现缺货的现象，必然会影响销售。因此，在谈判中要制定一个比例，明确在供应商缺货时应负的责任，以约束供应商准时供货。例如，允许供应商的欠品率为3%，超过3%时，每月要付1万元的罚金。

3）商品品质的规定

在进行商品采购时，采购员应了解商品的成分及品质是否符合国家安全标准和环保标准或商标等规定。由于采购员的知识所限，不能判断所有商品的各种成分及技术标准，因此，在采购时，必须要求供应商提出合乎国家法律规定的承诺，提供相应的合法证明。对于食品，还必须要求供应商在每次送货时提供相应的检验报告。

4）价格变动的规定

零售商与供应商往往建立的是一种长期的供货关系，在这期间，零售商当然希望供应商的商品价格保持不变。但由于供应商的商品成本因素会出现意外情况，例如，原料成本上升或原料供应减少造成商品供不应求或薪金上涨等，价格的变动自然在所难免，但在谈判时仍需规定供应商若调整价格必须按一定程序进行，取得零售商的同意。

5）付款的规定

在采购时，支付的货款天数是一个很重要的采购条件，但须对支付供应商的方式有所规范。例如，将对账目定在每月的某一天，付款日定在某一天，付款时是以现金支付还是银行转账等，都要有一系列规定，并请双方共同遵守。

### （四）零供关系处理

零供关系处理主要是指零售商与供应商建立合作伙伴关系，把供应商纳入零售商的供应链管理中。在合作的过程中，如何与供应商发展成战略合作伙伴关系是零售商采购过程中非常重要的一项工作，因为与供应商保持良好的关系是零售商建立可持续竞争优势的重要方法。

零售商与供应商之间的关系经常建立在"分割一块利润蛋糕"的基础之上，双方只关心自己的利润，而忽视了另一方的利益，尤其是当采购的产品是对零售商的业绩没有太大或重要影响的一般产品时，零售商与供应商一般保持这种关系：零售商得到利润蛋糕的一大部分，而供应商只得到蛋糕的一小部分，双方实际上是一种"赢-输"关系而不是"双赢"关系，这种关系不具备实现可持续的竞争优势的条件。为了建立能实现竞争优势的战

扩展阅读 7.3 Costco 的供应链策略：合作共赢与消费者至上

略合作伙伴关系，双方必须本着建立长期合作即战略伙伴关系从事采购业务。在这种关系中双方需要做出大量的投资以提高双方的盈利能力。战略合作伙伴关系是一种"双赢"关系，其目的就是为了发现和利用合作机会。所以战略合作伙伴关系的成员之间：第一，彼此依赖，深信不疑；第二，它们有共同的目标并在如何实现这些目标的基础上达成共识；第三，它们愿意冒险，共享信息，愿意大量投资来维持合作伙伴关系。

## 第二节 零售采购目标与制度

### 一、零售采购目标

与其他组织的采购任务一样，零售采购也需要明确的目标。

#### （一）适当的产品

零售商要确保产品系列包括客户希望购买的产品。这要求认清消费者的需要，跟踪消费者的购买习惯，了解潮流和口味的变化，并向客户推介新的产品。这项工作还涉及

品牌管理，不论零售商的品牌战略是完全自有品牌还是兼营生产商和零售商品牌。

### （二）适当的时间

消费者在不同时间需要不同的产品，零售商采购时必须做好进货时间管理，使产品系列反映特定时间的客户要求。例如，由于日报的货架寿命只有几个小时，报纸零售商必须确保尽快拿到最新版的报纸。巧克力和防晒霜等其他产品的销量变化有季节性，而盐等常备厨房用品的需求量较为平稳。货架寿命、季节和潮流是决定零售采购时间的关键因素。

### （三）适当的数量

采购员必须管理好购进产品的数量，这一点与时间安排有密切的关系。客户最不愿意碰到的情况是零售商没有备足他们最喜欢的商品，但过多的存货可能成为零售商长达几个季节的大难题。过多的存货不仅占用资金，还占用了本来可以分配给销势较好的产品的空间。过多存货必然意味着降价处理，从而意味着零售商利润的下降。

### （四）适当的地点

随着零售商连锁经营不断深入开展，大型零售商不仅要在很广大的地理范围内销售产品系列，其销售产品的店铺也有多种形式，这些店铺在规模、位置和客户特点等方面有自己的特点。在理想情况下，每个零售商销售的产品系列应当体现这些特点，因此，采购员在为零售商购买产品时必须考虑这些产品将在哪里出售。

### （五）适当的价格

零售采购员的工作重点是价格谈判，争取他们希望从供应商采购产品的"适当"价格。零售采购员应当从产品对零售商总体利润的贡献的角度考虑产品的地位。对于经常采购的产品，即使利润率很低零售商也可能会欣然接受，但对于不经常采购的产品则期望较高的利润率。不同的利润水平是由零售商确定的价格与零售商从供应商那里采购产品的成本价决定的，而总体利润率是由整个产品系列的销售速度和产品系列的利润率决定的。销售速度受消费者愿意支付的价格水平的影响，因此，定价成为零售采购员的另一个复杂的决策领域。

## 二、零售采购方式

### （一）集中采购

集中采购是指零售商将采购权集中在公司总部，设立专门采购机构和专职人员，统一负责商品采购工作。门店负责商品陈列、销售管理工作，对商品采购仅有建议权而无决定权。

集中采购的优点在于：①可以通过实行统一采购，做到统一陈列、统一配送、统一促销、统一核算，增强整体企业采购行为的战略性和全局性，整合企业的资源，塑造整体企业形象。②可以通过大规模的采购，提高对生产企业的议价能力，充分享受价格优惠，减少采购人员，降低采购成本。③可以规范企业的采购行为，加强采购环节的监督和管理，防止发生腐败行为。④可以更好地与生产企业建立长期互利互惠的战略伙伴关系。⑤有利于公司内部采购与门店销售的专业化分工，提高效率。

集中采购的缺点在于：①缺乏采购决策自主权，影响基层组织的创造性和积极性的发挥，容易产生消极被动思想。②购销行为容易脱节，难以及时满足各个分店的进货需要，而且容易导致各地的分店缺乏经营特色。③业绩考核的驱动力和成本控制的约束力受到影响，制约了单个组织管理效率和经济效益的提高。④商品变化的弹性较小，有时难以满足消费者需求。

## （二）分散采购

分散采购是指将采购行为分别授予各个职能部门或各个分店，由它们根据各自业务的发展需要，自行组织采购。实行这种方式进行采购的主要特征是，采购与销售的权利与义务关系是对应的。

分散采购的优点在于：①可以充分体现和行使决策的自主权，使第一线的职能部门或门店有较大的经营自主权。②具有弹性，可以迅速把握市场机遇，作出灵敏的反应，及时补充货源，组织市场销售。③可以划小核算单位，增强成本控制意识，形成有效的约束机制。④可以明确业绩考核，提高开发销售领域的积极性，建立科学的激励机制。

分散采购的缺点在于：①容易产生多头决策，出现"各自为政"的现象，影响企业的整体形象和统一决策。②容易产生交叉采购，出现人员重叠，增加采购环节的固定成本。③容易产生采购行为失控，增加控制成本和行为监管的难度。④可能丧失大规模采购时得到的价格优惠，难以发挥规模经济效应。

## （三）集中采购与分散采购结合

集中与分散相结合的采购方式，是将一部分商品的采购权集中，由专门的采购部门或人员负责，另一部分商品的采购权交由各经营部门自己负责。

这种方式的优点是：①把统一管理和分散决策的优点组合在一起，既体现零售商的统一管理意志，又能够灵活自如地应对市场竞争；②零售商可以集中采购一些主营商品，而对辅营商品实行分散采购，从而在一定程度上调动各级管理组织的创造性和积极性。

这种方式的缺点是：①集中与分散的分寸难以把握，会导致管理上的困难；②对于分散采购的商品，也容易出现管理不当，产生一定程度的"各自为政"的行为。

目前，一些零售商采取以集中采购为主、分散采购作为补充的方式，这是发挥集中采购的优点和弥补分散采购的缺点的较好办法。也有一些企业采取划片采购管理的办法。比如，对一定区域内的企业实行分片的集中管理，即所谓区域总部制度，而不搞整体企业的全部集中管理，这种方式也是适应这种社会背景和市场环境的有效办法。还有一些进入我国市场的国外大型零售商，在中国片区实行单独的集中采购等。此外，有的零售商直接赋予分店一定程度的采购权，让它们决定采购一些能够体现自己特色

扩展阅读 7.4 翠鲜缘：创新采购模式，构筑高效直供链生鲜平台

的商品，并赋予它们一定的经营自主权。

## 三、采购员及其考核

### （一）采购员的素质要求

零售业对采购员的基本素质要求有以下三点。

（1）思想素质。采购员需要有强烈的责任感、事业心，良好的职业道德；遵纪守法，廉洁奉公。

（2）工作能力及个性特征。采购人员的工作能力，除了具有较强的选择供货商、与供货商谈判等方面的业务能力外，还应具备较强的预测和决策能力，以及人际关系协调能力等。同时，采购员还应具备机敏、多谋、善于交际，富有想象力和语言天资、有说服能力、进取精神、自我推动力、直觉判断力等特征。

（3）知识能力。采购员需要有较深厚的商品知识，了解同类产品不同品牌、产地、质量和价格的特征，以及与本企业目标市场的适应性；有经济核算知识，熟悉商品成本构成，以及采购数量、时间、结算方式等对利润的影响；有政策法规知识，熟知合同签定的知识与技巧，防止签约失误造成损失；有市场预测知识与能力，掌握商品的产销规律；有谈判知识与能力。

### （二）采购考核

采购控制是零售商实现经营目标的重要手段，在营运中谁能抓住商品采购控制这一环节，谁就找到了控制商品流通的源头。对采购的控制除了采购计划的控制外，还必须建立考核采购人员的指标体系对采购进行细化的控制。采购考核指标体系一般可由以下指标组成。

**1. 销售额指标**

商品销售涉及零售商销售部门和采购部门，有必要对两者实行捆绑式考核，指标相同权重不同。由于采购的商品是否适销对路、价廉物美，对商品销售至关重要，因此，具体负责采购的人员必须对零售商销售额计划的完成负有相当大的责任。销售额指标要细分为大类商品指标、中类商品指标、小类商品指标，以及一些特别的单品项商品指标。应根据不同的业态模式中商品销售的特点来制定分类的商品销售额指标。

**2. 商品结构指标**

商品结构指标是为了使采购的商品体现业态特征和满足目标顾客需求的考核指标。尽管零售商的商品组合千姿百态，但零售业态一经确定，其商品经营范围也就基本确定了。有人曾经对一家便利店的商品结构分析发现，反映便利店业态特征的便利性商品只占8%，公司自有品牌商品占2%，其他商品则高达80%。为了改变这种不合理的商品结构，就要从考核指标上提高便利性商品和自有商品的比重，通过指标的制定和实施考核可约束采购员在进货商品方面使零售商的业态特征更趋明显。

### 3. 毛利率指标

毛利率是反映零售商经营效益的一个综合性指标，直接关系着零售商的盈利水平。在商品价格基本确定的情况下，采购员的进货成本直接影响着零售商的毛利率水平。零售商往往先确定一个综合毛利率指标，然后分解综合毛利率指标，制定比例不同的类别商品的毛利率指标并进行考核。毛利率指标对采购业务人员考核的出发点是，让低毛利商品类采购人员通过合理控制定单量加快商品周转，扩大毛利率，并通过与供应商谈判加大促销力度、扩大销售量，增大供应商给予的"折扣率"，扩大毛利率。对高毛利率商品类的采购人员，促使其优化商品品牌结构，做大品牌商品销售量，或通过促销做大销售量以扩大毛利率。

### 4. 商品周转天数指标

商品周转天数是指商品从购进到销售整个过程中所需要的时间。商品周转天数越长，占用的资金和场地越多，费用也越多。通过这一指标可以考核采购业务人员是否根据店铺商品的营销情况，合理地控制库存，以及是否合理地确定了订货数量。

### 5. 商品到位率指标

这个指标一般不能低于98%，最好是100%。零售商在营运中经常会发生畅销商品一旦摆在商品货架上，很快就会被抢购一空，变成脱销品种。从理论上讲，这种现象似乎天经地义，其实这只是一种表象，真正的实质在于脱销商品是构成具有零售商代表性、体现竞争实力的关键性品种。而这一点，许多采购人员，尤其是管理人员依然停留在肤浅的认识上，没有认识到只有源源不断地保证畅销商品的供应，才能体现出商品结构的合理性和实惠性，为零售商赢得更大的利润空间。因此，能否做到迅速补充紧俏货源是衡量采购业务水平的一个重要指标。

### 6. 新商品引进率指标

为了保证零售商的竞争力，必须在商品经营结构上进行调整和创新。使用新商品引进率指标就是考核采购人员的创新能力，对新的供应商和新商品的开发能力，这个指标一般可根据业态的不同而分别设计。例如，便利店的顾客是新的消费潮流的创造者和追随者，其新商品的引进力度就要大，一般一年可达60%～70%。当一年的引进比例确定后，要落实到每一个月，当月完不成下一个月必须补上。如年引进新商品比率为60%，每月则为5%；如当月完成3%，则下月必须达到7%。

### 7. 商品淘汰率指标

零售商的商品是处于不停运动中的商品，由于零售商面积有限，又由于必须不断更新商品结构，当新商品按照考核指标不断引进时，就必须制定商品的淘汰率指标。一般商品淘汰率指标可比新商品引进率指标低10%左右，即每月低1%左右。

### 8. 通道利润指标

通道利润是否应该作为采购员的一个考核指标，至今尚有争议。客观而言，在激烈的价格竞争之下，商品毛利率越来越低，以至在消化了营运费用之后，有些零售商甚至出现了利润趋于零的情况，由此，通道利润就成为一些零售商的主要利润来源，这种状况在一些竞争激烈的地区已经发生。一般通道利润可表现为进场费、上架费、专架费、促销费等。零售商向供应商收取一定的通道费用只要是合理的就是被允许的，但不能超过一定的限度，以致破坏了与供应商的关系，偏离了经营的正确方向。因此，对采购人员考核的通道利润指标不应在整个考核指标体系中占很大比例，通道利润指标应更多体现在采购合同与交易条件之中。

## 第三节　零售采购决策

### 一、零售采购流程

零售商必须制定标准化的采购流程来管理其采购作业，以确定零售商需要什么、和谁采购、以什么样的方式采购，以及在什么时间采购等。零售采购的作业流程会因采购组织、采购模式、商品的来源、采购方法等的不同而有所区别，但其基本的采购流程却是大同小异。零售采购流程主要包括以下环节。

#### （一）建立一个正式的或非正式的采购组织

建立一个采购组织。除非采购组织建立得好——具体指定由谁负责商品决策，他们的任务、决策的权威及商品计划与整个零售业务的关系，否则销售计划无法正常进行。

对于一个正式采购组织，商品经营被看作一项明确的零售业务，并会为之建立独立的部门。所有或大部分涉及获得商品并使其易于销售的职能都处于该部门的控制之下。大企业往往采用正式组织的形式，并拥有专门的采购人员。在一个非正式采购组织中，商品经营不被看作明确的任务。同一员工既进行商品经营，又处理其他零售业务，责任和授权往往并不分明。非正式组织一般常见于小型零售商。

正式采购组织的主要优点在于：明确的责任和授权，以及使用全职、专门的采购人员；主要的缺点是独立部门的运营成本高。非正式采购组织的主要优点是成本低，具有弹性；主要缺点是责任和授权不明确，而且对商品计划重视不够。

这两种结构都大量存在。对一家企业而言，是否采用正式组织并不重要，重要的是要认识到销售计划的重要性，并确保责任、活动、权威和经营的内部关系得到恰当的定义和规定。

扩展阅读 7.5　永辉超市的"买手文化"

#### （二）编制商品计划

商品计划集中于四项基本决策：储存何种商品，储存多少商品，何时储存和储存在哪里。

在制定决策的过程中，企业必须确信其商品组合具有独特性，与竞争者的有所不同，并与自己的零售定位相一致。

### （三）搜集有关顾客需求的信息

制订了整体采购计划以后，有关目标市场的信息就成为必需。在采购或再采购任何商品之前，零售商应搜集有关顾客需求的数据。良好的商品管理离不开零售商对销售额进行精确预测的能力。毕竟，对零售商而言，最重要的商品管理职能就是预测和满足顾客需求。

### （四）确定货源

商品采购的下一个步骤是确定货源，三个主要的货源如下。

（1）公司自有。大零售商拥有自己的制造或批发机构，公司自有供应商经营全部或部分零售需要的商品。

（2）外部固定供应商。这类供应商不是零售商自有的，但零售商同它们有固定关系。通过亲身的经历，零售商了解其产品和服务的质量及供应商的可靠性。

（3）外部新供应商。这类供应商也不是零售商自有的，而且零售商过去没有向其采购过商品，零售商可能并不熟悉其商品的质量和该供应商的可靠性。

### （五）评估商品

无论选择什么样的货源，零售商在考虑采购的时候都需要有一套评估商品的程序。是必须检验每个产品，还是只略做描述就可采购？

有三种可能的评估方式：检查、抽查和描述。具体选择哪种方法取决于商品的成本、特征和购买的规律。检查即在购买之前和送货之后检测每一个商品单位。珠宝和艺术品是两种昂贵、购买相对特殊的商品，零售商必须认真检查每一件商品。当零售商按规律采购大量易碎、易腐或昂贵的商品时，可采用抽查的办法。在这种情况下，检查每一件商品是没有效率的。当零售商购买标准化的、不易碎且不易腐烂的商品时，就采用描述的方法，零售商既不检查也不抽查，而是通过口头、书面或图像描述的方式大量订购这类商品。

### （六）谈判购买

当货源已经选定、购买前评估也已完成时，零售商开始就购买及其条款进行谈判。一次新的或特定的订货通常要求签订一份经过谈判的合同，在这种情况下，零售商和供应商将认真讨论购买过程的所有方面。另外，一次例行的订货或再订货通常只涉及签订一份格式化的合同，在这种情况下，条款是标准化的，或者已经为双方所接受，订货过程按例行方式处理。

优惠价零售商和其他深度折扣商则几乎每次购买都要谈判整个合同。因为这些零售商实行机会采购，依靠谈判获得特别的低价，它们所购的通常是一些无法达到预期销量的商品、过季商品、消费者退给制造商或另一位零售商的商品，或者是甩卖品。关于供应商谈判的详细内容参见前文。

### （七）决定购买

对许多大中型零售商来说，购买决策是自动完成的。这些企业使用计算机完成订单处理，每一次购买都被输入计算机数据库。小型零售商则通常是人工完成购买决策，利用员工填写和处理订单，每一次购买都以同样的方式记入商店的存货手册。但是，随着计算机化订单处理软件的快速发展，小零售商有时也能采用电子订货，特别是当大批发商支持它们使用电子数据交换和快速反应系统时。

### （八）处置商品

在这个阶段，零售商从实体上处置商品，涉及的业务包括接收和储存商品、打价签和存货标记、陈列、清点现场商品数量和品种、完成顾客交易、安排送货或中途搭送、处理退货和损坏的商品、监视偷窃及商品交易过程的控制。正是在这个阶段，无论是由零售配送中心还是直接向商店送货，配送管理都是最关键的。

### （九）再订购商品

对那些零售商不止一次采购的商品，再订购的计划是必需的。在制订这种计划时，有四个因素是关键的：订货和送货时间、存货周转率、财务支出、存货／订货成本。

### （十）定期的再评估

即使商品采购和处置战略达到了完美的整合，零售商仍不应仅满足于实施其计划，而应对该战略定期进行再评估。整个过程如同处理单个商品和服务一样，应加以控制。

## 二、零售采购品种

零售商确定了商品经营范围以后，也就是确定了商品采购范围。为了在实践中更好操作，零售商还必须将各商品品种详细地列出来，形成商品采购目录。商品采购目录是零售商经营范围的具体化，也是零售商进行采购的依据，是商品采购管理的一项重要内容。

商品采购目录包括全部商品目录和必备商品目录两种。全部商品目录是零售商制定的应该经营的全部商品种类目录；必备商品目录是零售商制定的经常必备的最低限度商品品种目录。必备目录不包括零售商经营的全部商品种类，而只包括其中的主要部分。

必备商品目录是按照商品大类、中类、小类的顺序排列的。每一类商品都必须明确标出商品的品名和具体特征。由于商品特征不同，消费者选择商品的要求不同，因而确定商品品名和特征的粗细程度和划分标准也不相同。一般情况下，商品特征的多少决定着品名划分的粗细程度，特征简单的商品，如食盐、食糖等，品名可以粗一些；特征复杂的商品，品名可以适当细分。目前，有些零售商采用计算机进行管理，实行单品核算，则商品品名应根据最细小的标准来划分，直至无法划分的程度，以便准确区分每一具体商品。

必备商品目录确定以后，再根据顾客的特殊需要和临时需要加以补充与完善，便成了零售商的全部商品目录。制定商品采购目录以后，不能固定不变，应随着环境的变化定期进行调整，以适应消费者需要。一般来说，季节性商品需分季调整，非季节性商品按年度调整，做到有增有减。但在调整中要注意新旧商品交替存在的必要阶段，在新产品供应尚未稳定之前，不可停止旧商品的经营，以免影响消费者的选择需要。

## 三、零售采购预算

零售采购预算一般以销售预算为基础进行制定。零售采购预算制定主要有三个方面的工作。

首先，确定本年度的目标营业额，该销售目标可依据过去或去年的实际业绩、经济环境变化、公司营业方针及企业发展目标来决定。

其次，决定销售成本预算，其公式为：销售成本预算＝销售目标营业额×（1－平均毛利率）。例如，某零售商店年销售目标营业额为1000万元，平均毛利率为20%，则销售成本预算＝1000万元×（1－20%）＝800万元。

最后，在考虑库存量实际变化的基础上，计算年度采购预算，其公式为：采购预算＝销售成本预算＋期末库存计划额－期初库存额。在上例中，如该零售商店的期初库存额为120万元，期末库存计划额为150万元，则其年度采购预算为830万元。再将其按月分配到每个月，就是每月的采购预算。

零售采购预算在执行过程中，有时会出现情况的变化，这就有必要进行适当的修订。如零售商店库存临时新增加促销商品，就需要从预算中减少新增商品的金额。

## 四、零售采购数量

零售采购数量的确定，会影响到商品销售和库存，关系到销售成本和经营效益。零售商大量采购，通常可减少采购订货成本，获得进货优惠，但会占用大量资金和仓储设施，提高存货占有成本。零售商少量订货常可使存货占用成本达到最小，但会提高采购订货成本。当然，通过电子数据交换并使用快速反应存货系统，可以有效地降低成本。

一般情况下，零售商应根据实际需求和供货情况，进行适量采购。适量采购数量又称为经济采购批量（economic order quantity，EOQ），即使订单处理和存货占用总成本达到最小的每次订货数量（按单位数计算）。订单处理成本包括使用计算机时间、订货表格、人工及新到商品的处置等费用。占用成本包括仓储、存货投资、保险费、税收、货物变质及失窃等。大公司、小公司都可采用EOQ计算法，订单处理成本随每次订货数量（按单位数分摊）的增加而下降（因为只需较少的订单就可买到相同的全年总数），而存货成本随每次订货数量的增加而增加，因为有更多的商品必须作为存货保管，且平均保管时间也更长。

用数学公式表示，经济订货批量为

$$EOQ = \sqrt{2DS/IC}$$

式中，EOQ＝每次订货数量（以单位计）；$D$＝年需求量（以数量计）；$S$＝订货成本（以金额计）；$I$ = 年存货成本占单位成本的百分比；$C$ = 商品的单位成本（以金额计）。

例如，某商店估计每年能销售 150 套电动工具。这些工具每套成本为 90 元。损坏、保险费、滞账及失窃等费用等于这些工具成本的 10%（或每件 9 元）。单位订货成本为 25 元。则经济订货批量为

$$EOQ = \sqrt{2DS/IC} = 29（套）$$

考虑到需求、数量折扣及可变的订货成本和占用成本等方面的变化，必须经常修正 EOQ 公式。

## 五、零售采购时间

确定了采购商品的品种和数量后，还要确定什么时间采购，以保证无缺货现象的发生。零售采购时间是指再订购商品的时间。零售商应权衡利弊，选择合理的采购时点和采购周期，给企业带来最佳效益。

**1. 根据商品销售规律，确定采购时间**

近几年随着假日经济的启动，形成了春节、国庆、五一等几个大的消费热点，在季节性商品消费基础上，又增添了新的特点。对此零售商要加强对市场的调查、研究和预测，从中寻找和发现规律。近年来，消费品市场呈现出节假日食品提前购买，日用工业品随机购买，流行性商品凸显销售高峰且流行周期缩短等趋势，这些消费者购买的规律应成为商品采购时机决策的一个重要依据。

**2. 根据市场竞争状况，确定采购时间**

在决定商品采购时间时，还必须考虑市场竞争状况。某些商品率先投入市场可取得市场先机优势，这些商品就需要提前采购。有些商品推迟采购，也能取得市场独有优势，也可以推迟采购。

**3. 根据零售商库存情况，确定采购时间**

选择采购时间，还必须考虑零售商库存情况，采购时间既要保证有足够的商品以供销售，又不能使商品过多以致发生积压。这方面最常用的方法是最低订购点法。最低订购点法是指预先确定一个最低订购点，当商场某一商品的库存量低于该点时，就必须去进货。

最低订购点的计算公式为

最低订购点 =（进货在途天数 + 销售准备天数 + 商品陈列天数 + 保险天数）× 平均每天销售量

其中，进货在途天数是指商品从下订单到货运到零售商为止的时间；销售准备天数，是指商品入库、验收、定价、整理装配、分装、到上货架陈列所需要的时间；商品陈列天数是指零售商因出售需要而必须在货架上的陈列数量与每天平均销售量的比值；保险天数是指为防止出现意外发生脱销而必须准备的机动库存所能销售的天数。

最低订购点法的优点是能随时掌握商品变动情况，采购及时，不易出现缺货现象。

但其缺点是由于各种商品的采购时间不一致,难以制订周密的采购计划,不便于采购管理,也不能享受多种商品集中采购的价格优惠。

## 本章小结

商品采购管理是零售业务管理的一项十分重要的内容,直接关系着零售商的经营效益和后续经营活动的开展。

零售商必须对商品进行分类,设计一个合理的商品结构,以确定商品经营范围,精心选择合适的商品来源,形成一个与众不同的商品组合,并通过这些商品的组合与管理来获得最大化的收益。在零售商品分类中,根据商品用途,商品可以分为消费品和工业品;根据商品的耐用性和有形性,可以分为耐用消费品、非耐用消费品和服务;根据顾客购买习惯,可以分为便利品、选购品和特殊品;根据零售商经营商品的层级,可以分为大分类、中分类、小分类和单品。在商品分类的基础上,零售商需要再进一步确定企业的商品经营指导思想,即商品政策。零售商可选择的商品政策主要有:单一的商品政策;市场细分化的商品政策;丰满的商品政策;齐全的商品政策。零售商按照商品种类与商品品种的多少,可以形成四种商品结构策略,包括:宽且深的商品结构策略;宽且浅的商品结构策略;窄且浅的商品结构策略;窄且深的商品结构策略。零售商还需要根据消费者和市场的变化,通过新产品的引入、滞销商品的淘汰,以及畅销商品的培养等手段,适时对商品结构进行调整和优化,精心选择商品来源和供应商,以满足保持竞争优势的需要。

零售采购需要明确的目标。零售商要确保能在合适的地点、时间向客户提供合适数量和价格的合适产品。零售采购的制度安排包括零售采购方式和采购员的素质要求及其考核。一般来说,零售采购主要有集中采购、分散采购、集中与分散相结合等三种采购方式,不同的采购方式有其各自的优缺点。由于采购员是零售商的关键岗位,对采购员的素质要求和相应的管理考核应当科学完善。选择采购人员必须从其思想素质、工作能力及个性特征、知识能力等多方面来考察。此外,还必须建立一套科学的采购考核体系。目前,一些零售商采取的考核指标有销售额指标、商品结构指标、毛利率指标、商品周转天数指标、商品到位率指标、新商品引进率指标、商品淘汰率指标、通道利润率指标等。

零售商必须制定标准化的采购流程来管理其采购作业,以确定零售商需要什么,向谁采购,以什么样的方式采购,以及在什么时间采购等。零售采购流程主要包括以下环节:建立采购组织、编制商品计划、搜集有关顾客需求的信息、确定货源、评估商品、谈判购买、决定购买、处置商品、再订购商品、定期的再评估等。零售采购的作业流程会因采购组织、采购模式、商品的来源、采购方法等的不同而有所区别。零售采购决策包括零售采购品种、零售采购预算、零售采购数量和零售采购时间等。

## 思考题

1. 确定商品经营范围主要考虑哪些因素?

2. 商品结构为什么需要进行不断地调整和优化？其调整的依据和优化内容是什么？
3. 零售商应如何通过引进新产品来改善商品现有结构？
4. 零售商与供应商谈判的主要内容有哪些？
5. 集中采购制度与分散采购制度的优点和缺点是什么？
6. 采购人员的指标考核体系包括哪些内容？
7. 零售采购流程包括哪些主要环节？

## 案例分析

### 新零售模式下盒马鲜生的采购

经济的快速发展，推动着许多新兴的产业开始发展。阿里巴巴在2016年提出"新零售"概念，其旗下的"盒马鲜生"便是"新零售"的标杆产业。盒马鲜生完全重构阿里巴巴的新零售业态，并且已快速发展到各大城市。与传统的生鲜购买方式不同，盒马鲜生不仅提供购买服务，同时还提供店内加工服务和店内就餐服务，其提供"五公里配送，半小时送达"的服务，给用户带来快速的物流配送服务。作为"超市+餐饮"新零售业态的开创者，盒马鲜生不仅解决了消费者对于"吃"的场景化需求，还同时覆盖日用高频消费品类。通过几年的探索，盒马鲜生通过线下门店与线上App相结合，打通线上线下全场景消费，在采购模式方面也进行了诸多创新，成为"新零售"行业的标杆。

**1. 大数据辅助买手，助推选品精准化**

盒马鲜生充分应用信息技术，利用大数据平台，交叉对比消费者数据，由此获得消费者的差异化需求，利用消费者的前端销售数据相应调整后端供应链的运营方式，保证供货的及时性、确保商品的适销对路。盒马选品基于大数据建立买手制。"大数据选品"指盒马鲜生通过建立消费信息数据库，再结合淘宝的大数据平台，找到需求度高的产品在实体店上架。而"买手制"是指供应商在分析消费者大数据的基础上，综合考虑地域、季节、习俗等因素进行采购进货。同时，买手需要承担销售指标（如销量）作为关键业绩考核指标。

**2. 产地直采+定制化**

截至2023年5月底，盒马已与100多家有机企业建立长期合作，覆盖全国268个基地和工厂，全国落成41个有机盒马村。"盒马鲜生"坚持从源头采购，不仅从国内蔬菜生产基地采购新鲜蔬菜，还直接从国外空运采购。这种直接采摘模式不仅省去了中间环节，还保证了质量，并且降低了成本，使这些高端食材更加实惠，同时保持新鲜。"盒马鲜生"自创立以来，非常关注自有品牌的发展。目前，其自有品牌的销售比例已达到10%左右，自有品牌注重差异化和质量。在差异化方面，"盒马鲜生"对不同消费能力的消费者设立了特定的商品层次。例如，可供大众消费的蓝色标志R和消费能力强的人群的金色标志R；在质量方面，"盒马鲜生"符合中国消费升级的趋势，满足了消费者的需求，继续推出改进产品。

### 3. 深入采购端充分赋能供应链

盒马鲜生在采购端有多种渠道可供选择，供应渠道主要有产地直采、合作的供应商（易果、餐饮品牌）、政企合作及自有基地。同时，盒马有专门负责构建供应链的团队，在进入地区市场之前，团队会和当地的供应商深入合作，甚至直接组织农户进行针对性的种植。盒马鲜生从生产基地采购生鲜农产品的同时，还对大部分生鲜进行包装和简单加工，尽可能增加生鲜农产品的附加价值。譬如盒马推出日日鲜系列:从种植基地直接采购，并在距离基地最近的车间进行冷链温控运输，保证生鲜农产品从采摘到上架的时间在 18 h 之内。盒马鲜生通过供应链前移，赋能供应商，减少中间环节，降低损耗和成本，更重要的是提高了生鲜的鲜活度。盒马质量保证体现在推进生鲜农产品的品质标准化。盒马对生鲜农产品建立了两次分拣制度，即在采购源头进行初次分拣，运输到店前进行二次分拣。

### 4. 分级考核和目标管理相结合的绩效管理方法

盒马鲜生的供应链绩效管理大体遵照阿里巴巴集团的设计，确定了分级考核和目标管理相结合的绩效管理方法。将盒马的战略目标与员工个人绩效联系起来，根据不同部门和不同级别，确定相匹配的考核标准，再确定考核指标的比重来最终确定员工的绩效考核成绩。

盒马鲜生供应链绩效管理计划主要包括确定评价指标、目标值、评价周期和签订绩效管理责任书。从公司运营目标和价值观设定，层层落到供应链各部门，再落到员工。首先，使用关键绩效指标法确定评价指标，使用冷链仓数量评价供应链规模，使用商品库存和运输成本评价预测绩效，使用销售额评价门店绩效，使用订单配送时长评价配送效率，使用生鲜重量、上架时间评价质量绩效；其次，根据上个绩效管理周期业绩确定绩效目标值；接着绩效管理评价周期为季度；最后，绩效职能部门与供应链员工签订绩效管理责任书，明确权利和义务，作为绩效管理的依据。

（资料来源：[1]李晨阳. 盒马鲜生供应链绩效管理研究[D]. 北京：华北电力大学，2023. DOI:10.27140/d.cnki.ghbbu.2022.000577. [2]杨静涛. 基于价值链视角的新零售生鲜企业成本控制研究[D]. 呼和浩特：内蒙古财经大学，2022. DOI:10.27797/d.cnki.gnmgc.2021.000232.）

**案例思考**

1. 相比于传统采购，新零售模式下盒马鲜生的采购业务呈现出哪些变化？
2. 盒马鲜生在新零售模式下的采购模式对其他零售企业有何借鉴意义？

## 本章实训

### 一、实训目的

1. 明晰零售企业的商品结构与来源选择及其采购流程。
2. 通过实地调查，了解所在城市不同业态主要零售企业的商品经营范围、商品来源和采购方式。

3. 通过模拟零售采购流程，掌握零售采购的关键环节和影响要素，锻炼零售采购实务操作能力。

## 二、实训内容

以小组为单位，就某一零售业态深入你就读高校所在城市的 3~5 家典型零售企业调查，收集这一业态零售企业的商品经营范围、商品来源、采购方式及其对竞争优势的影响。

选择某一零售业态，模拟零售采购流程，根据目标市场和零售企业定位，分组构建虚拟采购组织进行零售采购决策。

## 三、实训组织

1. 指导教师布置实训项目，提示相关注意事项及要点。
2. 将班级成员分成若干小组，成员可以自由组合，也可以按学号顺序组合。小组人数划分视修课总人数而定。每组选出组长 1 名，发言代表 1 名。
3. 以小组为单位，选定调查的业态及这一业态的典型零售企业，拟定调查提纲，深入企业调查收集资料。写成书面调查报告，制作课堂演示 PPT。
4. 各小组发言代表在班级进行汇报演示，每组演示时间以不超过 10 min 为宜。

## 四、实训步骤

1. 指导教师布置任务，指出实训要点、难点和注意事项。
2. 演示之前，小组发言代表对本组成员及其角色进行介绍陈述。演示结束后，征询本组成员是否有补充发言。
3. 由各组组长组成评审团，对各组演示进行评分。其中，演示内容 30 分，发言者语言表达及台风展现能力 10 分，PPT 效果 10 分。评审团成员对各组所评出成绩取平均值作为该组的评审评分。
4. 教师进行最后总结及点评，并为各组实训结果打分，教师评分满分为 50 分。
5. 各组的评审评分加上教师的总结评分作为该组最终得分，对于得分最高的团队予以适当奖励。

## 延伸阅读

1. 伯曼，埃文斯，查特吉. 零售管理[M]. 金钰，译. 北京：中国人民大学出版社，2021.
2. 曾惠敏，张叶峰.加强采购管理降低中小型连锁超市采购成本的探索与研究[J]. 知识经济，2020（18）：55-56.
3. 刘宝红. 采购与供应链管理：一个实践者的角度[M]. 北京：机械工业出版社，2019.
4. 肖旦，姬晓楠，罗颜，等. 基于服务竞争的远视零售商联合采购联盟的竞合博弈策略分析[J/OL]. 中国管理科学：1-15[2023-10-17]. https://doi.org/10.16381/j.cnki.issn1003-207x.2021.2591.
5. 辛欣，孙汝攀，刘文超，等. 强势零售商是否直接获得较高的采购绩效：基于中国大型零售商数据的实证研究[J]. 商业经济与管理，2017（8）：5-18.
6. 朱舒威，张浩. 基于场景特征和数据的新零售商品智能推荐分析[J]. 商业经济研究，2019（22）：87-90.

## 即测即练

自学自测　扫描此码

# 第八章

# 零售定价管理

◆ **本章学习目标**

了解零售企业定价的各种影响因素和定价目标；熟悉零售企业的价格政策及其实施手段；掌握零售企业定价策略的类型和应用；了解人工智能动态定价的概念、主要内容和步骤及适用条件。

◆ **引例**

盒马移"山"

2023年7月，阿里旗下的盒马鲜生与沃尔玛旗下山姆会员商店在一款榴莲蛋糕上开启了价格战，在几轮降价比拼后，盒马更是喊出了"移山价"的口号，应声前来参战的美团、大润发等品牌也相继推出了"拔河价""不吵价"，愈演愈烈的商战引发了热议。

盒马和山姆的商战从一块榴莲千层蛋糕开始。竞争的焦点是价格。2023年7月底，针对山姆售价128元/kg的"网红"款榴莲千层蛋糕，盒马售价仅为99元/kg。随即，山姆将榴莲千层蛋糕的价格改为98.9元/kg，此后盒马再将价格下调至89元/kg，而山姆又立即调降至88元/kg。至今，盒马将部分城市榴莲千层的价格调整为79元/kg，而山姆会员店北京、上海等地区的售价也降至了85元/kg。战局并没有因为双方几番降价而偃旗息鼓。2023年8月，盒马直接推出了"移山价"，一盒（470g）榴莲千层蛋糕打出了42元的价格，目前已降至39.9元。8月11日，盒马又在北京地区正式上线"移山价"，活动商品涵盖了蛋糕烘焙、海鲜肉禽、粮油、牛奶饮料、零食等诸多品类。随后，盒马"移山价"在上海、深圳、重庆、武汉等全国各城市门店"蔓延"。

盒马和山姆在会员零售行业中都是知名品牌，二者重合率达到43.1%，表明它们在市场份额上有较大的重叠。盒马是阿里旗下的新零售品牌，以生鲜、食品、日用品等商品为主要销售对象，以快速配送、便捷购物等为特色。山姆则是沃尔玛旗下的高端会员零售品牌，主要面向中高端消费者，提供高品质的商品和服务。

从顶层设计的角度看，这场价格战是两家公司在战略布局上的直接对话。盒马鲜生以快速响应市场需求，灵活调整价格，打造高性价比的商品，吸引更多消费者。而山姆则依靠会员制和精选商品的策略，通过价格战保持其市场地位。

在底层逻辑上，这场价格战更是两家公司在供应链管理、成本控制、消费者心理洞察等方面的较量。盒马鲜生依靠其强大的数据分析能力和高效的供应链，准确把握市场需求和商品供应。它以高效的信息系统和物流网络，实现了对市场变化的快速响应和精准决策。而山姆则通过精细的会员制度，深度理解消费者的需求和购买行为，它了解会员的喜好、购买习惯和消费心理，从而提供符合他们需求的商品和服务。

（资料来源：盒马山姆大战，"移山价"真能"移山"？[EB/OL]. https://baijiahao.baidu.com/s?id=1776673444789818442&wfr=spider&for=pc.）

### 本章知识结构图

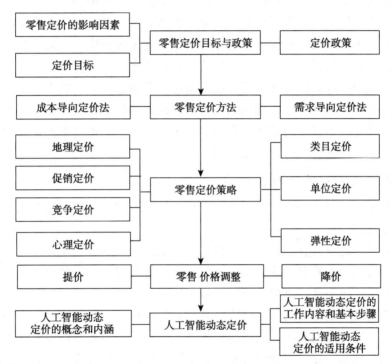

商品定价是零售商重要的决策之一。随着消费者购买行为日益理性化，对价格也越来越敏感。零售商对所经营的商品进行合理和策略性的定价，不仅可以提高其竞争能力，而且能有效实现企业的市场和财务目标。本章首先介绍零售定价的影响因素、零售商定价目标和定价政策；其次在对零售定价目标和定价政策了解的基础上，接着介绍了零售定价的基本方法和主要的价格策略；再次介绍如何通过提价和降价等方式对零售定价进行有效的调整；最后介绍了零售企业人工智能动态定价的概念内涵、主要内容和步骤及适用条件。

## 第一节　零售定价目标与政策

在介绍零售商的定价方法和定价策略之前，有必要先分析一下影响零售商定价决策的各种因素、零售商的定价目标及定价政策。零售商的定价目标和政策都会对零售商的价格行为产生影响。

## 一、零售定价的影响因素

零售商在对零售商品进行定价时，要综合考虑多种因素，这些因素主要包括：商品成本、零售商的定位和服务策略、消费者价格心理、竞争对手的价格、国家的法规政策以及其他因素等。

### （一）商品成本

零售商制定的价格，应尽可能覆盖包括商品进货成本在内的所有成本。其中，商品进货成本是构成零售价格的主要部分，也是零售商定价的最低界限。商品进货成本包括商品批发价格、采购费用、仓储运输费用等。零售商定价还应考虑除商品进货成本之外的固定成本和其他变动成本，零售商固定成本包括固定资产、折旧费、零售商企业管理人员工资等；除商品购进价格外，变动成本则包括产品包装费、理货员工资、POP促销费用、商品陈列费用及其他销售费用。零售商通常在商品成本的基础上加上若干百分比的加成定价，其加成率就是所谓的毛利率。在市场环境各因素基本稳定的情况下，零售商采用这一方法可以保证获得正常的利润。

### （二）零售商的定位和服务策略

零售商关于商品价格的决定，不是一个独立的决策过程，需要与企业的定位和服务策略等因素相互配合。

零售商的市场定位会直接影响其价格水平。如果一个零售商定位于为高端市场提供独特的商品，则意味着收取较高价格。定价策略在很大程度上由最初的市场定位决定，零售商的市场定位越明确，价格的确定就越容易。

零售商所采取的服务策略与商品价格的制定关系密切。提供给各种顾客的服务越多，服务水准越高，所产生的商店运营费用也越高，因此零售商需要提高零售价格来弥补这些额外的费用。例如，提供多种服务项目，购物环境好的百货商店，其竞争优势不是商品的价格，而是商店的服务；在一些服务相对较少的商店，如实施自助服务的货仓式商店，其经营费用低，价格自然就低。

### （三）消费者价格心理

零售商的价格水平既受消费者收入水平的制约，又受消费者价格心理的影响。消费者价格心理实质上是消费者对商品价格水平的心理感知。它是消费者在长期的购买活动中，对商品价格认识的体验过程，反映消费者对价格的知觉程度及情绪感受。例如，在现实生活中，消费者对不太熟悉的商品的好坏，在经验上把价格同商品的使用价值相联系，从而存在"一分价钱一分货"的观念。消费者在心理和习惯上的反应是很复杂的，某些情况下甚至会出现完全相反的反应。例如，在一般情况下，涨价会减少购买，但有时涨价会引起抢购，反而会增加购买。

消费者对商品零售价格心理感知的速度快慢、清晰度强弱、准确度高低及感知价格内容的充实程度，融入了消费者个人知识、经验、需要、兴趣、爱好、情感和个性倾向等因素，直接影响着消费者对价格水平的接受程度。消费者收入水平与价格心理其实是互相联系的。研究发现，同一收入层次的消费群体往往具有类似的价格心理。对消费者价格心理的研究，对制定零售价格很有帮助。

扩展阅读 8.1　多巴胺与商品价格关系

### （四）竞争对手的价格

制定商品价格时还应该考虑竞争对手的价格。竞争对手的价格，以及它们对本企业价格变动所做出的反应会对零售商定价造成较大的影响。它是合理确定期望得到的利润水平，特别是制定有较强竞争力的价格的基础。

零售商必须对每一个竞争者的商品价格状况及其产品质量情况有充分的了解。这可以通过以下三种方法来实现：①派专门人员了解行情，比较竞争者所提供的产品质量和价格；②获取竞争者的价格表并购买竞争者的产品，然后进行比较研究；③企业还可以向顾客了解他们对于竞争对手所提供的产品的价格和质量的看法。

零售商可以把了解到的竞争者的价格和产品情况作为自己定价的基点。如果企业所经营的产品与主要竞争者的产品相类似，那么零售企业必须根据自己的市场定位来制定价格策略，以避免在竞争中被淘汰。

### （五）国家的法规政策

零售商对价格的制定既要受到国家有关法规的限制，也要受到当地政府制定的政策影响。国家和地方政府对零售价格有相关的法律和政策，如《中华人民共和国价格法》《中华人民共和国消费者权益保护法》和《中华人民共和国反不正当竞争法》等，以及有关的价格政策对企业定价都有一定的约束。

### （六）其他因素

零售商的定价策略除受商品成品、消费者需求、服务定位、竞争者价格等因素影响外，还受到其他多种因素的影响。这些因素包括零售商选址、商品效用、零售价格控制权归属等。

**1. 零售商选址**

零售商店的开设地点对商品价格的确定也有着显著的影响。与提供同类商品和顾客服务的竞争者距离越近，零售商具有的定价灵活性就越小。一般来说，如果零售商想要吸引距离更远的顾客，它就必须增加促销力量，或者提供更低的商品价格。因为当选择距离较远的商店时，顾客所花费的时间和交通费用比较多。因此零售商就不得不利用较低的价格来吸引这些消费者。

**2. 商品效用**

商品的效用是指商品对消费者需求的满足程度和有用性。从效用角度看，商品可分为三类，第一类是日常用品（生活必需品），这类商品的价格在各家商店相差无几，消费者不会为之花费时间去寻找最便宜的替代品，其定价自由程度较低，一般采用随行就市定价法；第二类是选购品，消费者在决定购买之前会对价格和质量进行仔细比较和权衡，其定价自由程度较高；第三类是耐用品、急需品或特殊商品，这类商品需求弹性大，价格发生微小变化都会引起需求量的较大变化。

**3. 零售价格控制权归属**

有些制造商、批发商或其他供货人要对供给零售商的货品实行售价控制。他们事先制定好商品的零售价格，要求零售商必须按此价销售商品，以此来保护商品商标的信誉和形象，因此零售商必须按供货者的价格出售商品。但与此同时，零售商也希望得到商品售价的控制权，按自己的意愿决定零售价格。因此，零售商和供货人会时常产生冲突。这种冲突的解决是相互实力的权衡和较量。供货人往往以拒绝提供商品来威胁零售商，而零售商也可以拒绝销售供货人的一切商品而威胁对方，从而争夺控制权。

## 二、定价目标

### （一）以利润为导向的目标

许多零售商确定的价格目标都是实现一定的回报率或者获得最高的利润。目标回报是将一个具体的利润水平作为目标。这个利润水平通常可以表示为销售额或者零售商的资本投资额的一个百分比。零售商定价以利润为导向的目标由于企业的经营哲学及营销总目标的不同而在实践中存在两种形式。

**1. 以追求利润最大化为目标**

零售商追求的最大利润有长期和短期之分，还有单一产品最大利润和企业全部产品综合最大利润之别。在一般情况下，零售商追求的应该是长期的、全部产品的综合利润最大化。这样，企业就可以取得较大的市场竞争优势，占领和扩大更多的市场份额，拥有更好的发展前景。当然，对于一些中小型企业、产品生命周期较短的企业或产品在市场上供不应求的企业等，也可以先谋求短期最大利润，为企业以后的发展奠定牢固的基础。

零售商在追求利润最大化的目标过程中并不一定会必然导致产品的高价格。如果制定的价格太高，就会导致销售量下降，利润总额就有可能因此减少。与此相反，有时高额利润是通过采用低价策略，待占领广阔的市场后再逐步提价来获得的；零售商还可以采用招徕定价手段，对部分产品定低价，赔钱销售，以扩大影响，招徕顾客，带动其他产品的销售，进而谋取最大的整体效益。

**2. 以获取适度利润为目标**

这是指零售商在补偿社会平均成本的基础上，适当地加上一定量的利润作为商品价格，以获取正常情况下合理利润的一种定价目标。以利润最大化为目标在实际运用时常常会受到各种限制。所以，很多零售商按适度原则确定利润水平，并以此为目标制定价格。采用适度利润为目标会使产品价格不会显得太高，从而可以阻止激烈的市场竞争，或是某些零售商为了协调投资者和消费者的关系，树立良好的企业形象，提高市场美誉度而以适度利润为其目标。

由于以适度利润为目标确定的价格不仅可以使零售商避免不必要的竞争，也可以使企业获得长期利润，并且由于价格适中，消费者愿意接受，且符合政府的价格指导方针，因此，成为一种兼顾企业利益和社会利益的定价目标。需要指出的是，适度利润的实现，必须充分考虑产销量、投资成本、竞争格局和市场接受程度等因素。否则，适度利润只能是一句空话。

### （二）以销售为导向的目标

以销售额为导向的目标是指实现一定的销售量、销售额或者市场份额，但并不包括利润。零售业最常用的两个目标就是市场份额的增加和销售额的增加。这种定价目标是在保证一定利润水平的前提下，谋求销售额的最大化。某种产品在一定时期、一定市场状况下的销售额由该产品的销售量和价格共同决定，因此销售额的最大化既不等于销售量最大化，也不等于价格最高。根据需求弹性和利润之间的关系可以得出，对于需求价格弹性较大的商品，由于降低价格而导致的损失可以由销量的增加而得到补偿，并且会给企业增加利润，因此零售商宜采用薄利多销策略，保证在总利润不低于企业最低利润的条件下，尽量降低价格，促进销售，扩大盈利；反之，若商品的需求价格弹性较小，降价则会导致收入减少，利润降低，而提价则使销售额增加，因此零售商应该采用高价、厚利、限销的策略。

当采用销售额目标时，最重要的一点就是要确保企业的利润水平。这是因为销售额的增加，并不必然带来利润的增加。有些零售商的销售额上升到一定程度，利润就很难上升，甚至销售额越大，亏损越多。因此，销售额和利润必须同时考虑。在两者发生矛盾时，除非是特殊情况（例如，为了尽量地回收现金），应以保证最低利润为原则。

### （三）现状目标

零售商满足于自己当前的市场份额和利润水平时，通常会采用现状目标。在现状目标的指导下，那些拥有较高的市场占有率、经营实力较强或较具有竞争力和影响力的领导者先制定一个价格，其他企业的价格则与之保持一定的距离或比例关系。对大企业来说，这是一种稳妥的价格保护政策；对中小零售商来说，由于大企业不愿意随便改变价格，因此在价格方面的竞争性减弱，其利润也可以得到保障。

## 三、定价政策

定价政策是定价行为的原则，或者说指导方针，它可以保证一个零售商内部定价决策的一致性。一个大型零售商中有很多采购员都会参与定价决策。通过制定商店的总定价政策，采购主管为这些采购员提供一个采用具体定价战略的框架。

一家零售商店的定价政策应当反映其目标市场的期望。很少有零售商能够吸引市场的所有细分领域。中低收入消费者通常更愿意去低价的折扣商店中购物；中产阶级则通常在中等价格的日用商品连锁店中购物；富有的消费者则往往会选择那些能够提供额外服务的高级专营商店。只有超市才能够吸引各种收入水平的消费者，但即使这样也需要有一定的细分基础。成功的零售商会认真选择自己在市场中的定位，然后使用具体的定价策略满足其目标市场。很多时候，正确的定价政策能够成功地为零售商带来顾客。

在制定定价政策时，零售商必须决定它们是将价格定于市场水平之上，还是等于市场水平，或者低于市场水平。从零售商定价政策的具体实施来看，有两种对立的基本价格政策，即高/低价格政策和稳定价格政策。

### （一）高/低价格政策

高/低定价策略（high/low pricing strategy）是指零售商制定的同一种商品价格经常变动，商品价格有时高于其竞争者所采取的稳定的低价格，但他们为了促销而经常使用广告降价，使其商品价格低于竞争对手。高/低定价策略目前在国内变得越来越流行。过去，时尚商品零售商仅仅在季末降价销售，杂货店和药店也只有在供货方提供特惠价或存货过多时才会降价销售。现在零售商对日益加剧的竞争和顾客对价值的关注做出反应，常年采用特价商品进行促销。

高/低定价策略主要有下面五个好处。

（1）同一种商品在多重市场上具有吸引力。当时尚商品第一次进入市场时，零售商定最高价格，对价格不太敏感的时尚领导者或者那些难以得到满足的顾客常常是在商品刚进入市场时就购买；随着时间的推移和降价的实行，更多顾客进入市场；最后，擅长讨价还价的搜寻者进入购买市场。

（2）刺激消费。在降价过程中常常出现一种"仅此一天，过期不候"的氛围，降价导致购买者人头攒动，这就刺激了消费。

（3）推动商品流通。所有的商品都能被卖掉——问题在于价格如何。经常降价使得尽管利润受损，但零售商可以尽快把商品销售出去。

（4）强调质量或服务。初始的高价格给顾客一个信号：该商品质量很好或能提供优质的服务。在商品继续销售的过程中，顾客仍用原来的价格作为其价值度量。

（5）通过特价商品，实现招徕效应。实行这种价格政策的零售商往往会选择一些特价商品作为招徕品，以牺牲该商品的利润吸引顾客前来购买。顾客进入商场一般不会只购买特价品，在卖场气氛的影响下往往会购买许多原先无计划的其他商品，于是，零售商的降价促销目的便达到了，通过特价商品吸引顾客，通过高价商品或正常价格商品实现利润。

### （二）稳定价格政策

稳定价格政策是指零售商基本上保持稳定的价格，不在价格促销上过分做文章。主要形式有每日低价政策（everyday low pricing，EDLP）和每日公平价格政策（everyday fair pricing，EDFP）。

每日低价政策的零售商总强调把价格定得低于正常价格，但高于其竞争者大打折扣后的价格。因此，从某种意义上说，"每日低价"这个词并不准确，"低"并不一定最低。尽管使用每日低价的零售商尽量保持低价，但他们的定价并非总是市场上的最低价。一般来说，在竞争性商店或在批发会员店购买特定的商品时，价格才可能是最低的。采取每日低价政策的零售商目的在于希望给顾客的印象是所有商品价格均比较低廉。美国四个比较成功的零售商便是这一价格政策的实施者,它们是沃尔玛、家得宝、欧迪办公、玩具反斗城。始终如一地采用这一价格政策需要零售商具备不同寻常的成本控制能力。

每日公平价政策的零售商是在商品进货成本上附加一个合理的加价,它并不刻意寻求价格方面的竞争优势,而是寻求丰富的花色品种、销售服务、卖场环境及其他方面的优势,给顾客的印象是零售商赚取合理的毛利,以弥补必要的经营费用和保持稳定的经营。尽管每日公平价格政策的零售商可以在商品进货成本上附加一个他们认为合理的毛利,但如果忽视了控制进货成本和管理费用而使价格过高,同样不能被顾客所接受。

与高/低定价相比,稳定价格政策主要具有下列优点。

(1)减少价格战。稳定价格政策使得零售商从与对手的残酷价格战中撤出。一旦当顾客意识到其价格合理时,他们就会更多、更经常地购买。

(2)减少广告。稳定价格政策减少了促销广告,而把注意力更多地放在塑造企业形象上。

(3)提高对顾客的服务水平。没有因贱卖的刺激而产生新的消费群,因而,销售人员可以在顾客身上花更多的时间,提高服务质量。

(4)提高边际利润。尽管在稳定价格政策中价格一般较低,但由于其商品大量销售,所以总的来说会提高边际利润。

(5)稳定商品销售,从而有利于库存管理和防止脱销。频繁的、大打折扣的减价销售造成顾客需求上的大起大落,而稳定的价格可以使顾客的需求趋于稳定。平衡的需求可以减少需求预测上的失误,从而能更有效地利用商店的储货室和仓库空间,并提高配送效率,从而降低物流费用。

(6)保持顾客的忠诚。顾客对经常大降价的商店里其他商品的标价容易持怀疑态度,如果一种商品在顾客购买之后商店不久即降价,顾客更会产生一种被欺骗的感觉,并由此对商店的标价更不信任。而稳定价格政策会让顾客感觉标价诚实可信,因而会对商店更忠诚。

扩展阅读 8.2 日清+定时打折,社区生鲜"钱大妈"的"神仙打法"

## 第二节 零售定价方法

### 一、成本导向定价法

成本导向定价法是指零售商在商品定价过程中,以商品成本为基础的定价方法。成本导向定价法有各种不同的形式,具体有成本加成定价法和目标利润定价法。

#### (一)成本加成定价法

成本加成定价法是指按照单位成本加上一定百分比的加成来确定产品销售价格的定

价方法。成本加成定价法是零售商普遍采用的定价方法。

在这种定价方法中，加成率的确定是定价的关键。加成率的计算有两种方式：倒扣率和顺加率。

$$倒扣率 = （售价 - 进价）/售价 \times 100\%$$

$$顺加率 = （售价 - 进价）/进价 \times 100\%$$

利用倒扣率和顺加率来计算销售价格的公式如下所示。

$$产品售价 = 进价/（1 - 倒扣率）$$

$$产品售价 = 进价 \times （1 + 顺加率）$$

在零售商中，百货商店、杂货店一般采用倒扣率来确定产品售价，而蔬菜、水果商店则采用顺加率来确定产品售价。

加成率的确定应考虑商品的需求弹性和企业的预期利润。在实践中，同一行业往往会形成一个为大多数企业所接受的加成率。例如，在美国，一些商品的倒扣率一般为：照相机28%、书籍34%、服装41%、装饰用的珠宝饰物46%、女帽50%。

成本加成定价法具有计算简单、方便易行的特点，在正常情况下，按此方法定价可以使企业获取预期利润。但是，如果同行业中的所有企业都使用这种方法定价，他们的价格就会趋于一致，这样虽然能避免价格竞争，却忽视了市场需求和竞争状况的影响，缺乏灵活性，难以适应市场竞争的变化形势。

## （二）目标利润定价法

目标利润定价法是指根据损益平衡点的总成本及预期利润和估计的销售数量来确定产品价格的方法。运用目标利润定价法确定出来的价格能带来企业所追求的利润。

目标利润定价法要借助于损益平衡点这一概念。

假设：$Q_0$表示保本销售量，$P_0$表示价格，$C$表示单位变动成本，$F$表示固定成本，则保本销售量可用公式表示如下：

$$Q_0 = F/(P_0 - C)$$

在此价格下实现的销售额，刚好弥补成本，因此，该价格实际上是保本价格。由上式可推出

$$P_0 = F/Q_0 + C$$

在零售商实际定价过程中，可利用此方法进行定价方案的比较与选择。如果零售商要在几个价格方案中进行选择，只要估计出每个价格对应的预计销售量，将其与此价格下的保本销售量进行对比，低于保本销售量的则被淘汰。在保留的定价方案中，具体的选择取决于零售企业的定价目标。假设企业预期利润为$L$，预计销售量为$Q$，则实际价格$P$的计算公式如下：

$$P = (F + L)/Q + C$$

零售企业在运用目标利润定价法时，对销售量的估计和对预期利润的确定要考虑多

方面因素的影响，以保证定价的可行性。

## 二、需求导向定价法

需求导向定价法，价格是基于顾客希望或愿意付出的价钱而制定的。需求导向法的优点在于它与市场行为的一致性，就是说它考虑的是顾客的需求。而且，需求导向法可以提供使利润最大化的价格。但是按需求导向法确定价格很难掌握，特别是当需要确定几千种商品的零售价格时就更困难了。需求导向定价法主要包括理解价值定价法、需求差异定价法和逆向定价法。

### （一）理解价值定价法

所谓"理解价值"也称"感受价值""认知价值"，是指消费者对某种商品价值的主观评判。理解价值定价法是指企业以消费者对商品价值的理解度为定价依据，运用各种营销策略和手段，影响消费者对商品价值的认知，形成对企业有利的价值观念，再根据商品在消费者心目中的价值来制定价格。

理解价值定价法的关键和难点在于如何准确获得消费者对有关商品价值理解的资料。企业如果过高估计消费者的理解价值，其价格就可能过高，难以达到应有的销量；反之，若企业低估了消费者的理解价值，其定价就可能低于应有水平，使企业收入减少。因此，企业必须通过广泛的市场调研，了解消费者的需求偏好，根据产品的性能、用途、质量、品牌、服务等要素，判定消费者对商品的理解价值，制定商品的初始价格。然后，在初始价格条件下，预测可能的销量，分析目标成本和销售收入，在比较成本与收入、销量与价格的基础上，确定定价方案的可行性，并制定最终价格。

### （二）需求差异定价法

所谓需求差异定价法，是指产品价格的确定以需求为依据，首先强调适应消费者需求的不同特性，而将成本补偿只放在次要的地位。这种定价方法就是对同一商品在同一市场上制定两个或两个以上不同的价格，或使不同商品价格之间的差额大于其成本之间的差额。其好处是可以使企业制定的价格最大限度地符合市场需求，促进商品销售，有利于企业获取最佳的经济效益。

根据需求特性的不同，需求差异定价法通常有以下六种形式。

（1）以顾客为基础的差别定价。它是指对于同一产品针对不同的顾客，制定不同的价格。比如，对老顾客和新顾客、长期顾客和短期顾客、女性和男性、儿童和成人、残疾人和健康人等，分别采用不同的产品价格。

（2）以销售区域为基础的差别定价。它随着销售区域的不同而收取不同的价格，比较典型的例子是影剧院、体育场、飞机等，其座位不同，票价也不一样。例如，体育场的前排可能收费较高，旅馆客房因楼层、朝向、方位的不同而收取不同的费用。这样做的目的是调节客户对不同地点的需求和偏好，平衡市场供求。

（3）以时间为基础的差别定价。同一种产品，成本相同，而价格随季节、日期、甚至钟点的不同而变化。例如，供电局在用电高峰期和闲暇期制定不同的电费标准；电影院在白天和晚上的票价有别。对于某些时令性商品，在销售旺季，人们愿意以稍高的价格购买；而一转到淡季，则购买意愿就会明显减弱，所以这类商品在定价之初就应考虑到淡、旺季的价格差别。

（4）以商品本身为基础的差别定价。不同外观、花色、型号、规格、用途的商品，也许成本有所不同，但它们在价格上的差异并不完全反映成本之间的差异，而主要区别在于需求的不同。例如，棉纺织品卖给纺织厂和卖给医院的价格不一样，工业用水、灌溉用水和居民用水的收费往往有别，对于同一型号而仅仅是颜色不同的产品，由于消费者偏好的不同，也可以制定不同的价格。

（5）以流转环节为基础的差别定价。企业产品出售给批发商、零售商和用户的价格往往不同，通过经销商、代销商和经纪人销售产品，因为责任、义务和风险等的不同，价格就会有所不同。

（6）以交易条件为基础的差别定价。交易条件主要指交易量大小、交易方式、购买频率、支付手段等。交易条件不同，企业可能对产品制定不同价格。比如，交易批量大的价格低，零星购买价格高；现金交易价格可适当降低，支票交易、分期付款、以物易物的价格适当提高；预付定金、连续购买的价格一般低于偶尔购买的价格。

由于需求差异定价法针对不同需求而采用不同的价格，实现顾客的不同满足感，能够为企业谋取更多的利润，因此，在实践中得到广泛的运用。但是，也应该看到，实行区别需求定价必须具备一定的条件，否则，不仅达不到差别定价的目的，甚至会产生副作用。这些条件包括以下四个方面。

（1）从购买者方面来说，购买者对产品的需求有明显的差异，不同产品的需求弹性也不同，因此，市场能够细分，不会因为差别定价而导致顾客的反感。

（2）从企业方面来说，实行不同价格的总收入要高于实行同一价格的总收入。因为差别定价不是目的，而是一种获取更高额利润的手段，所以企业必须对供求、成本和盈利进行细致、深入的分析。

（3）从产品方面来说，各个市场之间是分割的，低价市场的产品无法向高价市场转移。这种现象可能是由于交通运输状况造成的，也可能是由于产品本身特点造成的。例如，劳务项目难以通过市场转卖而获取差额利润，所以，适宜采用差别定价方法。

（4）从竞争状况来说，无法在高价市场上进行价格竞争。这可能是本企业已经垄断了整个市场，竞争者极难进入，也可能是产品需求弹性小，低价不会对消费者需求产生较大的影响；还可能是消费者对本企业产品已产生偏好。

### （三）逆向定价法

这种定价方法的重点是考虑需求状况而不是考虑产品成本。依据消费者能够接受的最终销售价格，逆向推算出中间商的批发价和生产企业的出厂价格。逆向定价法的特点是：价格能反映市场需求情况，有利于加强与中间商的良好关系，保证中间商的正常利润，使产品迅速向市场渗透，并可根据市场供求情况及时对

扩展阅读 8.3 奢侈品牌的全价策略

商品进行调整，定价比较灵活。

## 第三节　零售定价策略

### 一、地理定价

事实证明，特定商品的价格在不同的地区可以是不一样的。此类价格差异的原因可能涉及相对位置、市场因素、宏观环境或者零售价格政策。相对位置可以影响到商品的分销成本，因为随着与生产中心的接近或分销距离的减短，运输成本通常会增加。零售商希望在所有商店中创造出预定的每单位商品边际利润，因此，需要为更远的商店设定更高的价格。

由于诸如"公平"价格水平或者竞争性压力等市场因素，价格可能也会不一样。由于前者，在给定的区域内，顾客尽管觉得价格偏高，仍会欣然地接受，因此零售商希望在市场价位上进行销售一定比例以上或以下的商品，于是会设定比其他地区更高的价格。而后者则因本地的竞争水平可能不同，导致了价格压力的不同。在很多情况下，更多的竞争倾向于压低价格，因此，商店较少的农村地区可能比繁华的城市或临近城市的地域价格更高。

### 二、促销定价

#### （一）特殊事件定价策略

有些零售企业喜欢利用一些特殊的时间和事件，把全部或部分商品临时降价以吸引顾客并刺激购买。特殊节日包括公共性节日，如春节、元旦和中秋节等；另外一种特殊节日是商家的开业、店庆或装修后重新开张等。此外，商店还可利用各种与经营相关的特殊事件，实行折扣价格策略以吸引顾客关注和光顾，这是一种"借势"经营行为。无论是哪一种特殊事件定价策略，其主要目的都是通过这些特殊事件来引起顾客的注意，以实现宣传本店、扩大销售的目的。由于特殊事件定价只是临时性的降价，因而不会导致其与竞争对手之间的价格战，也不会在顾客心目中产生价格定势，因此是一种良好的促销价格策略。

#### （二）提供赠品定价策略

提供赠品定价策略是指向顾客免费赠送礼品或者当顾客的购买金额达到一定幅度时向其赠送礼品。主要有三种操作方式：一是免费赠送，只要进店即可免费获得一件礼品；二是先买后送，即顾客购物满一定金额才能获得礼品；三是随商品附赠礼品，像买咖啡送咖啡杯、买生鲜食品送保鲜膜等。对某些新商品或利润较高的商品，也可以采用销售赠品的定价方法来刺激这类商品的销售。临近保质期的商品，在与供货商协商以非实际退货方式退货后，也可将其作为附赠品向消费者附带赠送。此外，还可将新商品以小包装的方式作为赠品附送。这样，一方面可以促使顾客尝试购买新商品，另一方面用实物反映价格优惠，有利于扩大销售。

## 三、竞争定价

此类定价是根据竞争者的价格来设定具体价格。在一般情况下，零售商会特别注意竞争者的比较性商品和已知质量商品。这两种类型的商品仅占了全部分类的一小部分，但消费者却用它们来对竞争的零售商的价格差异进行衡量。两者的竞争价格的设定可能会对利润产生极其有限的影响，但可能会对零售商的价格形象产生巨大的影响。另外，由于消费者从价格搜寻中得到的感知利益被视为最小，因此，他们可能会放弃进一步的价格比较。

## 四、心理定价

心理定价策略是依据消费者的购买心理来修改价格，主要有以下五种形式。

### （一）整数定价策略

整数定价就是在调整产品价格时采取合零凑整的办法，把价格定在整数或整数水平以上，给人以较高档次产品的感觉。例如，将价格定为1000元或1050元，而不是990元。消费者认为，较高档次的产品能显示其身份、地位等，能得到一种心理上的满足。

### （二）尾数定价策略

尾数定价策略是指保留价格尾数、采用零头标价，将价格定在整数水平以下，使价格保留在较低一级档次上。尾数定价一方面给人以便宜感，另一方面因标价精确给人以可信感。对于需求弹性较强的商品，尾数定价往往能带来需求量的大幅度增加。例如，将价格定为19.80元，而不是20元。

### （三）声望定价策略

声望定价策略是指针对消费者"一分价钱一分货"的心理，对在消费者心目中享有声望，具有信誉的产品制定较高价格。价格高低时常被当作商品质量最直观的反映，特别是在消费者识别名优产品时，这种意识尤为强烈。这种声望定价技巧，不但在零售商业中应用，而且在餐饮、服务、修理、科技、医疗、文化教育等行业也被广泛运用。

### （四）习惯定价策略

习惯定价策略是指按照消费者的习惯性标准来定价。日常消费品价格，一般采用习惯定价。因为这类商品一般易于在消费者心目中形成一种习惯性标准，符合其标准的价格容易被顾客接受，否则易引起顾客的怀疑。高于习惯价格常被认为是变相涨价，低于习惯价格又会被怀疑产品质量存在问题。因此，这类产品价格应力求稳定，在不得不涨价时，应采取改换包装或品牌等措施，减少消费者的抵触心理，并引导消费者逐步形成新的习惯价格。

### （五）招徕定价策略

招徕定价策略是指将产品价格调整到低于价目表的价格，甚至低于成本费用，以招徕顾客并促进其他产品的销售。例如，有的超级市场和百货商店大力降低少数几种商品的价格，特别设置几种低价畅销商品，有的则把一些商品用处理价、大减价来销售，以招徕顾客。顾客多了，不仅卖出了低价商品，更重要的是带动和扩大了一般商品和高价商品的销售。

扩展阅读 8.4 优衣库的定价策略

## 五、类目定价

此类定价涉及为许多类似的商品设置价格。事实证明，简单的价格设置方法，例如，一种固定基于边际利润的方法，不能提供最佳的定价结构。其原因在于消费在价格与质量分析中的价值评估。如果商品类目有一系列不同的价格可以进行比较，就更难做出价值判断。相关定价能更容易地做出相关感知质量的判断，并因此导致更容易的价格评估。例如，对消费者测试两套类目定价来测量他们的反映，结果呈近似一致或非一致的关系。经研究发现，这种一致关系使消费者在做出价格与质量判断的时候更有信心，并缩短了他们在购买评估中所花费的时间。非一致关系导致了消费者的迷惑，减少了价格与质量判断中的自信程度，并延长了购买评估的时间。这个发现同感知质量阶梯的概念相联系。这两者都认为感知质量的差异对消费者选择行为有利。

## 六、单位定价

此类定价是提供整包价格和每单位价格的过程。例如，一个 4 kg 装的商品 A 会有一个整包价格，并且每千克有一个价格。单位定价在一些国家和地区对零售商来说是强制性，以便于消费者对购买该商品进行准确的评估。一般来说，除了对更小的包装进行促销性定价或者存在人员出错之外，当包装大小增加时，单位价格会减少。单位定价也可以用于合并一些促销定价方法，以使得消费者能在确切的单位价格基础之上评价这种特殊的出售方式。

## 七、弹性定价

弹性定价是指以不同的价格向不同的顾客提供相同的产品和数量。在需要个人推销的情况下，零售商一般会利用弹性定价策略。弹性定价可以使售货员根据顾客的兴趣、竞争者价格、商店与顾客过去的关系，以及顾客讨价还价的能力来调整价格。大部分珠宝店和汽车经销店都会使用这种定价策略，尽管有些顾客对此表示不满。其他一些零售商也会通过向特殊消费者提供折扣来变动自己的价格，如老年消费者或学生。弹性定价鼓励购物者花更多时间待在商店里，让他们认识到该零售商是折扣导向型的。若遇到不喜欢还价的顾客，就能使零售商获得较高的利润。这种方式需要高的初始价格及具有丰富推销技巧的销售人员。

## 第四节　零售价格调整

### 一、提价

很多零售商对商品涨价都很谨慎，初始价格一旦确定以后，他们会努力维持现状，尽可能避免涨价。因为顾客对商品涨价非常敏感，常常会产生抵触心理。当然，零售商也不应过于害怕涨价，在经营环境发生变化，商品不得不涨价时，只要注意适当的涨价技巧，也能将涨价的负面影响降到最低。

#### （一）提价的方式

一般说来，零售店主动提高价格是由于：①物价上涨，成本上升，零售店为维持既得利润而提价；②商品供不应求，再购率提高，零售店为获取潜在的边际利润而提价；③零售商已取得垄断优势，为攫取垄断利益而提价。

零售店主动降低价格是由于：①市场供过于求，商品积压严重，在其他促销手段不能奏效的情况下，不得不降价求售；②为实现大批量销售下的成本降低利润增加而降价；③为夺回失去的市场或争取更大市场份额而降价；④为纠正前期决策失误而降价，如货不对路或错过时令、前期定价偏高。

提价的方式很多，零售店既可以直接提价，也可以采用间接方式提价，把提价的不利因素减少到最小的程度，使涨价不影响销量和利润，而且被潜在消费者普遍接受。如果零售店采用直接提价，则一定要让消费者知道此价该提，不得不提，提之有理，并进行广泛宣传，以免消费者产生反感情绪。当零售店采取直接提价出售商品时，附带搞一点赠品和优惠措施，以减少消费者对提价的压力，使提价顺利推行。

在很多时候，零售店采取间接提价方式，使提价具有隐蔽性和迷惑性。比如，零售店少给折扣或取消折扣，就是变相涨价；变免费服务为有偿服务，提高服务收费；价格不变，减少商品分量和附赠商品；价格不变，简化包装等；在系列商品中加进一些利润高的品种，或减少利润低、价格低的商品品种，减少额外费用支出，变送货上门为上门提货等。实行间接提价，一定要选择适当的方式，妥善运用，否则可能对零售店产生不利影响。比如，增加服务收费、减少服务项目等，不易随便采用，因为这样做，会损害零售店形象，影响零售店信誉，打击消费者信心，对消费者的需求和购买行为不仅不能产生刺激作用，反而会起到抑制作用。

#### （二）提价的时机

由于市场环境的复杂，竞争的格局不同，零售店应根据条件，选择适当时机提价。该提价不提价，不该提价又提价，对零售店不利。

**1. 商品在市场上处于优势地位**

当零售店商品在市场上处于优势地位时，商品质量好、声望高、形象好、零售店实力雄厚，消费者产生了一定的偏好，预期价格往往高于其他商品的价格。所以，零售店可适当提价，以满足消费者可接受的心理价格，并促进零售店收入增加。

**2. 提价能增加零售店利润**

需求的价格弹性小，提价不会引起销售量锐减，甚至仍能维持原来的市场占有率和销量，增加零售店利润，这时，如果降价反而对零售店不利。像一些生活必需品就适合这一策略，如鸡蛋、食盐、大米和油等。

**3. 进入成长期**

进入成长期，消费者欲望增强，需求量上升，商品知名度在提高，需求弹性变小，尤其是在导入期实行渗透定价的商品，这时可根据商品的发展情况，适当提高价格，增加收入，弥补导入期的高本低利。

**4. 季节性商品到达旺季**

季节性商品到了旺季，商品俏销，市场活跃，零售店可进行季节性提价，以便使商品销售在旺季和淡季取得相应的销量。旺季提价，淡季降价，全年仍有一定的平均利润。旺季提价也容易被消费者所接受。

**5. 竞争对手商品提价**

如果不同零售店商品差别较小，竞争水平相同或相当，则竞争对手采用提价策略，零售店也可考虑提价，以保持原有商品的价格关系，稳定利润。在寡头垄断、垄断竞争和完全竞争条件下零售店甚至没有权力单独定价，只能根据市场条件的变化而变化，被动地接受价格。

**6. 厚利限销的商品**

对厚利限销的商品，提高价格，限制销售量，仍可维持高额利润。采用这种方式的商品，一般是市场俏销，供给有限，顾客对价格不敏感的商品；对消费者身心健康有不良影响，但又不便强行禁止的商品，如宗教迷信用品、烟酒商品等；使用稀缺资源生产的非生活必需品，如珠宝玉器等；具有很高心理价值、欣赏价值和地位价值的商品，如艺术品等；需要特殊工艺进行生产、具有鲜明特色的高档消费品和民族商品等。这些商品不宜实行薄利多销策略，通常都实行高价、厚利、少销的策略。

另外，利用通货膨胀、物价上涨、成本增加的机会，提高商品价格。这种提价零售店有时是主动的，有时是被迫的。不提价往往意味着零售店的原有利润下降；提了价，消费者往往因预期心理上升而愿意接受。

**（三）提价的技巧**

引起商品提价的主要因素是供不应求或通货膨胀。当零售店不能满足所有顾客的需要时，商品的提价可能对顾客产生限量购买的作用，也可能促进顾客购买。

提高"实际"价格有几种技巧，每种技巧对顾客产生的影响各不相同，以下是零售店常用的四种提高价格的技巧。

（1）时机涨价法。提价应利用有利的时机，如季节性商品换季、年度交替、传统节日和传统习俗期间等，零售店不要错过可能涨价的机会。

（2）分段涨价法。价格一下子提得太高，就很难让顾客接受。如果需要调整的价格幅度较大，可以采取分段调整的办法。一次涨价幅度不宜过大，从经济数据看，每次上调幅度不宜超过原价的10%。

（3）部分提价法。商店全部商品都提价会遇到顾客的抵制，不建议零售店采用。选择局部商品提价，才容易为顾客所接受。因此，店铺应采取部分提价为好。

（4）间接提价法。这种方法是通过改变商品品质、包装，减少商品重量、数量等手段，间接提高价格，使顾客更容易接受涨价。

## 二、降价

### （一）降价的类型

降低价格是在最初的销售价格上向低调整，使商品的售价低于原售价。主要有以下四种类型。

（1）成本降价。当供应商实现规模效益，生产成本下降时，零售企业的进货成本也随之降低。此时应主动适当降低价格，以增强竞争力。

（2）竞争降价。当生产厂家实现规模效益，生产成本降低时，零售企业的进货成本也随之降低。为了扩大销售，提高市场占有率，零售企业应主动适当地降低价格，以增强竞争力。

（3）招徕降价。在市场疲软或销售不利的情况下，为吸引顾客，零售企业可以选择一种或几种比较有吸引力的商品，以具有吸引力的低价销售，以招徕顾客，带动其他未降价商品的销售。

（4）拓市降价。这是指为销售不畅的商品开拓市场而降低价格。低廉的价格会促使消费者购买，有利于扩大销售，打开销路。

### （二）降价的时机

许多商店很早就开始降价，而那时的需求还相当活跃，通过及早降价销售，商店不必像在销售季节的晚期那样急剧降价。一些商店也采取后期降价的政策。尽管商店对安排降价的最佳时间顺序有不同的看法，但必须在保本期内把商品卖掉却是共识。在保本期内，可以选择早降价、迟降价或交错降价。

**1. 早降价的好处**

（1）实施这种办法，是在需求还很旺盛的时候，就把商品降低价格出售，可以大大地刺激消费者的购买欲望。

（2）早降价与在销售季节后期降价相比，只需要较少地降低价格就可以把商品卖出去。

（3）早降价可以为新商品腾出销售空间。

（4）早降价可以加快商店资金的周转

**2. 迟降价的好处**

（1）商店可以有充分的机会按原价出售商品。

（2）避免频繁降价对正常商品销售的干扰。

（3）减少商店由于降价带来的利润降低。

选择降价时机，关键要看减价的结果。如果商品能顺利地销售，商店可以选择延迟降价；如果降价对顾客有足够的刺激，能够加速商品销售，可以早降价。

交错降价就是将早期降价和晚期降价策略结合起来运用，现在这一方式变得越来越流行了。例如，许多时尚商品专卖店在销售的前几周之后削价20%，又过几周再削价30%，这样下去直到商品卖完。这种方法看来比那种降价次数少但降价幅度很大的办法更能增加利润，这可能是因为顾客相信他们必须在降价结束之前而商品又未售完时去购买。同样，在第一次降价时未购买的顾客可能会在下一次降价时购买。两种策略结合的缺点是：商店可能会在第一次或第二次降价之后蒙受较大损失。

但是，频繁降价会使顾客产生不良的心理反应。如果商店频繁地搞商品降价处理，顾客就会认为"降价处理的商品价格就是该商品的本身价格"。如果顾客形成这样的印象，降价就失去了对顾客的吸引力。

**（三）暗降的技巧**

如果为了提高市场占有率或和竞争对手周旋而必须降价，但又不得不维持表面上的市场价格，就可采用暗降的方法。暗降的方法多种多样，主要包括以下四种。

（1）实行优待券制度。应当注意的是，优待券的发放面不宜过大；报纸上刊登的优待券应有较强的时间限制而不宜期限过长，这样人们才有紧迫感。

（2）返还部分货款。告知消费者，若将证明购买特定的商品的证件或标签返还，则可获得一定金额的货款返还。

（3）实物赠品。通过赠送有一定价值的实物来吸引消费者。

（4）以"新产品"面貌出现。比如经由简化包装，变换组合，使之以"新面貌"出现。这种新产品定价较老产品要低，容易销售，而与现有产品又"毫无关系"。

扩展阅读8.5 喜茶的降价

# 第五节 人工智能动态定价

## 一、人工智能动态定价的概念和内涵

价格信息是商品触达消费者的重要途径，合适的价格是撬动零售商销售的杠杆，是加速商品库存周转的引擎。随着互联网、大数据和人工智能时代的到来，零售企业基于对价格、商品、用户信息的精准研判，通过持续的数据输入和机器学习训练，可以平衡商品的毛利润和销售额目标，计算最优价格，促进交易效率的提升。

动态定价是指在需求不确定的情况下，根据变化的市场情况动态调整价格以获得收益的定价方法。人工智能动态定价则是指利用计算机算法为产品或服务在群体或个体层面进行定价。人工智能动态定价算法能够根据消费者需求、竞争者价格、个人行为和人口特征等诸多影响因素，输入数据决定对企业总收益最有利的价格。通过采用机器学习的核心技术，定价算法可以预测未来的产品需求和消费者支付意愿，甚至可以利用增强学习原理对算法本身进行自动调整，不需要程序员重新编译代码。

人工智能动态定价的内涵包括三个方面：①人工智能动态定价的实质就是差别定价或者是价格歧视，它允许对目标顾客的进一步定制化，并且进一步增强了传统上的细分定价或差别定价；②人工智能动态定价是根据市场的需求和供给的变化，以及消费者感知价值和支付意愿的差异来进行运作的；③人工智能动态定价更需要互联网和数据库的支撑，通过科学的人工智能算法，以随时了解顾客需求和匹配市场竞争变化。

## 二、人工智能动态定价的工作内容和基本步骤

与传统定价相同的是人工智能动态定价的根本逻辑依旧是通过顾客的数据对顾客进行细分，并结合市场竞争情况的动态变化，有针对性地制定产品价格策略，不同之处在于这一过程由计算机完成，并且数据获取的手段、消费者细分的标准和价格制定的方法也有所不同。

人工智能动态定价的工作内容可以被拆解为以下四个步骤。

（1）数据收集。消费者的个人信息数据是人工智能算法分析的基础。可收集的数据包括消费者的个人特征、购买历史、消费水平、比价习惯、IP 地址、产品浏览足迹等。

（2）选择算法模型进行分析。一方面，需要考虑的问题是消费者的构成、偏好和行为，这可由收集到的数据进行刻画，这部分的分析相对来说较为静态。另一方面，消费者的行为并非是完全理性的，这会对分析造成干扰，如光环效应、网络效应、诱饵效应、受部分社会事件的影响等。但这并不意味着其中没有规律，依然可以通过建立算法模型去刻画消费者的部分非理性行为。将以上两个部分的算法进行有机结合将得到最终的消费者行为的刻画。此外，还需要考虑算法模型的选择，即对于何种消费者在何时使用何种算法模型。

（3）提供价格策略。人工智能算法定价的目的是给出消费者最大支付意愿的价格，然而实际可能会受到诸多的限制。比如，竞争企业的价格机制，非人工智能定价企业的价格、政策管制等。所以算法需要综合考虑以上问题，给出定价方案。

（4）进行算法的调整优化。人工智能算法并非一劳永逸，需要随着环境、市场、消费者的变化不断地更新迭代，形成数据收集、建立决策、反馈、建立新数据集、更新算法与决策的闭环。

人工智能动态定价算法的运行过程可以分解为三个步骤。

（1）通过大数据收集消费者的个人特征信息：如年龄、地区、职业、收入、学历、上网痕迹、消费习惯、个人偏好等，并据此生成对应个人的消费者画像。

（2）根据收集到的消费者信息，运用价格算法推测用户最大支付意愿，从而向用户

推荐不同价格的个性化商品。

（3）制定一个对不同消费者索价不同的价格歧视机制，有可能是直接对不同消费者显示不同的价格，也有可能是提供间接的个性化折扣或者特定产品组合优惠。

## 三、人工智能动态定价的适用条件

对同一产品或服务收取不同价格的动态定价机制吸引了很多企业，零售企业成功实施人工智能动态定价的条件如下。

（1）商品价值的时间弹性较大。商品价值的时间弹性越大，就越需要价格实时反映市场条件的变化，否则就会造成价值的损失，如容易腐烂的物品、折旧大的物品等。因此,时间弹性比较大的产品或服务可以使用基于需求的动态定价方法。

（2）估价信息的完全性。由于商品的市场价值依赖对买方或卖方估价信息的了解，在买方或卖方估价信息不完全的条件下，需要由定价机制来揭示估价信息，如古董、艺术品的定价。

（3）需求或供给的可预测性。市场需求或供给的波动越是频繁，波动幅度越大，商品的市场价值对时间的依赖性就会越强，商品的市场价格越需要实时反映市场需求或供给的变化。

（4）客户愿意为同样的货品或服务支付不同的价格。企业必须知道或能够推断出顾客对每一单位产品或服务的支付意愿，这个支付意愿随着顾客或销量的变化而变化。顾客对同样产品或服务的价值评估差异越大，越可以使用动态定价配置和管理需求，但是实行动态定价时不能让顾客感觉不公平。顾客反对根据他们过去的消费行为或者个人的支付能力进行的动态定价，但如果顾客参与定价过程，他们也愿意接受明显的价格歧视，同时企业必须有能力阻止或限制顾客转售套利。

（5）市场越大，顾客数量越多，交易数量越大，使用动态定价的机会越多。市场越大，顾客越多，市场的不确定性就越大，这样的不确定性市场更适合动态定价。国际互联网增加了市场的不确定性，促进了传统经济向现代经济的转变，为电子商务企业采用动态定价提供了条件。

## 本章小结

在现代市场经济条件下，企业面临的竞争压力越来越大，消费者需求日益理性和个性化，使得零售商定价决策在管理中的位置越来越重要。选择合适的零售定价策略，直接关系到零售商的市场竞争和经济效益。零售商要综合考虑零售定价的影响因素、零售定价目标与政策、零售定价的方法、零售定价的策略，以及零售定价的调整，以便适应多变的市场环境。

零售商在确定零售定价时，要综合考虑多种因素，这些因素主要包括商品成本、零售商的定位和服务策略、消费者价格心理、竞争对手的价格、国家的法规政策，以及零售商选址、商品效用和零售价格控制权归属等其他因素。

零售定价需要建立一定的定价目标，一般来说，根据零售商的实际情况，零售定价目标主要有：以利润为导向的目标、以销售为导向的目标和维持现状的目标。目前，在国内外零售业界流行两种对立的定价政策，即高/低价格政策和稳定价格政策。这两种定价政策使得零售商的价格管理和竞争策略有明显的区别，也形成了两种鲜明的特色。

零售定价方法是零售商在特定的定价目标和定价政策指导下，依据对影响价格因素的分析研究，运用价格决策理论，对商品价格水平进行计算决定的具体方法。零售商在选择定价方法解决定价问题时，应参考成本费用、市场需求和竞争状况这三个主要因素中的一个或多个，并通过此种定价方法产生一个独特的价格。常见的定价方法可归纳为成本导向和需求导向两类。

零售商在制定了基本价格后，要建立一种多价位的商品结构，以适应不同的需求特点。因此，有必要针对不同的消费心理、购买行为、竞争态势、地区差异和需求差异等，对基本价格进行修改。常见的定价策略主要包括地理定价、促销定价、竞争定价、心理定价、类目定价、单位定价、习惯定价、弹性定价等。

零售企业处在一个动态的市场环境中，产品价格的制定与修改都不是一劳永逸的。企业必须根据市场环境的变化，不断地对价格进行调整。零售价格调整有两种形式：提价和降价。无论是提价还是降价，都有可能对顾客产生一定的负面影响。为了降低这一影响，零售商在调整价格时需要十分注意调价时机和调价技巧。

人工智能动态定价在零售企业收益管理中发挥着非常重要的作用。人工智能动态定价基于互联网、大数据和人工智能算法等技术，根据顾客认可的产品、服务的价值或者根据供给和需求的状况动态调整价格，是买卖双方在交易时进行价格确定的一种定价机制。人工智能动态定价机制有助于零售企业在不确定的环境下寻求价格，通过价格和当前市场条件的匹配，买方和卖方之间能产生出一个最优的结果，从而达到更高的市场效率。零售企业实施人工智能动态定价需关注在商品、顾客以及市场等方面的适用条件。

## 思考题

1. 零售商在制定商品价格时需要考虑哪些因素？
2. 零售商常见的商品定价目标是什么？
3. 试分析零售商定价政策的类型及其优缺点。
4. 简述零售商常用的确定商品定价的方法。
5. 零售商有哪些主要的定价策略？
6. 举例说明零售商的心理定价策略种类。
7. 请选择一家零售商，分析其商品提价的原因、提价的时机以及给出其提价技巧的建议。
8. 零售企业如何实施和开展人工智能动态定价？

## 案例分析

### 零售商利用人工智能动态定价的效应

动态定价方式会跟踪用户不断增加的数据，并利用这些数据来预测用户愿意支付的费用。定价算法使用的数据来自一些看似良性的来源，如忠诚卡，甚至是邮政编码，但它也越来越多地结合了之前的行为。

在线零售商开始使用他们收集的数据来决定人们对特殊服务的反应，据此调整他们的定价策略。如果消费者的网上购物行为表明不喜欢花时间来比较某一价格区间的价格，那么零售商就可以在下次消费者去找商品的时候把它考虑在内。固定在一个价格的日子已经变成了过去。

动态定价利用了消费者想要找到下一个便宜货的欲望。动态定价的目标是让卖家受益，而不是买家。动态定价可以被设计成为消费者的某次大额购物提供偶尔的优惠。关键是，虽然消费者可能会通过收集足够的个性化数据偶尔受益，但零售商的算法最终能确保零售商赢得更多的利润。

根据美国布兰戴斯大学经济学系助理教授本杰明·希勒的研究，他模拟了 Netflix 实施不同定价方法对企业利润的影响，发现使用传统人口统计变量的个性化定价方法可以使 Netflix 增加 0.25%的利润，但根据用户网络浏览历史，使用机器学习技术，来估算用户愿意支付的最高价格，可以使 Netflix 的利润增加 12.99%，表明人工智能个性化定价为公司带来了 50 倍的利润增长。

"杀熟"鼻祖亚马逊为了从注册用户身上实现尽可能多的利润，以"价格实验"为名，利用 cookie 跟踪用户的浏览轨迹，对 DVD 进行差别定价：新用户看到的价格是 22.74 美元，被算法认定为"有强烈购买意愿"的老用户，看到的价格却高了将近 4 美元。亚马逊也因此提高了销售的毛利率。

曾经流传这么一个故事：2012 年的一天，一位男性顾客怒气冲冲地来到 Target 超市（仅次于沃尔玛的全美第二大零售商），向经理讨要说法，因为他 16 岁的女儿竟然收到了孕妇服装的优惠券，他觉得受到了侮辱。但随后，这位父亲与女儿进一步沟通发现，女儿真的已经怀孕了。原来，通过收集每位顾客的消费记录，Target 早已形成一个庞大数据库。Target 的数据分析师开发了很多预测模型，怀孕预测模型（pregnancy-prediction model）就是其中之一。通过分析这位女孩的购买记录——无味湿纸巾和补镁药品，就预测到了这位女顾客可能怀孕了，而怀孕了就需要购置孕妇服装。

（资料来源：贺爱忠，聂元昆. 人工智能营销[M]. 北京：机械工业出版社，2023-01.）

**案例思考**

1. 人工智能动态定价的内涵和基本逻辑是什么？
2. 根据案例，零售企业采用人工智能定价工具在适用条件上应注意哪些方面？

# 本章实训

## 一、实训目的

1. 明晰零售定价的影响因素、目标与政策。

2. 通过实地调查，了解所在城市不同业态主要零售企业定价的方法和策略。

3. 锻炼调查收集资料、分析问题、团队协作、个人表达等能力。

## 二、实训内容

以小组为单位，就某一零售业态深入你就读高校所在城市的 3~5 家典型零售企业调查，收集这一业态零售企业的零售定价策略和技巧，比较分析不同企业零售定价策略对其竞争优势的影响。

## 三、实训组织

1. 指导教师布置实训项目，提示相关注意事项及要点。

2. 将班级成员分成若干小组，成员可以自由组合，也可以按学号顺序组合。小组人数划分视修课总人数而定。每组选出组长 1 名，发言代表 1 名。

3. 以小组为单位，选定调查的业态及这一业态的典型零售企业，拟定调查提纲，深入企业调查收集资料。写成书面调查报告，制作课堂演示 PPT。

4. 各小组发言代表在班级进行汇报演示，每组演示时间以不超过 10 min 为宜。

## 四、实训步骤

1. 指导教师布置任务，指出实训要点、难点和注意事项。

2. 演示之前，小组发言代表对本组成员及其角色进行介绍陈述。演示结束后，征询本组成员是否有补充发言。

3. 由各组组长组成评审团，对各组演示进行评分。其中，演示内容 30 分，发言者语言表达及台风展现能力 10 分，PPT 效果 10 分。评审团成员对各组所评出成绩取平均值作为该组的评审评分。

4. 教师进行最后总结及点评，并为各组实训结果打分，教师评分满分为 50 分。

5. 各组的评审评分加上教师的总结评分作为该组最终得分，对于得分最高的团队予以适当奖励。

## 延伸阅读

1. 贺爱忠，聂元昆. 人工智能营销[M]. 北京：机械工业出版社，2023.

2. 胡玉生. 基于顾客购买行为的易逝品动态定价[M]. 北京：北京理工大学出版社，2022.

3. 宋晓兵，何夏楠. 人工智能定价对消费者价格公平感知的影响[J]. 管理科学，2020，33（5）：3-16.

4. 苏敏. 零售价格框架对消费者价差退货的影响研究[J]. 价格月刊，2021（6）：27-33. DOI:10.14076/j.issn.1006-2025.2021.06.04.

5. 王文怡，王顺洪，郭强. 消费者信息传播下的零售企业定价策略研究[J]. 软科学，2018，32（6）：134-139. DOI:10.13956/j.ss.1001-8409.2018.06.29.

6. 周围. 人工智能时代个性化定价算法的反垄断法规制[J]. 武汉大学学报（哲学社会科学版），2021，74（1）：108-120. DOI:10.14086/j.cnki.wujss.2021.01.010.

## 即测即练

# 第九章

# 零售促销管理

◆ **本章学习目标**

了解零售促销的类型和作用；熟悉零售促销组合要素，掌握零售促销的概念与特点、零售促销的策划、实施和评估。

◆ **引例**

### 超值1元——舍小取大的促销策略

在绍兴的一家超市，由于市场不景气，人流量很少。有一天老板突发奇想，大家不来买东西无非是感觉商品太贵或者是没有什么必需品，于是老板做了一个决定：将超市里面的35款10多元的商品（成本为3~6元）分成7组，也就是每组5个商品。一周七天，一天上一组，而这些商品的价格仅为1元。

然后第二天店内贴出这样的广告：30款日常用品，仅售1元，数量有限，售完即止（每人次每种商品一次交易限购1样）。很多人看到这个广告，就看了看这30样商品，而这些商品都是人们日常常用消耗品，如牙膏、毛巾等。于是就开始了销量的狂潮。

老板定的每日每种商品数量为100件，也就是每天500件商品。而很多人购买了这个超值商品后，就有了一定的购物的感觉和需求。于是也会顺带的买一些其他不打折的商品，这样一来一去，超市其实还是赚的。

可惜的是这家商店没有预料到消费者的消费力如此庞大，几乎仅仅1个小时，当日的1元商品就销售一空。更为有意思的是很多消费者都在打听他们需要的商品是哪天售价为1元，于是到了那些时间就有了更多的消费者来消费，当然购买的不仅仅的是1元商品，还有其他商品。

（资料来源：微信公众号"合桃树零售商学"2022.04.29）

## 本章知识结构

促销是营销中的沟通过程。零售商像其他企业一样，需要与它的客户（购物者）进行沟通。这种沟通的目的是要确保现有和未来的购物者了解零售商，对零售商持正面的态度，并对零售商提供的商品和服务有广泛而正确的认识。当然更重要的是他们在商店里进行消费。这些沟通目标大致可分为三类：告知、说服和强化。零售商完成这些沟通目标需要对沟通过程、参与者、沟通内容、传递方法及其他一些因素有所了解。这些沟通会在店内、商业区或市场发生。

# 第一节　零售促销概述

## 一、零售促销的概念

零售促销是指零售商通过人员或非人员的促销方式，向顾客传递有关商品和服务的信息，吸引、刺激、说服顾客购买零售商提供的商品和服务的行为与过程。这一概念的要点包括以下三个方面。

### （一）人员或非人员的促销方式

零售促销的方式包括人员促销和非人员促销两类。人员促销也称人员推销，是零售商运用销售人员直接向顾客传递商品信息的一种促销方式。非人员促销一般是指零售商运用广告、售点展示、公共关系、销售促进等方式向顾客传递商品信息的促销方式。这两种促销方式各有其特点，零售商应选择合适的组合来进行促销活动。

### （二）沟通信息是零售促销的核心

在竞争激烈的市场环境下，零售企业为适应市场环境的变化，自身的经营状况也要进行相应的改变。因此零售企业需要通过各种传播方式告知顾客本零售企业变化了的信息，顾客也需要知道零售企业的信息变化，以便决定其是否采取购买行为。如果零售企业未将自己经营的商品或服务的有关信息实时有效地传递给顾客，那么顾客对有关信息一无所知，自然不会购买。因此零售促销的核心是零售商与顾客之间的信息沟通。

### （三）促进购买是零售促销的目的

在顾客可支配收入既定的条件下，顾客是否产生购买行为，主要取决于顾客的购买欲望，而顾客的购买欲望往往与外界的刺激、诱导分不开。零售促销就是针对这一点，通过各种促销方式把商品和服务的相关信息快速准确地传递给顾客，以刺激其购买欲望，促使其产生购买行为。

扩展阅读 9.1　零售促销的功能

## 二、零售促销的类型

### （一）按照促销时间的长短划分

**1. 长期性促销**

长期性促销活动的持续时间一般在一个月以上，主要着眼点是塑造本零售商店的差异优势，在顾客的头脑中留下深刻的印象，增加顾客对本商店的向心力，以确保顾客能够长期来本零售商店购物，不至于导致顾客的流失。

**2. 短期性促销**

短期性促销活动的持续时间一般是 3~7 天，主要目的是希望在有限的时间内增加销售量。零售企业通常借助具有特定主题的促销活动，吸引顾客并刺激顾客购买，以提高销售量，如春节促销、端午节促销、店庆促销等；也可以在短期内通过对某些或全部商品采取折扣的方式，以增加销售量。例如，淘宝网进行的"双十一"促销活动，吸引了大量顾客前来购买，进而促进了商品销量的提高。

### （二）按照促销活动的主题划分

**1. 庆典促销**

1）开业促销活动

新的零售商店在开业的时候都会举行隆重的开业仪式，这也是一种促销活动。开业对零售商店而言是第一次向社会公众展示形象，为了给顾客留下深刻的第一印象，每一家零售商店在开业时都会策划一个较为大型的促销活动，以达到吸引顾客并给顾客留下良好印象的目的。

2）周年店庆促销活动

周年店庆促销活动是仅次于开业促销活动的一项重要活动，每年只有一次，这也是零售商向顾客展示经营实力的好时机。零售商要在这一时期举办较大型的促销活动，大力宣传本零售企业与竞争者在经营等方面的差异，让顾客真正得到实惠，获得顾客认同，进而促进顾客进行购买决策。

#### 2. 例行性促销活动

通常零售商往往在一年的不同时期推出一系列的促销活动，主要是以节日为主题，如国庆节、儿童节、情人节等。由于每年的节日差不多是固定的，每一零售商店在下一年要做哪些促销活动可以提前做好计划，每年的变化一般不会太大，故称例行性促销活动。

#### 3. 竞争性促销活动

竞争性促销活动是指针对竞争对手的促销活动而采取的促销活动。为了防止竞争对手在某一促销活动时期将当地客源吸引过去，零售商店往往会针对竞争对手的促销活动推出相应的竞争性促销活动。

### （三）按照促销沟通的地点划分

按照促销沟通的地点不同，又可将促销分为基于店面的促销和基于市场的促销，在这里不再一一赘述。

## 三、零售促销的作用

零售促销对零售企业具有积极的促进作用，同时客观上也存在着一些消极的作用。

### （一）零售促销的积极作用

#### 1. 传递信息，吸引顾客

在激烈竞争的零售市场环境中，即使零售企业的商品质量上乘、价格合理、服务周到、设施齐备、装潢高级，但是如果不能让顾客充分地获取这些信息，同样达不到较好的吸引效果。因此零售商要吸引顾客，创立竞争优势，就要与现有顾客及潜在顾客不断地沟通，向顾客传递商店地点、商品和服务方面的信息，使顾客相信购买该商店的商品能够满足他们的需求，吸引顾客进入商店。

#### 2. 突出特点，刺激需求

零售商通过促销活动，宣传本零售商店的商品和服务区别于竞争对手的特点，反映自己的经营特色，刺激他们到本零售商店购买商品和服务的需求。

#### 3. 说服顾客，扩大销售

零售促销是买卖双方达成交易的关键，零售企业通过各种有效的促销宣传手段，帮助顾客挑选商品，刺激顾客的购买欲望，说服顾客购买，从而扩大商品的销售。

#### 4. 树立良好形象，提升知名度

通过促销活动向顾客传递零售企业的相关信息，使顾客了解到本零售商店对待顾客的态度，为顾客提供的特殊利益，给顾客留下良好的印象，进而树立零售企业的良好形象。

### （二）零售促销的消极作用

（1）零售促销通常是一种暂时性、短期性的活动，持续时间不应过长，因为时间持续过长对顾客来说就没有新鲜感了，促销的刺激性作用明显下降。若短期性的零售促销过于追求短期利益，会导致零售企业形象受损。

（2）零售促销活动的投入通常是非循环的，投入在促销活动上的创意、金钱等，很少能再重复使用。

（3）同一品牌的产品举行频繁的促销活动会损害品牌形象。顾客看到同一品牌过多的促销可能会认为这是厂商滞销的产品、库存太多或是廉价品，进而认为该零售商店的商品的质量也很低劣，导致顾客不再愿意来本商店购物。

## 第二节 零售促销组合要素

### 一、零售人员推销

#### （一）零售人员推销的概念

人员推销就是零售商通过销售人员与顾客的直接沟通来传递商品的相关信息，引起顾客的关注和兴趣，说服顾客购买的推销活动。人员推销还包括邀请或聘请有关专家、顾问甚至商品的使用者，向顾客进行宣传与推销活动。零售商是否利用人员推销，取决于其所售商品的类型、顾客自我服务的程度、以及对维持长期顾客关系的兴趣。

#### （二）零售人员推销的作用

人员推销的作用一般包括以下五个。

**1. 增强顾客信任**

人员推销是面对面的沟通交流，这种沟通交流可以增进销售人员与顾客之间的情感，有时可以把销售人员与顾客从纯粹的买卖关系培养成朋友关系，彼此建立友谊，使销售人员获得了顾客的信任。由于销售人员也代表了零售企业的形象，因此也增强了顾客对零售企业的信任。

**2. 促进顾客购买**

销售人员向顾客介绍商品，目的是促进顾客购买。向顾客介绍商品要从以下两方面入手：一是介绍商品能提供的利益，利益即是能满足顾客的某种需要，要着重介绍该商品如何能满足顾客的需要；二是演示商品，对商品只有介绍而无演示是不够的，只有向顾客演示商品，使顾客看到商品的使用过程及效果，才能对顾客购买产生较大的影响。

**3. 增加补充销售**

当顾客决定购买某一商品时，并不意味着销售过程的结束。销售人员在与顾客成交后还可提供给顾客其他相关商品的信息，提醒顾客购买，增加销售。

**4. 建立长期关系**

人员推销的目的不仅是销售商品，还在于通过为顾客提供周到的服务和热情的帮助，获得顾客的认可，取得顾客的信任，与顾客建立长期关系。

**5. 提高顾客满意度**

销售人员也可以向顾客提供多样化的服务。例如，向顾客提供咨询和技术服务、帮助顾客及时办理付款或免费送货服务等，这些都拉近了与顾客的距离，可以获得顾客的好感，进而提高顾客的满意度。

### （三）零售人员推销的技巧

在顾客眼中销售人员的言行举止是零售企业形象的缩影，对零售企业来说销售人员是流动的活广告，因此销售人员在销售过程中要特别注意一些技巧的运用。

**1. 洽谈的技巧**

在开始洽谈时，销售人员应巧妙地把谈话转入正题，做到自然、轻松、适时。在洽谈过程中，销售人员应谦虚谨言，注意让顾客多说话，认真倾听，对顾客的需要表示特别关注，并做出积极的反应。洽谈成功后，销售人员切忌匆忙离去，这样做，会让对方误以为上当受骗了，从而使顾客反悔违约。应该用友好的态度和巧妙的方法祝贺顾客做了笔好生意，并告知顾客使用商品的一些注意事项和售后服务等。

**2. 促进成交的技巧**

促进成交的方法很多，一般包括请求成交法、选择成交法、期限成交法、从众成交法、保证成交法等，每种促进成交的方法都有其技巧，销售人员要掌握并善于运用这些技巧，以促进顾客做出购买决策。

请求成交法是指销售人员在接到顾客的购买信号后，用明确的语言向顾客直接提出购买建议，以求适时成交的方法。

选择成交法是销售人员向顾客提供几种可供选择的购买方案来促成交易的方法。这种方法的前提是顾客已经下定决心购买，但尚未确定买哪一个。在这种情况下，销售人员要提出几种选择方案，敦促顾客下定决心。当销售人员直接将具体购买方案摆到顾客面前时，顾客会难以拒绝，从而有利于顾客做出购买的决策。

期限成交法是指销售人员通过限制购买期限从而敦促顾客购买的方法。例如，许多商店贴出"存货有限、欲购从速""三周年店庆，降价三天"等，都是典型的期限成交法的实例。它是利用了顾客"机不可失，时不再来"的心理，来推动顾客购买商品的。

从众成交法是指销售人员利用大众购买的从众心理行为促进顾客购买的方法。从众心理是一种普遍的社会现象。

保证成交法是指销售人员向顾客提供某种成交保证来促成交易的方法。顾客在考虑购买促销商品时，往往因为害怕受骗上当而拖延成交时间，甚至最后放弃购买。在保证成交法中销售人员向顾客提供了某种保证，解除了顾客的顾虑，增强了顾客的购买信心，使顾客可以放心购买。

## 二、零售广告

### （一）零售广告的概念

零售广告是指零售商以付费的非人员的方式，即通过传播媒介向顾客提供有关零售商店的商品、服务、价值观念等信息，以影响顾客对零售商店的态度和偏好，直接或间接地引起销售增长。

与其他促销方式相比，零售广告的优点体现在：传播范围广，可以吸引大量的公众（POP 广告除外）；可供选择的媒体较多；零售广告内容生动活泼、表现方式非常灵活，容易引起公众注意；零售广告使顾客在购物前就对零售商及其商品和服务有所了解，这使得自助服务或减少服务成为可能。

### （二）零售广告的作用

**1. 告知顾客信息**

零售广告一般是顾客初步认识商品及零售商的工具，零售商通过广告可以将零售企业的经营特色、商品等信息传递给顾客，还可以通过广告向顾客说明零售商店的定位，即为哪些顾客服务，吸引顾客光顾商店。

扩展阅读 9.2　德国五大超市广告语

**2. 推动销售额增长**

零售广告作为一种说服性沟通活动，可以多次重复同一信息，能够激发顾客的潜在购买意识，改变偏见和消极态度，影响顾客的购买行为。

**3. 提高零售商店的形象**

零售商可以将有利于塑造零售商店形象的广告信息以选定的形式向公众传播，可以很好地起到提高零售商店形象的作用。

### （三）零售广告的类型

**1. 按照广告的目的划分**

1）商品广告

这类广告通过对商品的性能、特点和用途的宣传介绍，提高顾客对商品的认识程度，吸引顾客迅速前来购买，以在短期内提高零售商店的销售量。

2）声誉广告

零售商做这类广告是在为零售企业的长期发展考虑，目的是想告知顾客本零售商店与竞争对手相比所具有的优势与地位。

## 2. 按支付方式划分

1）自付型广告

自付型广告是指零售商自己支付广告费用的广告。自付型广告的优点是零售商可以控制广告的内容，并且可以根据自己的需要适时地调整广告内容；其主要缺点是所需广告费用需要自己承担，费用有时会很高，导致有些零售商难以支付。

2）他付型广告

他付型广告是指广告费用不由零售商自己承担，而是由制造商、批发商或赞助商承担的广告。这种广告的优点是不需要零售商支付广告费用，降低了零售促销费用；其缺点是零售商一般不能控制广告的内容，广告的内容由支付费用的制造商、批发商或赞助商决定。

3）合作型广告

合作型广告是指广告费用由两个或多个合作伙伴共同负担。这种广告的优点是零售商的广告费用降低了，但发布的广告信息必须要顾及合作方的商品宣传，有时可能会降低零售商的广告效力。合作型广告可分为纵向联合广告和横向联合广告。

## 3. 按照广告媒体划分

1）印刷媒体类广告

印刷媒体类广告主要包括报纸广告、杂志广告、传单广告、包装广告、户外广告等。

报纸广告因市场覆盖面大、反应快、限制较少等优点而成为零售商偏爱的媒体。报纸广告很适合定期和长期广告，零售商做报纸广告往往是为市场容量大的商品大幅度降价而做，广告的内容包括所有促销的商品及特殊的价格折扣。

杂志广告可以运用彩色图像进行宣传，宣传效果比报纸更好，而且专业性强、生命周期长，有一定的保留价值。

传单广告是指将广告印成传单后散发给顾客的广告。传单广告制作简单、费用不高、方式灵活，对于提高商店知名度、引导顾客入店购物有很好的效果。传单的有效范围一般只限于商业圈内，散发的形式可以采用人员在街头或商店门前散发。

包装广告是将零售商店的店名、地址、电话号码、经营项目等信息印在包装纸（袋）上的广告。零售商店在包装纸（袋）等包装用品上，印上图文并茂的宣传本零售商店经营特色的内容，不但可以增加商品包装的美感，而且是一种具有一定宣传覆盖面的广告。

户外广告是指建在零售商店建筑物外面的招牌广告、栏架广告、临街广告、灯箱广告等。户外广告最大的优势在于曝光率高，生命周期长，可数月甚至数年保持，但缺点是广告牌不易寻找理想位置，且有效范围小，机动性差，更新的速度也比较慢。

2）电波媒体类广告

电波媒体类广告主要有电视广告、广播广告、网络广告等。

电视广告具有视、听双重效果，画面生动、富有魅力、色彩鲜艳，十分引人注目，广告效果显著，说服力强；但成本昂贵，时间很短暂，一般在 15~30 s。

广播广告主要是将信息传递给听众。除了电台广播外，零售商店里还有内部广播。广播广告具有很好的灵活性和随机性，收听方便，既可传递商品信息，也可介绍零售商店，而且成本低；但广告内容一闪而过，不便于记忆和比较，听众区域大，目标顾客所占比例较小。

扩展阅读 9.3　世界古代广告类型

网络广告主要是指以数字代码为载体，采用电子多媒体技术设计制作，通过互联网传播，具有较强的交互功能的广告形式。网络广告的形式可分为旗帜广告、电子邮件广告、电子杂志广告、新闻组广告、公告栏广告等。

3）其他媒体类广告

其他媒体类广告主要包括交通工具广告、POP 广告等。

## 三、售点展示

### （一）售点展示的概念

售点展示是指零售商或其他主体在零售商店的特定区域，对商品及其相关辅助物进行空间设计和陈列，以促进特定品牌或系列品牌商品的销售。售点展示的组织者主要是零售商，同时也包括制造商、批发商等主体。售点展示实质是通过有效的空间艺术设计，创造一个有利于促进销售的环境。售点展示的空间艺术设计是一种直接与商品品牌联系，借助各种陈列辅助设施形成多元空间的视觉传达设计；是一种多感官、综合性信息传达的设计；是一种多学科技术综合应用的设计。

### （二）售点展示的作用

**1. 感官刺激**

刺激是一种使人产生心理现象的方式，售点展示对顾客的刺激，主要是感官刺激，既有商品的性能、用途、效果、质量等需求的刺激，又有图形、文字、造型、色彩、动感等视觉的刺激。售点展示在顾客的购物经历中注入新颖的、令人激动的、欣赏性的因素，从而改善顾客的厌倦情绪。

**2. 引导顾客**

根据商业心理学分析顾客的行为心理，可将顾客分为三类：目的性较强的顾客，他们进入卖场之前已有购物目标，因此目光集中，脚步明确；有一定选择的顾客，他们对商品有一定注意范围，但也留意其他商品，他们脚步缓慢，但目光集中；无目的顾客，他们去卖场无一定的目的，脚步缓慢，目光不集中，行动无规律。售点展示中的空间设计，对展示区域具有引导性，对顾客起到视觉、路线导向的作用。展示的主题色、企业标准色、商标标志色的普遍使用，形成了各类展示活动的象征色，在展示过程中有良好的指示和引导作用。

### 3. 营造氛围

赏心悦目的色彩，统一和谐的色调，富有韵律感、节奏感的色彩组合序列，能美化商品，美化展示环境，给顾客视觉与精神上以舒适的审美效应。优美独特的售点展示，为顾客创造了良好的购物氛围。

### 4. 塑造形象

售点展示能够以有形的、生动的形式传达零售企业的形象。为顾客提供各种售点展示，可以让顾客相信所提供的商品和服务能够给顾客带来特殊利益，能够在顾客心目中塑造良好的企业形象。

## （三）售点展示的内容

### 1. 设计风格

售点展示设计的风格要与展示的商品相一致，商品有特定的目标顾客，根据他们的经济条件、文化素养等各个方面的状况形成售点展示的风格，以实现吸引目标顾客的目的。

### 2. 空间布局

售点展示的空间布局设计必须方便顾客的流动，容纳一定流量的顾客，既能使所有的商品能够有效地对顾客进行展示，又能有效地利用有限的销售空间。

### 3. 商品陈列

售点展示中的商品陈列力求具有独特性，能够很快地引起顾客的注意，激起他们的购买欲望。具体来讲，在设计商品陈列时，应遵循的原则有醒目美观的原则、方便易选的原则、充实丰富的原则、格调新颖的原则等。

# 四、零售公共关系

## （一）零售公共关系的概念

零售公共关系是指零售商通过开展某些有效的活动，改善零售商店与社会公众的关系，在公众心目中树立良好的形象，建立良好的声誉，扩大零售商店的美誉度，进而扩大商品市场占有率的方式和方法。

零售公共关系的主要任务是沟通和协调零售企业与社会公众之间的关系，以争取公众的理解、认可与合作，进而实现扩大销售的目的。这一任务决定了其工作的主要内容是零售企业要正确处理与宣传对象的关系。

### 1. 正确处理零售商与顾客的关系

顾客对零售企业的印象和评价，决定着零售企业的生存和发展，决定着零售企业能否保持和扩大市场占有率。因此，公共关系要树立以顾客为中心的思想，主动、积极地争取顾客，处理好与他们的关系。

### 2. 正确处理零售商与新闻媒介的关系

新闻媒介对零售企业的影响很大，报纸、杂志、广播、电视等新闻媒介是重要的社会舆论工具，影响民意，间接有力地影响零售企业。零售企业公共宣传人员应当同新闻媒介保持经常、广泛的联系，通过主动合作，打开市场局面，提高零售企业的知名度，树立良好的社会形象。

### 3. 正确处理零售商与社区的关系

零售企业与社区存在着千丝万缕的联系，只有建立融洽的社区关系，零售企业才能立足扎根。零售企业应主动地担负起社会责任，造福于社区。

### 4. 正确处理零售商与社会组织的关系

各种社会组织和商业团体，如消费者权益保护协会、环境保护组织、少数民族组织等。这些社会组织和团体有时候虽然与零售企业没有直接关系，但是它们在信息传递中却拥有自己的优势，可以帮助零售企业在相关环境中获得竞争优势。

### 5. 正确处理零售商与政府的关系

零售企业的活动应服从政府的监督与管理，并正确处理零售企业与政府的关系。在遵守国家法令、自觉接受政府有关部门的指导和监督的同时，企业应主动与政府有关部门沟通信息，赢得政府的信赖与支持。

## （二）零售公共关系的作用

### 1. 传递有利信息

作为零售企业的宣传手段，公共关系通常是将零售企业的正面信息不断地传递给公众，可加深公众对零售企业的理解、认识和信任，为零售企业树立良好的形象，赢得公众的支持。

### 2. 改善相互关系

公共关系传递对零售企业有利的信息，可以排除公众的误解，争取公众的谅解。一方面是使一些社会上传播的不真实的、容易引起公众误解、损害零售企业形象的信息，通过公共关系得以弱化、消除，进而改善零售企业与公众的关系；另一方面是当零售企业与公众发生纠纷，或矛盾激化时，零售企业可以充分运用公共关系宣传正面信息，努力减少矛盾，改善相互之间的关系。

### 3. 维护或改进形象

知名度低的零售企业可通过公共关系来引起人们的注意，提高其知名度，维护其社会形象。而公共形象欠佳的零售企业可以利用公共关系来改善形象，扭转顾客对零售企业的态度。

### 4. 促进商品销售

零售公共关系不直接鼓励顾客来商店购物，而是通过某些活动的开展提升了零售商店的知名度，给顾客留下了良好的印象，并使顾客对零售商店产生了好感和信赖，进而来零售商店购物，促进了商品的销售，因此说零售公共关系对商品销售的促进作用是间接的。

## 五、零售销售促进

### （一）零售销售促进的概念

零售销售促进是指零售商运用各种短期诱因，吸引顾客及时购买商品或服务的活动。美国市场营销协会认为，销售促进是指"除了人员推销、广告、宣传以外的，刺激消费者购买的各种市场营销活动，如陈列、演出、展览会、示范表演及其他推销努力。"

### （二）零售销售促进的作用

零售销售促进作为一种短期行为，它的目标就是提高零售商店的短期销售量，销售额的变化是衡量销售促进是否成功的最重要标准。销售促进一般包括以下三个作用。

**1. 加速新商品导入过程**

当顾客对刚进入市场的新商品还不够了解，不能做出积极的购买决策时，通过有效的销售促进活动，如免费试用、折扣优惠等，可以在短期内迅速让顾客了解新商品，促使顾客接受新商品，从而加速新商品的市场导入过程。

**2. 刺激顾客迅速购买**

有时顾客的需求不是很急迫，或者可能在多个品牌间犹豫不决，此时，各种形式的销售促进会让顾客感觉此时购买获得的利益更大或高于其他品牌，因此可以激发顾客的兴趣，刺激顾客迅速购买，从而在短期内迅速扩大零售企业的销售额。

**3. 突出顾客价值**

通常大部分顾客都认为如果用较低的价格购买到同样的商品，所获得的价值较高。促销的商品虽然价格优惠，但其功能、美观方面并不比正常商品差。销售促进通过运用价格优惠、附赠品等多种方式，形成强烈的利益诱导，为顾客提供了很高的价值，进而促进顾客购买。

### （三）零售销售促进的方式

**1. 派送免费样品**

顾客往往会习惯性地购买自己熟悉的品牌或商品，因此当零售商推广一种新品牌或一个新商品时，派送免费样品或现场品尝往往成为首选的促销手段。

扩展阅读9.4　优惠券的类型

**2. 赠券和优惠券**

赠券是指凭券可免费换取商品，优惠券是指凭券可获价格折扣。赠券和优惠券的发放方式有：①店铺首页展示，用户自助领取；②积分兑换领取；③签到领取；④使用"支付有礼"功能，下单后自动赠送优惠券；⑤二维码扫码或者点击推广链接领取。经验表明，如果想让你的优惠券对顾客有足够的诱惑力，应提供不低于15%~20%的折扣。

### 3. 优惠套装

把两件以上的商品捆绑包装、一起销售，价格比两件商品分别出售时要便宜，这称为优惠套装。优惠套装可以用同样的商品捆绑销售，也可以用相关联商品的捆绑销售，如牙刷和牙膏、洗发水和沐浴液等。

### 4. 礼品

（1）随送礼品。礼品随所购商品附送，如送精美挂历等。

（2）优惠换购礼品。要获得这类礼品时，顾客仍需付款，但价格显著低于正常零售价。

（3）换领礼品。当领取这类礼品时，顾客需提供其购物的证明，如瓶盖、商品的空包装等。

### 5. 印花

当顾客购买某一种商品时，零售商给予一定张数的印花，当购买者将印花积累到一定数额时，可到指定地点换取这种商品、赠品或奖金。

### 6. 积分计划

顾客每次光临，根据消费量的大小，可以得到一定的积分，积满一定的积分可以换领礼品。大型连锁零售商使用积分计划效果会更显著。

### 7. 联合促销

联合促销是指两个或两个以上的企业或品牌合作开展促销活动。这种做法的最大好处是可以使联合体内的各成员以较少费用获得较大的促销效果，联合促销有时能达到单独促销无法达到的效果。进行联合促销的通常不是同类、不具有竞争性的企业或品牌。

### 8. 购物抽奖

购物抽奖的促销方式由来已久，其方式最大的优点在于满足顾客的博彩心理。奖品的内容、等级、数量事先都已制定，与其他促销方式相比，在促销成本的控制上零售商显得更为主动。

## 第三节　零售促销管理

### 一、零售促销策划

#### （一）确定零售促销目标

零售商策划的任何一次促销活动，都应该有其确定的目标，因为一个明确的促销目标不但可以节约成本、集中资源，而且通过制定可评估性的促销目标，可以持续改善和提升零售促销活动的效果。一般而言零售促销的目标可以分为短期目标和长期目标，短期目标就是提高零售企业的销售量，长期目标则是树立零售企业的良好形象。

### 1. 提高销售量

销售量的提升是零售商开展促销活动的最大动力。零售商花费在现有顾客身上的促销费用是鼓励他们在自己的零售商店中购买更多的商品，使现有的顾客更加忠诚于自己；此外通过零售促销活动还可以吸引新的顾客，刺激新顾客的购买欲望，促进新顾客购买本零售商店的商品。因此零售企业销售量的提升可以通过增加现有顾客的光顾和吸引新的顾客来实现。

### 2. 树立良好形象

零售商店的形象是零售企业的无形资产，直接影响着商品的销售。通过零售促销活动向顾客传递零售企业的相关信息，使顾客了解到零售企业能为其带来的特殊利益，从而建立并巩固本零售企业的良好形象，进而可以扩大零售企业的知名度和可信度。

## （二）确定零售促销主题

### 1. 主题设计的重要性

每次零售促销活动都需要有一个主题，它是整个促销活动的灵魂。好的促销主题可以给顾客一个购买理由，有效规避价格战带来的品牌损害，所以促销主题一定要与促销需求相吻合，以简洁、新颖、亲和力强的语言来表达。一个富有创意的促销主题往往会产生较大的震撼效果，能带来销售额的提高和零售企业知名度的提升。

### 2. 主题设计的原则

零售促销活动的主题要根据零售企业的整体战略目标来确定，与商品诉求和零售商的定位相一致，以避免给目标顾客留下混乱的印象。促销主题的选择应把握两个字：一是"新"，即促销内容、促销方式、促销口号要富有创意；二是"实"，即顾客通过购买商品能实实在在地得到更多的利益。

## （三）选择零售促销组合

零售促销组合是指零售企业在促销活动中，把零售人员推销、零售广告、售点展示、零售公共关系和零售销售促进有机结合、综合运用，以便实现较好的整体促销效果。通常影响零售促销组合选择的因素主要有以下五个：①目标因素；②产品因素；③市场因素；④预算因素；⑤时机因素。

## （四）确定零售促销预算

促销预算是零售商从事促销活动而支出的费用，促销预算支撑着促销活动，它关系着促销活动能否顺利实施，以及促销活动效果的大小。促销预算的制定方法主要有销售百分比法、目标任务法、竞争基准法和量入为出法四种。

## 二、零售促销实施

### （一）确定促销商品

任何零售促销活动的最终目的都是商品销售量的增加，因此零售商店促销活动的关键是选择什么商品作为促销载体。促销商品对顾客是否有吸引力，其价格是否有震撼力，都影响着促销活动的成败。在选择促销商品时，通常要选择节令性商品、敏感性商品、大众性商品、特殊性商品等，还要衡量季节的变化、商品销售排行榜、厂商的配合度、竞争对手的状况等，选择最适合的促销商品。一般地，主要的促销商品应该具有以下特征。

（1）国内著名品牌或者是国际知名品牌的商品。

（2）与知名品牌商品具有相同功效，又具有价格优势的商品。

（3）其他商店非常畅销，并为顾客所瞩目且熟悉的商品。

### （二）确定促销媒体

零售商要以目标顾客的媒体习惯为基础，结合促销商品的特点和传递的促销信息，权衡媒体的效果与费用之比，选择合适的媒体。在进行广告媒体的选择时，通常应考虑以下五个方面的因素：①目标顾客的媒体习惯；②商品的特性；③广告信息的特点；④媒体的传播范围；⑤媒体的成本。

### （三）确定促销时机

顾客的购买行为深受节令、天气、时段等各种因素的影响，也受周边环境、氛围所影响。对于零售企业而言，促销时机的选择就意味着零售企业要掌握并顺应顾客的种种便利性需求，并根据市场环境变化制定相应的促销活动。促销活动的时机通常主要有以下四种。

（1）针对节假日的促销，如春节、情人节、端午节、中秋节、周末等，由于这些时段顾客的时间宽裕，购物欲望强烈，零售商在这些时机配合一些促销活动往往能产生较好的销售效果。

（2）针对社会热点的促销，如奥运会、世界杯等，对于这种流行的、阶段性的社会热点，零售商如能敏锐地捕捉并利用这些商机，不但有利于商品的销售，还有利于零售企业形象的提升。但是，社会上的热点很多，选择哪个热点作为自己的促销活动主题，就需要设计者善于捕捉，一般是选择那些社会反响大和影响力强，受主流舆论追捧的话题和事件。

（3）针对市场变化的促销，通常市场变化包括商圈升级、换季、引入新品类等。

（4）针对顾客心理变化的促销，如针对绿色消费热潮、旅游热潮、户外运动热潮、健身热潮等，作为社会人，大家很容易产生"从众心理"。

### （四）确定促销队伍

一个好的促销活动方案可能由于执行和管理的漏洞而不能达到预期目标。促销活动的执行效果关键还在于组织的执行力，需

扩展阅读 9.5 竹叶青冲刺双十一

要事先成立促销活动组织，以及准备充裕的销售人员，通过培训和监控来确保整个促销活动的顺利开展。

在组织建设方面，必须既有总指挥、总协调等类似主管的角色，也有各个项目的具体负责人。在职责分工方面，应体现清晰明确的原则，专人负责，以避免职责不清、相互推卸责任现象的发生。

在销售人员方面，必须做好充裕的人手准备。基于促销活动对顾客购买欲望的刺激，促销活动期间的客流量、销售量均会有大幅的攀升。

### （五）零售促销过程控制

零售促销过程控制是根据促销计划的要求，设立衡量促销活动效果的各项标准，确定促销活动中出现的偏差及其偏离程度，在此基础上，有针对性地采取必要的纠正措施，以确保促销资源的有效利用和促销目标的圆满实现。

## 三、零售促销评估

一次零售促销活动结束后，要对其进行评估。一方面，可以通过零售促销活动费用投入与产出比来计算出促销活动的收益；另一方面，可以通过对零售促销过程中出现的问题及时总结，来提高零售商促销活动的管理水平。

### （一）促销业绩评估

促销业绩即对促销前、促销期间和促销后的销售额或市场份额进行比较分析，根据销售额的变动来判断促销活动的效果。促销业绩的评估方法一般包括目标评估法和前后比较法。

### （二）促销效果评估

促销效果评估主要包括三个方面：促销主题配合度、促销商品选择的正确与否、创意与目标销售额之间的差距。

**1. 促销主题配合度**

促销主题是否针对整个促销活动的内容；促销主题是否抓住了顾客的需求和市场的卖点。

**2. 促销商品选择的正确与否**

促销商品能否反映零售企业的经营特色；是否选择了顾客真正需要的商品；能否给顾客增加实际利益；能否帮助零售企业处理积压商品；促销商品的销售额与收益率是否与预期目标相一致。

**3. 创意与目标销售额之间的差距**

促销创意是否偏离预期目标销售额；是否符合促销活动的主题和整个促销内容；创意是否过于沉闷、正统、陈旧，缺乏创造力、想象力和吸引力。

### （三）供应商配合状况评估

供应商配合状况评估主要评估供应商对零售企业促销活动的配合是否恰当及时，能否主动参与和积极支持，并为零售企业分担部分促销费用；在促销期间，当零售企业请供应商直接将促销商品送到卖场时，供应商能否及时供货，数量是否充足等。

### （四）零售企业自身运行状况评估

#### 1. 从总部到门店的配合状况

总部运行状况评估：在零售企业自身系统中，总部促销计划的准确性和差异性；促销活动进行期间总部对各门店促销活动的协调、控制及配合程度；是否正确确定促销活动的次数，安排促销时间，选择促销活动的主题，选定与落实促销活动的供应商和商品。

门店运行状况评估：门店对总部促销计划的执行程度，是否按照总部促销计划操作；促销商品在各门店中的陈列方式及数量是否符合各门店的实际情况。

#### 2. 促销队伍评估

组织建设的评估：组织设计的是否合理；指挥、协调是否到位；职责分工是否明确。

销售人员的评估：促销活动是否连续；是否达到企业目标；是否有销售的热情；是否在时间上具有弹性；能否与他人一起和谐地工作；是否愿意接受被安排的工作；他们的准备和结束的时间是否符合规定；是否与顾客保持密切联系；是否受顾客欢迎等。

## 本章小结

促销为零售商提供了一种与现有的或潜在的顾客沟通的渠道。零售促销是指零售商通过人员或非人员的促销方式，向顾客传递有关商品和服务的信息，吸引、刺激、说服顾客接受零售商提供的商品和服务的活动。零售促销的特点有策划性、互动性和灵活性三个。按照不同的划分标准，零售促销可以分为不同的类型。零售促销对零售企业有积极和消极两方面的作用。

零售促销组合包括零售人员推销、零售广告、售点展示、零售公共关系和零售销售促进五个。零售人员推销是销售人员与顾客面对面进行交流，向顾客传递信息，介绍商品知识，引起顾客的关注和兴趣，以促进顾客购买；零售广告是由零售商付费，通过大众媒体向顾客传递商品或零售商的信息；售点展示是指由零售商设计的能够促进特定品牌或一组商品在零售商店内销售的展示；零售公共关系是零售商运用公关宣传工具，改善与社会公众的关系，促进公众对组织的认识、理解及支持，树立良好组织形象的一种间接促销手段；零售销售促进是零售商运用各种短期诱因，鼓励顾客迅速或大量购买商品。零售商应分析各促销组合的特点，并加以灵活运用。

促销活动的管理包括零售促销策划、零售促销实施和零售促销评估。零售促销策划包括促销目标、促销主题、促销组合、促销预算的确定。零售促销实施包括促销商品、促销媒体、促销时机和促销队伍的确定，还包括零售促销过程的控制。促销活动结束后，要对促销业绩、促销效果、供应商配合状况、零售企业自身运行状况进行评估，为以后的促销活动做参考。

## 思考题

1. 零售促销的类型有哪些？
2. 零售促销的特点有哪些？零售促销的作用是什么？
3. 零售促销组合有哪些？各有什么特点？
4. 如何对零售促销进行策划？
5. 实施零售促销应做哪些准备？
6. 如何对零售促销进行评估？
7. 选择你所在社区的一家零售商店，结合即将到来的节假日，试着为该零售商店设计一份完整的促销计划。

## 案例讨论

### 娄底天虹12周年店庆促销方案

整体活动时间：2023年11月11日—19日

**一、时间规划**

预热期：（1）10月16日至31日，"双十一"预热+店庆预热（第一波）：App8周年庆和秋冬服饰文化节，商品主推：国货复兴（同步区域）。

（2）11月1日至10日，"双十一"预热+店庆预热（第二波）："双十一"嗨购节打工人的无限可能。本周主打：①敢比价贵就赔；②平台商品价保服务（"双十一"蓄客期、高潮期商品一个价）。设置比价专区，同时附上"双十一"服务保障内容，"双十一"省钱用价格说话！同步总部临时增加的各类券。

店庆第一波高峰：11月11日至12日。周六—周日（11.11爆发）。

店庆第二波高峰：11月18日至19日。周六—周日（11.18爆发）。

**二、引流活动**

（1）娄星区：预热11月1日至10日，抖音团购。概念：限时大额补贴加码。

百货50团100/百货900团1000/餐饮20团40/超市20团30（店庆"元"气开启 购物"券"提前锁定销售）。分别限量200份、300份、100份，邀请达人带货赚佣金。

预热11.8—11.10，朋友圈转发有奖。朋友圈连续转发3天官方图文，免费参加"好运俱乐部"，可获得天虹和名创优品/屈臣氏联名刮刮卡1张，100%中奖，最高中小米65英寸液晶电视（具体内容同步叠加活动）。（注：限前200名。）

（2）涟源、冷水江、双峰：预热11.1—11.10，抖音推流。针对涟源、新化、冷江地区、娄星区抖音粉丝覆盖式投放抖加进行推流（10天×20万＝200万次）。

（3）娄底：预热10.30—11.12。天虹"双十一"抢购物卡。15人砍价，发起人得88团100购物卡资格（同步区域）。活动时间：10.30—11.9（砍价），兑换时间：11.10—11.12。

利用第三方小程序开展互动砍价游戏，10人帮砍价，发起人即可花费88元购100元天虹购物卡。每人仅可兑换一次，且只能砍价一次，限量1000份。

### 三、大客户

（1）铂金卡VIP，重点品牌VIP。开启11.11—11.12。大客户到店礼。选择1：天虹定制福袋：包含网红复古撞色针织水桶托特包+随身杯+国风手账礼盒/三丽鸥蒸汽眼罩。选择2：超市红颜草莓1箱+精美手提袋。

（2）金卡VVIP，预热9.20—10.20。美好时光记录者。邀约消费前20名金卡VVIP进行艺术照拍摄。出镜穿搭要求必须是场内品牌相关商品，提前与客户沟通，精修照片/视频将用于商场活动宣传。通过图像/视频预热宣传+全员转发+客户端二次评比，充分利用大客户优质的朋友圈进行扩散，加大曝光力度。活动同时发放50元百货券用于销售转化。

（3）铂金卡VIP。金卡VVIP，重点品牌VIP，团购大客户。预热10.16—10.31。付费升值券包——全年无忧套券。100元购价值600元全年购物无忧券，内含：50元无门槛券×6张、200减50元券×6张。使用规则：每月限用1张，未使用默认作废，其中1/3/5/7/9/11月无门槛、2/4/6/8/10/12有门槛。（注：限量发售1000套，使用有效期2023年11月—2024年10月。）

### 四、会员权益

（1）所有VIP客户。预热11.2—11.4。玩赚积分：111积分抽奖+1111积分兑换美食、小吃（同步区域）。店庆定制礼品、200减30购物津贴 FUN肆送。10台小爱音响等你带回家。

开启11.11—11.12。积分兑券：大额券超值兑（同步区域）。铂金卡VIP 3000兑100/1万兑300（无门槛使用）。金卡VIP 3000兑100/1万兑300（单笔满500用）。银卡VIP 3000兑80/1万兑260（单笔满500元用）。注：单个会员每种券可兑2次，单笔限用1张，积分券与其他券不可叠加使用。

11.11—11.12，11.18—11.19。免费停车：福利1为店庆首日免费停车。福利2为铂金卡VIP 专属免费停车位

全月。全月积分商城（同步区域）：500档（200份）为全棉时代棉柔巾；1000档（200份）为塔王套餐、小米米家插电夜灯；2000档（100份）为DHC唇膏、自然堂面膜；5000档（50份）为小米无线键鼠套装、小米体脂秤、小爱音响、小米手持挂烫机；1万档（20份）为蟹卡、200油卡、高端沙龙护发、旅行家庭套票；2万档（10份）为蟹卡、400油卡、旅行家庭套票、小米破壁机。

（2）沉睡会员。11.1—11.30。会员生命周期（同步区域），半年内没有消费的会员赠送店庆全月激活券——百货200减30。目的：提升会员沉睡的唤醒、流失会员的挽回，以及扩大金卡、铂金卡会员数量。

### 五、叠加活动

所有VIP：11.11—11.12，11.18—11.19。满额抽刮刮卡：好运俱乐部——抽盲袋，百货消费满800/超市消费满200/万豪消费满200/连续三天转发朋友圈(4个渠道均可参与)，抽天虹和名创优品盲袋1份，100%中奖，最高中小米65英寸液晶电视。

注：地点设在四楼往左岸电影院空场，定制盲袋+场景氛围打造。

满额送礼：好运俱乐部——满额送卡为百货消费2000送价值50元/消费4000送100

元/消费 1 万送价值 200 元（黄金名表门槛 1 万元/2 万元/3 万元）。礼品：礼品/加油卡/天虹购物卡（三选一）。

开启 11.18，店庆第二周返场砸金蛋：店庆期间购物任意金额/凭 12 周年纪念币（详见下方）/凭合作机构派发的邀请券/万豪住户，到店免费参与砸金蛋，100%中奖，最高中 888 购物卡时间为 11 月 18 日 19:00—20:30。

### 六、体验活动

（1）全民。预热 11.4：全民挑战·智勇大冲关，招募 300 组亲子家庭参与，为双十一及店庆活动宣传造势。预热 11.10 日：十二周年欢乐巡游·蛋糕分享会。时间：11.10 周五晚。

（2）品牌 VIP。开启 11.11—11.12：VIP 花艺沙龙/其他品质体验活动。（注：每个楼层不低于 5 个品牌自行组织。）

（3）所有 VIP。11.11—11.12，11.18—11.19。消费任意金额享免费美甲 1 次（4 个款式可选）。

### 七、异业合作

（1）万豪顾客。11.11—11.12，11.18—11.19。好运俱乐部：①万豪顾客消费 200 以上凭小票免费参加"好运俱乐部"。②万豪住户免费参加 11.18 日"返场砸金蛋"。

（2）中国人寿客户。开启 11.10—11.19。定制专属天虹券包（联盟单位）。（内含：梦洁绒毯——百货 200 减 50 元券＋超市 50 减 20 元券＋8 款明星单品专享价。）

（3）其他机构会员。开启 11.10—11.19。亲子家庭到店礼：贝比熊、培训机构、游乐场、幼儿园等合作机构，凭天虹定制的"能量卡"到店可免费领取儿童玩具 1 份（小洛库公仔/公主玩偶/陀螺枪/变形金刚/奥特曼随机）。（注：限量 400 份。）

### 八、宣传

（1）新媒体。

①开启 11.11、11.18。网红探店：抖音平台，11.11 日 15:00—17:00/19:00—20:30 邀请本地网红探店（第 1 期）。11.18 日 19:00—20:30 邀请本地网红探店（第 2 期）。11.11 日元哥直播间预热。

②11.11—11.12，11.18—11.19。社群整点红包雨，每日 8:00 每群 0.88 元×20 个。

③预热 11.1—11.10。剧情类趣味视频拍摄。抖音/视频号/小红书话题有奖互动。第 1 篇：一觉醒来娄底天虹怎么了？第 2 篇：花小钱买贵货店庆购物攻略！第 3 篇：什么？？？预算只有 199？？？闺蜜明天生日？来天虹教你正确薅羊毛！第 4 篇：种草类/穿搭类/新品首发类/沉浸式开箱类……第 5 篇：敢比价贵就赔——天虹"双 11"的省钱技巧。

（2）私域资源。10.27—11.19，十二周年店庆：短信精准触达，社群互动，导购 1V1 精准宣发，导购分销，公众号图文。

（3）线上付费渠道。10.27—11.19，十二周年店庆：小红书/抖音/视频号/智能外呼/达人 kol/异业 App 弹窗/朋友圈广告。

（4）外宣。10.27—11.19，十二周年店庆：楼宇广告，电梯框架广告，公交车帖，菜鸟驿站水牌，万豪外墙 LED 屏，"显眼包"购物袋，豪车巡游/巡展、餐巾纸、DM 单。

（5）内宣。10.27—11.19，十二周年店庆：外广场巨幅+地贴，场内所有宣传品、LED 屏。

### 九、氛围

（1）公区。预热 11.1—11.19，十二周年店庆：外广场，租借三一重工吊车，娄底这个商场在玩一种很新的宣传；高"吊"官宣，戏都在上头呢。11.11—11.19 我要店庆了。

其他氛围：①外广场网红墙。②场内所有 DP 点。

（2）重点品牌。开启 11.10—11.19，十二周年店庆：花艺+画架/三棱柱+地贴+流水台布置+趣味文案贴+手扶梯口重点品牌地贴等。

（3）员工。开启 11.10—11.19，十二周年店庆：一晃十二年"风生水起"定制文化衫+十二周年定制发箍/发夹。

### 十、预算

营销费用 299699 元，兑券费用 341500 元。（限于篇幅，费用明细略。）

（资料来源：本案例由娄底市天虹百货有限公司总经理聂静宇提供。）

**案例思考**

1. 该案例主要运用的是哪种促销方式？
2. 试分析这些促销方式的可能效果。
3. 请找出该促销方案中的遗漏与不足。

## 本章实训

### 一、实训目的

促使学生将所学零售促销专业知识应用于零售企业促销实践，增进对零售促销策略的掌握，培养应用能力。

### 二、实训内容

选择你就读高校所在城市的某一家零售企业，设计一项可实际执行的节日促销方案。该方案包括但不限于以下内容：活动目的、活动对象、活动内容、活动时间、活动地点、活动流程、物资准备、人员安排、活动宣传、应急预案、活动预算、注意事项。

### 三、实训组织

1. 指导教师明确实训目的、任务和评价标准。
2. 学习委员将班级成员分成若干小组。成员可以自由组合，也可以按学号顺序组合。小组人数划分视修课总人数而定。每组选出组长 1 名，发言代表 1 名。
3. 每个小组选择一家零售企业，查找资料，实地调查，设计某个节日的促销方案。制作课堂演示 PPT。
4. 各小组发言代表在班级进行汇报演示，每组演示时间以不超过 10 min 为宜。
5. 鼓励同学们在每个组发言后提问、讨论、质疑。

## 四、实训步骤

1. 指导教师提前 2 周布置任务，指出实训要点、难点和注意事项。
2. 各小组根据实训任务制定执行方案，经指导教师同意后执行。
3. 小组成员分工实地调查，收集、整理案例企业的资料。
4. 各小组组织讨论，按实训任务撰写书面促销方案，列出汇报演示提纲。
5. 演示之前，小组发言代表对本组成员及各自承担的任务进行介绍陈述。演示结束后，征询本组成员是否有补充发言。其他小组成员提问、质疑，由发言代表或该组成员答疑。
6. 班级演示之后，指导教师带领全班同学对各组设计的节日促销方案进行评价、讨论。
7. 指导教师进行最后综合评定及总结，并为各组实训结果打分，对表现优秀者提出表扬。

## 延伸阅读

1. 卢长宝. 销售促进强度与效用研究[D]. 上海：复旦大学博士学位论文，2004.
2. 刘国华. 基于顾客视角的销售促进对品牌资产的影响研究[D]. 上海：复旦大学博士学位论文，2008.
3. 刘红艳，李爱梅，王海忠，等. 不同促销方式对产品购买决策的影响：基于解释水平理论视角的研究[J]. 心理学报，2012，14(08).
4. 张华，李莉，何向，等. 考虑促销长期效应的网络零售促销策略研究[J]. 管理学报，2022，19(08).
5. 赵珉. 以德国五大超市为例分析商业广告语中言外行为类型的运用与功能[J]. 语言与文化论坛，2020(4).

## 即测即练

# 第十章

# 零售服务管理

## 本章学习目标

了解零售服务管理的意义和零售服务方式,熟悉零售服务的相关理论和策略,掌握常用零售服务质量管理的理论和方法。

## 引例

### 零售服务的典范-海底捞

2001年,海底捞火锅正式成立,2018年9月26日,海底捞正式在香港交易所上市。"服务至上、顾客至上"是海底捞的经营理念,其主张从内部改变传统形式的服务,克服单一化、标准化,提倡个性化;对于原料的选取上坚持"绿色、无公害、一次性",严格把握从采购到最后消费的各个关卡,以诚恳的态度面对市场,接受广大消费者的检验,致力于为顾客提供轻松愉悦的用餐体验,打造更多年轻人喜爱的餐桌社交文化,成功营造出一个信誉度高、口碑好、食物有独特口味、环境有巴蜀风情的优质火锅品牌形象。

海底捞始终从顾客的体验出发,努力在消费者前面做到有求必应,服务口碑可谓是人人称赞,甚至会有"受宠若惊"这样的夸张评价。拥有地下停车场的海底捞门店有专门人员代理客户进行停车;客人结账准备离开时立即将车开到门店口,最大限度减少客人的等待时间;此外在泊车期间,还有免费的洗车服务。在海底捞的等候区,也可以感受到员工在努力削弱消费者的等待情绪。等候区设有专用大屏幕,实时更新最新的用餐座位信息,即将叫到号码的顾客会有员工主动上前进行温馨提醒;等待时间内有免费的时令水果和各种类型的饮料,多台电视机播放热门影片,还有免费的电脑和WiFi;店内还在不同的时间提供不同的特殊服务,如美甲、手部护理、擦鞋等;也会有服务员主动拿出扑克牌、跳棋等游戏来打发等待时间。

当进入餐厅点餐环节时,服务员会将点餐时间完全交给消费者,待消费者选好后再出现,给予消费者足够的点餐尊严;当消费者有过度消费倾向时,服务员会主动提醒其食物可能会有剩余,避免食物浪费;此外,海底捞对部分菜品底料推出了半份量,推出四宫格,投入每一个格子的成本更低,未用到的格子可以装满清水,这样同样的价钱或更低的价格可以享受到更多的菜色口味，用餐体验好感倍增。

当就餐时，服务员会先送上消毒毛巾，为长发女士提供皮筋以扎起头发，也有小卡子可以用来夹住刘海，防止头发吹到食物里，也可以更加尽兴的享受美食；戴眼镜的客人会得到擦镜布，放在桌子上的手机会被密封袋封起来，还会有用餐围裙，防止溅到油渍，弄脏衣服；如果有客人过生日，海底捞员工会拿出生日快乐的灯牌，在整个餐厅播放生日快乐歌，这真是一段浪漫又感动的体验；在通常情况下，一名员工负责四桌客人的一切需求，包括主动添加饮料、汤底、打虾滑等，一切合乎情理的需求都会被尽力满足。用餐结束后，还会有牙签和清新口气的薄荷糖，以及离开时路过的每一位服务员都会说上一句"欢迎下次光临"。

其实每位员工在接受培训时，都会被要求尽力满足顾客的一切合理要求，使之感到温暖，宾至如归的同时又满足自尊心的需要。海底捞授予一线员工一些打折、换菜、送菜甚至免单的特权，员工可以根据实际情况，选择使用特权。比如，当一桌顾客用餐过程中过于吵闹喧嚣时，员工会主动向周围的客人提供补偿，补偿方式包括赠送小食、给予消费折扣等，通过这样的方式来主动地弥补用餐体验。

海底捞始终从顾客体验出发，创新性地为顾客提供愉悦的用餐服务，努力提供给消费者一种超预期的惊喜感。其实海底捞一直在用用户思维来管理运营，在这个运营体系中，店长是核心关键人物。每位店长都是运营经理，是运营体系中的灵魂；员工和顾客都是海底捞的用户，而每个用户都是海底捞的品牌。门店全部的个性化服务都来自于员工的创意，对于顾客提出的合理要求，不轻易拒绝，尽量满足。这些充满温度的个性化服务充分地满足了顾客的额外需求，让顾客的每一次用餐都真正成为一场欢乐时光，同时，对于海底捞的口碑传播效果极好。

（资料来源：郭名媛，魏亚男. 海底捞：一个以服务扬名的火锅店. 中国管理案例共享中心案例库）

## ◆ 本章知识结构

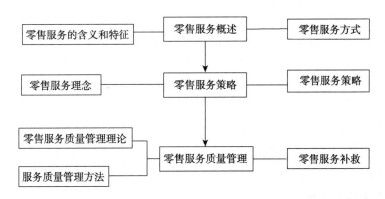

当今世界已经从"产品经济时代"跨入"服务经济时代"，产品与服务已经很难分离开来。有资料表明，企业的服务质量每提高1%，销售额可增加1%；而服务员工每怠慢一位顾客，会影响到40位潜在顾客。目前，服务因素已取代产品价格成为企业竞争的新焦点。在物质相对过剩的今天，消费者在购买商品时变得越来越挑剔，这种现象不只体现在对商品质量上，越来越多的体现在对商店的购物环境、购物的便利程度及员工的服务质量上。这就要求零售企业不但要为顾客提供优质的商品，还要提供优质的服务，以顾客为中心，倾听顾客声音，追踪顾客需求。在机遇与挑战共存的环境下，零售企业必须不断提高自己的服务质量来满足日益挑剔的顾客。服务的好坏代表着一个企业的文化修养、整体形象和综合素质，这是影响零售企业是否赢得客户、是否能培养顾客忠诚度和是否盈利的一个关键环节。

# 第一节 零售服务概述

## 一、零售服务的含义和特征

### （一）零售服务的含义

在 ISO 8402—1994《质量管理和质量保证——词汇》中"服务"的定义是"为满足顾客需要，供应者与顾客接触的活动和供应者内部活动所产生的结果"。从定义上看，可认定服务是一种涉及某些无形因素的活动、过程和结果，它包括与顾客或他们拥有的财产间的互动过程和结果，并且不会造成所有权的转移。服务不仅是一种活动，也是一个过程，还是某种结果。例如，顾客到超市购物，除了消费食品、日用品等有形商品外，同时也消费了无形的气氛和各种服务。

零售服务是零售企业为顾客提供的、与其基本商品相连的、旨在增加顾客购物价值并从中获益的一系列无形的活动。零售服务与零售企业销售的基本商品相连。零售服务包括售前服务、售中服务和售后服务。售前服务是指在顾客购买商品之前提供的服务，如产品咨询、推荐和展示等。售中服务是指在顾客购买商品的过程中提供的服务，如支付、包装和配送等。售后服务是指在顾客购买商品之后提供的服务，如退换货、维修和客户支持等。可见，零售服务是与产品紧密联系在一起的服务，零售商所提供的一切服务都紧紧地围绕着销售商品这个核心。

零售服务不但可以帮助商品销售，而且有推动并扩大商品销售的作用，把潜在的需求转化为现实的需求。零售企业经营活动的中心是销售商品，所以零售服务要服从所销售的商品的要求，对不同的商品采取合适的服务组合，也就是说零售服务是商品销售的派生物。

零售服务的重要性源于零售业本身的特点。零售业是一个与顾客高接触的行业，因此顾客体验和满意度对于零售企业的成功至关重要。通过提供优质的零售服务，零售企业可以增加顾客的购物价值，提升顾客的满意度和忠诚度，从而获得更多的业务和口碑。

### （二）零售服务的特征

零售活动中所提供的服务并不是实物商品，它和其他服务一样具有以下特征。

（1）无形性（intangibility），也叫不可触知性，这是服务最为显著的一个特征，它可以从三个不同的层次来理解。首先，服务是活动或行为而不是物体，故不能被看到、听到、感觉到、品尝到或接触到,无形无质。其次,顾客在购买之前,往往很难描述他能得到的服务内容,因为大多数服务都非常抽象。最后,顾客在产品销售过程中往往忽略服务的存在,也难以对服务的质量做出客观的评价。

(2)不可分离性(inseparability),即服务生产与消费的同时性。一般来说,商品是先生产,然后销售,最后消费;然而服务是首先销售然后同时生产和消费,也就是说当服务人员向顾客提供服务时,也正是顾客消费服务的时刻,二者在时间上不可分离。服务的这一特性表明,顾客只有而且必须加入到服务的生产过程才能最终消费到服务。

(3)异质性(heterogeneity),即服务的产出或质量随生产者、顾客或时间的不同会发生变化。原因有三个方面:第一,由于服务人员的心理状态、服务技能、努力程度等差异。第二,由于顾客的知识水平、爱好、经验、诚实和动机等也直接影响服务的质量和效果。第三,由于服务人员与顾客间相互作用的原因,在服务的不同次数的购买和消费过程中的服务也可能会存在差异。

(4)不可储存性(perishability),也称易消失性,即在零售服务过程中,服务人员对某一产品或某一顾客的当次服务不能储存到给下一个商品或顾客,即多数服务无法同一般有形产品一样在生产之后可以存放待售。由于服务无法被储存,因此零售业对于需求的波动更为敏感。正是由于服务的即时性,零售业在提供服务时,客户更加关心服务的价格是否合理、促销方式是否得当,以及需求是否得到满足等因素。

从上述四个特征的分析中可以看出,无形性可被认为是服务产品的最基本特征,其他特征都是从这一特征派生出来的。

## 二、零售服务方式

零售商在零售活动中的服务方式可以分为多个种类,可以分为产品服务、便利服务、支付服务、产品供应服务、信息服务、客户销售服务等。

### (一)产品服务

产品服务是与产品本身有直接关系的服务,是产品的附加物。零售商与顾客的关系不是在成交时终止,而是持续到产品有关的服务提供完毕。常见的服务方式包括产品咨询、推荐和展示、免费培训班、产品特色设计、导购咨询、免费试用等。例如,顾客购买一台空调,零售人员把货物送达顾客家中并安装好之后使顾客感觉他们的需要得到全面满足。

### (二)便利服务

便利服务是为了使顾客从忙碌而紧张的生活中释放出来,不必要去专业商场购买所需产品。超市零售商常常提供以下便利服务:购物车、装袋、卫生间、送货上门、雨伞租借、幼儿看护、取款机、停车场等。随着数字技术的发展,零售服务也越来越数字化。数字化服务包括在线购物、移动支付、电子发票、虚拟试衣间、智能客服等,旨在提供更便捷、高效的购物体验。

### （三）支付服务

支付服务是应对顾客多种需求的付款方式而出现的。现在零售业普遍采用的支付方式有：现金、信用卡、支票、购物卡、借记卡、分期付款等。兼有支付功能的积分卡对于商家可以用来收集客户的详细信息以利于今后的营销活动，对于顾客而言可以支付、获取优惠及产品信息。

### （四）产品供应服务

产品供应服务是指零售商要给顾客及时、足量地提供所需产品。商家存货不足或顾客找不到所需产品必将导致客户流失到竞争对手处购物。在此情况下，商家要采取非常规服务补救。例如，留下联系方式通知到货或安排送货到家等。当前越来越多的商家采取个性化服务，即根据顾客的需求和偏好提供定制化的服务，包括根据顾客的购买历史和偏好推荐商品、提供个性化的购物体验，以及定制化的产品和服务等。

### （五）信息服务

信息服务是指商家给顾客提供关于产品或企业运作方式等信息，常用面谈、电话、网站、邮箱或传单等方式提供信息。现在大多数零售商都建立信息网站，甚至有些商家在此提供客户可能感兴趣的信息链接，这是非常有效的客户沟通方式。信息服务是一项服务，也是一项公关活动。

### （六）客户销售服务

客户销售服务是指销售人员在商店内与客户的接触，它分为两种情况：一种是客户自行选择产品，销售人员只在销售点或客户需要时提供帮助；另一种是销售人员主动接近客户提供信息服务或选择方案。

扩展阅读 10.1  苏宁电器的终端服务

以上多种服务种类的出现旨在提供顾客所需的支持和便利，提升顾客的购物体验，是商家追求顾客满意度、保持高质量服务形象和夺取市场份额的有效手段。

## 第二节  零售服务策略

### 一、零售服务理论

#### （一）服务利润链理论

1994 年，哈佛大学的赫斯凯特等教授在前人研究的基础上提出了服务–利润链理论（Service-Profit chain），表明利润、顾客、员工、企业四者之间关系并由若干链环组成的链，在利润、成长性、顾客忠诚、顾客满意、提供给顾客的产品与服务的价值、员工能力、满意、忠诚及效率之间存在着直接相关的联系。服务利润链模型认为，利润是由顾客的忠诚度决定的，顾客的忠诚度又取决于顾客的满意度，而顾客的满意度则受到企业提供的服务价值的影响。同时，员工的满意度和忠诚度也对服务价值产生影响。各因素之间的关系如图10-1所示。

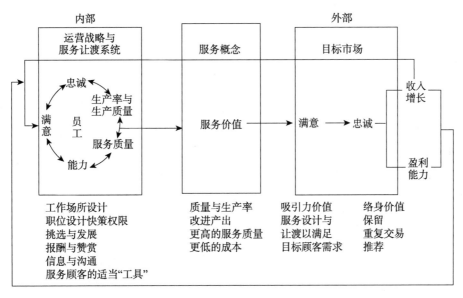

图10-1　服务利润链构成因素

从图 10-1 中我们可以看出以下四个方面。

（1）企业利润是由客户的忠诚度决定的，忠诚的客户给企业带来超常的利润空间；客户忠诚度是靠客户满意度取得的，企业提供的服务价值（服务内容加过程）决定了客户满意度。据研究发现：吸引一位新顾客所花的费用是保留一位老顾客的 5 倍以上。

（2）零售商要实现顾客满意、培育顾客忠诚可以从两个方面入手：一是改进服务，提升企业形象来提高服务的总价值；另一方面是降低生产与销售成本，减少顾客购买服务的时间、精力与体力消耗，降低顾客的货币与非货币成本。

（3）高质量的"内部服务"是"外部满意"的基础。企业要明确为"内部顾客"——公司所有内部员工服务的重要性，因此企业必须设计有效的薪酬和激励制度，并为员工创造良好的工作环境，尽可能地满足内部顾客的内、外在需求。

（4）服务利润链理论的应用可以帮助企业提高服务质量、顾客满意度和忠诚度，从而增加企业的盈利能力和市场竞争优势。它强调了顾客价值和员工满意度的重要性，引导企业将重点放在提供优质的服务和培养忠诚的顾客上。

### （二）"服务三角形"

卡尔·阿布里奇建立的以顾客为中心的"服务三角形"，强调的是企业服务策略、服务系统和服务人员都要以顾客为中心，形成"服务三角形"（图10-2）。

扩展阅读10.2　四川名片红旗连锁：服务—利润链

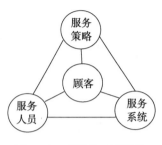

图 10-2 "服务三角形"

图 10-2 中每一个部分都相互关联,每一部分都不可缺少。服务策略、服务系统、服务人员三者共存又相对独立地面向顾客这个中心,各自发挥着作用,顾客则是这个服务三角形的中心。

顾客之所以处于"服务三角形"的中心,就在于整个"服务三角形"的其他元素都服务于顾客。顾客是"服务三角形"中最为重要的元素。"服务三角形"中的其他元素相互沟通,共同发展并和谐地服务于顾客这个中心,使"服务三角形"有效地运行。

从顾客的角度看,价值等式可以表示为:

价值 = (为顾客创造的服务效用 + 服务过程质量)/(服务的价格 + 获得服务的成本)

顾客价值直接决定了顾客满意度的高低,从而企业要努力为顾客创造更大的价值,以便收获高度的顾客满意。

## 二、零售服务策略

零售服务策略是指零售企业为提供优质服务和满足顾客需求而采取的一系列策略和措施。零售商从崇拜价格的作用转变到注重服务,说明已经意识到服务是吸引顾客、建立顾客忠诚度的重要手段。做好零售服务策略通常可以从以下三个方面着手。

扩展阅读 10.3 宜家通过自助式销售提供良好服务

### (一)了解客户需求

零售服务策略首先是了解顾客需求,针对特定的顾客群,了解他们的特点和需要,以此作为自己的发展的方向和重点。比如说,选择超级市场的顾客,可能看中的是整洁、方便、实惠;选择购物中心的顾客,则会更注重档次、品质,以及休闲放松的需要;当然如果是社区内的便利店,经营的大多是生活中的日常用品,顾客需要的就是快速、便捷。了解客户需求能让零售客户感到企业能站在他们的角度看待问题、处理问题,让零售客户在无形之中就会产生对企业的信任感和依赖感,消费者在评价和购买商品时注重综合感觉,这种感觉所产生的情感、态度决定着消费者的购买决策。了解客户需求方便零售企业为零售客户提供个性化的购物体验和定制化的服务,包括个性化推荐、定制化商品、个人化营销等,以增强顾客的满意度和忠诚度。

### (二)提供客户关怀

客户关怀是服务质量标准化的一种基本方式,它涵盖了公司经营的各个方面,从产品或服务设计到它如何包装、交付和服务，关注对于从设计和生产一直到交付和服务支持的交换过程每一元素，包括订货服务、咨询服务、金融服务、包装服务、形象设计服务、租赁服务、临时幼儿托管、连带销售服务等，送货、安装、邮购、维修、免费停车、退换货等项服务，并开展商品以外的附加服务，包括售前、售中、售后服务，以及微笑的面容、敏捷的动作、温馨的话语、通俗化的解释、细致又耐心的释疑等基本性和技术性等高级服务，以创造和适应消费者的文化品位和个性化的需求，综合运用情感服务来影响顾客心理感知。

### （三）管理客户关系

扩展阅读 10.4　客户关怀方案

客户关系管理（customer relationship management，CRM）在市场需求和企业追逐盈利的双重推动下，成为近年来西方市场的热点。通过信息系统与客户建立长期、固定的关系。例如，通过会员卡、送货上门等服务了解顾客需求，反馈商品信息，为零售企业的决策支持和智能分析提供重要的依据，并为他们提供更多更好的个性服务，最大限度地提高他们对企业的忠诚度。数字化时代可进行社交化营销和互动体验，利用社交媒体和其他互动平台，与顾客进行互动和沟通，提供有趣和有参与感的购物体验。例如，举办线上线下活动、推出有趣的互动营销活动等。

## 第三节　零售服务质量管理

### 一、零售服务质量管理理论

#### （一）服务质量五维度模型

西方学者很早就重视服务质量评估方法的研究，一直在探讨服务质量、消费者满意度与再次购买意愿的相关性，目前得到以下结论：消费者满意度对再次购买意愿具有显著的影响，但服务质量对之的正向影响力更大。

**1. 服务质量**

泽丝曼尔、贝利和帕拉苏拉曼三位学者提出了被学术界公认且广泛使用的服务质量测度模型 SERVQUAL 量表，设计了顾客期望服务质量的 22 个标准，归纳为可靠性、响应性、保证性、移情性和有形性的服务质量五个维度。

**2. 顾客满意**

奥利弗（Oliver）提出"期望不一致"理论，认为当消费者对商品的实际感知优于之前的心理期望时，表现为正向的不一致性，此时消费者是满意的；但当实际感知比心理期望差时，表现为负向的不一致性，则消费者觉得不满意。实际感知与心理期望的一致程度与消费者的满意程度呈正相关。后来有学者将此定义为"消费者满意度是指上述提到的这种差异所引发的愉悦或失望的情绪"。

### 3. 顾客忠诚

1996年克米拉和布朗提出，顾客忠诚是指在对该种商品或服务的需求量上升时，仍将该商品或服务作为唯一的选择对象。顾客忠诚是一种行为、态度和认知多方面的复合标准，消费者满意度与顾客忠诚度之间有较强关联，前者对后者有着显著影响。

### 4. 顾客容忍区

1991年派拉索拉曼、泽丝曼尔和贝利（以下简称PZB）发现顾客对于服务持有两种不同层次的期望。第一种叫作理想的服务（desired service），被定义为顾客渴望得到的服务水平。第二种叫作适当的服务（adequate service），被定义为顾客可以接受的服务水平。PZB的研究结果将顾客的期望（E）由一个点扩展成为一个区域（zone of tolerance），即两种期望水平构成了顾客对服务整体期望的上下限，在两种期望水平之间的区域则被称为容忍区（图10-3）。

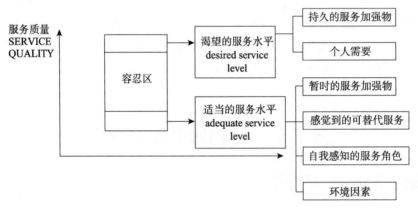

图10-3　顾客服务期望的类型与决定因素模型（PZB）

### 5. 服务质量的五维度特征

1）可靠性

可靠性是指服务企业可靠地、准确地履行承诺的能力。该维度要求服务行动按照顾客所希望的服务方式、时间安排，无差错地执行承诺。常用指标有：企业向顾客承诺的内容能否及时完成；顾客遇到困难时是否表达关心及帮助；公司是否可靠；提供所承诺的服务是否准时；是否正确记录相关的内容。

2）响应性

响应性是指迅速为客户提供需要的服务，尽量缩短顾客等待时间，当服务出现问题时，以最快的速度解决问题。常用指标有：准确地告知顾客提供服务的具体时间；是否及时在事先确定的时间提供相应的服务；员工是否随时愿意帮助顾客；员工是否过于忙碌无法立即满足顾客的需求。

3）安全性

安全性是指员工表达出值得信赖的知识及合理的态度的能力。包括提供服务的技能，对顾客的尊重和礼仪,时刻关注顾客的需求,并及时进行有效的沟通。常用指标有:员工是否值得信赖;接受服务时顾客是否感到放心;员工是否有礼貌;公司是否对员工给予适当的支持,使之能够提供更好的服务。

4)移情性

移情性是指设身处地地为顾客着想并对顾客个体给予特别关注。服务人员需具备接近顾客的能力,以及对顾客新需求的敏感度。常用指标有:公司会不会针对顾客提供个别的服务;员工会不会给予顾客特别的关心;员工是否能够了解顾客的需求;企业是否优先考虑顾客的利益;企业提供服务的时间能否符合所有顾客的需求。

5)有形性

有形性是指有形的设施、设备、人员和宣传资料等,如地毯、办公桌、灯光和服务人员的服装和外表等。常用指标有:企业是否具备现代化的服务设施;服务设施是否具有吸引力;员工是否有整洁的服装和外套;公司的设施与他们提供的服务是否匹配。

各维度指标设计及变量名对应的举例见表 10-1。

表 10-1  各维度指标设计及变量名对应举例

| 维度 | 变量 | 关于游泳培训服务的问题 |
| --- | --- | --- |
| 可靠性 | Q1 | 您认为本次游泳培训的教学目标是否明确? |
| | Q2 | 您认为本次游泳培训的教学进度是否合理? |
| 响应性 | Q3 | 您认为本次游泳培训的现场安排是否合理?包括入场、点名、散场等现场安排。 |
| | Q4 | 您认为该培训机构对顾客的信息反馈是否及时?例如顾客抱怨、意见及建议。 |
| 安全性 | Q5 | 您认为本场教练员自身游泳技术是否达到水准? |
| | Q6 | 您认为本场教练员对待学员态度是否尊重友善? |
| 移情性 | Q7 | 您认为本场教练员是否对学员个体学习情况表现出应有的关心和帮助? |
| | Q8 | 您认为本场教练员教学方式是否迎合学员需求?是否具备因材施教能力? |
| 有形性 | Q9 | 您认为该培训场所的硬件设施是否达到要求?如场地宽敞明亮、设备现代化等。 |
| | Q10 | 您认为该培训场所的教练员及工作人员的服务形象是否得体? |
| 顾客满意度 | Q11 | 请问您对此次游泳培训的总体满意程度? |
| | Q12 | 请问此次游泳培训与您预期相比的满意程度? |
| 顾客忠诚度 | Q13 | 请问您今后继续参加该培训机构开办的培训项目的可能性? |
| | Q14 | 请问您将该培训机构介绍并推荐给家人或朋友的可能性? |

## (二)服务质量差距模型

服务质量差距模型(5GAP)是 20 世纪 80 年代中期至 90 年代初,美国营销学家帕拉苏拉曼、泽思曼尔和贝利等人提出的一种用于分析顾客对服务质量期望和实际感受之间差距的模型。该模型认为,顾客对服务质量的期望和实际感受之间的差距会影响顾客的满意度和忠诚度,通过识别和解决这些差距,企业可以提高服务质量,增强顾客的满意度和忠诚度。5GAP 模型专门用来分析质量问题的根源,这五个差距分别是认知差距、标准差距、交付差距、沟通差距和顾客差距,其中顾客差距是此模型的核心(图 10-4)。

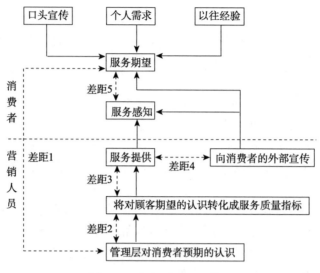

图 10-4　服务质量差距模型

图 10-4 中差距 1 是认知差距，差距 2 是标准差距，差距 3 为交付差距，差距 4 为沟通差距，差距 5 是顾客差距，是以上四个差距的复合函数。

### 1. 认知差距

这是指顾客预期的服务与零售商认为的消费者预期服务之间的差异。不同的消费者有不同的预期。例如，幼儿护理对年轻家长而言是基本的预期服务，但对单身的年轻人来说无所谓，对他们而言 ATM 提款机可能更重要。零售商只有通过消费者调查才能预料消费者期望的服务。消费者需求也会随着时间发生变化，零售商也需随之改变所提供的服务。

认知差距产生的原因有：

（1）对市场研究和需求分析的信息不准确；
（2）对期望的解释信息不准确；
（3）没有需求分析；
（4）从企业与顾客联系的层次向管理者传递的信息失真或丧失；
（5）臃肿的组织机构阻碍或改变了在顾客联系中所产生的信息。

零售商的对策，一是对消费者知觉、期望进行研究；二是利用研究成果以改善本身和顾客预期服务之间的差距。

### 2. 标准差距

标准差距是零售企业对顾客期望的认识与其制定的顾客服务标准之间的差距。通过真正了解客户的需要缩小认知差距后，零售商需要进行现实评估以确定如何达到这种服务质量。高层管理者的承诺及为之实现更优服务而接受成本增加，如为改善顾客服务的员工培训，都是这个过程的组成部分。

标准差距产生的原因有：

（1）计划失误或计划过程不够充分。

（2）计划管理混乱。
（3）组织无明确目标。
（4）服务质量的计划得不到最高管理层的支持。

零售商的对策是认同提供高品质的服务、对服务发生的问题能提出创新的解决方案、制定服务的目标和衡量服务的绩效。

### 3. 交付差距

交付差距是零售商的服务质量标准与服务实际交付之间的差距。产生的可能原因是：

（1）标准太复杂或太苛刻。
（2）员工对标准有不同意见，例如，一流服务质量可以有不同的行为。
（3）标准与现有的企业文化发生冲突。
（4）服务生产管理混乱。
（5）内部营销不充分或根本不开展内部营销。
（6）技术和系统没有按照标准为工作提供便利。

零售企业在制定实现合理服务质量的标准和规范后，必须保证每名顾客在接受服务时都能达到这个预设的服务质量。对于提供服务的一线员工要进行定期培训，以确保其具备所需的知识和技能，并能给予适当的授权和支持，同时制定处理顾客需求和零售商店需求之间矛盾的清晰的方针措施和服务政策，解释这些措施的基本缘由，运用物质刺激来激励员工的积极性，以便这些员工向消费者交付符合组织标准的服务水平。

### 4. 沟通差距

沟通差距是零售企业提供给顾客的实际服务与其对外宣称要达到的服务水平之间的差距。这个差距表明零售商没有兑现他们对顾客承诺的服务。产生的原因是：

（1）营销沟通计划与服务生产没统一。
（2）传统的市场营销和服务生产之间缺乏协作。
（3）营销沟通活动提出一些标准，但组织却不能按照这些标准完成工作。
（4）有故意夸大其词、承诺太多的倾向。

零售企业宣传的各种服务会在顾客心中形成一种预期，要减低不能满足顾客预期的风险，零售企业应与顾客进行有效的沟通，实现已做出承诺的服务。零售企业不同部门之间也要进行良好的沟通，以使各部门齐心协力为顾客提供高质量的服务。同时由于一线员工代表的是零售企业，所以员工对顾客做出的承诺也视为零售企业对顾客的承诺。加强对一线员工的监督和控制，防止其对顾客做出不合理的承诺而损害组织利益。

### 5. 顾客差距

顾客差距导致的后果有消极的质量评价（劣质）和质量问题；口碑不佳；对公司形象的消极影响甚至丧失业务。质量模型揭示了引起消费者不满的对服务的预期和享受到的服务之间的差距即顾客差距（差距5）是由服务过程中认知差距、标准差距、交付差距和沟通差距四个方面的差距决定的，所以要提高服务质量水平就要尽力缩小这四方面的差距以使消费者满意。

## 二、服务质量管理方法

### （一）减少认知差距，积极预防失误的产生

零售企业的消费者对服务期望认知出现偏差的原因在于零售企业对消费者需求缺乏深入的调查了解，不了解顾客的真实需求。要减少这一认知差距的具体做法是：进行消费者调查和顾客访谈、建立顾客投诉系统、加强内部员工培训和员工反馈机制。

零售企业应防患于未然，应针对可能出现的服务失误进行服务补救训练，培训员工如何避免失误，如何在失误发生时采取正确措施，如何正确处理人际关系，如何提高服务补救的应变能力等，通过培训和教育提升员工的专业知识和技能，使其能够提供高质量的服务，使员工面对服务失误能正确使用授权并迅速补救、妥善解决。培训内容可以包括产品知识、沟通技巧、问题解决能力等，以提高员工的服务水平和满意度。

### （二）建立健全服务质量体系，减少标准差距

正确的商业服务思想，为零售商业企业提高服务质量提供了基础和前提。而把这一思想制度化、标准化、程序化，就需要建立服务质量体系。服务质量体系是服务思想的具体贯彻和实施，是服务水平得以不断提高的保障。完善的服务质量体系应该具有以下内容。

**1. 服务质量实施机构**

服务质量实施机构包括服务质量的领导机构、管理机构、执行机构和监督机构，以及它们各自的职责、权利、性质和隶属关系。合理的机构是服务质量体系有效运行的必要环节和组织保证。机构需对合作伙伴进行管理，与供应商和合作伙伴建立良好的合作关系，确保供应链的质量和可靠性。这可以包括选择合适的供应商、建立供应商评估机制、进行供应链管理等，以确保服务质量的稳定和一致性。

**2. 服务质量实施规划**

服务质量标准制定时要尽可能地体现出管理层对顾客服务期望的认识，减少标准差距，其实施规划包括服务质量方针、服务质量的总目标、阶段性目标、具体目标，以及实施的步骤、程序、方式和方法等，这样既能避免其盲目性，又可增强其有序性，包括建立有效的顾客反馈和投诉管理机制，及时收集和处理顾客的反馈和投诉。这可以包括设置反馈渠道、建立投诉处理流程、进行满意度调查等，以改进服务质量并增强顾客满意度；进行过程改进和质量控制，识别和解决服务过程中的问题和缺陷，包括使用质量工具和方法（如 PDCA 循环、六西格玛等）、进行数据分析、开展质量审核等，以提高服务质量和效率；利用先进的技术和创新手段，提升服务质量和效率，包括使用自动化系统和工具、引入人工智能和大数据分析等，以提供更便捷、个性化的服务体验。

**3. 服务质量实施标准**

服务标准的制定要根据不同的销售环节、不同的工作岗位，以及顾客的不同需求来制定，重点是售中服务标准和售后服务标准。服务的标准化不但是服务工作开展的依据，

而且是衡量服务工作质量的尺度。例如，沃尔玛员工面对顾客必须用"三米微笑、八颗牙齿"原则。要达到和超越服务标准，必须要求服务人员具备相应的知识和技能，要对他们提供物质和精神上的支持，要加强内部沟通减少冲突，并适当授权给员工，以顾客和企业的最大利益为出发点。其主要途径有提供信息和训练、提供物质和精神支持、加强内部沟通、适当授权；也包括制定操作手册、培训员工、建立服务流程等，以确保服务质量的稳定性和可控性。

### （三）主动进行服务沟通，减少沟通差距

扩展阅读 10.5  国美电器公司的"彩虹服务"

顾客抱怨产生后，企业要及时与顾客沟通，在事发现场即时解决，而不能等专门的人员来处理顾客的抱怨，那样，将会耽误服务补救的时机，顾客会以为店方缺乏诚意而使抱怨升级，将会增加服务补救的成本。

同时，零售企业要树立"从服务补救中学习"的观念，并把这种观念融入商业文化的建设中去，认识到弥补服务缺陷以换取客户忠诚是店员的责任和义务，只有这样，才能真正地做好服务补救工作。例如，真心诚意地向顾客致歉，并提供弥补的办法，这是与顾客真诚沟通、重新赢得顾客信任的有效办法，也可以有效地平衡商家和客户的利益，留住为此而可能流失的顾客。

另外，零售企业也要减少沟通差距，不能夸大提供的服务，那会提高消费者的预期。把服务宣传得过高也许会在最初吸引较多的顾客，但其后会导致顾客不满而使下次光临的顾客减少。所以要让顾客对服务质量满意就必须进行诚实的宣传，要求各部门之间互相沟通、获得消费者理解。同时由于这些差距难以完全避免，因此进行及时的服务补救也是提高服务水准的重要途径。

## 三、零售服务补救

零售服务补救，是指零售企业在对顾客提供服务出现失败和错误的情况下，对顾客的不满和抱怨当即采取措施来解决问题，修复顾客关系，并恢复顾客的满意度和信任度的行为。失误可因各种原因产生：服务可能没有如约履行，货品可能有瑕疵，服务执行质量低劣，员工可能粗暴或漠不关心。所有这些失误都会引起顾客的消极情绪和反应。例如，顾客离开，将其经历告之其他顾客，甚至通过消费者权益组织或法律途径投诉。

服务补救的主要目的是重新建立顾客满意和忠诚，更重要的是有助于零售企业获得改进服务工作、提高服务质量所需的有价值信息，还可以避免重大公共关系危机局面的出现，减少服务补救成本的支出。

进行服务补救的常用方法如下。

### （一）跟踪并预期补救良机

建立一个跟踪并识别服务失误的系统能使企业挽救和保持顾客关系。企业通过听取

顾客意见来确定企业服务失误所在，即不仅要被动地听取顾客的抱怨，还要主动地查找那些潜在的服务失误。市场调查（如收集顾客批评）、监听顾客抱怨、开通投诉热线、有效的服务担保和意见箱是常用的方法。

### （二）重视顾客问题

企业一线服务员工能主动地出现在现场，承认问题的存在，向顾客道歉（在恰当的时候可加以解释），并将问题当面解决，这是顾客认为最有效的补救方法，如退款、服务升级、无条件退货。例如，某顾客在租用已预订的别克车时发现该车已被租出，租车公司将本公司的劳斯莱斯车以别克车的租价租给该顾客。

### （三）尽快解决问题

服务人员必须在失误发生的同时迅速解决失误，否则服务失误会很快扩大并升级。在某些情形下，还需要员工能在问题出现之前预见到问题即将发生而予以杜绝。例如，当某航班因天气恶劣而推迟降落时，服务人员应预见到乘客们会感到饥饿，特别是儿童。服务人员会向机上饥饿的乘客们说："非常感激您的合作与耐心，我们正努力安全降落。机上有充足的晚餐和饮料。如果您同意，我们将先给机上的儿童准备晚餐。"乘客们点头赞同服务人员的建议，因为他们知道，饥饿、哭喊的儿童会使境况变得更糟。服务人员预见到了问题的发生。在它扩大之前，员工就杜绝了问题的发生。

### （四）授予员工进行服务补救的权力

一线员工需要特别的服务补救训练，如服务补救的技巧、权力和随机应变的能力训练。员工必须被授予使用补救技巧的权力。当然这种权力的使用是受限制的，在一定的允许范围内，用于解决各种意外情况，但也不应因员工采取补救行动而受到处罚，相反，企业应鼓舞、激励员工们大胆使用服务补救的权力。

### （五）从补救中汲取经验教训

服务补救不只是弥补服务裂缝、增强与顾客联系的良机，它还是一种极有价值但常被忽略或未被充分利用的具有诊断性的能够帮助企业提高服务质量的信息资源。通过对服务补救整个过程的跟踪，管理者可发现服务系统中一系列亟待解决的问题，并及时修正服务系统中的某些环节，进而使"服务补救"现象不再发生。

恰当、及时的服务补救措施，以及真诚、主动的服务补救行为，可以减弱顾客的不满情绪，有效化解矛盾，避免零售企业服务危机，最终换取顾客的忠诚、赢得顾客的满意、树立企业的形象和提高企业的声望。

## 本章小结

通过提供好的顾客服务，零售企业可以提高顾客再次来购买的机会，建立起持续的竞争优势。但是，要做到持之以恒地提供良好的顾客服务并不是一件容易的事。与有形产品相比，服务具有无形性、不可分离性、异质性和不可储存性等共同特征。零售企业的服务方式可以分为产品服务、便利服务、支付服务、产品供应服务、信息服务、客户销售服务等。

常用的零售服务理论是服务利润链理论和服务三角形理论，了解客户需求、提供客户关怀和进行客户管理是零售企业常用的客户服务策略思路。运用服务质量五维度理论和服务质量差距模型对零售企业服务质量进行诊断，有助于识别提升零售企业服务质量的有效路径。零售企业在对顾客提供服务出现失败和错误的情况下及时进行服务补救是留住顾客必不可少的一项措施。

## 思考题

1. 区分可供零售企业选择的主要零售服务类型。
2. 经常有人说，零售价格与服务上的优势不能两者兼得。你对此持多少赞同态度？
3. 请为某一零售商设计顾客关怀计划。
4. 如何测量顾客的满意度？请用相关模型进行解释。
5. 举出你在某家零售商店的体验没有达到你的预期的例子。这种差距是如何出现的，出现的原因是什么？你对这家零售商缩小这种差距有什么建议，这家零售商已经采取哪些消除这种不满足的措施？
6. 在顾客对优质服务的感受方面，雇员起着至关重要的作用。如果你准备雇用一些营业员，你应该注意他们的哪些性格特征以评价他们提供良好服务的能力？

## 案例讨论

### 肯德基——顾客手机自助点餐解决方案

现在我们走进餐厅，拿起手机自助点单已经成为一件习以为常的事。而肯德基早就2013年，就上线了手机自助点餐功能，那一年智能手机与移动支付都尚未普及。经过多次尝试和迭代，肯德基找到数字化转型最佳的切入口。在2016年上线了会员系统，整合品牌App、宅急送App和手机自助点餐App，将其打造成一个可点餐、可支付、可预约的移动平台——肯德基超级App。有了这个切口之后，线上线下的连接变得顺了许多，消费者在点餐时也有了更好的体验。从用户端角度，超级App提升了四点用户体验。

**1. 支持提前点餐，减少等待时间**

消费者可以到店前在路上提早下单，减少等待的时间，系统会自动识别距你最近的餐厅，自行设定取餐的时间。

**2. 定制菜单功能，满足个性化需求**

肯德基从每个用户的点餐习惯、寻找优惠和尝新的三大需求出发，开发出了"定制我的菜单"功能。每个用户都可以给予自己的偏好需求生成菜单，贴心地满足了用户的个性化需求。

**3. "优惠助手"，减少用户决策时间**

在用户进行点餐时，单击左下角的"优惠助手"，可以看到当前订单可以使用的所有优惠券、预付权益或是能够参与的满减活动，不需要用户来回跳转选择。此举不但节省了用户翻找优惠券以及决策的时间，更不易遗漏任何可用的优惠机会。

**4. 服务升级，优化外卖体验**

肯德基宅急送的日订单量一到雨天就会暴增，为此肯德基开发了雨天送功能。当用户在雨天打开肯德基超级 App，即可解锁限时 1 元单品和雨天套餐。

套餐推荐的内容经过筛选，同时缩短了用户的订餐时间与营运端制备的时间，让企业、骑手与用户，都能在雨天外送场景中获得更好的体验。

（资料来源：中国工商管理国际案例库，肯德基中国：数字化重构竞争优势；https://mp.weixin.qq.com/s/qMgjPIE-p8D_vHAwXvqsLA：会员生意销售超过 62%，肯德基是如何全方位领跑消费者数字化）

**案例思考**

1. 肯德基创新的手机自助点餐解决方案为其赢得了怎样的竞争优势？
2. 肯德基的数字化服务转型对中国本土零售企业有什么启示？

## 本章实训

### 一、实训目的

1. 了解本地零售业服务质量状况。
2. 增进对零售服务性质与影响因素的理解。
3. 学会诊断零售服务质量，培养解决实际问题的能力。

### 二、实训内容

以小组为单位，各自选择本地一家知名零售企业进行调查，了解这家零售企业提供的服务产品，以及顾客对这家零售企业服务质量的感知，总结其成功经验，发现问题并提出改进建议。

### 三、实训组织

1. 指导教师明确实训目的、任务和评价标准。
2. 学习委员将班级成员分成若干小组。成员可以自由组合，也可以按学号顺序组合。小组人数划分视修课总人数而定。每组选出组长 1 名，发言代表 1 名。
3. 以小组为单位，通过对零售企业和顾客的访谈、问卷调查收集零售企业服务质量状况资料。根据资料和零售服务质量理论，运用统计分析、理论分析等方法对零售企业的服务质量现状、经验、问题进行分析，提出对策建议，并写成书面分析报告，制作课堂演示 PPT。
4. 各小组发言代表在班级进行汇报演示，每组演示时间以不超过 10 min 为宜。
5. 鼓励同学们在每个组发言后提问、讨论、质疑。

### 四、实训步骤

1. 指导教师布置任务，指出实训要点、难点和注意事项。
2. 各小组设计调查方案和调查问卷。

3. 小组成员分工实地调查，收集、整理案例企业及其顾客感知服务质量的资料。

4. 各小组组织讨论，按实训任务撰写书面调研报告，列出汇报演示提纲。

5. 演示之前，小组发言代表对本组成员及各自承担的任务进行介绍陈述。演示结束后，征询本组成员是否有补充发言。其他小组成员提问、质疑，由发言代表或该组成员答疑。

6. 班级演示之后，指导教师进行最后总结及点评，并为各组实训结果打分，对表现优秀者提出表扬。

## 延伸阅读

1. 刘璐. 外国零售业服务质量管理对我国的启示[J]. 商场现代化，2008(19).
2. 赵辉. 零售业服务质量评价实证研究[J]. 企业经济，2007(6).
3. 陈丽娇. 零售业基于服务营销的顾客满意战略探讨[J]. 营销策略，2012(2).
4. 王桂朵. 零售服务管理[M]. 郑州：郑州大学出版社，2006.
5. 马媛媛. 浅析我国零售企业的服务补救[J]. 黑龙江对外经贸，2006(7).
6. 中华人民共和国行业标准. SB/T 10962—2013 商品经营企业服务质量评价体系.
7. 于靓漪，石贵成，曹子煌. 智能新零售服务质量评价体系构建及其影响权重分析[J]. 商业经济研究，2024(05).

## 即测即练

# 第十一章

# 零售连锁经营管理

◆ **本章学习目标**

了解连锁经营的基本模式、采购谈判签约注意事项、连锁经营物流配送的功能要素，熟悉连锁经营商品采购组织类型、连锁经营库存管理目标与类型，掌握连锁经营商品采购的基本流程、连锁经营库存管理方式、连锁经营物流配送中心的作业管理及连锁经营管理数字化信息系统的功能模块。

◆ **引例**

### 迪卡侬的连锁经营

迪卡侬集团（法文：Decathlon Groupe）是一家来自法国的专业综合性体育用品专卖店。1992年，迪卡侬以生产商的身份进入中国，首先在中国发展产品生产与出口，1995年成立了上海工业采购办公室，2007年，迪卡侬成立了苏州工业采购部。1998年，迪卡侬在上海开设了第一家工厂直营店，然后于2003年同样在上海开设了在中国的第一个卖场，与此同时亚洲总部从香港迁到上海，从此以后迪卡侬卖场项目在中国不断扩张。截至2017年底在中国开设了266家线下门店。在中国员工数量16916人。与此同时，线上业务为超过370个城市的用户提供产品和服务。

迪卡侬把握全产业链，将产品的设计、原材料采购，以及包装分销全部自己控制运营，只是制造环节采用OEM代工的方式。迪卡侬这种集设计、研发、生产、物流、品牌和零售于一体的全产业链模式，使得其90%的产品都来自其旗下自有的运动品牌，这一点就使得其他品牌难以望其项背，全产业链模式使得迪卡侬省去了中间制造商的成本，可以自主控制成本价格，使得其经营自主权利更高。

迪卡侬对门店选址十分严格。尤其是对卖场位置和营业面积有特殊的要求，迪卡侬的卖场绝大多数都是单体独栋的商场建筑。为了方便大众健身运动，每家迪卡侬门店都会建造小型运动场地用于周围居民免费使用。开设一站式大型商场的策略是迪卡侬建立门店的标准，几千平方米的经营面积外加几百平方米的运动场成为标准化，迪卡侬目前在中国的卖场数字不断增加，在目前阶段，迪卡侬在一线城市的门店大都在于城市郊区，周围交通较为便利，二三线城市的门店位置要更加靠近市区些，有的则是选择租借地下区域开展经营。

产品的高性价比是迪卡侬核心竞争力的体现，也是迪卡侬最突出的品牌特点。和耐克、阿迪达斯等大品牌、高价格的消费理念不同，迪卡侬一直以大众消费作为主线，亲民的价格，以及可靠的质量使得迪卡侬成为性价比的代言人，迪卡侬商场给消费者最大的感受便是价格便宜，有售价 29 元的双肩包、30 多元的速干 T 恤还有 99 元的跑步鞋等，更重要的是，这些价格极具诱惑力的产品，质量却没有丝毫的马虎，因此深受大众喜爱，迪卡侬商场里还有一种醒目的蓝色商品，价格要比市场价格至少低 20%，这些商品还被放置在商场最显眼的区域以便顾客一眼就能看见，为了打造极致的性价比服务，迪卡侬使用了与众不同的营销方式：放弃包装；不涉及广告和体育赞助等营销，主要凭借将门店附近最显眼的位置挂上宣传标识以及微信公众号上推广一些日常活动进行宣传。

近年来，迪卡侬一直在深化体验式营销的理念。借助体验式营销让消费者成为企业的宣传人，一定程度上降低企业的宣传成本，扩大宣传范围。迪卡侬提倡各个门店将 60% 的场地面积用于消费者体验区，剩下的 30% 作为摆放货架和产品，10% 的场地面积用于办公和仓储货物物料。迪卡侬的销售门店一般都在四五千平方米，最小的门店也大概在 2000 m$^2$，近六成的消费者体验区面积几乎相当于小半个体育场。6∶3∶1 的门店场地分配比例成为迪卡侬体验式营销的新阶段。同时迪卡侬在今后发展过程中也表示体验区面积会得到进一步扩大，将更多的场地面积让给消费者体验。迪卡侬鼓励所有人都来体验它的产品。员工的工作也并不是只顾推销产品，他们最主要的工作是和顾客一起运动玩耍。迪卡侬的卖场毫无疑问就是一个可以让人们放飞自我的运动游乐场。

（资料来源：张慧颖，翟润国. 坚持实体购物店的运动品牌：迪卡侬. 中国管理案例共享中心案例库. 2020）

## 本章知识结构图

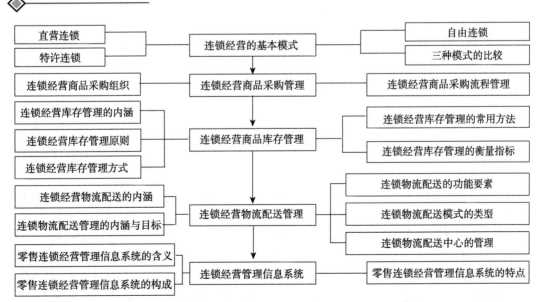

# 第一节　连锁经营的基本模式

连锁经营是一种商业组织形式和经营方式,由众多经营同类商品或服务的众多门店组成的联合体,这些分店通过采用标准化的运作方式和集中化管理,实现联合体的规模经济效益。其中,连锁店是重要载体,它是指经营同类商品、使用统一商号的若干门店,在同一总部的管理下,采取统一采购或授予特许权等方式,实现规模效益的经营组织。连锁经营模式以资产、合同为纽带可划分为三种基本模式:直营连锁、特许连锁、自由连锁。

## 一、直营连锁

### (一)直营连锁的定义

国际连锁店协会将直营连锁定义为:"以单一资本直接经营 11 个商店以上的零售业或饮食业组织。"

美国商务部将直营连锁定义为:"由总公司管辖下的许多门店组成,它往往具有行业垄断性质,利用资本雄厚的特点大量进货和大量销售,具有很强的竞争力。"

本书认为,直营连锁又称正规连锁(regular chain,RC),是连锁企业的总部通过独资、控股或吞并、兼并等途径开设门店,发展壮大自身实力和规模的一种形式。连锁企业的所有门店在总部的直接领导下统一经营,总部对各门店实施人、财、物及商流、物流、信息流等方面的统一管理。

### (二)直营连锁的基本特征

直营连锁的基本特征是集中统一,具体体现在集中统一的所有者、管理权、财务制度和人力资源管理。

集中统一的所有者。直营连锁企业由同一经营资本构成,成员店之间以资本为主要联结纽带,所有门店属于同一个所有者,归一个公司、一个联合组织或一个人,由同一个投资主体开办,各分店不具有法人资格。这是直营连锁与特许连锁和自由连锁的最大区别。

集中统一的管理权。直营连锁的所有权、经营权、监督权完全集中在总部,由总部根据统一的发展规划方针,统一管理连锁企业的人事、财务、投资、分配、采购、促销、物流、商流、信息流等方面,门店的业务必须按总部的指令行事。因此,直营连锁企业必须顺利地推进合理的分工体制,即总部必须设置分工明确、精细专业的内部管理机构及与各门店的层级管理制度、各类责任制度、薪酬与绩效挂钩的分配制度和规范的门店管理制度,以保证总部与各职能部门和门店的统一运作。

集中统一的财务制度。直营连锁门店的店长是连锁企业的员工而不是所有者,所有门店的店长均由总部委派。整个连锁企业实行统一的核算制度,各门店的工资和奖金由总部依据连锁企业制定的标准来决定,各个门店的店长无权决定门店的利润分配。

集中统一的人力资源管理。直营连锁企业各门店的所有员工均由总部统一招募,各门店的经理人员也由总部委派，他们是公司的雇员而不是公司的所有者。

## 二、特许连锁

### （一）特许连锁的定义

国际连锁店协会将特许连锁定义为："总公司授权加盟者经营生意，并且在组织结构、人员训练、采购及管理上协助加盟者，相应地，加盟者也必须付出相当代价给总公司的一种持续性关系。"

美国商务部将特许连锁定义为："主导企业将自己开发的商品、服务和营业系统（包括商标、商号等企业象征的使用、经营技术、营业场所和区域），以契约形式授权加盟店在规定区域内的经销权或营业权，加盟店则要交纳一定的营业权使用费，并承担规定的义务。"

美国特许连锁协会将特许经营定义为："特许经营是由一方（特许权拥有方）给予另一方（特许权接受方）的合同性特许。"

日本特许连锁协会将特许连锁定义为："特许连锁经营是指特许拥有者与其他方签订合同，特许权拥有者授予特许加盟者使用自己的商标、商号、服务标记和其他营业象征的标识和经营管理技巧，在同样的形象下进行商品销售。相应地，特许加盟者需要按照销售额或毛利的一定比例，向特许者支付报偿金，并在特许者的要求与指导下开展业务。"

中国在《商业特许经营管理办法》中规定："本办法所称商业特许经营（以下简称特许经营），是指通过签订合同，特许人将有权授予他人使用的商标、商号、经营模式等经营资源，授予被特许人使用；被特许者按照合同约定在统一经营体系下从事经营活动，并向特许人支付特许经营费。"

从以上定义可知，特许连锁是一种以契约为基础的连锁企业经营形式。一般而言，连锁企业总部与加盟店签订特许加盟合同，特别授权加盟店使用自己的商标、服务标记、商号和其他为总部所独有的经营技术，在统一的形象下进行商品销售，加盟店对自己的门店拥有所有权，但经营权集中于总部，并需要按销售额或毛利的一定比例支付报酬。

### （二）特许连锁的特征

特许连锁的特征体现在以下三个方面：所有权的分散与经营权的集中、特许权的转让、特许加盟合同。

所有权的分散与经营权的集中。加盟店具有独立的法人资格，是其门店的所有者，门店店长是加盟者，不受聘于总部，其拥有进货权、人事权、财务权等权力，但加盟者必须按照特许合同的规定严格执行经营任务，没有独立的经营权，经营权集中于总部。

特许权的转让是特许连锁的核心。总部作为特许权的拥有者，除了授予加盟店店名、商标、商号、服务标识等在一定区域内的垄断使用权，还要向加盟者提供完成经营所必需的信息、知识、技术等一整套经营系统，并且在加盟店的运营过程中不断地给予指导。

特许加盟合同是特许连锁经营的纽带。特许加盟合同通常不是双方协商签订的，而是由连锁企业总部制定的，加盟者只有接受特定的合同内容才能加盟连锁系统，相应地，总部也得在合同中承担一定的义务和责任。

扩展阅读 11.1　阿白手作的特许经营

## 三、自由连锁

### （一）自由连锁的定义

美国商务部将自由连锁定义为："由批发企业组织的独立零售集团，成员零售店经营的商品全部或大部分从该批发企业进货，作为对等条件，该批发企业必须向零售企业提供规定的服务。"

日本经济界将自由连锁定义为："自由连锁店是许多零售企业自发组织起来的，在保持各自经营独立性的前提下，联合一个或者几个批发企业建立强有力的总部组织，并在总部的指导下实行共同经营。通过集中采购、统一经销来获得低成本、高效率的利益。"在相关法律中还规定：自由连锁主要是指对中小零售企业，依照一定的合同条款持续地销售商品，并开展经营方面的指导事业。

简单地说，自由连锁就是通过签订连锁经营合同，总部与具有独立法人资格的门店合作，各门店在总部的指导下集中采购、统一经销的经营模式。根据自由原则，各门店可以自由地加入或退出该连锁经营体系。

### （二）自由连锁的基本特征

自由连锁的最大特点是各门店的所有权与财务权相对独立，与总部没有所属关系，只在经营活动上保持协商和服务关系，如统一订货和送货、统一使用信息及广告宣传、统一制定销售战略等。具体表现在以下五个方面：加盟店拥有独立的所有权、经营权和财务核算权，拥有一个或几个核心企业作为总部组织，协商签订的合同是维系各方经济关系的纽带，自由连锁的核心是共同进货。

自由连锁体系中拥有许多分散的零售商加盟成员，这些零售商一般是小型的，但它们是独立的。各门店不仅独立核算、自负盈亏、自主安排人事，而且在经营品种、方式和策略上拥有很大的自主权，只需每年向总部交纳加盟金、管理费等。

自由连锁的总部拥有一个或几个核心企业作为总部组织。该总部组织通常是已经存在的企业，有的是单独设置的，有的是由核心主导企业兼行总部职能。

协商签订的合同是维系各方经济关系的纽带。总部与各加盟的成员通过合同作为纽带联结在一起，合同是由各成员共同协商制定的，而不是特许连锁那种定式合同，这种合同的约束力比较弱，加盟店可以随意退出自由连锁体系，在合同中并未规定对随时退出自由连锁体系的成员店的具体惩罚。

自由连锁的核心是共同进货。共同进货是中小企业成为自由连锁店的最大因素，因为这样可以使得中小型零售商和大型超市、百货商店一样，获得较低的进货价格。对总部而言，自由连锁门店是总部强有力的分销渠道，形成了自由连锁的"联购分销"机制。

## 四、三种模式的比较

### （一）共同点

（1）总部和门店。不同的连锁经营模式都是由总部和门店构成，总部与各个门店之间分工明确，相互配合。总部作为连锁经营的统一组织机构，主要负责盈利模式的维护与推广、品牌的建立与管理、商品的采购与配送、商品的定价与促销等，而各个门店则具体实施总部的政策、方案和完成销售目标。

（2）标准化的运营手册。为了保证总部的政策、方案能够高效地在各个门店落实到位，不同连锁经营模式均需要制定标准化的实施手册。

（3）盈利模式。无论何种连锁经营模式，均只有具备了成熟的盈利模式才能发展，才能吸引加盟者。

### （二）差异点

（1）所有权的拥有者不同。在直营连锁模式中，所有分店都属于同一所有者，各个门店不具有法人资格，而自由连锁和特许连锁经营模式中的每个成员店都具有法人资格，具有自主管理的人事权和财务权。

（2）总部与各个门店的内部关系不同。直营连锁经营中的各个连锁店是总公司的分公司，与总部关系最为密切，但自主性小。自由连锁没有总公司与分公司的划分，内部关系最为松散，各个连锁店的自主权较大，不同连锁店之间的关系是一种互利互助的形式。特许连锁是不同零售企业之间的一种特许权的买卖契约关系，这种契约关系有一定的期限限制，总部与连锁店之间的关系较为密切，但契约关系解除，则内部关系就宣布结束。

（3）产生的原因不同。直营连锁经营模式往往是零售企业为了进一步扩张和发展而采用的一种渠道策略，旨在减少中间的商品流通成本从而提升竞争力。特许连锁经营模式产生的原因首先是特许人拥有了独特的知识产权，具备了很好的盈利模式，且加盟商可以以该种盈利模式赚钱。自由连锁经营模式的产生是若干中小型零售商店为了与大型零售连锁商店竞争而采取的策略。

## 第二节　连锁经营商品采购管理

### 一、连锁经营商品采购组织

连锁零售企业商品采购组织一般分为集中化采购组织和分散化采购组织两种类型。

#### （一）集中化采购组织

**1. 本部采购**

本部采购是指采购权集中在本部，并设立专职采购部门，采购权不下放，商品的导入、淘汰、价格制定和促销活动的实施等均完全由本部控制。分店只负责商品的陈列、库存管理及销售工作，对商品采购无决定权，但有建议权。其组织结构如图 11-1 所示。

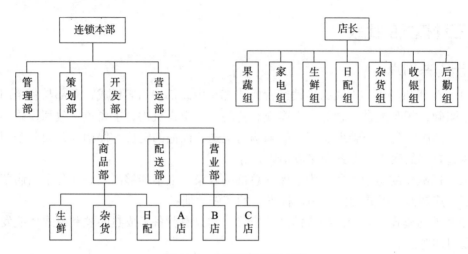

图 11-1 本部采购组织结构

该种组织的优点如下：
- 分部不负责采购，可专心致力于营业。
- 发挥集中议价能力。
- 价格形象一致。
- 利润控制较佳。
- 活动易于规划。
- 易掌握资源。

该种组织的缺点如下：
- 弹性小，有时较难满足消费者的需求。
- 易造成营业人员与商品采购人员的对立。

**2. 采购委员会**

较大的零售连锁企业通常会设立采购委员会，裁决商品采购事宜。从各部门、分店中选出采购委员会，目的在于通过综合各部门、分店的意见来决策采购问题。理论上，该组织是一种比较客观的采购组织，但因组成成员比较复杂，当意见出现分歧时会延迟采购时效。一般来说，该种组织适合于商品品项变动与更新较小的连锁零售企业。采购委员会组织结构如图11-2所示。

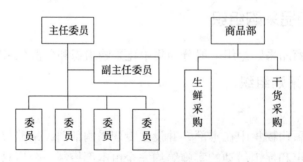

图 11-2 采购委员会组织结构

该组织的优点如下：
- 采购较公正，非优良品不会被导入。
- 可以求得较优惠的进价。
- 采购的商品有各部门参与意见。
- 属计划性采购。

该种组织的缺点如下：
- 易产生分歧意见。
- 采购耗时。

### 3. 联合采购

联合采购也称集团式采购或委托采购。目前联合采购在国内尚不盛行，只有在几个大集团的关系企业内实施，而在国外，类似加盟方式的联合采购很常见。但欲想联合采购取得较好的效果，只有将相同业务集合起来的采购情况才易实现，因为不同业态之间的商品结构相差很大，硬把采购业务集中处理，则会让采购业务变得更加复杂。比较可行的方式是把一些畅销品种集中起来采购。其组织结构如11-3 所示。

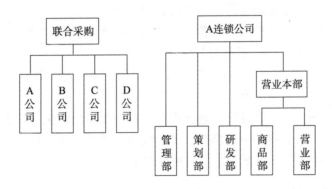

图 11-3 联合采购组织结构

该种组织的优点如下：
- 采购量大，能够获得优惠商品进货条件。
- 人数充足，能够充分收集市场资料。
- 集团内的小公司能够获得较大的折扣利益。

该种组织的缺点如下：
- 组织复杂，不易协调运作。
- 产品线过长，采购效率较低。
- 卖场的意见不会被重视。

## （二）分散化采购组织

分散化采购组织是将采购业务授权给各分店自行负责，其组织结构如图 11-4 所示。

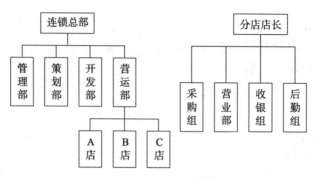

图 11-4 分散化采购组织

该种组织的优点如下：
- 常见于连锁刚形成时，将采购权委托各店自己负责，可精简人力。
- 采购组织弹性大，较具有市场竞争力。
- 各分店自主定价，灵活性强，有较大的经营权。
- 较能符合消费者的需求。

实际上选择这种采购组织的连锁零售企业，不是完全意义上的连锁零售企业，其缺点显而易见，主要有：
- 较难发挥大量采购、以量制价的功能。
- 很难控制利润。
- 容易产生各自为政的弊端，无法塑造连锁经营的统一形象。

扩展阅读 11.2 中石化易捷便利店的采购管理

目前许多连锁零售企业在建立集中化采购组织的同时，一般会授予分店修改订单的权力，或给予分店自行采购部分商品的权力，以此综合集中化采购和分散化采购两种组织形式的优点。

## 二、连锁经营商品采购流程管理

### （一）配备采购人员

采购是一项相当复杂，而且要求很高的工作，采购人员必须具备一定的才能、经验与品德方能胜任。

**1. 必备的才能**

（1）分析能力。采购人员常常面临着许多不同方案的决定，如商品品种、商品样式、商品颜色的购买决定、商品购买价格的决定，因此采购人员应具备一定的分析能力，以做出最有效的决策。

（2）预测能力。在当今动态变化的经济环境下，商品的品种、价格与供应量都是经常变化的，采购人员应具备一定的预测能力，以在合适的时点采购价格合适、数量合适的商品。

（3）表达能力。采购人员在以语言或文字与供应商沟通时，必须能够清晰、准确地表达所要采购商品的各种条件，如规格、数量、价格、付款方式等。

（4）谈判能力。谈判是商品采购流程中的重要环节，采购人员必须具备一定的谈判能力，以争取有利于公司的采购条件。

**2. 知识与经验**

（1）商品知识。作为采购人员，必须对其需要采购的每种商品的基本知识都有一定的了解。以家电采购为例，必须了解产品的功能、技术层次、保修期等方面。

（2）客观理智。采购人员在采购商品时必须运用科学的方法针对消费者需求与市场趋势进行合理分析后，选择最有利的商品，而不仅仅凭自我感觉来决定。

（3）专注投入。对于采购人员来说，必须专注投入，需要利用更多的时间去了解市场趋势与发掘消费者需求。

**3. 品德优良**

（1）廉洁。采购人员处理的"订单"与"钞票"有直接的联系，在采购过程中，难免被"唯利是图"的供应商所包围，采购人员必须以公司利益为重，保持廉洁之心。

（2）敬业精神。采购人员必须具备敬业精神，以敬业的态度尽量避免缺货或断货的情况出现。

（3）遵守纪律。采购人员与外界打交道不仅仅是代表个人形象，更多的是代表着企业形象，因此采购人员必须遵守公司规章制度，以维护企业形象。

## （二）确定采购商品

连锁经营零售企业如何确定自己的商品组成结构，是一项十分复杂的工作，因为它受到外部因素与自身实力与发展的影响。连锁零售企业在确定采购商品结构时，必须遵守一定的原则。

**1. 业态是商品构成的决定性因素**

每一种零售业态都有自己的基本特征和商品经营范围，业态的差异决定了连锁经营商品的重点不同。例如，传统意义上的超级市场，专门或主要经营食品和家用杂货；专业店则主要经营某一大类商品，如连锁药店等。但无论哪种业态，作为连锁企业都应该明确谁是我的顾客？他们到这里来买什么样的商品？我们应该如何满足他们的需求？

**2. 适应消费者的需求变化**

随着经济的发展，消费者的生活水平不断提高，其消费日益成熟。在这种情况下，连锁零售企业的商品定位一定要与消费者的消费结构相适应，要随时调整自己的商品经营结构。

**3. 掌握影响目标客户的各种因素**

影响目标顾客的因素很多，但最主要的是地理因素、心理因素和人口因素。地理因素是指连锁零售商店所处的位置和周围的环境，如交通状况等。这些因素对目标顾客的购买习惯产生一定的影响。人口因素是指目标顾客的性别、家庭状况、收入水平、文化程度、年龄等，这些对顾客的消费习惯和消费心理产生影响。心理因素是指顾客在购买和消费过程中的心理活动，随着人们收入水平和教育程度的提高，心理因素越来越显著地影响到顾客的消费习惯，进而影响到连锁零售企业的商品定位。

### （三）选择供应商

选择合格的供应商是确保采购工作能够有效执行的前提。最合适的供应商应具备以下三个基本条件。

（1）过硬的商品质量。供应商提供的商品质量好与坏，价格高与低是选择供应商的第一条件。供应商最好应取得 ISO 的系列认证，并具有质量合格证、商标合格证等。

（2）齐全的企业资料。选择的供应商必须是遵纪守法的，当连锁零售企业初次和供应商洽谈时，务必要求供应商提供以下基本资料，并对其资信等方面进行调查、评估。

- 营业执照副本。
- 税务登记证。
- 生产许可证。
- 商检合格证。
- 商品检验报告。
- 商标注册证。
- 安全认证。
- 卫生许可证。

（3）合理的交易条件。合理的交易条件包括低廉的供应价格、合适的折扣、较长的付款期限、及时的交货、强大的促销支持等方面。

### （四）谈判与签约

采购人员与供应商谈判交易条件的内容主要有以下 9 点。

（1）品质。对采购人员而言，品质的定义应是："符合买卖约定的要求或规格就是好的品质。"

（2）包装。商品包装分为内包装和外包装两种。内包装是用来保护或说明商品用途的包装，而外包装则用于仓储及运输过程的保护。具体而言，采购人员应选择外包装坚固，内包装精美的商品。

（3）价格。商品的价格是谈判中最重要、最敏感的内容。采购谈判人员一定要清楚地了解商品的价格内容，正确掌握价格术语及含义，以避免损失。在谈判中的价格分为送货价、出厂价、现金价、净价、毛价、现货价、合约价和实价等。

（4）促销与赞助。为了增加企业利润，采购人员应该积极与供应商谈判，争取更多的促销与赞助。赞助具体分为以下三个方面：促销快讯的广告赞助、前端货架的广告赞助、卖场灯箱的广告赞助等。

（5）订货量。订货量具体包括订货总量与订购批量。

（6）折扣。折扣分为数量折扣、付现金折扣、促销折扣、无退货折扣、新品折扣等。采购人员要了解每一种折扣的适用时机，以及每个供应商能够接受的折扣方式。

（7）付款条件。付款条件包括付款期限与付款方式等，付款条件与采购价格相关，付款期限越短，一般能够获得越多的折扣。采购人员应计算最有利的付款条件。

（8）交货。包括交货时间、频率、交货地点、验收方式等方面。

（9）售后服务保证。售后服务保证包括保修、保换、保退、安装等方面。

### （五）供应商管理

连锁零售企业一般都拥有成百上千家供应商，而且由于商品淘汰换新，供应商的变动也比较频繁，这就需要对供应商进行统一的管理。其管理应着重做好以下七个方面的工作。

（1）对供应商的分类与编号。分类的方法一般可按产品来划分，比较简单的编码方法是用四位数码，第一位为商品大类代码，后三位为供应商代码。

（2）建立供应商档案。将每一个供应商基本资料归档，包括供应商公司名称、地址、电话、负责人、注册资金、营业资料等资料。

（3）建立供应商商品台账，包括商品代码、商品名称、规格、单位、进货量、销售额、进价、售价、供应商代码等方面。

（4）统计分析销售状况。定期统计每一个供应商提供商品的数量、销售金额等信息。

（5）定期评价供应商。连锁零售企业可按照一定的标准对供应商评价分级，进行分类管理。

扩展阅读 11.3　永辉超市供应链的数字化

（6）对采购合同的管理。连锁零售企业应事先制定一份规范的采购合同，同时制定包括合同签订、审核、记载、检查等内容的合同管理细则。

（7）建立商品及服务检查制度。应定期抽查供应商所供应商品的品质、销售状况、服务状况，及时向总部反映并与供应商及时沟通，有问题应要求供应商限时改进。

## 第三节　连锁经营商品库存管理

### 一、连锁经营库存管理的内涵

#### （一）连锁经营库存管理的含义

连锁经营库存管理是对连锁零售企业经营全过程的各种商品进行管理和控制，使其储备保持在经济合理的水平之上。库存管理基于两点考虑：一是用户服务水平，即在正确的地点、正确的时间、有足够数量的合适商品；二是订货成本与库存持有成本。对库存管理控制不力会导致库存的不足或过剩。库存不足将错过送货、失去销售额、使客户不满、产生生产瓶颈等；而库存过剩则不必要地占用如果用在别处会更有效益的资金。当库存持有成本较高时，容易失控。

#### （二）连锁经营库存管理的目的

库存管理的总目标是：在库存成本的合理范围内达到满意的客户服务水平。为达到该目标，尽量使库存平衡，库存管理人员须做出两项基本决策，即订货时机与订货批量

（何时订货与订多少货）。

库存管理的目的是在满足客户服务要求的前提下，通过对企业的库存水平进行控制，力求尽可能地降低库存水平、提高物流系统的效率，以强化企业的竞争力。

## 二、连锁经营库存管理原则

库存管理状况直接影响到物流配送的质量。无论连锁零售企业的规模如何，最重要的是要有适量的库存，以及时送达到分店手中，但又要避免商品库存过大，导致连锁零售企业资金周转不灵、存货成本上升。所以，在库存管理方面需要把握以下六点原则。

（1）树立经济采购量、领先时间、安全存量等观念。要对以往的库存信息有准确的了解，并经常检查每日库存情况，提供给分店参考。

（2）不建立高存货量。每次订货量除参考最少数量的倍数外，订货量除以每日销售量乘以领先时间即为标准订货量。

（3）提高库存周转。通常比较畅销的商品周转快，滞销的商品周转慢。如果消除或减少这些滞销的商品就可以增加库存周转次数。要提高存货周转可以采取如下方法：利用季节性促销减少商品存量、提高售货员的销售能力、利用价格政策减价促销、要分旺季和淡季慎重选择商品并及时备货等。

（4）保持一定的存销比例。存销比是指月初或月末存货与该月销货净额之比，如果知道存销比例，就可以预估某月份的销货量了，而所需的存货量也同时可以计算出来。

（5）掌握商品的有效日期。有效日期为一年以上的，以不超过原出厂日期 1/2 为原则；有效日期为低于一年高于半年的，以不超过原出厂日期 1/6 为原则；有效日期低于一个月的商品，以不超过原出厂日期 1/10 为原则。

（6）做好商品盘点工作。不仅要做好商品的盘点，也要做好资金和固定资产的盘点工作。

## 三、连锁经营库存管理方式

### （一）供应链管理方式

近年来，供应商管理库存（vendor managed inventory，VMI）在商品分销系统中使用越来越广泛。有学者认为这种库存管理方式是未来发展的趋势，甚至认为这会导致整个配送管理系统的革命。支撑这种理念的理论非常简单：通过集中管理库存和各个零售商的销售信息，生产商或分销商补货系统就能建立在真实的销售市场变化基础上，能够提高零售商预测销售的准确性、缩短生产商和分销商的生产和订货提前期，在链接供应和消费的基础上优化补货频率和批量。

### （二）客户管理方式

相对于 VMI，客户管理库存（custom managed inventory，CMI）是另外一种和它相对的库存控制方式。配送系统中很多人认为，在连锁经营中，按照和消费市场的接近程度,零售店在配送系统中由于最接近消费者,在了解消费者的消费习惯方面最有发言权,因此应该是最核心的一环,库存自然应归零售店管理。持这种观点的人认为,配送系统中离消费市场越远的成员就越不能准确地预测消费者需求的变化。

### (三)联合管理方式

联合库存管理(jointment managment inventory,JMI)是介于供应商管理库存和客户管理库存之间的一种库存管理方式,顾名思义,就是由供应商与客户共同管理库存,进行库存决策。它结合了对产品的制造更为熟悉的生产或供应商,以及掌握消费市场信息能对消费者的消费习惯做出更快更准反应的零售商各自的优点,因此能更准确地对供应和销售做出判断。在配送系统的上游,通过销售点提供的信息和零售商提供的库存状况,供应商能够更加灵敏地掌握消费市场变化,销售点汇总信息使整个系统都能灵活应对市场趋势;在系统另一端,销售点通过整个系统的可视性可以更加准确地控制资金的投入和库存水平。通过 JMI 在配送系统成员中减少系统库存,增加了系统的灵敏度。由于减少了需求的不确定性和应对突发事件所产生的高成本,整个系统都可以从中获益。在 JMI 环境下,零售商可以从供应商那里得到最新的商品信息,以及相关库存控制各种参数的指导或建议,但是由于是独立的组织,零售商同样需要制定自己的库存决策。

## 四、连锁经营库存管理的常用方法

连锁经营库存管理的方法有很多分类方法。常用的有以下三种方法。

(1)ABC 管理法,又称重点管理法。就是将库存货物根据消耗的品种和金额按一定的标准进行分类,对不同类别的货物采用不同的管理方法。

(2)定量订货法,也称连续检查控制方式或订货点法。其原理是:连续不断地监视库存余量的变化,当库存余量下降到某个预定数值时,就发出固定批量的订货请求,经过一段订货时间,订货到达后补充库存。

扩展阅读 11.4 山姆会员店的前置仓和云仓

(3)定期订货法,又称周期性检查控制方式或订货间隔期法。它是以固定的间隔周期 $T$ 提出订货,每次订货没有固定的定货量,需要根据某种规则补充到目标库存量,目标库存量与订货周期是事先确定的。这种方式可以省去许多库存检查工作,在规定订货时检查库存,简化了工作。缺点是如果某时期需求量突然增大,有可能缺货,所以一般适用于重要性较低的商品库存管理。

## 五、连锁经营库存管理的衡量指标

连锁零售企业用于衡量库存管理的指标主要包括库存周转率、平均库存值和可供应时间。

### （一）库存周转率

库存周转率就是商品的年销售额与平均库存值的比率。库存周转率通常被连锁零售企业用来衡量库存的合理性。库存周转率高，意味着库存管理的效率高；反之，库存周转慢，表明库存占用资金量大，库存成本大。但也不是周转率越高越好，有时周转率很高，但销售额超过了标准库存的拥有量，缺货远远超过了允许缺货率从而丧失销售机会，反而会带来损失。另外，对将来销售额的增加应有正确的估计，较多的库存会使周转率变低。因此，在应用库存周转率衡量经营状况时，要结合具体情况做出判断。

### （二）平均库存值

平均库存值是指某一段时间全部库存商品的价值总和。它可以反映企业资产中与库存相关部分所占的比例。一般而言，零售企业库存所占的比例可能达到75%左右。管理者可以根据历史数据或同行业的平均水平来衡量这一指标。

### （三）可供货时间

可供货时间是指现有的库存能满足多长时间的需求。这一指标可用平均库存量除以相应时间段内的速率得出。

## 第四节　连锁经营物流配送管理

### 一、连锁经营物流配送的内涵

#### （一）连锁经营物流配送的含义

配送是连锁零售企业物流中最重要的职能。连锁经营零售企业的物流配送与一般企业的物流配送有所不同，它需要根据零售企业经营的需要，从供应商那里采购商品，在物流配送中心经过必要的储存、保管，并按照各个门店的订货要求进行分拣、配货后，将配好的商品在规定的时间内以最合理的方式送达门店的一项物流活动。

对于连锁经营模式而言，物流配送是一种完善的、高级的输送活动，不是简单地将连锁门店所需的商品送到各门店，而是按照各门店的要求，在备货和配货的基础上，以确定的组织和明确的供货渠道进行送货。其目的在于最大限度地降低商品储存成本和流通成本，实现连锁经营零售企业少库存甚至"零库存"。

#### （二）连锁经营物流配送的特点

连锁经营作为一种特色的零售经营模式，它把零售经营与满足自己需要的物流活动以"联购分销"的方式有机结合起来，以实现经营上的规模效益。它的配送对象是各个连锁门店，配送行使者与配送对象之间具有隶属关系，是实行统一经营下的商品配送，即特定配送。它的特点具体表现为以下三个方面。

### 1. 预约配送

连锁零售企业对各个连锁门店的配送不是一般的送货上门推销，而是配送前各个连锁门店先预约，总部按照各个门店的订货要求进行配送。此外，配送强调送货方式的合理性，即要求在时间、速度、服务水平、成本、数量等方面寻求平衡，以实现双方受益。

### 2. 物流活动集中化

连锁经营零售企业的配送是把各连锁门店的商品采购、储存、保管、运输等活动集中起来，并按各个门店的要求对商品进行分类、编配、整理，经配装后将商品送至各个门店；同时借助分拣、配货等作业，使送货达到一定的规模，以降低配送成本。

### 3. 购销关系稳定

由于连锁零售企业的配送对象是所属的连锁店，因而形成了比较稳定的购销关系。这种关系不是靠行政手段来维持的，而是以提高经济效益为纽带，即通过配送取得规模效益，使连锁总部和各个连锁门店都能降低经营成本。

## （三）连锁经营物流配送的作用

### 1. 提高服务水平

连锁经营物流配送不仅具有集货功能，还兼有配货、送货等多种功能，使商品由静态储存变为动态储存，仓库由储备型变为流通型，服务由被动变为主动，仓储技术由传统型变为现代型，因此能够按照门店的要求及时、准确、安全、高效地进行商品配送，提高了服务水平。

### 2. 强化门店销售功能

连锁经营物流配送使商品以合适的数量、合理的方式，在恰当的时间送到各门店，避免门店缺货，满足顾客需求。同时，连锁经营物流配送能够减少门店的商品库存量，加快商品的周转率，降低营运成本，强化门店销售功能。

### 3. 降低经营成本、提升利润

连锁经营物流配送可以使车辆、仓库等物流资源和设施得到充分有效地利用，也大大提高了车辆、人员的工作效率，从而降低了经营成本，提升了利润。

## 二、连锁物流配送管理的内涵与目标

### （一）连锁物流配送管理的内涵

连锁物流配送管理就是根据连锁物流配送活动的特点和规律，应用现代管理方法，对连锁物流配送活动的各个要素进行计划、组织、指挥、协调和控制，使连锁物流配送活动各个方面实现最佳协调和配合，通过降低配送成本和满足顾客要求来提高社会效益和经济效益。

### （二）连锁物流配送管理的目标

连锁物流配送管理的主要目标是在保证服务质量的前提下，最大限度地降低物流配送成本，一般可从不同角度定性考察几项管理目标。

**1. 配送合理化目标**

配送合理化是连锁物流合理配送的重要体现和要求，配送合理化具体表现在以下几个方面：降低配送成本、降低配送损耗、加快配送速度、发挥各种配送方式的最优效果、有效衔接干线运输和末端运输、不增加中转次数、采用先进的技术手段等。

**2. 库存管理优化目标**

库存管理优化目标是连锁物流配送管理的主要目标之一，具体表现在库存总量目标管理和周转库存目标管理两个方面。库存总量是指配送中心的库存量与各个门店的库存量之和，库存总量目标管理要达到以下两点要求：配送后的库存总量应小于配送前的库存总量、每个门店在实行配送后的库存量不大于在实行配送前的库存量。周转库存目标管理也要达到以下两点要求：库存周转应快于原来各门店的库存周转、每个门店在实行配送后的库存周转也应快于实行配送前的库存周转。

**3. 资源节约目标**

连锁物流配送的重要观念是为各门店配送，运输、仓储的设备设施和人员集中在配送中心，以减少连锁企业的物流资源。

**4. 供应保证目标**

在实行配送时，必须提高对各门店的供应保证能力，具体要求为：缺货次数降低到最低水平、库存必须设有合理的库存量、必须具备及时配送的速度和能力。

## 三、连锁物流配送的功能要素

连锁物流配送一般包括集货、储存、配送加工、分拣、配货、配装、配送运输、送达服务、配送加工等基本功能要素。

### （一）集货

集货是指将所采购的分散的或小批量的商品集中起来，以便进行运输、配送作业。集货是配送的主要环节，为了达到客户的配送要求，有时需要把从几家甚至数十家供应商处预订的商品集中起来。

### （二）储存

储存即按照客户提出的要求并依据配送计划，将购到或收到的各种商品进行检验，然后分门别类储存在相应的设施或场所中以备拣选和配送。储存作业一般包括这样六个程序：运输→卸货→验收→入库→保管→出库。

### （三）分拣

分拣是将商品按品种、出入库先后顺序进行分门别类堆放的作业。分拣是配送不同于其他物流形式的功能要素，也是配送成败的一项重要支持性工作。

### （四）配货

配货是指使用各种拣选设备和运输装置，将存放的商品，按客户要求分拣出来，配备齐全，送入指定发货地点。

### （五）配装

配装是在单个分店配送数量不能达到车辆的有效运载负载时，就把存在几个分店的配送商品，进行搭配装载以充分利用运能、运力的问题，这就需要配装。与一般送货不同之处在于，通过配装送货可以大大提高送货水平及降低送货成本，所以配装也是连锁配送中心有现代特点的功能要素。

### （六）配送运输

配送运输是运输中的末端运输、支线运输，它不同于一般运输形态，它是一种较短距离、较小规模、额度较高的运输形式，一般使用汽车运输。由于配送客户数量较多，且城市交通路线复杂，如何组合最佳运输路线，如何使配装和路线有效搭配等是配送运输需要重点考虑的问题。

### （七）送达服务

将配好的商品运输到目的地还不算配送工作的结束，因为送达商品和分店接货可能还会出现不协调，因此要圆满地实现移交，并有效地、方便地处理相关手续并完成结算，还需要考虑卸货地点、卸货方式等问题。

### （八）配送加工

配送加工是按照配送客户的要求所进行的流通加工。在连锁配送中，配送加工这一功能要素不具有普遍性，但往往具有重要作用，因为通过配送加工，可以提高客户的满意程度。

## 四、连锁物流配送模式的类型

### （一）自营配送模式

自营配送模式是指连锁零售企业通过建设配送中心，实现对内部各门店的商品进行配送。自营配送使配送中心成为连锁零售企业物流系统中的重要组成部分，具有灵活性，能够满足门店的独特需要和增强连锁零售企业的核心竞争力，但同时这种模式将大大增加连锁零售企业的投资规模，在配送规模较小时又会造成资源的浪费。目前大型连锁零售企业多数采用自营配送模式，实行统一配送，特别是在常温仓储和冷冻品及生鲜品仓储方面。

### （二）供应商配送模式

简单地说，供应商配送就是由生产企业或供应商直接将连锁零售企业采购的商品送到各个门店的配送模式，主要适用于保质期短的商品，或价值高、需求量少的商品。通常中小型连锁零售企业由厂商直接配送商品的比例高，而大型连锁零售企业趋向于通过自己的配送中心对门店实施配送。供应商配送模式的主要缺陷在于经常导致配送不到位等问题，如缺货断档、配送不及时等。

### （三）共同配送模式

共同配送是指连锁企业为实现整体的配送合理化，以互惠互利为原则，与相关企业之间互相提供便利的协作型配送模式，这种模式适用于中小型连锁企业的配送业务。共同配送能促进运输规模扩大，有利于企业有限资源的合理互用，提高配送效率，降低配送成本，实现配送的合理化和系统化。从物流效率和商品鲜度管理的角度来看，共同配送是一种值得借鉴的配送模式。

### （四）第三方配送模式

扩展阅读 11.5 盒马的物流配送

第三方物流配送是指由第三方的专业物流公司来承担连锁零售企业的物流配送业务。连锁零售企业可以将全部或部分物流配送业务委托第三方物流公司承担。这种模式的优势在于第三方专业物流公司通过规模化操作，实行专业化作业管理，能够降低成本，提高资源利用率。随着社会经济的发展，第三方物流配送将是连锁零售企业配送发展的未来趋势。

## 五、连锁物流配送中心的管理

### （一）连锁物流配送中心的管理办法

#### 1. 建立配送中心的管理制度

（1）制定配送中心规范的业务流程标准。根据连锁经营的需要，对配送中心的业务流程进行分析与研究，制定出全面、详细、完善的配送中心业务流程标准，并以书面形式确定下来。

（2）制定工作制度。根据配送中心的业务流程规范，分别制定出配送中心不同环节、不同工作岗位的管理权限、工作内容与责任的相关工作制度，并以书面形式确定下来。

（3）制定管理与操作手册。根据工作制度，就不同环节、不同岗位、不同职别的工作人员的管理和操作内容、标准等，制定详细、完善的管理或操作手册，实行"手册化管理"，如《配送中心主任管理手册》《理货员操作手册》等。

#### 2. 构建配送中心的信息管理系统

运用计算机管理系统来全面、系统化的管理配送中心的业务，可以提高配送中心管理水平与运作效率。配送中心的软件管理系统，根据不同业态、不同规模、不同企业的差异情况设计的管理体系也有差别，但一般地讲，配送中心的计算机管理系统包括以下四项内容。

（1）进货记录与库存信息管理系统。供应商送来的商品进行清点与核对后的信息录入、商品的编码、库存货架号位记录等信息的管理，以及将收货信息、库存信息及时汇报给总部的信息输送系统。

（2）仓储商品与加工商品的信息管理系统。对仓储区内现有商品种类、型号、规格、数量等在进货、库存、出货方面进行动态记录的系统；对库存商品结构的合理性进行分析的系统；对配送中心内加工商品的种类、规格、数量、成本、损耗等进行记录、核算的系统。

（3）商品的集配、出库与送货管理系统，主要包括对各个分店所要商品的记录、集配任务的管理（不同分店对商品的种类、型号、规格、数量等的不同需求）、出库登记与核对、装货送货的登记与核对等信息管理。

（4）与连锁零售企业总部的信息联系系统。虽然配送中心并没有与供货商签订采购合同与结算业务（这些业务都由总部来完成）的权利，但是配送中心在接收货物、入库、库存状况、出库、送货等方面的信息，必须及时地汇报给总部，与总部在统计、财务等方面的信息进行"对接"，同时，还要不断地接受总部下达的有关接收货物、库存管理、配送管理的指令等。因此，配送中心与总部必须建立起有效、快速、畅通的信息联系系统。

## （二）连锁物流配送中心的作业管理

**1. 订单处理**

订单处理阶段是指从客户下订单开始到准备着手拣货之间的作业阶段，包括客户咨询下单、订单数据确认、存货查询、配送单生成等。订单处理是配送中心一切配送活动的开始，在接收到订单后先要对订单确认，包括确认客户信用度状况，订货的种类、数量、价格、配送时间、包装等。商家根据情况决定是否接受订单。

**2. 进货入库管理**

（1）卸货。送货方到达指定地点后卸货，并将抽样商品送检，交检送货凭证和增值税发票。卸货方式分为人工、输送机和托盘叉车卸货。

（2）点检。收货点检是一项细致复杂的工作，一定要仔细核对，因为货品一旦入库，配送中心就要担负起对运送货物的责任。目前有两种核对方法，即"三核对"和"全核对"。三核对是指核对商品条码，商品数量，商品包装上的品名、规格和细数；全核对是以单对货，核对商品的所有项目。

（3）编码。编码就是将商品按其分类属性进行有序的编排，用简明的文字、符号或数字代替商品名称、类别及其他信息。配送中心常用的编码方法有顺序码、数字分段码、分组编码、实际意义编码、后数位编码等。

（4）商品分类。商品分类即将多种商品按性质或其他特性逐次归类分区。

（5）商品验收。商品验收是对商品的质量和数量进行检查。常用的验收流程有两种：一种是先清点数量，再检验商品质量；另一种是先检验质量，确认质量合格后，再办理清货收货手续。在验收商品时，可以根据采购合同或订购单所规定的条款和议价时的样品或国家质量标准为依据进行检验。

（6）入库信息处理。经检查确认无误后在发货单上签字将商品入库，并按公司的进货表，详细、有效地记录进货信息。同时将此信息传送到采购部，经采购部确认后开具收货单。

### 3. 库存作业管理

商品的存储管理主要是要加强商品养护，确保商品质量，同时还要加强商品储存合理化工作和储存商品的数量管理工作，以达到有效利用空间，有效利用劳动力及设备的目的。配送中心的库存作业管理一般分为以下三项内容。

（1）存储方法。有效的存储方法可以减少出入库移动的距离、缩短作业时间、方便商品存取。

（2）存货管理。存货管理的主要任务是使货品的库存量保持在合理的范围内，以免存货过多造成资金积压、增加保管困难，或存货过少导致商品供不应求、仓容浪费。同时减少废料的产生，使存货因变形、变质所产生的损失减至最少。存货管理要解决的三个问题是何时补货、补充多少货、维持多少存货。

（3）盘点管理。盘点不仅仅是商品库存状况的清点，还需要针对过去的商品管理状态做分析，为将来商品管理的改进提供参考建议。盘点工作的主要任务是要确保商品库存量与账面记录数量保持一致，如果发生盘亏或盘盈则需要找出产生不一致的原因并进行更正处理。

### 4. 拣货与补货作业管理

（1）拣货作业管理。拣货作业管理是配送作业的中心环节，工作量大、工艺复杂、作业时间紧、准确度要求高。因此，加强拣货管理显得非常重要。拣货作业管理是指在配送中心接到配送指示后，及时组织拣货人员根据各门店订单所反映的商品特性、数量多少等信息，按照出货优先级、配送车辆趟次、先进先出等原则与方法，选取科学高效的拣货方式，将需要配送的商品整理出来，放置暂存区以备装货上车。

（2）补货作业管理。补货作业是将商品从保管区移到拣货区，保证拣货区有货可拣，方便待配送商品的存取。

### 5. 流通加工作业管理

流通加工是指对即将配送的商品或半成品按照各门店订单要求进行再加工。加工形式包括以下五种：分装加工，即将散装或大包装的商品按照零售要求重新包装；分割加工，即将大尺寸商品按照某一特性进行分割；分选加工，即是按照某一特性将商品进行分选，再进行包装；促销包装，是为了配合促销活动的开展对商品进行包装，加在商品上搭配促销赠品；贴标加工，是指按照不同的要求对商品贴标签或打条形码。

### 6. 出货作业管理

完成商品的拣取及流通加工后，就可以执行商品出货作业了。出货作业管理主要包括以下五点。

（1）出货资料准备。根据订单资料印制出货单据，制定合理的出货流程，印制出货批次报表、出货检验表、出货商品的抵制标签等。

（2）出货的规划布置。仓库管理人员决定出货区域的布置和商品的摆放形式。

（3）出货决策。决定出货方式、运输车辆大小和数量，调派合适的集货工具和作业人员。

（4）出货检查。即把分拣好的商品，依照车次、订单要求等按出货单逐一核对品相与数量，确保准确无误。

（5）出货包装、标记。包装标记的目的在于保护商品，方便搬运、储存和辨认。

**7. 配送作业管理**

配送作业包含将商品装车并实时配送，距离最短、时间最短、成本最小是配送作业管理考虑的核心。配送作业的流程如下。

（1）制订配送计划。包括划分配送区域、确定服务水平、车辆配载、选择送货路线、确定客户最终的送货顺序、确定车辆装载顺序等。

（2）实施配送计划。配送计划完成后，需要进一步组织实施。先做好准备工作，将到货信息（如到货时间、商品品种、规格、数量及车辆型号）提前通知各门店，让其做好接货准备。然后组织配送发货，按计划将商品按事先确定的路线送到各个门店手中。在送货途中要做好商品的追踪和控制，及时处理配送途中的意外情况。

（3）评估配送作业。在配送任务完成后，应收集各种反馈资料，评估并考核配送任务，及时纠正不足之处，为下次配送计划的制订提供参考。

## 第五节  连锁经营管理信息系统

### 一、零售连锁经营管理信息系统的含义

零售连锁经营管理信息系统是通过算法驱动，升级线下连锁业态体验，达成提升效率为目标的信息化管理系统。它以人为主导，利用计算机硬件、软件、网络通信设备及其他办公设备，进行信息收集、传输、加工、存储、更新和维护，以企业战略竞优、提高效益和效率为目的，支持企业高层决策、中层控制、基层动作的集成化的人机系统。

这个系统通常包括招商拓店、开发管理、用户洞察、线上营销、商品管理、门店运营管理等多个模块，能够实现商品进销存管理、销售统计、财务结算等功能，帮助零售企业实现业务流程的自动化和规范化。通过该系统，零售连锁企业可以更高效地进行商品管理、客户管理和员工管理，提高企业的运营效率和竞争力。

### 二、零售连锁经营管理信息系统的构成

以连锁便利店为例，零售信息管理系统由前端应用、企业共享中心、后台应用组成。

前端应用包括招商拓展、开发营建、用户洞察、线上营销、商品管理、店务管理、门店营运管理、前端收银等。

企业共享中心包括资料中心、订单中心、支付中心、会员中心、营销中心、门店运营中心、财务中心和数分平台。

后台应用包括进销存数字化系统、仓储管理数字化系统、供应商协同数字化系统。零售连锁企业经营管理数字化信息系统全景如图 11-5 所示。

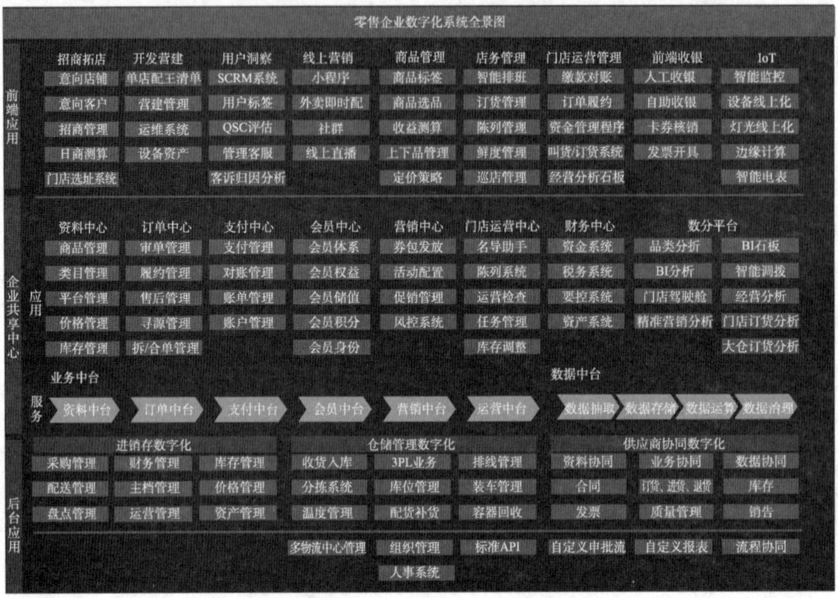

图 11-5 零售连锁经营管理数字化信息系统

## 三、零售连锁经营管理信息系统的特点

**1. 集成性**

零售连锁经营管理信息系统可以集成多种信息渠道,如社交媒体、电子邮件、电话、短信甚至微信聊天记录等。通过这些渠道,可以实现多元化、全方位的营销和客户管理,从而更好地了解客户的需求和反馈。

**2. 统计性**

零售连锁经营管理信息系统能够快速统计客户信息,包括客户基本信息、消费习惯、喜好等,这使得零售企业可以更好地跟踪客户,了解客户的购买历史和行为,从而制定更具针对性的营销策略。

**3. 分析性**

零售连锁经营管理信息系统拥有高效的数据分析能力,能够从多个角度、多个维度对客户数据进行分析,从而发掘出潜在客户的诉求和需求,从而可以更好地促进销售增长。

**4. 智能性**

零售连锁经营管理信息系统采用智能化的数据挖掘技术,能够在客户数据中发掘出潜在的热门产品和服务,以及客户的偏好和购买意向。这样做既可以提高销售额,也能够提高客户满意度。

### 5. 自动化

零售连锁经营管理信息系统可以实现自动化配送中心（automated distribution center，ADC）、自动物流中心、运送货车实时追踪、货箱自动分类等。

### 6. 决策的准确性

零售连锁经营管理信息系统能够实时更新销售数据、库存数据等关键信息，使得决策者能够及时获取最新的数据，从而做出更准确的决策。能够对大量的数据进行多维度的分析，包括销售额、销售量、销售渠道、产品类别等，使得决策者能够全面了解市场情况，从而做出更有针对性的决策。

### 7. 决策的灵活性

零售连锁经营管理信息系统能够根据不同的需求和情况，提供灵活的决策制定方式，包括手动决策、自动决策、半自动决策等，使得决策者能够根据实际情况选择最合适的决策方式；能够快速响应决策者的需求，提供及时的决策支持，使得决策者能够在最短的时间内做出决策。

总之，零售连锁经营管理信息系统具有集成了多种信息渠道的集成性，能够快速统计和分析客户信息的统计性和分析性，能发掘潜在热门产品和服务，以及客户偏好的智能性，能够做出更准确的决策和提供灵活的决策方式的准确性和灵活性等特点，这些特点使得零售连锁经营企业在提高销售额和客户满意度上具有优势。

扩展阅读 11.6　连锁便利店数字化信息管理系统

## 本章小结

连锁经营的三种基本模式是直营连锁、特许连锁与自由连锁。直营连锁是连锁企业的总部通过独资、控股或吞并、兼并等途径直接开设门店的经营模式；特许连锁是一种以契约为基础的连锁企业经营形式；自由连锁是通过签订连锁经营合同，总部与具有独立法人资格的门店合作，各门店在总部的指导下集中采购、统一经销的经营模式。

零售连锁经营商品采购管理首先要确定采购组织的类型，然后需要配备采购人员、确定采购商品、选择供应商、谈判与签约和管理供应商。

零售连锁商品库存管理的总目标是在库存成本的合理范围内达到满意的客户服务水平。库存管理的常用方法有 ABC 管理方法、定量订货法、定期订货法。可用库存周转率、平均库存量、可供货时间等指标来衡量库存管理水平。库存管理方式分为供应链管理、客户管理、联合管理。库存管理需要注意以下几点：树立经济采购量、领先时间、安全存量等观念，不建立高存货量，提高库存周转，保持一定的存销比例，掌握商品的有效日期，做好商品盘点工作。

连锁物流配送管理的主要目标是在保证服务质量的前提下，最大限度地降低物流配送成本。连锁物流配送一般包括集货、储存、配送加工、分拣、配货、配装、配送运输、送达服务等基本功能要素。连锁物流配送模式分为自营配送、供应商配送、共同配送、第三方配送四种类型。连锁物流配送中心的作业管理包括订单处理、进货入库管理、库存作业管理、拣货与补货作业管理、流通加工作业管理、出货作业管理和配送作业管理。

零售连锁经营管理信息系统是通过算法驱动，升级线下连锁业态体验，达成提升效率为目标的信息化管理系统。一般由前端应用、企业共享中心、后台应用组成。具有集成性、智能性、准确性、灵活性等特征。

## 关键名词

连锁经营　　　　直营连锁　　　　自由连锁　　　　特许连锁
商品采购管理　　集中化采购　　　分散化采购　　　商品采购流程
商品库存管理　　物流配送管理　　配送中心管理　　零售连锁经营管理信息系统

## 思考题

1. 了解连锁经营的基本模式。与直营连锁相比，特许连锁有哪些优势？
2. 集中化采购组织有几种类型？不同类型各有哪些优劣势？
3. 连锁零售企业怎样对供应商进行管理？
4. 连锁零售企业商品采购谈判与签约需要注意哪些事项？
5. 如何进行连锁经营物流配送中心管理？
6. 零售连锁经营管理信息系统由哪些部分组成？各组成部分主要包括哪些功能模块？

## 案例讨论

### MINISO名创优品的连锁经营裂变之路

2013年7月，中国企业家叶国富和日本青年设计师三宅顺也共同创办了MINISO，其产品以日常休闲生活百货为主，囊括生活百货、创意家居、美肤个护、时尚饰品、联名IP、零食饮料、衣袜鞋帽、数码3C，涵盖生活所需的方方面面。MINISO在深度挖掘国内市场的同时，也积极拓展海外市场，进驻包括加拿大、德国、澳大利亚、迪拜、美国、印度、俄罗斯在内的许多国家和地区，截至2020年年中，在MINISO的4200多家门店中，有1680多家门店都来自海外，分布于80多个国家和地区。2020年10月15日在纽交所成功上市。创造了零售连锁店的奇迹，与其先进的经营理念，独特的供应链模式密切相关。

**1. 总部——商品的开发和制造**

（1）商品的规划、设计、商品化。MINISO在产品设计上采用了"平台＋个人"的共享模式，使全球的设计师资源实现共享，进行设计师的孵化。设计师设计产品并上传至MINISO平台，若产品被选中，由平台负责模具的开发，产品的生产及出售，设计师从中获得版权和提成，从而实现双赢。

在商品化方面的诀窍主要是：第一，设计理念。与设计师合作，增强产品设计感，从形象上抓住顾客目光。人都是视觉动物，所以精美的外观也十分重要。第二，爆款战略。爆款产品一旦打造成功就意味着大量的销量，以及低毛利的实现，从而做到薄利多销。第三，核心消费者。MINISIO的市场定位面向年轻群体，对于这类群体而言，颜值即正义，所以MINISO的主打产品提倡高颜值、高形象，并且通过与跨界IP的合作，吸引忠实顾客以及新的活跃粉丝。例如，MINISO与漫威合作，打造IP周边产品的消息一经公布后，数万名粉丝便在社交媒体留言要求产品尽快上市，这不仅可以帮助MINISO通过漫威系列产品吸引更多的男性顾客前来消费，还可以帮助漫威打开女性市场。第四，商品的开发机制。MINISO一直采用的都是走精品路线的开发机制，决策者深度参与研发，这使得商品的品控得以牢牢把关。

（2）商品生产和质量管理。MINISO有着强有力的供应商模式，据统计，截至2020年，MINISO共有超过600家优质供应商为其服务，在保证产品质量的同时，降低了风险。成立至今，MINISO始终秉持着寻找最好供应商，用大厂的原料，卖平民的价格的信念。走进MINISO，你就会发现10元左右的商品占据了货架的大部分，但其品质其实并不低。就拿眼线笔为例，每只10元，其供应商却同国际知名化妆品牌欧莱雅来自同一家。花低廉的价格，买大牌的产品，这或许就是MINISO的惊人之处。很多人会就此产生疑虑，凭什么厂商同意以低价格供应？这样有利可图吗？其实这两个问题的解答都和效率相关。MINISO的全球店铺数每月以80家到100家的速度增长，拥有如此庞大店铺数以及客流量，以及由此带来的高动效率，足以去和供应商讨价还价。在同行中，毛利率一般都在40%左右，而MINISO将其毛利率压缩到了7%~8%，在如此低的毛利率之下，MINISO还能做到盈利，靠的就是高周转率。高周转率又是在MINISO严格选品把关的基础上实现。正如叶国富所说，他每个星期可以什么也不做，但是，选品必须亲自参加。通过对精品及爆品的选择，周转率得以提高。

**2. 配送中心——商品的配送**

（1）完备的物流链。MINISO作为一家连锁企业，物流管理显得十分重要，正如叶国富所说"仓储物流就属于那看不见的冰山一角，却影响着全局"。值得一提的是，MINISO曾获得过2016—2017年度中国物流行业的"金蚂蚁奖"，此奖项在整个物流行业都有着相当大的知名度。MINISO打造了国内9大核心物流仓+海外9大物流中心，成了全国最快速物流体系之一，其大部分的物流业务都是和全球领先的现代物流公司普洛斯合作，与之共建物流仓，在很好地节省了人力、物力、财力的同时，可以专注于自身产品的研发，做到从形象上吸引顾客，从价格上感动顾客。

（2）按时配送。MINISO投入大量的资金，建设起自己的配送中心和仓储物流系统，不仅实现了从工厂直达店铺，还在很大程度上保证了货物的按时配送。据统计，MINISO平均两天配送一次，生意好的店铺则设置为每日配送。能实现如此高效率、高精准的配送，还取决于MINISO的供应链管理系统，它由包括店铺订单系统、企业OA系统、供应商登录系统在内的十余个系统构成，信息化的应用帮助MINISO解决了快速运转，及时送达的问题。

**3. 商品的销售**

（1）品种齐全、及时的商品补充。MINISO 坚持每 7 天从 10000 个产品设计方案中精心选择约 100 个新的 SKU 作为爆款进行产品上新。截至 2020 年，MINISO 平均每月推出超过 600 个 SKU。其产品的频繁更新，在保障产品的多样性、新鲜感、潮流性的同时，满足了消费者不断变化的需求和偏好，促进了商品的销售。

（2）商品的终端门店。MINISO 之所以能够做到生活百货连锁之首，其对于终端门店方面的设计功不可没。不同于传统的实体店铺，过去卖廉价商品的店铺，采用的都是低装修成本策略，MINISO 却反其道而行之。据统计，MINISO 店铺每平方米的装修成本为 4000 元左右，接近国内五星级标准，为顾客营造了良好的购物氛围。就拿 MINISO 的货架来说，其货架为国内最大的货架厂所生产，这种货架的耐用力极强，使用寿命高，边际成本低，省去了大量的翻修费用。我们再来看 MINISO 的商品陈列。最开始 MINISO 是按品类来做陈列的，后来，在此基础上又多了一个维度——价格。其实这并不难理解，把价格便宜的物品摆在靠近门口的位置，一来，可以提升顾客的进店率，不会给顾客带来心理负担；二来，可以增加顾客的购买率，因为价钱越低，决策成本就越低，在排队结账的过程中，如果看中哪件商品就可以直接装入购物车。除以上两点，MINISO 对货架的高度也极有研究，不同于 Costco 这样的大型仓储批发卖场，MINISO 的货架高度借鉴了 7-ELEVEN，在 1.4~1.6 m 之间，这样的高度基本能够保证商品陈列的最高位置和眼睛平视的高度一致，在为顾客带来良好的购物体验的同时，实现有效陈列，使最想卖的商品容易卖出。

（资料来源：袁歆怡，张莉.MINISO：一个零售业的奇迹.中国管理案例共享中心案例库.2021）

## 案例思考

1. MINISO 是如何实现快速扩张的？
2. 当代连锁企业如何在数智时代找到出路？

## 本章实训

### 一、实训目的

1. 理解零售连锁经营的商品采购与配送管理的重要性。
2. 掌握连锁经营零售企业商品采购与配送管理的内容。
3. 锻炼实地调查和沟通能力。

### 二、实训内容

在你所在学校的城市找一家零售连锁经营企业，实地访谈其是如何进行商品采购与物流配送管理的，并以小组为单位，撰写一份报告。

### 三、实训组织

1. 指导教师明确实训目的、任务和评价标准。
2. 学习委员将班级成员分成若干小组。成员可以自由组合，也可以按学号顺序组合。

小组人数划分视修课总人数而定。每组选出组长1名。

3. 以小组为单位，选择一家零售连锁经营企业，实地访谈其是如何进行商品采购与物流配送管理的，并根据访谈内容撰写一份报告，上交指导教师。

4. 从中遴选最优秀的一组在课堂汇报演示，时间 20 min 为宜。

## 四、实训步骤

1. 指导教师布置任务，指出实训要点、难点和注意事项。
2. 小组成员确定调研企业、制定访谈提纲。
3. 小组组织实地访谈，按实训任务要求完成访谈报告。
4. 指导教师对上交的访谈报告逐一评阅，写出书面点评意见，并反馈给学生。
5. 遴选最优秀的一组在课堂报告，其他小组提问、质疑，发言代表和该小组成员答疑。
6. 指导教师即席点评、总结。

## 延伸阅读

1. 杨梅. 中美连锁经营的比较和启示[J]. 商业研究，2001（1）.
2. 李敏. 我国零售业连锁经营现状分析[J]. 统计研究，2004（11）.
3. 吴佩勋，庄靖. 零连锁特许体系加盟商加盟动机之实证研究[J]. 商业经济与管理，2007（4）.
4. 赵泉午，黄志忠，卜祥智. 国内零售企业库存水平影响因素的实证研究：基于沪深零售业上市公司的面板数据[J]. 管理工程学报，2010（2）.
5. 中华人民共和国国务院令第 485 号. 商业特许经营管理条例. 2007-02-06.
6. 中国连锁经营协会团体标准. 连锁经营超市进货查验记录操作规范. T/CCFAGS 017-2020.
7. 中国连锁经营协会. 连锁经营企业供应链冷链数智化指引（修订征求意见稿）. 2023-09-25.

## 即测即练

自学自测  扫描此码

# 第十二章

# 零售企业可持续发展管理

## 本章学习目标

了解可持续发展管理的基本概念和原则，以及其在零售企业实践中的应用。熟悉零售企业面临的可持续性管理挑战，包括环境责任管理、社会责任管理及企业治理等方面。掌握零售企业实施可持续管理的未来发展趋势、关键战略和最佳实践。

## 引例

### 王府井集团可持续发展之路的探索

作为一家商业零售上市公司，王府井始终秉承绿色环保可持续发展理念，在为消费者提供优质的商品和服务的同时，与上游伙伴共同努力，持续探索可持续消费路径，努力实现环保、社会和经济效益的平衡发展。

**1. 开展"绿动生活计划"活动，认购自愿减排量**

2022年4月至5月，王府井联合人民创意、京东科技、中华环保联合会、绿普惠，以"运动不止赛场，随时绿动生活"为主题，在全国35个城市的74家门店开展"人民甄选王府井聚国潮绿动生活计划"，以实际行动践行绿色发展理念，倡导绿色低碳健康生活，用低碳、健康的理念来引导品牌和消费者的行为，构建低碳共同体，用绿色低碳绘就高质量发展底色。在新媒体平台上，微博话题"绿动生活有你有我"迅速登上北京区域热搜榜，相关内容被多名环保"大 V"转发、多家环保机构讨论相关话题，网友纷纷晒出自己的低碳环保举动与之互动照片。为践行绿色发展理念，公司通过认购761 t 企业用户践行绿色行为的自愿减排量，用于抵消"绿动生活计划"活动中线下消费者出行所产生的温室气体排放，实现部分碳中和。以此实现公司通过大型活动推动公众践行绿色消费和绿色低碳行动的目标，也为今后政府和企业开展的大型活动、自身实现碳中和提供了初步经验范式。

**2. 履行社会责任，开展公益行动**

王府井集团在京商超门店设立乡村振兴消费帮促体验中心和线上平台，旨在通过线上线下销售，打造集农产品品牌推介发布、农超对接、直播带货和消费帮促采购、对口帮扶支援合作于一体的线上线下相融合的综合服务平台，优化产销对接模式，推动更多特色农产品入驻和展示展销，助力经济薄弱地区和农民增收致富。此外。在2022年北京举办冬奥会和冬残奥会期间，王府井员工积极报名志愿者，心怀善意、真诚互动，多维度服务冬奥。全集团120名志愿者，2022年1月18日至3月16日，连续作战58天，期间一天都没有休息，但却无一人掉队，大家共同用实际行动诠释志愿精神的实质内涵，为冬奥会、冬残奥会贡献王府井力量。

### 3. 合规治理，稳健发展

王府井严格遵守《中华人民共和国公司法》《中华人民共和国证券法》《上市公司治理准则》等有关规定，不断完善公司法人治理结构和管理体系，形成"各司其职、协调运转、互相制衡"的现代上市公司治理体系，并充分发挥党组织在公司治理中的核心作用。公司基本完成合规管理组织架构的搭建，依托法律事务管理体系开展合规管理工作，确定合规风控的三道防线，即合规参与部门是第一道防线，法务与合规管理部门是第二道防线，审计和纪检监察等专项部门是第三道防线。从而促进了企业稳健发展。

目前王府井集团已经建立了包括王府井百货、王府井购物中心、王府井奥莱、赛特奥莱、燕莎商城、燕莎奥莱、西单商场、贵友大厦、法雅商贸、睿锦尚品、王府井免税等品牌体系。2022年，王府井实现营业收入约108亿元，归属于上市公司股东的净利润约为1.95亿元。

（资料来源：王府井集团. 2022年度环境、社会及治理（ESG）报告. https://data.eastmoney.com/notices/ detail/ 600859/AN202308251595840108.html）

## ◆ 本章知识结构图

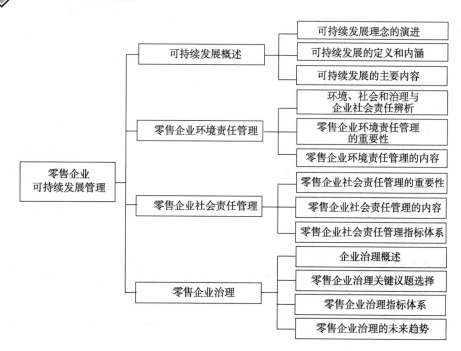

随着社会和消费者对可持续性的关注不断增加，可持续发展已经成为现代企业所面临的巨大考验和重点课题。零售业作为供应链的重要环节，与消费者和制造商紧密接触，承担着减少环境污染、提高资源利用效率的重要使命，在可持续管理中起着举足轻重的作用。基于可持续思路来探索零售新机会，顺应消费者需求开拓新的可持续产品和服务体系，是零售企业在新时代的价值选择。零售企业可持续发展管理通过在供应链的各个环节减少对环境的污染，降低能源消耗，提高资源利用效率等手段，促进企业的可持续发展，对零售企业自身和社会环境都有重要的意义。零售企业可持续发展管理有助于提升零售企业形象和消费者认可度。通过可持续发展管理，零售企业能够向利益相关者传递出一种负责任的环保形象，有助于提升零售企业的品牌价值。此外，零售企业的可持续发展管理可以降低企业的运营成本和风险。随着环境法规的不断加强，企业的环境合规性成本显著提升。采用可持续发展管理实践有助于企业避免声誉风险，并且通过提高企业的资源利用率来降低运营成本。因此，零售企业的可持续发展管理不仅有助于零售企业在市场上保持竞争力，还有助于改善环境，增进社会福祉。可持续发展管理方式有助于企业实现长期的经济成功，同时满足了现代社会对企业的期望和需求。因此，零售企业需要积极采取可持续发展管理措施，以取得经济、社会和环境方面的多重益处。

# 第一节 可持续发展概述

## 一、可持续发展理念的演进

随着工业革命的发展，机器生产代替了传统的手工劳动，创造了前所未有的生产力。随之在全球形成了"高生产、高消耗、高污染"的发展模式，出现了"人口暴涨、粮食短缺、能源危机、环境污染"的资源环境问题，在全球范围内相继发生了许多震惊世界的环境污染事故，不但严重制约了经济的发展，而且直接威胁到人类的生存安全。工业革命以来出现的种种环境与资源问题，使传统的发展模式受到严重挑战。人们在经济增长、城市化、资源、人口等所形成的环境压力下，对"增长＝发展"的模式产生了质疑。于是，从20世纪60年代起，各国纷纷采取措施，治理环境污染，改善环境质量。但是，最初的环境问题不仅没有解决，反而不断恶化。并且，环境问题打破了区域和国家界限，而演变成全球性问题。例如污染物的跨地区、跨国家输送问题；全球气候变化、臭氧层破坏、生物多样性锐减、土地退化和沙漠化、酸雨等环境问题日趋严重。也就是从那时起，对环境和生存问题的关注、对发展道路的反思和探索，在世界范围内相继展开。

1962年，美国生物学家莱切尔·卡森发表了一部环境科普著作《寂静的春天》，作者描绘了一幅由于农药污染所导致的可怕景象，惊呼人们将会失去"春光明媚的春天"，在世界范围内引发了人类关于发展观念上的争论，标志着人类环境生态意识的觉醒和"环境生态学时代"的开启。1972年，在瑞典斯德哥尔摩召开的联合国"人类环境"会议，通过了《联合国人类环境会议宣言》文件和《只有一个地球》的报告，唤起了世界各国政府对环境问题，尤其是环境污染与人类生存安全问题的觉醒。同年，以美国米德斯（Meadows）为首的研究小组出版了《增长的极限》，指出了地球资源的有限性，提出了经济"零增长"的悲观结论，并明确提出"持续增长"和"合理持久的均衡发展"的概念。1981年，美国世界观察研究所所长布朗出版了《建立一个持续发展的社会》一书，提出必须从速建立一个"可持续发展的社会"，引起世界轰动。1983年，第38届联合国大会通过决议，成立联合国"世界环境与发展委员会"（World Commission on Environment and Development，WCED），负责制定"保护全球环境的议程"，并于1987年在第42届联大通过了WCED的报告《我们共同的未来》，首次提出"可持续发展"的概念，并以此为主题对人类共同关心的环境与发展问题进行了全面论述，受到世界各国政府组织和舆论的极大重视。1992年6月在巴西里约热内卢召开的联合国环境与发展大会上，通过了《里约环境与发展宣言》《人类21世纪议程》《联合国气候变化框架公约》和《生物多样性公约》等多项全球性公约，可持续发展要领得到与会者共识与承认。

扩展阅读 12.1 我们共同的未来

如今，可持续发展已经成了全人类的共同理念，是人类社会发展的产物，它体现了人类自身进步与自然环境关系的反思。"可持续发展"思想的形成是人类对自身前途、未来命运与所赖以生存的环境之间最深刻的一次惊醒。

## 二、可持续发展的定义和内涵

### （一）可持续发展的定义

可持续发展是一个内涵极为丰富的概念，可持续发展的核心则是正确处理人与人、人与自然之间的关系。世界环境与发展委员会（WCED，1987）给出的可持续发展定义是："既满足当代人的需求，又不损害子孙后代满足其需求的发展。"

该定义体现了以下原则。

**1. 公平性原则**

可持续发展的公平性原则包括两个方面：一方面是本代人的公平即代内之间的横向公平；另一方面是指代际公平性，即世代之间的纵向公平性。可持续发展要满足当代所有人的基本需求，给人们机会以满足人们对美好生活的需要。可持续发展不仅要实现当代人之间的公平，也要实现当代人与未来各代人之间的公平，因为人类赖以生存与发展的自然资源是有限的。从伦理上讲，未来各代人应与当代人有同样的权利来提出他们对资源与环境的需求。可持续发展要求当代人在考虑自己的需求与消费的同时，也要对未来各代人的需求与消费负起历史的责任。

**2. 持续性原则**

持续性是指人类的经济和社会发展不能超越资源和环境的承载力。资源环境是人类生存与发展的基础和条件，资源的持续利用和生态系统的可持续性是保持人类社会可持续发展的首要条件。这就要求人们根据可持续性的条件调整自己的生产生活方式，在生态可能的范围内确定自己的消耗标准，合理开发、合理利用自然资源，使再生性资源能保持其再生产能力，非再生性资源不至过度消耗并能得到替代资源的补充。

**3. 共同性原则**

可持续发展关系到全球发展的总目标，必须争取全球共同的配合行动，这是由地球整体性和相互依存性所决定的。因此，致力于达成既尊重各方的利益，又保护全球环境与发展体系的国际协定至关重要。实现可持续发展需要人类共同促进自身之间、自身与自然之间的协调，这是人类共同的道义和责任。

### （二）可持续发展的内涵

可持续发展是一个综合性的概念，旨在平衡社会、经济和环境的需求，以确保我们不仅满足当前的需求，还能够保护地球资源，为未来世代创造更好的生活条件。可持续发展的内涵包括以下五个方面。

**1. 协调发展**

协调发展包括经济、社会、环境三大系统的整体协调，也包括世界、国家和地区三个空间层面的协调，还包括一个国家或地区经济与人口、资源、环境、社会以及内部各个阶层的协调，持续发展源于协调发展。可持续发展就是追求建立在保护地球自然生态系统基础之上的经济持续发展。经济发展要与生态保护相统一。经济效益、社会效益要与生态效益相统一。

**2. 共同发展**

人类与其赖以生存和发展的地球系统，共同构成复杂的"社会—经济—自然复合生态系统"，其中的各子系统是相互联系、相互作用和相互制约的。实施可持续发展战略，必须树立"天地人合一"的系统观，从整体上把握和解决人口、资源、环境与发展问题。

**3. 公平发展**

人类只有一个地球，可持续发展不是一个国家或一个地区的事情，而是全人类的共同目标。要实现全人类的可持续发展，必须建立起牢固的国际秩序和合作关系。一个国家或地区的发展不能以损害其他国家或地区的发展能力为代价。与此同时，可持续发展还主张公平地分配地球资源的原则，既满足当前发展的需要，又考虑未来长远发展的需要；既满足当代人的利益，又不损害后代人的利益。

**4. 高效发展**

可持续发展就是要正确处理自然资源与生产废弃物排放之间的关系。强化环境的价值观，促进资源的有效利用，抑制环境污染的发生，积极开辟新的资源途径。充分利用无污染的洁净能源，如风能、水能、太阳能、潮汐能及核能。尽可能地利用再生资源，实现经济效益、社会效益和环境效益的协调统一。

**5. 多维发展**

人类社会的发展表现出全球化的趋势，但是不同国家与地区的发展水平是不同的，而且不同国家与地区又有着异质性的文化、体制、地理环境、国际环境等发展背景。因此，可持续发展包含了多样性、多模式的多维度选择的内涵。在可持续发展这个全球性目标的约束和指导下，各国与各地区在实施可持续发展战略时，应该从国情或区情出发，走符合本国或本区实际的、多样性、多模式的可持续发展道路。

扩展阅读 12.2 中国式现代化是人与自然和谐共生的现代化

## 三、可持续发展的主要内容

可持续发展涉及可持续经济、可持续生态和可持续社会三方面的协调统一，要求人类在发展中讲究经济效率、关注生态和谐和追求社会公平，最终达到人的全面发展。这表明，可持续发展虽然缘起于环境保护问题，但作为一个指导人类走向21世纪的发展理论，它已经超越了单纯的环境保护。它将环境问题与发展问题有机地结合起来，已经成为一个有关社会经济发展的全面性战略。具体体现在以下几个方面。

### （一）经济可持续发展

可持续发展要求经济增长不仅要关注短期利润，还要考虑长期的可维持性。可持续经济也要求公平分配资源和财富，以确保不同社会群体的共享和繁荣。经济发展是国家实力和社会财富的基础，可持续发展不仅重视经济增长的数量，更追求经济发展的质量。可持续发展要求改变传统的以"高投入、高消耗、高污染"为特征的生产模式和消费模式，鼓励创新以推动绿色技术和可持续经济模式的发展，推动经济转型，使其更好地适应未来的可持续要求。

### （二）生态可持续发展

可持续发展要求经济建设和社会发展要与自然承载能力相协调。经济发展的同时必须保护和改善地球生态环境，保证以可持续的方式使用自然资源和环境成本，使人类的发展控制在生态环境可承载的范围内。可持续发展强调发展是有限制的，没有限制就没有发展的持续。生态可持续发展同样强调环境保护，但不同于以往将环境保护与社会发展对立的做法，可持续发展要求通过转变发展模式，从人类发展的源头、从根本上解决环境问题。

### （三）社会可持续发展

可持续发展强调社会公平是环境保护得以实现的机制和目标。可持续发展指出世界各国的发展阶段可以不同，发展的具体目标也各不相同，但发展的本质应包括改善人类生活质量，提高人类健康水平，创造一个保障人类平等、自由的社会环境。在可持续发展中，经济可持续是基础，生态可持续是条件，社会可持续是目的。人类应该共同追求以人为本的自然—经济—社会复合系统的持续、稳定、健康发展。

## 第二节　零售企业环境责任管理

### 一、环境、社会和治理与企业社会责任辨析

2004年,联合国全球契约组织(UN Global Compact)首次提出环境、社会和治理(简称ESG)概念。ESG是环境(environmental)、社会(social)和公司治理(governance)的缩写。其中,环境因素E主要是指企业经营中对于气候变化、自然资源、能源使用、污染防治、生物多样性等方面的关注;社会因素S主要关注员工、用户(消费者)、产品责任、社区、行业协会及供应链管理等方面;治理因素G则主要关注股东结构、董事会的构成、高管薪酬、公司行为正当性及企业政策等方面。

ESG既是一种工具,又是一种理念。狭义上,ESG是一种特定主题下分析与讨论问题的核心框架、评估体系或方法论。从企业角度来说,ESG是企业履行环境、社会及治理责任的核心框架,是企业评估环境、社会和治理风险的评估体系;从投资角度来说,ESG是关注环境、社会和治理等非财务绩效的企业价值与风险的系统方法论。ESG作为一种工具或方法,不但可以赋能企业探索长期可持续发展,而且可以指导资本进行可持续投资,以获取长时间维度的正向收益。广义上,ESG是一种可持续发展的价值观或追求长期价值增长的投资理念,是一种兼顾经济、环境、社会和治理效益可持续协调发展的价值观。

在ESG被提出之前,可持续发展理念占主导地位的相关概念是"企业社会责任"(corporate social responsibility,CSR)。企业社会责任是指企业在考虑自身财政和经营状态之外,还要考虑其对社会和自然环境所造成的影响。即企业在创造利润、对股东和员工承担法律责任的同时,还要承担对消费者、社区和环境的责任。ESG和CSR两者都强调信息披露的重要性。但CSR强调多利益相关方视角,关注的群体较宽泛。ESG则主要从资本市场投资者的角度出发,其目的是评估企业在经营过程的各个环节在环境、社会及治理方面所面临的风险和机遇,是衡量企业可持续发展能力和潜力的评价指标。CSR与ESG的主要区别如表12-1所示。

表12-1　CSR与ESG的区别与联系

| 对照项 | CSR | ESG |
| --- | --- | --- |
| 基本内涵 | 企业在自愿的基础上,把社会和环境的影响整合到企业运营,以及利益相关者的互动中 | 投资者用于衡量企业的可持续性和环境、社会影响所关注的三个核心要素 |
| 沟通对象 | 宽泛的利益相关方群体 | 投资者为主 |
| 应用场景 | 较为宽泛,可能出现在企业的供应链管理、品牌营销、社区沟通、员工管理等领域 | 聚焦在E、S、G三大支柱,从资本市场的投资者角度出发,关注企业社会绩效和股东回报的关系;聚焦在资本市场,特别是在投资者和上市公司之间 |
| 驱动力 | 自主决策,与组织战略目标相关 | 企业内驱和投资者关注 |
| 推动者 | 行业协会 | 金融机构 |

续表

| 对照项 | CSR | ESG |
|---|---|---|
| 信息披露框架 | ISO 26000、SA 8000 | GRI 标准、SASB 准则、IFRS 准则、TCFD、SFDR、欧盟 CSRD 等 |
| 指标特征 | 业界共识的因素/指标，且较少变动 | 指标由各投资评级机构各自设定与定义，随着国际趋势变化而变动 |
| 报告方式 | 偏向定性描述 | 有具体指标、尽可能定量描述 |

（资料来源：本书作者整理）

## 二、零售企业环境责任管理的重要性

随着全球对环境保护和可持续发展的关注不断上升，绿色发展已成为引领零售行业转型的重要趋势。零售行业作为价值链的关键环节，不管是对于生产端环境保护的影响，还是对消费端低碳的促进，零售业都具有不可或缺的作用。实行可持续生产和消费模式，走循环经济之路，促进社会经济可持续发展是必然趋势。连接生产者和消费者的中间桥梁是零售商，零售商不仅可以引导消费者养成绿色消费习惯，还可以影响上游生产者，改变生产者的设计和生产方式。同时，零售商自身也可在绿色包装、绿色流通等环节为环境做出贡献。在促进可持续生产和消费方面，零售商可发挥强大影响力。世界可持续发展商业理事会（World Business Council for Sustainable Development，WBCSD）2022 年数据显示，零售企业供应链目前占全球温室气体排放量的 25%。零售企业作为经济增长贡献的重要部分，其全价值链包括研发设计、原材料生产与采购、生产运营、物流、零售分销和消费六个环节。其中，研发设计环节以低碳理念为指引，从源头保证产品的低碳属性。采购环节涉及土地利用变化，以及原材料和供应商生产加工过程中的能源使用等，对零售企业自身和行业整体绿色低碳转型有重大影响。生产运营环节主要涉及制造和办公运营场所的能源使用，因为可控性较高，通常是零售企业绿色低碳转型的起点。物流环节包含运输、仓储、包装和配送等，其中促进能源结构优化及循环经济模式等，也是零售企业绿色低碳转型的重要举措。零售分销环节主要涉及线下门店的能耗管理和减碳。最后，消费环节同时涉及企业和消费者。在这一环节中，零售企业向消费者传递企业低碳理念和产品低碳信息，引导消费者提升低碳意识；消费者使用产品并亲自参与消费品回收再利用。因此，零售业环境管理对全社会低碳发展意义深远。

2015 年《巴黎协定》（The Paris Agreement）的签署，旨在将全球平均气温的上升幅度限制在 1.5 ℃以内或者最多不超过 2 ℃，使其不超过前工业化时期的水平。同一年的联合国可持续发展峰会上通过了 17 个联合国可持续发展目标（SDGs），引导全球从社会、经济和环境三个维度解决发展问题，转向可持续发展的道路。我国于 2020 年 9 月提出 2030 年实现碳达峰、2060 年实现碳中和的目标。自"双碳"目标提出以来，我国整体绿色低碳转型已进入快车道。2022 年 2 月，国家发改委、工业和信息化部、商务部等部门共同发布《促进绿色消费实施方案》，围绕"全面促进重点领域消费绿色转型""强化绿色消费科技和服务支撑""建立健全绿色消费制度保障体系""完善绿色消费激励约束政策"四大方面制定了 22 项重点任务，以推动中国消费绿色升级转型。在实现可持续消费和生产模式、应对气候变化及其影响等目标方面，零售行业的绿色低碳转型和环境保护起着至关重要的作用。

国际上，世界其他主要国家和地区相继出台监管措施促进零售行业可持续发展。在这些国家和地区中，为了达成在 2050 年温室气体达到净零排放、经济增长与资源消耗脱钩的目标，欧盟发布了以《欧洲绿色新政》（European Green Deal）为纲领，《欧盟循环经济行动计划》（CEAP）为核心的可持续消费战略规划体系。CEAP 要求多个零售和消费品相关行业（包装、塑料、纺织品、食品、电子和信息通信技术、电池和车辆等）将循环经济理念贯穿于零售行业的产品设计、生产、消费、回收处理全生命周期，以减少资源消耗和产品碳足迹。欧盟还推出了包含《可持续产品生态设计法规草案》《欧盟可持续和循环纺织品战略》《建筑产品条例》《关于赋予消费者绿色转型权利的指令》在内的四项草案，以促进欧盟境内零售产品全生命周期实现绿色低碳。

随着国际国内一系列环境管理法律法规的出台，零售企业已经在各个环节采取了环境责任管理措施，包括研发低碳包装，在原材料生产场所、工厂和办公楼、门店等地点改善能源结构，提升能源使用效率，提升消费者低碳意识等。零售业持续开展积极行动，在低碳运营、绿色消费引导中发挥了重要的渠道作用。无论是从外部政策还是从企业内生发展驱动来看，零售企业推动自身和供应链绿色低碳发展，除了能实现自身节能减排，也能在业务层面看到更多的商业模式和机会。即使存在困难，零售企业应该根据自身特点和目标，积极推动环境管理实践，化困难为机遇。零售企业环境责任管理主要有以下积极影响。

**1. 节能降本**

能源消耗是零售企业主要的碳排放来源，通过有效的节能减排管理并落实，并将良好实践形成标准操作指引复用到连锁门店，能够为零售企业节约用能、用电，降低经营成本。

**2. 消费认同与品牌价值提升**

绿色环保的生活方式和消费理念越来越得到消费者的认可，负责任的消费已经成为消费者的共识，有效强化消费者的低碳宣传和低碳消费行为引导，零售企业具有得天独厚的优势。行之有效的宣传和引导适应国家政策，进一步拓展零售业减碳的空间范围，而且可以增强企业与消费者的粘合度，提升零售企业的绿色品牌形象，为企业带来更多的收益。

**3. 风险规避，降低企业合规成本**

环境责任管理战略推进带动零售企业低碳转型是大势所趋，覆盖能源双控、绿色包装、低碳物流、绿色消费等各方面，零售企业未雨绸缪，及时适应国家政策调整，一方面做好短期的合规应对，另一方面制定企业的中长期低碳发展战略，不仅必要也十分重要，可以有效降低非财务风险，提升零售企业的市场竞争力。

**4. 提升资本市场表现**

ESG（环境、社会及治理）及其中的气候变化议题已成为资本市场评估一家企业是否能够健康、长远发展的重要指标。零售商积极采取绿色低碳转型措施，能够满足日益增长的投资者对环境绩效的需求，并有可能使公司的投资者基础多样化，创造更多投资机会。

**5. 发掘新的机会和增长点**

随着"双碳"战略不断深入，绿色发展不断加快，零售企业如能基于企业发展战略、经营特色、自身优势等，开创新的业务模式、赋能供应链产品企业低碳发展、开发特色公益项目等，能够在激烈的商业竞争中在细分赛道建立行业领导力，寻找到新的机会和增长点。比如，打造"低碳门店"并通过大数据分析、标准指引建立等措施带动零售产品生产企业低碳发展。零售商能够实现更智能的库存管理和直观的定价策略以满足客户需求。这样一来，零售商能够通过数据驱动的决策及更好的客户关系，迅速从竞争中脱颖而出。

## 三、零售企业环境责任管理的内容

ESG 标准中的"E"（environmental）代表环境。环境因素主要关注企业的环境表现和影响，是 ESG 标准的一个关键组成部分，它要求企业采取积极措施来降低其对环境的负面影响，同时促进可持续发展和环境保护。对于零售企业来说，将环境责任管理纳入企业的决策过程、提供高质量的信息披露已经不再是一道选择题，而是在新的时代提升企业适应力、强化企业持续竞争力的重要战略。包括但不限于以下内容。

**1. 零售企业环境责任制度管理**

零售企业环境责任制度管理是指遵循国家相关法律法规及运营地所在地区的政策要求，制定诸如《节能降耗管理制度》《节能设计及管理标准》等内部制度，构建规范的能源监测和节能管理体系，规划实施，以及推广节能技术改造等措施，成立节能降耗管理小组，明确各部门、各层级的工作职责，把节能降耗纳入日常工作中，夯实节能降耗管理。

**2. 零售企业低碳运营管理**

零售企业低碳运营管理是指关注绿色化与数智化结合，经营绿色产品，提供绿色智能服务。注重资源能源精细化管控，建立健全能源管理体系，实现能源利用全过程管理。进行二氧化碳排放管理，引导消费者绿色低碳消费。推进办公绿色化和智能化。

**3. 零售企业废物管理**

零售企业废物管理是指关注零售企业的废物产生和处置方式，践行可持续的废物管理实践。

#### 4. 生态多样性管理

生态多样性管理是指考察零售企业对生态系统和生物多样性的影响，采取保护和恢复生态系统的措施。

#### 5. 环境合规管理

环境合规管理是指检查企业是否遵守环境法规和标准，以及是否参与环保倡导和倡议。

以上这些环境责任管理内容，强调了零售企业在可持续性和社会责任方面的义务。它鼓励零售企业采取积极措施以减少对环境的不良影响，同时也有助于提高企业的竞争力，满足不断增长的环保和可持续性期望。总之，环境责任管理不仅有助于保护地球的生态平衡，还有助于提高零售企业的长期可持续性和价值。并促使零售企业采取更可持续和环保的经营实践。

扩展阅读 12.3　中国零售行业可持续发展四大共识

## 第三节　零售企业社会责任管理

### 一、零售企业社会责任管理的重要性

近年来，随着责任投资理念步入主流，以及监管要求的不断升级，企业社会责任管理与信息披露受到了越来越多的关注。特别自新冠疫情暴发以来，人们目睹了公共健康风险对于世界经济、社会的系统性影响，也认识到人类的健康发展与社会发展一脉相承。建立地球生命共同体、构架人类命运共同体，和促进疫后经济绿色复苏成为全球越来越多国家的共识，同时也构筑了新的商业外部世界和新的商业逻辑。零售企业作为经济社会的重要参与方，产业链较长且涉及广泛的利益相关方，面临着来自环境和社会多方面的影响。为保持自身韧性、实现长久发展，零售企业需要将自身的战略目标，以及运营管理和社会的可持续发展紧密关联。因此，社会责任管理不仅成为零售企业践行可持续发展的方法和路径，更是零售企业的战略要务。这一趋势助力零售企业更好地回应监管机构的要求、投资者的需要及社会的期待，同时有利于帮助零售企业实现长期稳定发展和价值提升，丰富企业品牌形象，提升风险应对能力。

#### （一）社会责任管理被纳入资本市场的投资决策考量

随着 ESG 投资理念逐步主流化，越来越多的投资者和资产管理者将社会责任因素纳入公司研究与投资决策制定的框架中。社会责任管理正在成为 ESG 投资偏好投资者制定投资组合时的重要借鉴依据。目前主流的评级工具包括道·琼斯可持续发展指数（DJSI）的企业可持续发展评级（CSA），明晟 MSCI ESG 评级、碳信息披露项目（CDP）评级、恒生可持续发展指数评级等。不同的评级机构都以 ESG 信息为基础，制定了标准化的评估指标与体系，提供了基于不同上市公司 ESG 方面表现的评级分数，将 ESG 表现作为重要指标纳入指数产品、ESG 投资分析和趋势报告等，为投资者充分识别 ESG 相关的风

险与机遇、制定投资决策提供了重要依据。各大评级机构针对不同行业的核心 ESG 风险与挑战，制定出关键评价指标，并据此对于特定行业进行横向比较，获得在行业中相应的评分和评级，ESG 评分高的企业往往可以获得相关投资人更多的青睐。从零售行业的社会责任管理来看，在 MSCI 的评级系统中，主要考察零售企业在产品安全和质量、营养和健康机会、劳工管理、隐私与数据安全及供应链劳工标准等方面的表现。而在 DJSI 的 CSA 评级中，有关零售行业社会责任管理的评价，则重点关注人权和劳工实践指标方面的评价。ESG 评级方法为企业的社会责任管理提供了一套方法论，让企业更直观地看到投资者的重点关切和改进空间，进而调整公司的战略重点，改进管理方法，并提升社会责任信息披露的质量，以不断提升企业自身的投资价值并获得在资本市场的品牌认可。

### （二）社会责任管理是零售企业支持全球可持续发展目标和国家战略的回应

社会责任管理作为企业商业价值与社会价值和谐统一的体现，与联合国可持续发展目标（SDGs）和中国的诸多国家战略有着天然的契合性。例如，零售企业经营的农产品及其以农产品为原料的制成品，涉及农业生产，与 SDGs 的消除贫困、消除饥饿、性别平等、体面的工作与经济增长、气候行动及陆地生物等目标息息相关，且直接贡献于中国的双碳目标、乡村振兴、共同富裕等战略目标的实现。企业积极践行 ESG 工作是促进 SDGs 和国家绿色发展战略、高质量发展战略全面推进的重要力量，是实现自身与经济社会可持续发展的重要途径。对于零售上市企业来说，响应监管部门的要求，将社会责任管理纳入企业的发展战略中，建立企业社会责任管理体系，持续优化社会责任管理水平是现代零售企业实现企业社会价值的必经之路。

### （三）社会责任管理提高零售企业长期价值创造的能力

零售企业经营的产品品类繁多，但产品间同质化程度较高。积极履行企业社会责任能够增强零售企业品牌的核心竞争力。积极的社会责任实践有助于零售企业塑造积极的社会形象和品牌声誉。这使零售企业在竞争激烈的市场中脱颖而出，吸引更多的消费者，建立消费者忠诚度，提高消费者对零售企业的信任度，并带动业务的强劲增长。此外，积极的社会责任实践还能帮助零售企业吸引优秀的人才，提高员工满意度和忠诚度，并促进企业的创新能力。与此同时，积极的社会责任实践有助于零售企业降低声誉风险和法规合规风险，避免负面影响，吸引投资者的注意，维护企业的稳健性。

## 二、零售企业社会责任管理的内容

ESG 标准中的"S"（social）代表社会，是指企业在经营活动中对社会的影响和如何应对社会问题所采取的措施；企业的社会责任包括对员工、客户、供应商、社区和其他利益相关者的影响。企业应该遵守法律法规，尊重人权、劳工权益和消费者权益，积极参与社区和慈善事业。2022 年，欧盟先后发布了拟定的《企业可持续发展报告指令》（Corporate Sustainability Reporting Directive，CSRD）和《企业可持续发展尽职调查指令》（Directive on Corporate Sustainability Due Diligence，CSDD），明确需要报告的社会指标包括工作条件、社会伙伴参与、集体谈判、平等、非歧视、多元与包容及人权，同时涵盖相关做法对于人（包括员工）的影响，如雇用与收入领域。其中，人权方面应包含价值链中的强迫劳动与童工的相关信息；雇用与收入方面应载明就业性别平等、"同工同酬"、残障人士雇用与职场包容、培训与技能提升以及高级管理层中性别多样化与少数群体代表性情况。

美国纳斯达克证券交易所的"ESG 报告指南"则将 CEO 薪资、性别报酬、员工离职情况、性别多元化、临时工、非歧视、职业伤害、安全生产、童工和强迫劳动，以及人权作为社会指标的重要内容。

香港交易所上市规则关于 ESG 的报告指南中，社会指标内容同样包括劳动用工（雇佣合规、职业健康与安全、发展与培训、劳动基准）、运营（供应链管理、产品责任、反腐败），以及社区与利益相关方投入。ESG 中的企业社会责任主要关注企业对社会造成的各种影响，包括但不限于以下内容。

**1. 劳动力管理**

劳动力管理是指关注企业在雇用和培养员工方面的情况，包括薪酬、福利、安全和健康等方面。

**2. 客户关系**

客户关系是指关注企业在与客户的沟通和交流方面的情况，包括客户满意度、客户服务和企业市场声誉等方面。

**3. 供应链管理**

供应链管理是指关注企业在供应链管理方面的情况，包括采购、供应商关系和风险管理等方面。

**4. 社区关系**

社区关系是指关注企业与社区之间的关系，包括企业的社会责任、捐赠和参与社区事务等方面。

扩展阅读 12.4　阿里巴巴的社会责任

**5. 人权和公正性**

人权和公正性是指关注企业在人权和公正性方面的表现，包括反贿赂、反腐败、反歧视和平等机会等方面。

**6. 责任投资**

责任投资是指关注企业在投资中是否考虑社会和环境因素，避免投资具有不良影响的企业和行业。

### 三、零售企业社会责任管理指标体系

社会责任管理指标体系是用于衡量和评估零售企业在社会责任领域的表现和实践的一组度量标准，内容见表 12-2。社会责任管理指标体系有助于零售企业和利益相关者评估企业在社会责任领域的表现，并为改进社会责任实践提供指导。为满足不同业态、实体，以及在线不同零售商业形态的责任管理需求，社会责任管理指标尽可能地保证包容

性，提出行动建议、定性的管理建议和量化数据要求等。

表 12-2  企业社会责任管理指标体系表

| 领域 | 一级指标 | 二级指标 | 指标描述 |
|---|---|---|---|
| 社会 | 保障商品质量与安全 | 强化商品质量安全管理 | • 建立规范完善的质量、食品安全管理体系<br>• 针对产品/食品采购规则、包装规范、物流配送等各个关键环节建立质量安全管控规范<br>• 对于重要品类（如冷链商品、动物性商品、进口商品、农副产品等）实行重点检查等 |
| | | 完善商品召回政策与实施 | 对产品召回的种类、时限及处置手段等进行规范要求，保证在售产品如果出现安全质量问题时，能够得到及时、有效的处理等 |
| | | 建立客户投诉处理流程及整改措施 | 应对消费者投诉的一般性流程，及采取整改的措施与行动 |
| | 保障商品充足供应 | 保障商品供应、稳定物价 | 在极端天气、自然灾害、公共应急事件时，供应链的保障能力及对于稳定物价所带来的积极影响 |
| | 知识产权管理与保护 | 制定维护及保障知识产权的相关政策 | 包括但不限于产品专利、商标、版权、域名、侵权投诉及维权打假等 |
| | 提升顾客消费体验 | 持续提升顾客满意度 | 通过定期的顾客调研、满意度调查等方式，了解并响应顾客期待，持续提升顾客的购物体验和满意度 |
| | | 保障顾客安全 | • 实体零售企业顾客安全保障措施主要包括门店消防、突发性事件响应、防恐防暴等<br>• 互联网消费平台主要关注消费者信息安全保障 |
| | | 推动商品创新与开发 | 强化消费者洞察，把握消费趋势，加快产品研发和新品上市速度，不断满足市场持续细分化和升级的消费需求 |
| | 开展负责任营销 | 强化企业视觉识别系统管理和广告内容管控 | 严格管理企业视觉识别系统及广告内容，确保合规和符合公序良俗 |
| | | 建立涉及产品/服务信息与标识的违规事件处理及整改措施 | 建立处理违规事件的实施流程与应对机制，以跟进、监督、评估相应的整改措施行动 |
| 供应链建设管理 | 供应商管理 | 评价供应商环境与社会影响 | 建立公司自身的供应商社会与环境评价系统，设立相关指标对供应商的情况进行评价<br>• 供应商主动参与评价：<br>  - 可持续发展战略宣称<br>  - 工作场所环境、健康与安全机制<br>  - 鼓励多元化与包容性的职场环境<br>  - 资源管理目标与措施<br>  - 节能减排目标与措施<br>  - 社会公益<br>  - 其他相关方面<br>• 供应商被动评价：环境、社会相关违法、违规风险事件监测 |
| | | 将供应商环境、社会绩效融入公司供应商准入及优先合作政策 | 在公司供应商管理政策中，将供应商的环境、社会绩效作为供应商准入、优先合作的关键因素 |

续表

| 领域 | 一级指标 | 二级指标 | 指标描述 |
|---|---|---|---|
| 供应链建设管理 | 供应商管理 | 建立供应商环境、社会违规处理程序及措施 | 设置环境、社会方面违法违规事件的处理程序，并建立相应的处理措施，如不予继续合作、限期整改等 |
| | | 赋能中小供应商发展 | 利用供应链的影响力，通过采购、能力建设等方式支持中小供应商发展 |
| | | | 可参与行业行动："CCFA 扶持中小生产企业提升市场能力计划"（扶小计划），通过制定并实施统一的供应商审核标准，扶持中小规模食品生产企业建立食品安全管理体系并持续运行，实现阶梯式产品质量提升；减少不同零售商验厂审核次数，实现供应链降本增效 |
| | | 推行绿色可持续采购 | 制定相关采购制度与实施目标，提高对产品可持续标准的了解与应用，加强与供应商的绿色合作，提高认证的绿色可持续产品采购比例 |
| 社会 | 促进就业与雇佣 | 积极促进就业 | 在一定时间区间招聘的员工总数（人），体现对解决社会就业的贡献 |
| | | 降低员工流动率，提升运营稳定性 | • 在特定的时间区间，按照性别、年龄、地区分布等计算相应组别流失的员工总数和流失率<br>• 了解不同群组员工流失的重要原因并提出应对措施，提升员工职场满意度，促进稳定运营 |
| | | 提供完善的福利保障计划 | 指根据国家相关的法律法规要求，以及公司的人才价值观，为员工提供完善的福利保障计划，包括并不限于，五险一金、绩效奖金、年终奖金、股权激励等 |
| | | 推动职场多元化 | 建立多元化与包容的职场环境，让不同性别、民族、国际文化背景的员工都获得平等的发展机会，促进人尽其才、才尽其用 |
| | | 完善雇用保障政策 | 保障公平就业；禁止童工及强迫性劳动等 |
| 人才与雇佣 | 促进员工职业健康与安全 | 建立员工职业健康与安全措施，及相应的管理体系 | • 企业为员工创造健康、安全的职业发展环境，针对风险点建立政策和管理机制<br>• 通过政策、培训、倡导，提升员工的安全意识<br>• 营造健康向上的企业文化等 |
| | 促进员工培训与发展 | 强化员工能力建设 | 企业为了促进员工的职业技能提升及全面发展所建立的培训政策、机制、资源与文化 |
| | | | 可参考 CCFA 发布的相关团体标准和指南：<br>• 《零售店店长岗位要求》（2018）<br>• 《品类管理岗位规范》（2019）<br>• 《零售数据分析岗位规范》（2019）<br>• 《中国零售业直播带货操作指南》（2021） |
| | | 建立差异化的培训发展规划 | 企业按不同岗位、职级等需求，为员工建立更有针对性的培训及发展规划 |
| | | | • 可参考 CCFA 发布的相关团体标准和指南：<br>• 《连锁经营管理师》（2020）<br>• 《中国连锁行业培训体系建设标准》（2021） |

续表

| 领域 | 一级指标 | 二级指标 | 指标描述 |
|---|---|---|---|
| 社会 | 社区发展 | 加强县域商业体系建设 | 参与"县域商业建设行动",支持建立完善县域统筹、以县城为中心、乡镇为重点、村为基础的农村商业体系,全面促进农村消费 |
| | | 促进农产品产销对接 | 积极推动农商互联和农产品产销对接工作,促进农民收入和农村消费双提升<br>可参考 CCFA 发布的初级农产品系列验收标准:<br>• 《初级农产品食品安全管理要求(畜禽类)》(T/ CCFAGS 008—2019)<br>• 《初级农产品食品安全管理要求(水产类)》(T/ CCFAGS 009—2019)<br>• 《食用农产品供应商生产评价要求(植物类)》 |
| | | 应急事件处理流程、应急预案等 | 应对自然灾害、公共安全事件门店、办公楼、数据中心及物流中心等运营场所采取的紧急响应制度及措施<br>可参考 CCFA 发布的相关团体标准和指南:<br>• 团体标准《连锁经营企业突发事件应急及业务连续性管理指南》(T/CCFAGS 020—2020)<br>• 《超市经营场所突发性公共卫生事件防控指导手册》(2020)<br>• 《餐饮连锁企业突发性公共卫生事件防控指导手册》(2020)<br>• 《零售门店洪涝灾后复工指南》(2021)<br>• 《餐饮门店洪涝灾后复工指南》(2021) |
| | | 组织或参与环保与社会类公益活动 | 企业通过现金、实物、技能、时间等多元方式支持多元化的环境保护与社会公益活动。在项目的甄别上可以重点考察政策鼓励的热点社会议题;连接企业的资源禀赋,如门店、平台影响力;更容易调动顾客兴趣与参与意愿 |
| | | 参与公益活动的员工志愿者数量与服务时长 | 员工投入公益志愿服务的人数(人)和总时长(h) |
| | | 环保与社会类公益的资金投入(现金、实物等) | 企业支持环保、公益项目所投入的现金金额及实物价值(元) |
| | | 推出绿色、低碳属性的产品与服务 | 逐步丰富绿色可持续认证产品的品类;向消费者主动传递产品的绿色低碳信息;推广低碳消费理念与生活解决方案,为消费者带来更多可持续产品的选择 |
| | | 建立消费者沟通机制,融入市场营销活动 | 将可持续发展理念融入日常的顾客沟通策略,以及营销活动,在平台、门店开展可持续消费、生活方式倡导。统计活动次数(次),影响及参与人数(人) |
| | | 提供产品回收渠道 | 利用门店触点、平台物流通道打通回收通路,让消费者切身参与废旧产品的循环回收 |
| | | 参与行业政策建议 | 积极参与行业政策法规提案,讨论,促进行业共治 |
| | | 推动行业可持续发展共建 | 就行业发展的挑战和机遇参与行业协会组织的日常讨论,分享最佳实践和路径,积极参与经验交流,就行业发展关键方向与战略提供建设性的意见,推动行业可持续发展共建 |

一级指标(续): 推进乡村振兴/城乡融合发展、灾难紧急救援、环保与公益慈善、促进可持续消费、促进行业发展

(资料来源:实体连锁企业互联网消费平台社会责任实施指南(2021年版).http://www.syntao.com/productinfo/1466132.html)

# 第四节 零售企业治理

## 一、企业治理概述

ESG 中的"G"即治理，主要是指企业在治理结构、透明度、独立性、董事会多样性、管理层薪酬和股东权利等方面的内容。其本质是通过各种制度或机制协调和维护公司所有利益相关者之间的关系。公司治理涉及公司决策中的治理因素，从主要经营者到公司中不同参与者（包括董事会、经理、股东和利益相关者）之间的权力和责任。

公司治理作为现代企业制度建设的重要内容，是通过投资者、董事会和经营者之间的相互监督和制约，以促使企业科学决策，保障企业的持续健康发展。提升公司治理水平无疑是提高上市公司质量，推进资本市场健康发展，提高资本市场服务实体经济能力的有效途径之一。良好的公司治理体系有着健康的内部控制体系，可以有效地控制代理问题，这可以向利益相关者传递积极的信号，能更好地增加企业价值。没有良好的治理和管理，企业就不可能采用并实施对环境和社会负责任的政策。

扩展阅读 12.5 华润万家的向上与向善之道

## 二、零售企业治理关键议题选择

尽管在 ESG 实践中，企业治理尚无明确的强制性依据，也缺乏明确的定义与边界，但零售企业在选择关键治理议题时需要考虑现有的政策法律、标准、证券交易所的行业规范和指引，结合企业的商业模式、利益相关方的需求等多项因素来确定，并确保所选择的治理议题与公司的社会责任和可持续性目标相一致。结合零售企业的特征和零售行业所发布的年度社会责任、可持续发展、ESG 等三类报告信息，经总结、梳理和分析发现，在公司治理领域，零售企业普遍关注以下五个重点议题。

（1）信息安全。信息安全对于零售企业至关重要，因为它们处理大量的客户和交易数据，包括支付信息、个人身份信息和库存数据。零售企业应确保在数据传输和存储过程中采用强大的加密技术，以保护客户的个人信息和支付数据。这有助于防止数据泄漏和未经授权的访问。零售企业须遵守相关法规和行业标准，如 PCI DSS（payment card industry data security standard），以确保支付数据的安全。

（2）反腐败。反腐败是零售企业治理的重要方面。零售企业应建立明确的反腐败政策，建立透明、规范的企业治理体系，审查和监控供应链，确保供应商和合作伙伴也遵守反腐败政策。零售企业通过定期披露公司的财务信息和反腐败措施，以向投资者和利益相关者展示公司的合规性。

（3）反对不正当竞争行为。反对不正当竞争行为有助于零售企业维护声誉、吸引忠实客户和创造持续的市场竞争环境。零售企业应明确公司的道德准则和政策，包括不容忍欺诈、虚假广告、不正当销售手法和价格操纵等行为。零售企业须设立合规部门，负责监督公司合规性和处理不正当竞争行为的投诉。

（4）商业道德与合规。零售企业的商业道德与合规性主要涉及企业运营过程中的各个方面，如产品采购、销售、库存管理和客户服务等。零售企业需要确保所采购产品的质量、安全性、合法性和环保性。同时遵守所有适用的法律法规，包括产品标签、广告宣传、销售条款和消费者权益保护等。此外，企业还需要建立公平、公正的销售政策，避免歧视或操纵消费者行为。同时，针对不合规行为，企业应进行调查和处理，并对员工进行合规培训，提高员工的合规意识和能力。

（5）董事会责任。零售企业应强化董事会责任，披露其董事会、审计委员会、监事会及管理层在内部控制机制中的角色与责任，建立并持续完善风险管理及内部控制系统，将 ESG 关键风险纳入公司风险管理体系，制定公司战略、监督管理层、决策重大事项、监督公司运营、风险管理和投资者关系管理等。

## 三、零售企业治理指标体系

基于以上梳理出的零售企业治理实质性议题清单，在现有研究上进一步建立了企业治理指标体系框架（表 12-3）。为满足不同业态、实体，以及在线不同零售商业形态的企业治理需求，框架内容尽可能地保证包容性，提出行动建议、定性的管理建议和量化数据要求等，供零售企业在实施中参考。

表 12-3　零售企业治理指标体系表

| 领域 | 一级指标 | 二级指标 | 指标描述 |
|---|---|---|---|
| 公司治理 | 强化董事会责任 | 促进董事会多元化 | 设立正式、公开的董事会多样性政策，促进董事会提名过程中的性别、民族、国籍或文化背景等多样性因素 |
| | | 评估社会责任相关风险及机遇 | 由董事会评估公司的环境、社会、公司治理相关风险及机遇 |
| | | 制定社会责任目标、战略及管理体系 | 由董事会制定公司的环境、社会及公司治理的管理方针、策略、优先级及目标；确保设有适当和有效的环境、社会及公司治理风险管理及内部监控系统 |
| | | 跟踪并监督社会责任工作进展 | 由董事会就相关目标定期评价公司的环境、社会及公司治理的表现 |
| | | 审批社会责任报告的披露资料 | 由董事会负责审批通过社会责任报告等相关披露资料 |
| | | 推动公司业绩的持续增长 | 由董事会积极推动公司治理和公司业绩的稳步增长，切实维护公司和全体股东的合法权益 |
| | 保障信息安全 | 保障数据安全 | 企业可通过以下举措强化数据安全能力建设：<br>- 设立信息安全和风控相关部门，建立安全管理体系<br>- 主动识别信息安全风险<br>- 通过数据加解密、数据防泄漏等技术手段，对系统安全和外部攻击等进行监测和防护<br>量化指标：是否进行信息安全风险识别与说明，数据泄露影响的顾客数量，获得的安全认证等 |

续表

| 领域 | 一级指标 | 二级指标 | 指标描述 |
|---|---|---|---|
| 公司治理 | 保障信息安全 | 保护消费者隐私 | • 企业可通过以下举措保护消费者隐私：<br>- 设立企业层面的消费者隐私保护政策<br>- App/网站/会员系统上线前经过全面隐私保障评估。例如，尽可能减少个人信息收集等<br>- 通过管理举措和技术手段（加密、信息脱敏、权限控制等）确保用户隐私安全<br>量化指标：是否有消费者隐私保护政策，涉及个人识别信息的比例，个人信息被用作非必要用途的用户数量，经证实侵犯用户隐私的投诉数量等 |
| | 保障商业道德及合规 | 遵守法律法规和相关行业标准 | 坚持依法合规经营，遵守商业道德，在公司内部设立合规部，监督企业内部操作规范，及时纠正违规违纪的行为 |
| | 反不正当竞争行为 | 建立反不正当竞争防范体系 | 在内部建立反不正当竞争防范管理体系，遵守市场秩序，防范市场混淆、商业贿赂、引人误解的虚假宣传、侵犯商业秘密、低价倾销、违反规定的有奖销售、商业毁谤等不正当竞争行为，以保护消费者和同行企业的合法权益 |
| | | 降低法律诉讼事件数量及频率 | 降低法律诉讼事件数量及频率；针对已经发生的法律诉讼事件，积极配合监督检查，并承担相应法律责任及赔偿 |
| | 反腐败反贿赂 | 评估腐败风险 | 开展以腐败为重点的风险评估，或将腐败列入企业总体风险评估的风险因素 |
| | | 设置反腐败培训课程 | 定期向董事会、公司管理层及员工开展反贪腐培训，以强化提升企业上下的反贪腐意识<br>*可参考：CCFA 团体标准《连锁经营企业反商业贿赂管理体系成熟度自我评价指引》(T/CCFAGS 015—2019)及培训课程 |
| | | 降低贪污腐败诉讼案件频率 | 针对已发生的诉讼事件，积极配合监督检查，并承担相应法律责任，同时加强内部管理层及员工培训，提升意识 |
| | | 建立腐败事件举报制度 | 设置完善的贪污腐败举报制度，在企业内部和公开渠道设立监督和举报途径；对于已经发生的腐败事件，及时开除或处分相关员工/与业务合作伙伴终止合同等 |
| | 引导企业文化 | 开展文化宣导活动 | 建立积极向上的企业文化，将其传导到每一个员工，并融入企业的战略框架中 |

（资料来源：实体连锁企业互联网消费平台社会责任实施指南（2021 年版）．http://www.syntao.com/productinfo/1466132.html）

## 四、零售企业治理的未来趋势

零售企业治理对于提高零售企业竞争力、保护投资者利益、促进可持续发展、提高管理效率、预防企业风险，以及实现战略目标具有重要意义。尽管零售企业治理面临诸多挑战，但也有很多新机会能够让他们优化运营，进一步了解客户并与客户共同成长。为了在这个不断变化的环境中茁壮成长，零售商需要具有战略性和适应性，利用技术和数据来更好地了解消费者、经济和社会的压力，更好地满足各方需求。未来零售企业治理的趋势受到技术进步、消费者需求变化、政策法规等多方面因素的影响。企业需要不断创新和改进，以适应市场的变化和满足消费者的需求。

## （一）数字化转型和人工智能以及大数据的应用

过去十年是我国互联网日新月异、飞速发展的十年，互联网 IT 技术、服务形式和商业模式的创新层出不穷。在"新基建"的机遇之下，以 5G、云计算、物联网、大数据、人工智能等一系列底层技术为基础的零售科技的创新和普及，正在推动整个零售生态向着更加数字化、智能化和高效化的方向发展。消费者越来越依赖数字化渠道进行购物。零售企业需要不断投资和改进其数字化能力，通过数据挖掘价值及技术创新驱动业务增长，包括利用电子商务平台、移动应用程序、社交媒体营销等，以吸引和保留消费者。人工智能和大数据技术的发展为零售企业提供了更多的机会来理解消费者行为和需求，这些技术可以帮助企业更好地预测市场需求、定制化产品、优化库存管理和提高运营效率。

## （二）加强数据合规及安全治理能力

消费品行业积累了"人""货""场"三维度的海量数据，数字化发展及新兴科技的运用，将充分挖掘数据价值，打通多维度数据，让企业形成更准确、可量化、可衡量的消费者洞察与运营策略，全面驱动业务的增长。随着对数据隐私和网络安全的担忧不断增加，零售企业将加强对数据的保护，采用更强大的数据加密技术，并遵守更加严格的数据隐私法规。

## （三）供应链优化，提高企业的洞察力和适应性以改善客户体验并降低损失

供应链限制是零售商面临的另一个主要挑战和趋势。零售商应从不同的角度重新审视库存需求、供应商网络和分销策略，以尽量减少财务影响并保持客户忠诚度。零售企业需要通过加强可见性和全面评估以便将来重新配置供应链。通过使用数据和分析优化供应链，零售商可以有效地减少人工干预的需求，并确保产品直接从制造商交付给商店或消费者。这种积极主动的方法不仅可以减少将产品交付给消费者时的接触，还可以尽可能避免在商店之间转移产品，并确保库存存放在正确的位置。

## （四）人才限制将推动技术发展和弹性工作制

对于零售商来说，吸引并留住合适人才是长期以来的挑战，因为"零工"经济重视随时可用的人才和长期的客户服务。在过去的几年里，就业市场的竞争十分激烈，员工越来越多地寻求弹性工作制和更高的工作价值。为了寻找并留住合适人才，企业必须打造吸引人的工作场所，同时扩大技术投资以帮助扩大人才规模并提高速度和效率。通过基于角色的工作流程和人工智能创新，企业能够向员工交付关键任务并确定其优先级，以便做出更明智的决策。零售商可以利用自动化和内置的优秀实践来完成琐碎的任务，让员工腾出时间从事更具策略性且有意义的工作。此外，零售商还可以利用技术扩展人才库，为运营人员提供远程工作模式，并改善培训以帮助员工适应新技术和不断变化的消费者期望。

### （五）可持续管理仍将是消费者的首要关注点，并定义品牌价值

消费者越来越多地寻找符合他们的价值观的品牌。更重要的是，ESG 不仅仅是一个公开的承诺或间歇性的决定，也是一个涵盖整个产品生命周期的长期承诺，贯彻于每个业务流程中，从构思到创建、供应商评估、分销到交付等每个业务流程。零售商除了需要为客户提高透明度，也需要通过更好的整体流程了解其端到端业务。公司必须全面了解从内部团队到供应商的各个方面，以便在整个供应链中更好地实施符合其品牌目标和价值的程序。由于部分客户愿意为符合其道德标准的可持续产品和服务支付更多费用，因此使这些程序与备受推崇的 ESG 标准保持一致也有助于提高利润率。

## 本章小结

零售商 ESG（环境、社会和治理）是评估零售企业经营可持续的核心指标，也是社会责任投资（SRI）的一个关键方面，它越来越受到投资者的关注和重视。在 ESG 因素中，环境因素（E）涉及环保和可持续性，社会因素（S）关注社会和道德问题，治理因素（G）则强调公司的治理结构和透明度。

对于零售商来说，ESG 因素不仅会影响公司的运营和战略，还对公司的财务表现有着重要影响。例如，零售商需要考虑其供应链中的环境影响，以及如何减少浪费和增加可回收性。同时，零售商还需要关注员工福利、消费者权益保护、社区发展等问题。这些因素不仅有助于提高公司的品牌形象和声誉，还有助于提高消费者的购买意愿和忠诚度。此外，ESG 因素也是零售商实现可持续发展的关键因素之一。通过关注 ESG 因素，零售商可以降低环境风险、增加社会信任度、提高治理效率，从而增加公司的可持续性和竞争力。

最后，对于投资者来说，了解零售商的 ESG 表现是必要的。投资者需要评估零售商在 ESG 方面的表现，以及这些因素对零售商的财务表现和未来发展潜力产生的影响。通过了解零售商的 ESG 战略和实践，投资者可以更好地评估零售商的价值和风险，并做出更明智的投资决策。

## 思考题

1. ESG 对零售企业的重要性何在？请结合具体案例进行说明。
2. 如何评估零售企业在 ESG 方面的表现？这种评估对投资者和消费者有何意义？
3. 零售企业如何平衡 ESG 因素与商业利益之间的关系？
4. 在当前可持续发展的背景下，零售企业应该如何应对和适应这些变化？
5. 零售企业如何提高其在 ESG 方面的表现？

## 案例讨论

**向"农"而行：东方甄选的企业发展与社会责任融合之路**

东方甄选是新东方推出的直播带货新平台，2022 年 12 月 28 日，东方甄选账号从 1

个增加到6个,粉丝总量突破3600万名,已推出52款自营产品,总销量达1825万单。尽管知名度打开了,但东方甄选并未忘了成立初衷——把农业作为核心战略,坚定不移地做农业事业,持续贡献自身绵薄力量。正如孙东旭所说:"东方甄选的影响力是社会给的,我们希望通过公益助农的方式,把这种影响力回馈社会。"因为深谙"谷贱伤农"的道理,东方甄选直播从不收取坑位费,而是选择质量高、价格合理的农产品,为农民带来利益。在了解到一些地区农产品滞销问题严重,为了更好地助推当地农业发展,团队主动联系销售这些农产品。"这部分工作是不赚钱的,最终是为了创造社会价值。"孙东旭解释说。此外,他们还计划与多个地方政府对接沟通,进行深度合作,开展助农公益外景直播活动,这不仅丰富了直播内容形式,还拉近了消费者与农民的距离,通过减少中间流通环节使得销售价格低于市场平均价格,保护了消费者利益,同时也没有减少农民的收入,让农民增收致富,助力乡村振兴。

东方甄选大获成功,离不开其经营模式的日趋完善。比如,在采购阶段,东方甄选的自营产品必须送去质检,孙东旭会亲自到产地检查,其他产品则会优选最好的农产品生产厂家合作以保证质量;而在选品阶段,团队需要逐一试吃,从主播到编导,所有人吃完打分投票;即使产品成功上架,团队也还会在直播间匿名购买至少一份产品进行检验,以保证样品和卖出的产品是一样的优质。

东方甄选在供应链上也下了许多功夫,为了尽可能保护农产品在运输途中不受损,与顺丰、京东物流建立深度合作的同时计划建立20个自营产品仓库,确保时效和产品的保鲜,提升配送质量及冷链配送范围。此外,东方甄选还在布局自营产品,从上线自己的App到扩建河南焦作的自营商品工厂,目标就是打通直播电商的上中下游,其中包括建立立体化销售平台、自建产品体系、寻找高科技农业公司合作等,整合各方资源,最后形成一个完整的可持续发展的特色产业链,不辜负每一位农民的心血和消费者的支持,也让产业链上的更多环节、更多合作对象获益。

(资料来源:陈晓美,马秋月. 向"农"而行:东方甄选的企业发展与社会责任融合之路. http://www.cmcc-dlut.cn/Cases/Detail/7352)

## 案例思考

1. 什么是企业社会责任?东方甄选开展助农直播业务体现了什么企业社会责任?
2. 什么因素驱动东方甄选开展助农直播业务?从东方甄选自身出发,开展此业务的优劣势是什么?
3. 东方甄选涉及哪些利益相关者?又是如何对这些利益相关者履行社会责任的?
4. 东方甄选是如何将社会责任与企业发展战略相融合的?

## 本章实训

### 一、实训目的

1. 理解零售企业ESG的战略意义。
2. 识别零售企业ESG的实质性议题。

3. 掌握零售企业 ESG 报告的指标体系。

## 二、实训内容

1. 调查一家你感兴趣的零售企业，了解其在 ESG 方面的战略和实践。可以通过查阅该企业的网站、年报、社会责任报告等途径来获取相关信息。

2. 分析该企业在 ESG 方面的表现，包括环境、社会和治理方面的具体措施和实践。

3. 针对该企业在 ESG 方面的劣势，为其提出改进建议。可以结合你所学的知识，提出切实可行的建议方案，并说明这种方案如何帮助该企业提升 ESG 表现和实现可持续发展。

4. 与小组成员分享你的实训结果，并讨论其他可能的改进方案和建议。通过交流和讨论，不断完善和提高对零售企业 ESG 的理解和实践能力。

## 三、实训组织

1. 指导教师明确实训目的、任务和评价标准。

2. 学习委员将班级成员分成若干小组。成员可以自由组合，也可以按学号顺序组合。小组人数划分视修课总人数而定。每组选出组长 1 名。

3. 以小组为单位，选择一家上市零售企业的 ESG 报告进行分析。

4. 从中遴选最优秀的一组在课堂汇报演示，时间 20 min 为宜。

## 延伸阅读

1. 钟雪美. ESG 对新零售企业突破性创新的影响：企业数字化的中介作用[J]. 商业经济研究, 2023（4）.
2. 李宗泽，李志斌. 企业 ESG 信息披露同群效应研究[J]. 南开管理评论, 2023（10）.
3. 陈小珍, 陈丽霖. 双碳目标导向下 ESG 表现对企业价值的影响研究[J]. 金融经济, 2023（5）.
4. 刘卓聪, 叶陈刚, 谢泽敏, 等. 上市公司 ESG 评级对企业价值的影响研究[J]. 中国注册会计师, 2023（3）.

## 即测即练

自学自测　　　　扫描此码

# 参 考 文 献

[1] 伯曼，埃文斯. 零售管理[M]. 吕一林，宋卓昭，译. 11 版. 北京：中国人民大学出版社，2011.
[2] 麦戈德瑞克. 零售营销[M]. 裴亮，译. 2 版. 北京：机械工业出版社，2004.
[3] 邓恩，勒斯克. 零售管理[M]. 赵娅，译. 5 版. 北京：清华大学出版社，2007.
[4] 利维，韦茨，张永强. 零售学精要[M]. 北京：机械工业出版社，2009.
[5] 瓦利，拉夫. 零售管理教程[M]. 胡金有，译. 北京：经济管理出版社，2005.
[6] 沙利文，阿德科克. 零售营销精要[M]. 吴长顺，译. 北京：电子工业出版社，2004.
[7] 雷诺兹，卡思伯森. 制胜零售业[M]. 王慧敏，译. 北京：电子工业出版社，2005.
[8] 安德，斯特恩. 零售商的定位策略[M]. 庞瑞芝，译. 北京：电子工业出版社，2005.
[9] 伯曼，埃文斯. 零售管理[M]. 吕一林，熊鲜菊，译. 北京：中国人民大学出版社，2002.
[10] 黄国雄，王强. 现代零售学[M]. 北京：中国人民大学出版社，2008.
[11] 曾庆均. 零售学[M]. 北京：科学出版社，2012.
[12] 陈海权. 零售学[M]. 广州：暨南大学出版社，2012.
[13] 李骏阳. 零售学[M]. 北京：科学出版社，2009.
[14] 贺爱忠. 零售营销[M]. 北京：中国铁道出版社，2011.
[15] 贺爱忠. 零售学[M]. 北京：高等教育出版社，2013.
[16] 任锡源. 零售管理[M]. 北京：首都经济贸易大学出版社，2007.
[17] 王卫红，周利国，杜晶. 零售营销教程[M]. 北京：中国商务出版社，2006.
[18] 吴佩勋. 零售管理[M]. 上海：上海人民出版社，2007.
[19] 贺爱忠，聂元昆. 零售管理[M]. 北京：清华大学出版社，2015.
[20] 贺爱忠，聂元昆. 人工智能营销[M]. 北京：机械工业出版社，2023.
[21] 汪旭辉. 零售管理[M]. 北京：中国人民大学出版社，2023.
[22] 利维，韦茨. 零售管理[M]. 6 版. 北京：人民邮电出版社，2023.
[23] 永恩. 智能新零售[M]. 北京：人民邮电出版社，2018.

# 教师服务

感谢您选用清华大学出版社的教材！为了更好地服务教学，我们为授课教师提供本书的教学辅助资源，以及本学科重点教材信息。请您扫码获取。

## ▶ 教辅获取

本书教辅资源，授课教师扫码获取

## ▶ 样书赠送

市场营销类重点教材，教师扫码获取样书

 清华大学出版社

E-mail: tupfuwu@163.com
电话: 010-83470332 / 83470142
地址: 北京市海淀区双清路学研大厦 B 座 509

网址: https://www.tup.com.cn/
传真: 8610-83470107
邮编: 100084